Johann Christian Nelkenbrecher, Mark Rudolph Balthazar Gerhardt

Nelkenbrechers Taschenbuch der Münz-Maasz und Gewichtskunde für Kaufleute

Johann Christian Nelkenbrecher, Mark Rudolph Balthazar Gerhardt

Nelkenbrechers Taschenbuch der Münz-Maasz und Gewichtskunde für Kaufleute

ISBN/EAN: 9783743310452

Hergestellt in Europa, USA, Kanada, Australien, Japan

Cover: Foto ©ninafisch / pixelio.de

Johann Christian Nelkenbrecher, Mark Rudolph Balthazar Gerhardt

Nelkenbrechers Taschenbuch der Münz-Maasz und

Gewichtskunde für Kaufleute

Einleitung.

Eine Haupt-Erforderniß für den Kaufmann, der sich nicht blos auf den Handel seines Orts einschränket, ist die Münz- Maaß- und Gewichtskunde anderer Oerter und Länder, welche in gegenwärtigem Taschenbuche kürzlich vorgetragen wird, nachdem ich im allgemeinen Contoristen, Berlin 1791, davon umständlicher gehandelt habe.

Zur Münzkunde der Länder und Oerter gehören die Nachrichten

1) von denen daselbst gebräuchlichen Rechnungs-Münzen, nach welchen man zählet, rechnet, kaufet und verkaufet. Diese Rechnungsmünzen unterscheiden sich in gewöhnliche, wornach man überhaupt im gemeinen Handel und Wandel rechnet; z. B. in Amsterdam der Gulden von 20 Stüver à 16 Pfennige, und in andere, wornach man nur bei gewissen Gelegenheiten handelt; z. B. in Amsterdam das Pfund von 20 Schillingen à 12 Groot Blämisch, nach welchen man einige Wechsel und Waaren berechnet, desgleichen der Goldgulden von 28 Stüver zum Kornhandel u. s. w.

2) Von dem Zahlwerth dieser Rechnungs-Münzen, welcher aus dem Münzfuße, oder dem Gewicht, Gehalt und Werth der wirklichen Gold- und Silbermünzen hergeleitet wird; z. B. in Holland soll der Gulden in Werth von 20 Stüver Courent $219\frac{5}{8}$ Trois-Aß wiegen, und 10 Pfennige $22\frac{1}{2}$ Grän fein Silber in der rauhen Trois-Mark enthalten; wenn

a 2

nnn 19 Holl. Trois-Mark 20 Cölln. Mark thun, so
hat die Cölln. Mark fein Silber einen Zahlwerth von
24¼ Gulden Holl. Courent. Eben so ist der Zahlwerth der Cölln. Mark fein Silber in Augsburg
10¹⁸⁰⁄₇ Thlr. Giro-Geld, 13½ Thlr. Courent, und
16 Thlr. Münz-Valuta; in Berlin aber 10⅔ Pfund
Banko oder 14 Thlr. Preuß. Courent-Valuta u. s. w.

3) Von den **würklichen Gold- Silber- und
Kupfermünzen**, auch wohl papiernen Münzzeichen, die jeder Ort oder jedes Land, dazu der Ort
gehöret, als eigentliche Landes- oder Nationalmünzen ausprägen läßet. Diese Sorten erfordern vor-
nemlich die Kenntniß ihres Zahlwerths, der ihnen
nach obrigkeitlicher Verordnung bestimmt ist, und
den sie sonst im Handel haben, hiernächst aber auch
ihr Gewicht und den Gehalt, wornach sie auszu-
münzen verordnet sind; z. B. in Königl. Preußischen
Staaten sollen 35 Stück Fried'or oder Friedr. Wil-
helmsd'or, in Zahlwerth des Stückes von 5 Thlr.
Frd'or oder 5¼ bis 5½ Thlr. Preuß. Courent, aus
der rauhen Cölln. Mark von 21¼ Karat fein Gold gebracht werden, das Stück wird aber jetzt zu 5½ Thlr.
Preuß. Cour. und darüber ausgegeben; in Silber
sollen 10½ Preuß.Reichsthaler-Stücke im Zahlwerth
von 24 gute Groschen aus der Cölln. Brutto-Mark
von 12 Loth fein Silber gepräget werden u. s. w.

4) Von den **fremden Gold- und Silbermün-
zen** die jedes Ortes umlaufen, und die entweder durch
obrigkeitliche Verordnungen zu einen gewissen Zahlwerth in Landesmünzen bestimmt sind, oder doch
sonst im Handel und Wandel rouliren; in diesem
Fall werden sie entweder stückweise oder auch mit einigen Procenten Agio Gewinn oder Verlust gegen
Landesmünzen veränderlich angenommen und weggegeben; z. B. in Berlin ist der Ducaten auf 3 Thlr.
Preuß. Cour. festgesetzet, gilt aber bei der Handlung
jetzt wohl 3¼ Thlr. Preuß. Cour., oder man rechnet
ihn zu 2¼ Thlr. und verwechselt ihn nachmals mit
14 pCt. m. od. w. Gewinn gegen Preuß. Courent.

5) Von den Wechselmünzen oder denjenigen einheimischen und fremden Rechnungsmünzen, die man in dem einen Orte giebt, um die von einem andern Orte, mittelst der ein = und verkauften Wechselbriefe, zu erlangen. Diese Wechselmünzen nennt man eigentlich Wechselarten oder Wechselpreise, und sie stellen die in Wechselplätzen wöchentlich herauskommenden Courszettel, das ist diejenigen veränderlichen Wechselpreise vor, die man von Zeit zu Zeit in dem einen Wechselorte giebt, um des andern seinen festen Preis oder Werth dafür in Wechselbriefen zu erhalten; z. B. in Amsterdam giebt man veränderlich 38⅞ ßl. Vls. Bco. um in Wechseln 1 Liv. Sterl. in London dafür zu erhalten, oder man giebt daselbst 1 Pfund Vls. Bco. in Holland beständig, um dafür in Danzig 400 Groschen Cour. mehr od. weniger in Wechseln zu empfangen.

6) Vom Wechsel = Uso und den dazu gehörigen Respecttagen, als denen durch Gewohnheiten und obrigkeitliche Verordnungen bestimmten Zeiten und Nachsichten, die der Inhaber eines Wechselbriefes mit Eintreibung der Zahlung und Besorgung des Protests ohne seinen Nachtheil abwarten kann und zugestehen muß. Diese Wartezeiten gehören eigentlich zum Wechselhandel und lassen z. B. bemerken, daß der Inhaber eines à Uso auf Berlin gezogenen Wechsels bis 14 Tage nach der Acceptation, und überdem noch 3 Respecttage abwarten müsse, ehe er die Wechselzahlung einfordern, oder in Ermangelung derselben protestiren lassen könne.

Die zur Kunde von Maaßen der Oerter und Länder gehörigen Nachrichten betreffen

7) die Längenmaaße, darunter man nicht nur die Ellenmaaße, die zur Vermessung der seidenen, wollenen und leinenen Zeuge jedes Orts, sondern auch diejenigen verstehet, die zur Bestimmung größerer oder kleinerer Längen, als Meilen, Ruthen, Klaftern, Fuß, Zoll u. s. w. gebrauchet werden.

8) Die Flächenmaaße, welche man auch Qua-
dratmaaße zu nennen pflegt, weil sie nebst einer
Länge auch eine gewisse Breite angeben, bestimmen
die Größe der Länder, Felder, Aecker, Wiesen, Höl-
zer, auch wohl von Brennholz-Stößen, Nutzholz,
Tapeten und dergleichen. Ein Fleck der 1 Zoll lang
und 1 Zoll breit ist, heißt 1 Quadrat-Zoll (□), 12
Zoll Länge und 12 Zoll Breite geben einen Quadrat-
Fuß von 144 □Zoll, und ein Stück Land von 18
Rheinländ. Ruthen Länge und 10 Rheinländ. Ruthen
Breite, würde ein Berliner oder Magdeburger kleiner Morgen von 180 Rheinländ. □ Ruthen sein, obgleich seine Gestalt kein eigentliches □ ausmachen
würde.

9) Die Körper- oder Cubik-Maaße bemer-
ken bei der Länge und Breite auch eine gewisse Höhe
oder Tiefe, und werden zur Ausmessung solcher Körper gebraucht, die einen gewissen Raum von trockenen und flüssigen Waaren einnehmen; z. B. Getrai-
de-Arten, Schiffsbauholz, Wein, Branntwein,
Oehl, Bier, deren Scheffel- Metzen- Eymer- Ge-
tränk-Maaße u. s. w. einen Körper von einem gewissen Inhalte vorstellen. Ein Körper also der 1 gemeinen Fuß lang, 1 gemeinen Fuß hoch, und 1 gemeinen Fuß tief ist, und mithin einen regulairen
Würfel vorstellet, heißt ein Cubik-Fuß, und wenn
ein Gefäß 6 Zoll tief, 4 Zoll lang und 3 Zoll breit ist,
sagt man es enthalte 72 Cubik-Zoll, ob es gleich
keinen regulairen Würfel in seiner Gestalt anzeiget.

Die zur Gewichtskunde der Oerter und Länder
gehörigen Nachrichten bemerken endlich

10) das Handels-Gewicht, damit man Güther und Waaren nach Lasten, Schiffpfund, Centner,
Steinen, Pfunden, Lothen u. s. w. wieget, und welche man sowol nach ihrer Eintheilung als nach ihrer
Schweere, zur Vergleichung mit andern dergleichen
Gewichten, kennen will; z. B. in Amsterdam hält
1 Schiffpfund 300 Pfund, deren jedes 10280 Holl.

Trois=As schwer, und also 5 7/16 pCt. schwerer denn
das Berliner Pfund von 9750 Holländ. Trois=As ist.

11) Das Gold= Silber= und Münzgewicht
wird sowol zum Abwiegen dieser Metalle, als auch
zur Probe ihrer Feine und ihres Zusatzes, welches
man den Gehalt nennt, gebrauchet. Es bestehet in
Pfunden, Marken, die zum wiegen in Unzen,
Deniers, Loth, Quent, Pfennige Grän u. s. w.,
zum Probiren aber in Karat, Deniers, Loth, Grän
und dergleichen abgetheilet, und ebenfalls nach Ein=
theilung und Schwere zu Vergleichung mit andern
Gold= und Silber= Gewichten beschrieben werden;
z. B. die Cöllnische Mark wird beim Wiegen in 8 Un=
zen, 16 Loth, 64 Quent, 256 Pfennige, 512 Heller,
4352 Eschen und 65536 Richtpfennigstheile, beim
Probiren des Goldes aber in 24 Karat à 12 Grän,
des Silbers in 16 Loth à 18 Grän abgetheilet; sie
wieget 4864 Holl. As, und man vergleichet 70 Mark
Cölln. mit 19 Mark Holl. Trois=Gewicht.

12) Das Jouvelen = Gewicht zu Edelsteinen
und Perlen, ist fast durch ganz Europa gleich, und
bestehet in Karat zu 4 Grän, davon man auf das
Loth Cöllnisch Gewicht 71 Karat rechnet.

13) Das Apotheker= oder Medicinalgewicht,
zu Abwiegung der Arzeneyen, ist der Eintheilung
nach in ganz Deutschland gleich, und bestehet in dem
Pfunde von 12 Unzen, 96 Drachmen, 288 Scrupel,
5760 Gran, die mehrentheils auch in Deutschland
eine gleiche Schwere haben.

Ausser diesen die eigentliche Münz= Maaß= und
Gewichts=Kunde der Länder betreffenden Nachrichten,
werden auch noch andere erfordert, welche

14) zählende Güther, als Schock, Zimmer,
Stiegen, Mandel, Duzt, Decher u. s. w., desglei=
chen solche, welche

15) öffentliche Handels=Anstalten, als Ban=
ken, Messen u. s. m. angehen, und einen Theil des
Inhalts der Handbücher zur Münz= Maaß= und
Gewichts=Kunde ausmachen.

Man hat jetzt eine große Menge Bücher, die dergleichen Nachrichten enthalten, der größte Theil derselben hat aber einander ohngeprüft ausgeschrieben, welches der genaue Beobachter gar bald gewahr wird. Die beste und mit vielem Fleiße ausgearbeitete Schrift von der Münz = Maaß = und Gewichtskunde, war des seel. Krusens Contorist, welcher Ao. 1753 zuerst noch etwas unvollkommen, Ao. 1761, 1766 aber sehr vermehrt und verbessert herauskam, und so wie auch die nach seinem 1775 erfolgten Ende durch seine Erben Ao. 1782 veranstaltete neuste Ausgabe, einen fast allgemeinen Beifall erhalten hat, obschon von Sachkundigen darinnen manches vermißt wurde, was Zeit und Umstände abgeändert hatten, und durch die Erfahrung anders befunden ward. Diesem ohnerachtet schrieb man Krusens Contoristen in großen und kleinen Werken aus, oft ohne des fleißigen Mannes einmal zu gedenken, und dessen Angaben gehörig zu prüfen.

Ohngefähr in den Jahren 1759 oder 1760 machte der verstorbene Nelkenbrecher, Cand. Jur. und Lehrer der kaufmännischen Arithmetik zu Leipzig, einen auf wenige Bogen eingeschränkten Auszug aus dem brauchbaren Krusenschen Contoristen, und ließ solchen blos für seine mehrentheils aus angehenden Kaufleuten bestehende Schüler abschreiben. Eine solche Abschrift kam nach des Verfassers Ableben dem Verleger gegenwärtigen Werkchens in die Hände, welcher solche Ao. 1762 etwa auf 10 Bogen unter dem Titel: Nelkenbrechers Taschenbuch eines Banquiers und Kaufmanns 2c. abdrucken ließ; es aber bald absetzte und Ao. 1769 eine neue 17 Bogen starke Auflage zu machen genöthiget war, deren Bearbeitung, so wie die der hernach noch gefolgten vier Ausgaben von 1772, 1775, 1781 und 1786, er mir aufzutragen gut fand.

Bei dieser fünfmaligen Bearbeitung des Taschenbuches ließ sich durch Erfahrung bei Geschäften, auf Reisen und sonst, gar bald wahrnehmen, daß so wie alle weltliche Dinge der Veränderung unterworfen, dieses auch der Fall bei der Münz = Maaß = und Ge= wichts = Verfassung der Länder sei, daß also vieles was aus Krusens Contoristen seiner Zeit als richtig anzunehmen war, sich mancher Orten sehr verän= dert habe.

Der Beifall, mit welchem indessen meine Bear= beitung des Taschenbuches aufgenommen ward, mun= terte mich zwar auf, solches nach und nach der Voll= kommenheit näher zu bringen, und des Endes die dem Kaufmann interessantesten, vorzüglichsten und neuesten Münz = Maaß = und Gewichts = Nachrichten kurz und richtig vorzustellen; allein obgleich bei der sechsten oder letzten Ausgabe von 1786 mehr als bei allen vorherigen geschehen, so haben doch manche darinn aufgenommene Dinge, die eher in ein größe= res Werk als in ein Taschenbuch gehören, und bloß zu Ergänzung gewisser in anderen Schriften dieser Art vorkommenden mangelhaften Vorstellungen die= nen sollten, das Werkchen fast über die Gränzen eines Taschenbuches auf 30 Bogen verstärket, ohne daß dabei die vorgesetzte Absicht: eine der gegenwärtigen Zeiten gemäße Münz = Maaß = und Gewichts = Vor= stellung aller Europäischen Länder und Handels=Orte ganz erreichet worden wäre.

Da also eine solche Vorstellung, dabei doch eine Menge Neuigkeiten ausführlich angegeben werden mußten, wenn sie glaubwürdig sein sollten, zu viel für ein Taschenbuch war, nach und nach aber immer mehr Veränderungen vorfielen und mir bekannt wur= den, die überhaupt eine umständlichere Anzeige der Nachrichten erforderten, die oft beträglich von denen durch Krusen angegebenen und in großen Umlauf ge= kommenen unterschieden waren, so entschoß ich mich auf Zureden selbst ein Werk, unter dem Titel:

„Allgemeiner Contorist, oder neueste und gegen=
„wärtigen Zeiten gewöhnliche Münz = Maaß = und
„Gewichts=Verfassung aller Länder und Handels=
„städte in zwey Theilen, davon der erste Europa,

„der zweite aber die übrigen drei Welttheile, nebst
„nebst sehr vollständigen Münz= Maaß= und Ge=
„wichts=Tafeln, vorstellet, Ao. 1791 und 1792
auszuarbeiten und im Verlage des Herrn Wevers
herauszugeben, von welchem Contoristen ich versi=
chern kann, daß er die neusten und zuverläßigsten
Nachrichten der Münz= Maaß= und Gewichtskunde
auf verschiedene Art vorstellet.

Dieses von würklichen Sachkundigen mit vielem
Beifall aufgenommene Werk, setzet mich nunmehro
in den Stand, bei dem völligen Abgang der sechsten
Auflage des Nelkenbrecherschen Taschenbuches, in
dieser siebenten Ausgabe eine den gegenwärtigen Zei=
ten gemäße Münz= Maaß= und Gewichts=Vorstel=
lung aller Europäischen Länder und Handels=Orte
zu liefern, und eine Menge Nachrichten beizubrin=
gen, die man wohl vergebens in andern Compendien
dieser Art suchen möchte.

Weil aber eine solche Einrichtung zu mehrerer
Vollständigkeit und Brauchbarkeit dieses Taschenbu=
ches schlechterdings eine große Ersparniß des Raums,
und eher Verminderung als Vermehrung der Bogen=
zahl und der daher entstehenden Kosten für junge und
angehende Kaufleute erfordert, so ist theils der Ab=
druck selbst mit etwas kleinerer Schrift als bei der
sechsten Auflage vorkommt, veranstaltet worden,
theils habe das Raisonnement sehr abkürzen, und
alles unnöthige und überflüssige, welches ohnehin
nicht für ein Taschenbuch, das nur ein Auszug
aus größern Werken sein soll, weglassen müssen, und
dieserhalb muß ich mich, wenn man umständlicher
von gewissen Dingen und Vorkommenheiten, die bei
Krusen und sonst anders angegeben werden, unter=
richtet sein will, hier ein für allemal auf meinen
obengedachten Contoristen beziehen. Dagegen ent=
hält diese siebente Ausgabe eine Menge kurzer und zu=
sammengedrängter, jedoch vollständiger und für
junge Kaufleute mehr als hinreichender Nachrichten
der Münz= Maaß= und Gewichts=Verfassung von

ganz Europa, und in den angehängten Tabellen noch
kürzere Nachrichten von den übrigen Welttheilen.

Man findet also unter denen mit **Schwabacher**
Schrift gedruckten Rubriken der nach dem Alpha=
bet geordneten Orte und Länder

1) Die gewöhnlichsten Rechnungs = Münzen,
nach welchen jeder Ort oder jedes Land gemeiniglich
rechnet, oder darinnen Kaufleute ihre Handelsbücher
führen und ihre Rechnungen stellen.

2) Die sämtlichen Rechnungs = Münzen eines
Ortes oder Landes, darunter sich diejenigen befinden,
nach welchen man nur bei gewissen Gelegenheiten
rechnet, oder doch sonst gerechnet hat. Sie sind, wo
es thunlich gewesen, mit den gewöhnlichsten Rechn.
Münzen in Tabellen gebracht, aus welchen man ihr
Verhältniß sogleich übersehen kann; deshalb denn
auch zu Ersparung des Raums, die bei den vorigen
Ausgaben noch überdem bemerkten Vergleichungen
derselben in ganzen Zahlen, hier weggelassen wor=
den sind, weil ein jeder doch sogleich übersiehet, daß
wenn z. B. in Aachen 1 Speciesthaler mit $1\frac{1}{2}$ Reichs=
thaler sich vergleichet, auch 3 Speciesthaler mit 4
Rthlr. gleich sein müssen.

3) Der Zahlwerth der gewöhnlichsten Rech=
nungsmünzen oder die Zahlungs = Arten und Va=
luten sind bei jedem Orte oder Lande durch den wah=
ren Werth der Cölln. Mark fein Silber bestimmt, und
damit alle diese Rechnungs = Münzen in Verbindung
gebracht worden. Solchergestalt sind also z. B. 16
Thlr. aus Aachen mit $24\frac{7}{8}$ Holl. Cour. Gulden in Am=
sterdam, und diese wieder mit $10\frac{128}{181}$ Thlr. Giro=
Geld, $13\frac{1}{2}$ Thlr. Cour. Geld, und 24 R. Gulden
Münze in Augsburg gleich u. s. w. Hiernach kann
man den wahren Silber = Werth von 1 oder 100 der
Rechnungs = Münzen leicht finden, denn wenn man
z. B. wissen will, wieviel 100 Thaler Aachner in
Conventions = Courent zu Leipzig oder in Preußisch
Courent zu Berlin betragen, darf man nur berechnen

1) 16 rthl. Aach. — 13½ rthl. Conv. Cour. — ? 100 rthl. Aachn.
$$\text{Antwort } 83\tfrac{1}{2} \text{ rthl. Convent. Courent.}$$

2) 16 rthl. Aach. — 14 rthl. Preuß. Cour. — ? 100 rthl. Aachn.
$$\text{Antwort } 87\tfrac{1}{2} \text{ rthl. Preuß. Courent.}$$

Ueberdem ist dieser Silber=Werth von 1 oder 100 aller gewöhnlichen Rechnungs=Münzen, in der den Nachrichten angehängten 1sten Tafel und bei dem hier folgenden Inhalt sogleich zu übersehen oder zu finden. Im Golde ist dagegen kein fester Zahlwerth für die Cölln. Mark fein zu bestimmen, weil fast alle Gold=Münzen jetzt einen wandelbaren Zahlwerth haben, und mehrentheils eher für eine Waare als Münzsorte angesehen werden.

4) Die würklich geprägten Landes= oder National=Münzsorten eines Ortes oder Landes in Golde, Silber, Kupfer und auch pappierne Münzzeichen, sind nach ihrem bestimmten Zahlwerth, den sie in den verschiedenen Rechnungs=Münzen und Valuten haben, angezeiget, dabei auch oftmals ihr Gewicht bemerket worden ist. In Ansehung der Goldmünzen muß ich jedoch noch wie bereits vorher bemerken, daß ihr Zahlwerth jetzt fast durchgängig schwankend, und daß solche mehrentheils zu weit höheren Preisen ausgegeben werden, als dazu sie bestimmt sind. Anfänglich hatte mir zu Unterscheidung der Gold= und Silber=Sorten blos der chemischen Zeichen ⊙ für Gold und ☽ für Silber, wegen Ersparniß des Raums bedienet, sie sind aber in der Folge, da sich der Raum berechnen ließ, mehrentheils wieder weggelassen worden. Den Münzfuß dieser National=Münzen aber dabey anzuführen, gestattete hier der Raum nicht, indessen kann man ihre Ausbringung nach Cölln. Gewicht, so wie ihren wahren Gold= und Silberwerth, in der den Nachrichten folgenden zweyten Tafel ebenfalls sogleich übersehen.

5) Die fremden Gold= und Silbermünzen die in einem Orte oder Lande neben den vorgedachten

eigenen umlaufen, sind ebenfalls nach ihren Zahlwerth, den ihnen entweder obrigkeitliche Verordnungen bestimmt haben, oder den sie sonst im Handel und
Wandel erhalten, angegeben, auch ihr verordnetes
Gewicht jedes Orts oftmals bemerket worden; auch
von dieser Art Goldmünzen ist ihr schwankender und
jetzt sehr erhöheter Zahlwerth, wie bey den National-
Sorten, anzumerken.

6) Die Wechselmünzen, oder die in jedem Wech-
selplatze üblichen Wechselarten oder Preise sind
insgesammt nach dem Silber-Pari angegeben, und
dabey diejenigen Preise so sich beym Wechselhandel
verändern, mit einem Stern * bezeichnet worden,
welches ich hier ein für allemal erinnere. Nach diesem
Silber-Pari sieht man eigentlich wie viel man in einem
Wechselplatz geben und in dem andern empfangen
sollte, wenn man Geld gegen Geld in Silber gleich
aufwiegen könnte, mithin auch wo der Wechselcours
zum Nutzen oder zum Schaden, das ist: wo er mehr
oder weniger ist, als er nach dem Pari seyn sollte.

7) Der Wechsel-Uso und die dazu gehörigen
Respecttage so gedachten Wechselarten folgen, lassen
bemerken wie beyde in jedem Wechselorte, auf den
man von einem andern ziehen will, anzunehmen und
zu verstehen sey.

Von Maaßen und Gewichten sind

8) Die vornehmsten Längenmaaße an Ellen,
Fuß, Meilen jedes Ortes angegeben, und dieselben
sowohl nach ihrer besondern Eintheilung, als auch
die Länge der Ellen und Fuße in Franz. Linien zur
Vergleichung bestimmt worden. Hiernach kann man
diese Maaße in alle andere Längenmaaße sehr leicht
versetzen, denn wenn die Amsterd. Elle 306, die Berliner Elle aber 295¼ Franz. Linien lang ist, so geben
100 Berliner Ellen 96¼ Amsterd. Ellen, weil

$$306 - 295\tfrac{1}{4} - ?\ \ 100 = 96\tfrac{1}{4}.$$

Ueberdem ist pro *Cento* angegeben, wie viel die
verschiedenen Ellen länger oder kürzer als die

Berliner Elle sind, und daß also: wenn z. B. die
Alicantsche Vara 13⅞ pCt: länger, und die Anconaer Braccio 3¹⁴⁄₁₆ pCt. kürzer denn die Berliner Elle
angegeben wird, es eben so viel heißen soll, als:

100 Alicant. Varas betragen 113⅞ Berl. Ellen und
100 Berl. Ellen betragen 103¹¹⁄₁₆ Ancon. Bracci.

Die verschiedenen Fußmaaße sind entweder eben so,
oder auch nach den kleinsten ganzen Zahlen mit den
Rheinländ. Fußmaaß verglichen, und die Längen
der Meilen sind mehrentheils nur durch die Anzahl
derselben die auf einen Mittelgrad der Erde von 15
Deutschen oder Geographischen Meilen gehen, bestimmet.

9) Das Flächen- oder Quadratmaaß darunter ich hier bloß nur Land- Feld- oder Ackermaaße
jedes Landes oder Orts verstehe, ist nach seiner Größe
in Magdeburger oder Berliner kleine Morgen von
180 Rheinl. □ Ruthen, als der gewöhnlichsten Art,
hier dergleichen Maaße zu bestimmen, angegeben
worden.

10) Die Körpermaaße zu trockenen Waaren,
als Getreide ꝛc. und zu flüssigen Dingen, als Wein,
Oehl, Bier ꝛc. sind insgesammt nach ihrem Verhältniß oder ihrer Eintheilung angezeiget, und die
Größe derselben zu Vergleichung mit andern solchen
Maaßen in Franz. Cub. Zollen bemerket worden;
überdem sind diese nach der Größe bemerkten Maaße
entweder um so viel sie pro Cento größer oder kleiner
als der Berliner Scheffel und das Berliner Quart
sind, wie bey den Längenmaaßen angegeben worden,
oder man hat sie auch sogleich in die gedachten Berliner Scheffel- und Quartmaaße versetzet, und solchergestalt damit verglichen. Will man aber ihren Betrag in andern als Berliner Maaßen wissen, ist es
leicht solche nach den angegebenen Franz. Cub. Zollen darinn zu versetzen.

Z. B. 1) Was betragen 100 Dresdner oder itzige Leipz. Scheffel von 5361⅔ Franz. Cub. Zoll in Amsterd. Getraide-Sack von 4087 Franz. Cub. Zoll?

$$4087 - 5361\tfrac{2}{3} - ? \ 100$$

Antw. 131⅓ Amsterd. Sack circa.

Z. B. 2) Was betragen 100 Leipziger Schenk-Kannen von 60⁷⁄₁₈ Franz. Cub. Zoll, in Amsterd. Min-gelen von 60 Franz. Cub. Zoll?

$$60 - 60\tfrac{7}{18} - ? \ 100$$

1863 7/19 Janu.

Antw. 101⅓ Amsterd. Mingel. circa.

11) Die Gewichte welche theils bey dem ge-wöhnlichen Handel, theils zum Wiegen von Gold, Silber, Münzen, und zum Probiren dieser Me-talle, zu Juwelen und Perlen, und als Apo-theker und Medicinal-Gewichte gebraucht wer-den, sind wieder nach ihrem Verhältniß oder ihrer Eintheilung und nach ihrer Schwere in Holl. Trois As zur Vergleichung mit andern Gewichten dieser Art angezeigt. Zu einseitiger Vergleichung derselben pro Cento, ist bey dem Handels-Gewicht das Ber-liner Pfund, und bey den Gold- und Silber-Gewich-ten die Cölln. Mark angenommen, hiernach also be-merket worden, um wie viel pro Cento diese verschie-schiedenen Gewichte schwerer oder leichter als das Berliner Pfund und die Cölln. Mark seyn. Juwe-len und Perlen, desgleichen Apotheker- und Medici-nal-Gewichte sind fast überall gleich und für Deutsch-land ein für allemal unter Berlin angegeben; wo indessen diese Gewichte von den unter Berlin ange-gebenen abweichen, sind solche auch bei jedem Orte oder Lande daselbst sie verschieden, bemerket worden: Will man das Verhältniß oder den Betrag der ver-schiedenen Handels, desgleichen Gold- und Silber-Gewichte, in andern Gewichten als das Berl. Pfund und die Cölln. Mark wissen, kann man solche auf die vorgedachte Arten berechnen:

§. B. 1) Was betragen 100 Pfund Amsterd. Handels=Gewicht von 10280 Holl. As in Leipziger Pfund Handels=Gewicht von 9715 Holl. As?

9715 — 10280 — ? 100 Pfund.

Antw. 105⅔ Pfund Leipziger circa.

Z. B. 2) Wie viel Cölln. Mark von 4864 Holl. As betragen 100 Holl. Trois Mark von 5120 Holl. As?

4864 — 5120 — ? 100 Mark.

Antw. 105$\frac{4}{13}$ Mark Cölln. u. s. w.

12) Zählende Güter die jedem Orte oder Lande besonders eigen, sind auch daselbst mit ange=führet; außerdem hat man noch verschiedene andere, die wenigstens für den größten Theil von Deutschland allgemein sind, und eine Wiederholung bey jedem Orte unnöthig machen würden, deshalben ich sie gleich hier anführen will. Man rechnet also

a) Insgemein ein groß Tausend zu 12 große Hun=dert à 120 Stück, ein ordin. Tausend zu 10 ordin. Hundert à 100 Stück. Ein Groß zu 12 Duzt à 12 Stück. Ein Wall oder Wahl zu 80 Stück. Ein Schock zu 4 Mandel à 15 Stück. Ein Zim=mer zu 40 Stück. Eine Stiege oder Steige zu 20 Stück. Ein Decher zu 10 Stück.

b) Bey der Zeitrechnung: den Sonnenzirkel zu 28 Jahr, die goldne Zahl zu 19 Jahr, die In=diction oder Römer Zinszahl, welche die Nota=rien in ihren Instrumenten anführen zu 15 Jahr. Das Jahr zu 13 Monden, 12 Monat, 52 Wo=chen und 365 Tage für das gemeine, 366 Tage aber für das Schaltjahr, wird mehrentheils nur zu 360 Tage in Rechnung gebracht. Der Mo=nat hat verschiedentlich 28, 29, 30 und 31 Tage, wird aber gemeiniglich nur zu 30 Tagen in kaufmännischen Rechnungen angenommen. Der Mond hält 4 Wochen à 7 Tage à 24 Stunden à 60 Minuten à 60 Secunden à 60 Tertien à 3 Augenblicke.

c) Bey

c) Bey Bergwerks-Rechnungen wird die Zeche
gewöhnlich zu 4 Schichten à 8 Theile oder Stäm=
me à 4 Kuxe, oder zu 128 Kuxe bestimmt, in=
dessen erhält der Besitzer eines Kuxes nur den
131ten Theil, weil ein Kux für die Kirche, ein
Kux für die Gemeine, und ein Kux für den Be=
sitzer des Bodens wo eingeschlagen worden ist,
gerechnet wird. Es ist aber diese Bestimmung
nicht immer gleich.

Die Tiefe der Schächte und Abteufen, die
Höhe der Stroßenbaue, Fürstenbaue und Über=
hauen, giebt der Freybergische Bergmann nach
Fahrten von 3⅞ Sächs. Lachtern oder 12 Leipz.
Ellen an.

d) Bey dem **Papierhandel** hält 1 Ballen 10 Rieß
à 20 Buch à 24 Bogen Schreibe= und 25 Bogen
Druckpapier.

e) Bey **Bestimmung der Schiffs=Ladungen**
wird überhaupt die Last zu 2 Tonnen, 40 Cent=
ner oder 4000 Pfund gerechnet.

f) Bey dem **Blechhandel** hält das Fäßgen weiße
und schwarze Bleche 450 Blatt. In Hamburg
kauft man die weißen nur zu 300 Blatt.

g) Bey dem **Salzhandel** wird die Last grob See=
salz zu 18 Tonnen verkauft, die Last Lüneburger
Salz zu 12 Tonnen, die 6 Lüneb. Himten oder
12 Schiffpfund betragen. Die Last Magdeburg.
oder Hällisches Salz zu 60 Scheffel à 54 Pfund
oder zu 3240 Pfund.

h) Bey **Tonnen=Waaren,** als Hering, Kalk,
Rothscher, Theer, Pech, Thran, Steinkolen,
Butter ꝛc. wird die Last zu 12 Tonnen gerechnet.

i) Bey dem **Fischhandel** hält die Tonne Hering
circa 800 Stück, 1 Last Bückling 20 Stroh,
1 Kiepe Schollen 30 Steigen à 20 Stück od. 600
Stück, 1 Rolle Stock= oder Rundfisch 180 Stück,
1 Zahl Plateis 110 Fische.

k) Beym **Tuchhandel** zählet man das Pack Tuch
zu 10 Stück à 22 Tuch à 32 Ellen. Den Ballen

b

zu 12 Tuch à 32 Ellen. Den Saum zu 22 Tuch à 32 Ellen. Das Fardel zu 45 Barchet à 22 und 24 Ellen, den Lacken zu 24 Ellen.

l) Beym Leinewand-Handel hält das Schock 3 Stiegen oder 60 Ellen, desgl. 5 Stück Frey-städter und 4 Stück Jauersche Leinewand = 1 Schock, die Webe zu 72 Ellen, und 1 Duzt Servietten = 2 Tischtücher.

m) Beym Garnhandel wird nach Stück, Strehn, Zaspel, Gebinde, Faden, gerechnet, die sehr verschieden und bey jedem Ort angemerket sind.

n) Beym Rauchwaaren- Pelz- und Lederhan-del rechnet man nach Zimmer zu 4 Decher à 10 Stück.

o) Bey dem Holzhandel wird das Nutzholz, als: 1) Staab- und Faßholz, nach große Tausend zu 1½ kleine oder ordin. Tausend, 5 Ringen, 10 große, 12 kleine Hundert, 20 Schock, 60 Stei-gen, 1200 Stäbe gerechnet. Der Ring gewrack-tes Staabholz hält 4 Schock oder 240 Stück Pi-penstäbe, 6 Schock oder 360 Stück Oxhoftstäbe, und 8 Schock oder 480 Stück Tonnenstäbe, un-gewracktes Staabholz aber 248 Pipen, 372 Oxt-hoft und 496 Tonnenstäbe. Das Schock gewrack-tes Staabholz hält 60, ungewracktes aber 62 Stäbe, und das Maaß der Pipenstäbe ist 5 Fuß lang, 1 à 1½ Zoll dick und 4 à 5 Zoll breit; die Oxthoftstäbe 4 Fuß lang, 1 à 1½ Zoll dick und 4 Zoll breit. Die Tonnenstäbe 2⅔ à 3 Fuß lang, 1 à 1½ Zoll dick und 4 Zoll breit. Die ganzen Faßstäbe 4½ Fuß lang, 1 à 1½ Zoll dick und 4 à 5 Zoll breit. Die ½ben Faßstäbe 3¼ Fuß lang, 1 à 1¼ Zoll dick und 4 Zoll breit. Die Boden-stäbe 5 à 7 Zoll breit.

2) Franz- und Klappholz, Fichtendielen, Sparr- und Bohlhölzer werden nach Schock, von 60 gewrackten und 64 ungewrackten Stücken verkauft.

3) Eichen Schiffsholz und Planken, Fichtne Balken und Masten, so wie alle Holzsorten, so man nicht nach der Zahl verkauft, werden nach ihrem Cubischen Fußmaaß behandelt.

4) Eichne Bohlen und Planken verkauft man auch nach Schocken zu 60 Craveelen von 2½ Zoll dick, zu 24 Fuß lang, zu 3 Zoll dick à 15 Fuß lang, à 3½ Zoll dick zu 12 Fuß lang, à 4 Zoll dick zu 10 Fuß lang, à 4½ Zoll dick zu 9 Fuß lang, à 5 Zoll dick zu 8½ Fuß lang.

Brennholz wird nach Klaftern, Faden, Haufen und andern Maaßen verkauft, die unter jedem Orte und Lande angezeiget sind.

13) Oeffentliche Handels-Anstalten von Banquen, Messen und dergleichen folgen bey jedem Ort zu dem sie gehören zuletzt, und sind in Ansehung ihrer vornehmsten Eigenschaften kurz und solchergestalt bemerket, daß sie sich von andern ähnlicher Art unterscheiden lassen.

14) Zu Ende dieser Nachrichten folgen übrigens noch fünf Münz- Maaß und Gewichts-Tafeln oder Tabellen, davon

Die erste Vergleichung und Werth der vornehmsten Rechnungs-Münzen aller in- und außerhalb Europa gelegenen Oerter und Länder, also auch der nicht in vorhergehenden Nachrichten enthaltenen, bemerket.

Die zweyte enthält in zwey Abtheilungen Gewicht, Gehalt und Werth der vornehmsten Gold- und auch Silber-Münzen so jetzt gewöhnlich sind und noch vorkommen, mithin auch den Münzfuß nach Cölln. Gewicht.

Die dritte Vergleichung verschiedener Ellen-Maaße die in den vorhergehenden Nachrichten nicht enthalten sind, durch Angabe ihrer Längen in Franz. Linien.

Die vierte Vergleichung verschiedener Körper-Maaße zu trockenen und flüssigen Waaren, die in

vorgergehenden Nachrichten nicht vorkommen, durch
Angabe ihrer Größe iu Franz. Cub. Zollen, eben=
falls in zwey Abtheilungen.

Die fünfte Vergleichung verschiedene Handels,
desgleichen Gold, Silber, Münz, so wie auch Jou=
velen= und Perlen=Gewichte die in vorhergehenden
Nachrichten nicht vorkommen, durch Angabe ihrer
Schwere in Holl. As.

Letztlich findet man noch das Gewicht eines Franz.
Cub. Zolles von verschiedenen Metallen und andern
Dingen, nebst einer Tabelle zu geschwinder Resolvi=
rung der bey den Münztafeln vorkommenden Deci=
maltheile eines Reichsthalers, welche deren Werth
bis auf 1 Pfennig nachweiset, und was über oder
unter einen Pfennig ist, durch die Differenz zwischen
zwey Pfennige (347 circa) bald beurtheilen läßt.

Und hiermit denke ich denn nun wohl alles bey=
gebracht zu haben, was zu einem Taschenbuche der
neuesten Münz= Maaß= und Gewichtskunde erfordert
werden kann. Berlin, den 4. May 1793.

Gerhardt, sen.

Inhalt
nebst Silberwerth der gewöhnlichsten Rechnungsmünzen.

Inhalt und Werth.	Convent. Courent.		Preuß. Courent.		24 Guldenfuß.	
	Rthl.	Ggr	Rthl.	Ggr.	Rfl.	Xr.
Aachen, S. 1.						
100 Spec. Thaler	111	$2\frac{2}{3}$	116	16	200	—
100 Rthaler n. d. 24 fl. Fuß . .	83	8	87	12	150	—
n. d. 25 fl. Fuß . .	80	—	84	—	144	—
Alicante, S. 2. 100 Libras . . .	103	$18\frac{1}{2}$	108	23	186	47
Altona, S. 3.						
100 Rthaler Schl. Hollst. Spec. Bco.	144	$3\frac{1}{2}$	151	$8\frac{1}{2}$	259	28
Dergl. Courent .	115	$7\frac{7}{12}$	121	2	207	34
Amsterdam, S. 5.						
100 Thaler Cour.	136	18	143	$14\frac{1}{2}$	246	9
100 Gulden Cour.	54	$16\frac{5}{6}$	57	$10\frac{1}{2}$	98	28
Ancona, S. 11. 100 Scudi . . .	140	—	147	—	252	—
Anspach und Bayreuth, S. 12.						
100 Rgulden	55	$13\frac{1}{3}$	58	8	100	—
Antwerpen, S. 16.						
100 Thaler Wechs. Geld	128	$6\frac{7}{12}$	134	$16\frac{1}{2}$	230	54
Courent	109	$22\frac{5}{6}$	115	11	197	54
Arragonien, S. 18. 100 Libras .	129	$17\frac{1}{12}$	136	$4\frac{3}{4}$	233	29
Archangel, s. Rußland.						
Augsburg, S. 19.						
100 Rthaler Giro Geld	127	—	133	8	228	34
Courent	100	—	105	—	180	—
Münze	83	8	87	12	150	—
100 Rgulden Giro-Geld	84	16	88	$21\frac{1}{3}$	152	23
Courent	66	16	70	—	120	—
Münze	55	$13\frac{1}{3}$	58	8	100	—
Bamberg, S. 22. 100 Rgulden .	55	$13\frac{1}{3}$	58	8	100	—
Barcelona, S. 23. 100 Libras .	73	$12\frac{1}{12}$	77	$4\frac{1}{2}$	132	$18\frac{3}{4}$
Basel, S 24.						
100 Thaler à 2 fl. Wechs. Geld .	125	$3\frac{1}{3}$	131	$9\frac{7}{12}$	225	15
Courent . . .	112	15	118	6	202	43
Bassano, S. 26. Werth w. Bergamo.						
Bayonne, S. 26. — w. Frankreich.						
Bayreuth, s. Anspach.						

Inhalt und Werth.	Convent. Courent.		Preuß. Courent.		24 Gulden fuß.	
	Rthl.	Ggr	Rthl.	Ggr	Rfl.	Xr.
Bergamo, S. 27.						
100 Lire piccol. Cour.	13	$10\frac{4}{12}$	14	$2\frac{7}{9}$	24	12
Mon. abusiva	12	$22\frac{2}{3}$	13	$14\frac{1}{4}$	23	18
Bergen, wie Dänemark oder Kopenhagen.						
Berlin, S. 29.						
100 Rthaler Courent	95	$5\frac{1}{4}$	100	—	171	$25\frac{1}{2}$
100 Pfund Banco	125	—	131	6	225	—
Bern, S. 32.						
100 Kronen	93	$20\frac{1}{2}$	98	$13\frac{1}{8}$	168	56
100 Gulden	56	$7\frac{1}{2}$	59	3	101	22
Bielefeld, wie Minden.						
Bilbao, S. 34.						
100 Real de Vellon	6	$21\frac{1}{2}$	7	$5\frac{2}{3}$	12	24
Bologna, S. 35.						
∞ Lire Wechs. Geld	28	$16\frac{1}{3}$	30	$3\frac{1}{3}$	51	20
Courent	28	—	29	$9\frac{7}{12}$	50	24
Bozen S. 39.						
100 Rgulden Courent	63	12	66	16	114	17
Meßzahl	66	16	70	—	120	—
Bourdeaux, S. 40. Werth wie Frankreich.						
Braunschweig, S. 42.						
100 Rthaler	100	—	105	—	180	—
Bremen, S. 44.						
100 Rthaler	100	—	105	—	180	—
Brescia, S. 46. Werth w. Bergamo.						
Breslau, S. 47. - wie Berlin.						
Brüssel, wie Antwerpen.						
Cadix, S. 49.						
100 Real de platta	12	$23\frac{1}{4}$	13	$14\frac{11}{12}$	23	21
100 Duc. Cambio	143	$1\frac{1}{3}$	150	5	257	31
Canea, S. 50. Werth wie Constantinopel.						
Carrara, S. 50. Werth w. Modena.						
Cassel, S. 50						
100 Rthlr. Nied. Heß.	100	—	105	—	180	—
Ob. Heß.	83	8	87	12	150	—
Castilien, s. Spanien.						
Catalonien, s. Barcelona.						
Cefalonia, s. Zante.						
Celle, s. Zelle.						
Cette, s. Montpellier.						

Inhalt und Werth.	Convent. Courent. Rthl.	Ggr.	Preuß. Courent. Rthl.	Ggr.	24 Guldenfuß. Rfl.	Xr.
Cleve, S. 52. 100 Rthlr. Caſſa-Geld	95	$5\frac{5}{7}$	100	—	171	$25\frac{5}{7}$
Frankfurter Geld	79	$8\frac{3}{4}$	83	8	142	$51\frac{3}{7}$
Coblenz, ſ. Trier.						
Coburg oder Koburg, S. 54.						
100 Rgulden	55	$13\frac{1}{3}$	58	8	100	—
Coͤlln am Rhein, S. 54.						
100 Thaler à 80 Alb. n. d. 24 fl. Fuß	83	8	87	12	150	—
n. d. 25 fl. Fuß	80	—	84	—	144	—
100 Thaler à 78 Alb. Wechſ. Geld	84	$11\frac{1}{2}$	88	$16\frac{5}{8}$	152	3
Courent . .	81	6	85	$7\frac{1}{2}$	146	15
100 Gulden à $53\frac{1}{3}$ Alb. 24 fl. Fuß .	55	$13\frac{1}{3}$	58	8	100	—
25 fl. Fuß .	53	8	56	—	96	—
100 Gulden à 52 Alb. Wechſ. Geld	56	$7\frac{7}{12}$	59	$3\frac{1}{6}$	101	$22\frac{1}{2}$
Courent . .	54	4	56	21	97	30
Coͤlniſche Churlande, S. 57.						
Werth wie Coͤlln am Rhein.						
Conſtantinopel, S. 57.						
100 Piaſter	50	$19\frac{1}{6}$	53	8	93	$33\frac{1}{2}$
Copenhagen, ſ. Kopenhagen.						
Corſica, S. 59. Werth w. Frankreich.						
Cremona, S. 59. — w. Mailand.						
Curland und Semgallen, S. 60.						
100 Thaler Alberts	138	$21\frac{1}{2}$	145	20	250	—
Courent	104	4	109	9	187	30
100 Gulden Alb.	46	7	48	$14\frac{2}{3}$	83	20
Cour. ſ.	34	$17\frac{1}{3}$	36	11	62	30
Daͤnemark, ſ. Kopenhagen.						
Danzig, S. 61, jetzt Koͤnigl. Preuß.						
100 Gulden	23	$19\frac{1}{3}$	25	—	42	51
100 Thaler	71	$10\frac{1}{3}$	75	—	128	34
Delmenhorſt, ſ. Oldenburg.						
Dublin, ſ. Irrland						
Duͤnkirchen, S. 64.						
Werth wie Frankreich.						
Elbing, wie Koͤnigsberg.						
Emden, S. 65. Werth wie Berlin.						
England, ſ. London.						
Erfurth, S. 67.						
100 Rthaler Caſſa-Geld	100	—	105	—	180	—
Handl. Valuta . . .	94	$2\frac{3}{4}$	98	$19\frac{3}{4}$	169	25
Ferrara, S. 68.						
100 Lire Bologn. Cour.	28	—	29	$9\frac{7}{12}$	50	24
Ferrara Cour.	22	$8\frac{5}{12}$	23	$12\frac{1}{2}$	40	$13\frac{3}{4}$

Inhalt und Werth.	Convent. Courent.		Preuß. Courent.		24 Guldenfuß.	
	Rthl	Ggr.	Rthl.	Ggr.	Fl.	Xr.
Florenz, S. 69.						
100 Lire Mon. buon.	21	12$\frac{1}{3}$	22	13$\frac{11}{12}$	38	42$\frac{1}{2}$
100 Ducati	150	12$\frac{5}{6}$	158	1$\frac{1}{2}$	270	58
100 Scudi doro à 150 Soldi . .	161	6$\frac{11}{12}$	169	8$\frac{5}{12}$	290	19
à 150$\frac{1}{3}$	162	2$\frac{5}{12}$	170	4$\frac{3}{4}$	291	23
Frankfurt am Mayn, S. 72.						
100 Rthaler Courent	100	—	105	—	180	—
Waar. Zahl.	83	8	87	12	150	—
100 Rgulden Courent	66	16	70	—	120	—
Waar. Zahl.	55	13$\frac{1}{3}$	58	8	100	—
Frankfurt a. d. Oder, S. 75. Werth wie Berlin.						
Frankreich, S. 76.						
100 Livres tourn.	25	$\frac{2}{3}$	26	6$\frac{2}{3}$	45	3
100 Ecû	75	2	78	20$\frac{1}{12}$	107	21
Fulda u. Speyer, S. 81.						
100 Rgulden	55	13$\frac{1}{3}$	58	8	100	—
Galicien, S. 81.						
100 Real de Vellon	6	21$\frac{1}{2}$	7	5$\frac{2}{3}$	12	24
Galizien u. Lodomerien, S. 82.						
100 Gulden	16	16	17	12	30	—
Gallipoli, S. 82. Werth wie Neapel.						
Geldern, S. 82. wie Cleve.						
Genf oder Geneve, S. 83.						
100 Livres Cour.	41	8$\frac{1}{3}$	43	10$\frac{1}{12}$	74	25
100 Gulden Genf.	11	19$\frac{7}{12}$	12	9$\frac{3}{4}$	21	22$\frac{1}{2}$
Genua, S. 84.						
100 Lire Banco	26	14$\frac{5}{6}$	27	22$\frac{3}{4}$	47	55
fuori Bco. Mon. buona .	21	7$\frac{1}{12}$	22	8$\frac{7}{12}$	38	20
100 Pezzi	122	10$\frac{1}{2}$	128	13$\frac{1}{2}$	220	23
Gibraltar, S. 89.						
100 Real	11	11$\frac{2}{3}$	12	1$\frac{5}{12}$	20	40
Gothenburg. s. Schweden.						
Guastalla, S. 90.						
100 Lire	6	2$\frac{3}{4}$	6	10$\frac{1}{6}$	11	1
Halberstadt, wie Magdeburg oder Berlin.						
Hamburg, S. 91.						
100 Mark Banco	48	6$\frac{5}{12}$	50	16$\frac{1}{3}$	86	53
Courent	39	5$\frac{5}{6}$	41	4$\frac{1}{6}$	70	35
100 Rthaler Banco	144	19$\frac{1}{2}$	152	1	260	38
Courent , ...	117	15$\frac{1}{3}$	123	12$\frac{2}{3}$	211	46
Hamm, S. 95. wie Cleve	95	5$\frac{1}{3}$	100	—	171	25$\frac{5}{7}$

Inhalt und Werth.	Convent. Courent. Rthl.	Convent. Courent. Ggr.	Preuß. Courent. Rthl.	Preuß. Courent. Ggr.	24 Guldenfuß. Fl.	24 Guldenfuß. Xr.
Hanau, S. 95. 100 Rgulden . .	55	$13\frac{1}{7}$	58	8	100	—
Hannover, S 96.						
100 Rthaler Cassen-Geld . . .	107	$3\frac{5}{12}$	112	12	192	51
Gold-Val.	100	——	105	——	180	—
Havre de Grace, S. 98.						
Werth wie Frankreich.						
Heidelberg, S. 98.						
Werth wie Frankfurt a. Mayn.						
Helsingoer, S. 99.						
100 Rthaler Sund. Spec. . . .	140	$4\frac{1}{6}$	147	$4\frac{1}{2}$	252	19
Dän. Cour.	117	$6\frac{1}{2}$	123	3	211	5
Hessencasselsche Lande, s. Cassel.						
Hessendarmstädtische Lande, S. 101.						
Werth wie Frankfurt a. Mayn.						
Hildesheim, S. 102.						
100 Rthaler	100	——	105	——	180	—
Holland, s. Amsterdam.						
Holstein, s. Altona.						
Irrland, S. 103.						
1 Pfund Irrisch	5	$18\frac{5}{6}$	6	$1\frac{3}{4}$	10	25
Iserlohn, S. 103.						
100 Rthaler Cassen-Geld . . .	95	$5\frac{3}{4}$	100	——	171	$25\frac{5}{7}$
Ordin. Geld . . .	59	$12\frac{1}{2}$	62	12	107	9
Koburg, s. Coburg.						
Königsberg, S. 103.						
100 Gulden	31	$17\frac{11}{12}$	33	8	57	$8\frac{4}{7}$
Kopenhagen, S. 106.						
100 Rthaler würkl. Spec. . . .	144	$3\frac{1}{2}$	151	$8\frac{5}{12}$	259	28
Sund. Spec, . . .	140	$4\frac{1}{6}$	147	$4\frac{1}{2}$	252	19
Kronen-Val. . . .	124	$14\frac{1}{3}$	130	20	224	17
Dän. Cour.	117	$6\frac{1}{2}$	123	3	211	5
Leipzig, S. 109.						
100 Rthaler	100	——	105	——	180	—
Libau, s. Curland.						
Lille, s. Ryssel.						
Lingen, S. 114.						
100 Gulden	47	$14\frac{5}{6}$	50	——	85	43
Linz, s. Wien.						
Lion oder Lyon, S, 114.						
Werth wie Frankreich.						
Lippstadt, S. 116.						
100 Rthaler	95	$5\frac{3}{4}$	100	——	171	$25\frac{5}{7}$

nd Werth.	Convent. Courent.		Preuß. Courent.	
	Rthl.	Ggr.	Rthl.	Ggr.
.				
oo Rees . . . ,	154	23	162	$4\frac{1}{2}$
faden à 400 R. . . .	61	19	64	21
to reali	123	$15\frac{2}{3}$	129	$20\frac{1}{15}$
buona	21	$12\frac{1}{8}$	22	$13\frac{11}{12}$
unga	20	$14\frac{2}{3}$	21	$15\frac{5}{12}$
. . . . .	6	$6\frac{5}{12}$	6	$13\frac{11}{12}$
Kreich,				
. . . .	19	$13\frac{1}{2}$	20	$12\frac{2}{5}$
. . . .	146	$15\frac{1}{6}$	153	$23\frac{1}{12}$
. . . . .	50	$1\frac{1}{3}$	52	$13\frac{5}{12}$
Rark	117	$15\frac{1}{2}$	123	$12\frac{2}{3}$
4.				
annover.				
f, S. 135.				
r Patagon . . .	126	$11\frac{1}{2}$	132	$19\frac{1}{4}$
36.				
. . . . . .	41	$15\frac{1}{2}$	43	$17\frac{1}{2}$
Werth w. Spanien.				
Berlin.				
ilano, S. 137.				
al	27	$22\frac{5}{8}$	29	$8\frac{1}{2}$
t	19	18	20	18
allorca, S. 141.				
. . . . .	91	21	96	$11\frac{5}{12}$
lon	6	$21\frac{1}{2}$	7	$5\frac{2}{3}$
100 Scudi . . .	56	$9\frac{1}{2}$	59	$5\frac{1}{2}$
Heidelberg.				
. 100 Lire . .	6	14	6	22
affel.				
5.				
ankreich).				
tich).				
rankfurt a. Mayn.				
hwerin, f. Roftock.				

Inhalt und Werth.	Convent. Courent.		Preuß. Courent.		24 Guldenfuß.	
	Rthl.	Ggr.	Rthl.	Ggr.	Fl.	Xr.
Mecklenburg-Streelitz, S. 148.						
100 Rthaler	100	—	105	—	180	—
Memel, wie Königsberg.						
Messina, s. Sicilien.						
Meurs, S. 148. Werth wie Cleve.						
Minden und Ravensberg, S. 148.						
100 Rthaler	95	$5\frac{1}{4}$	100	—	171	$25\frac{5}{7}$
Minorca, S. 149. Werth wie Barcelona.						
Modena, S. 149.						
100 Lire di Modena	9	$14\frac{1}{3}$	10	$1\frac{5}{6}$	17	16
di Reggio	6	$13\frac{5}{12}$	6	$17\frac{1}{6}$	11	31
Montpellier, S. 152. Werth wie Frankreich.						
Morea, s. Patrasso.						
Mühlhausen in Niedersachs. S. 153.						
100 Rthaler	100	—	105	—	180	—
Mühlhausen in der Schweitz, S. 153.						
100 Livre	25	$—\frac{2}{3}$	26	$6\frac{2}{3}$	45	3
München, S. 153.						
100 Rgulden	55	$13\frac{1}{3}$	58	8	100	—
Münster, S. 155.						
100 Rthlr. d. 20 fl. Fußes . . .	100	—	105	—	180	—
d. 24 fl. Fußes . . .	83	8	87	12	150	—
d. 25 fl. Fußes . . .	80	—	84	—	144	—
Nancy, S. 155.						
100 Livres	19	9	20	$8\frac{1}{4}$	34	$52\frac{1}{2}$
Nantes, S. 156. Werth wie Frankreich.						
Narva, S. 157. Werth w. Rußland.						
Naumburg, S. 158.						
100 Rthlr.	100	—	105	—	180	—
Navarra, S. 158. 100 Libras . .	21	15	22	$16\frac{5}{8}$	38	55
100 Reales . .	12	$23\frac{1}{4}$	13	$14\frac{3}{4}$	23	21
Neapel oder Napoli, S. 159.						
100 Ducati Regno	108	$3\frac{3}{4}$	113	$13\frac{1}{2}$	194	40
Neufchatel od. Neuenburg, S. 166.						
100 Livres tourn. od. Courent . .	37	13	39	10	64	22
100 Livres foibles	15	$—\frac{5}{12}$	15	$18\frac{5}{12}$	25	45
Nizza, S. 167. Werth wie Turin.						
Nördlingen, S. 168.						
100 Rgulden	55	$13\frac{1}{3}$	58	8	100	—

Inhalt und Werth.	Convent. Courent.		Preuß. Courent.		24 Guldenfuß	
	Rthl.	Ggr.	Rthl.	Ggr.	Rfl.	Xr.
Nordamerikanische Staaten, S. 168.						
1 Pfund in 1) Südcarolina u. Georgien	6	1	6	$8\frac{1}{4}$	10	52
2) Neuhampshire, Massachusets, Rhode-Island, Connecticut, Virginien	4	$19\frac{5}{6}$	4	$22\frac{1}{2}$	8	27
3) Pensylvanien, Neujersey, Delaware, Maryland	3	$18\frac{1}{3}$	3	$22\frac{3}{4}$	6	46
4) Neuyork und Nordcarolina	3	$12\frac{7}{12}$	3	$16\frac{5}{6}$	6	20
100 Dollar	141	— $\frac{1}{2}$	148	$1\frac{3}{4}$	253	50
Norwegen, wie Dänemark.						
Nove oder Novi, S. 172.						
100 Scudi doro marche . . .	247	$17\frac{1}{2}$	260	$2\frac{1}{2}$	445	55
Nürnberg, S. 173.						
100 Rgulden Courent od. Banko .	66	16	70	—	120	—
Münze	55	$13\frac{1}{3}$	58	8	100	—
Oldenburg, S. 176.						
100 Rthaler Cassa-Geld . . .	111	$2\frac{2}{3}$	116	16	200	—
grob Courent . . .	100	—	105	—	180	—
klein Courent . . .	91	23	96	$13\frac{5}{6}$	165	31
Osnabrück, S. 178. 100 Rthaler .	100	—	105	—	180	—
Oviedo, S. 179.						
100 Real de Vellon	6	$21\frac{1}{2}$	7	$5\frac{2}{3}$	12	24
Padoua, S. 179.						
100 Lire piccol. cour.	13	$10\frac{1}{2}$	14	$2\frac{5}{6}$	24	12
Palermo, s. Sicilien.						
Paris, S. 180. Werth w. Frankreich.						
Parma, S. 182. 100 Lire . . .	6	8	6	$15\frac{1}{2}$	11	$23\frac{1}{3}$
Patras oder Patrasso, S. 186. Werth wie Constantinopel.						
Pernau, S. 186. Werth w. Rußland.						
Piacenza, S. 187. 100 Lire . .	7	$14\frac{1}{4}$	7	$23\frac{5}{12}$	13	$40\frac{1}{2}$
Pohlen, s. Warschau.						
Porto, s. Lissabon.						
Prag, S. 188. 100 Rgulden . .	66	16	70	—	120	—
Ragusa, S. 189. 100 Ducati . .	61	$7\frac{1}{6}$	64	$8\frac{3}{4}$	110	21
Ravensberg, wie Minden.						
Regenspurg, S. 190. 100 Rgulden	55	$13\frac{1}{3}$	58	8	100	—
Reggio di Modena, s. Modena.						
Reval, S. 191. Werth wie Rußland.						
Riga, S. 192. 100 Thaler Alberts .	138	$21\frac{1}{2}$	145	20	250	—
Courent .	104	4	109	9	187	30

Inhalt und Werth.	Convent. Courent. Rthl.Gr		Preuß. Courent. Rthl.Gr		24 Gul: denfuß. Fl. Xr.	
Rochelle, S. 194.						
Werth wie Frankreich.						
Rom, S. 195.						
100 Scudi Rom.	140	—	147	—	252	—
Rostock, S. 201.						
100 Rthlr.	117	15½	123	12⅔	211	46
100 Mark	39	5⅝	41	4⅝	70	35
Rotterdam, S. 202.						
Werth wie Amsterdam.						
Rouen, S. 203.						
Werth wie Frankreich.						
Rußland, S. 204.						
100 Rubel Silb. Geld	102	13½	107	16½	184	37
Kurf. und Banko-Noten	64	5⅞	67	10½	115	37
Ryssel oder Lille, S. 207.						
Werth wie Frankreich.						
Sächsische Fürstenthümer, S. 208.						
100 Rthaler	100	—	105	—	180	—
Sachsen-Lauenburg, S. 209.						
Werth wie Rostock.						
Salzburg, S. 209.						
100 Rgulden	55	13⅓	58	8	100	—
St. Ander, S. 210.						
100 Real de Vell.	6	21½	7	5⅔	12	24
St. Gallen, S. 210.						
100 Gulden n. d 24 fl. Fuß . .	55	13½	58	8	100	—
durch Laubthaler . .	54	14½	57	8	98	17½
St. Jubes, wie Lissabon.						
St. Malo, S. 212.						
Werth wie Frankreich.						
St. Petersburg, s. Rußland.						
St. Remo, wie Genua.						
St. Sebastian, S. 212.						
100 Reales de Vellon	6	21½	7	5⅔	12	24
Sardinien, S. 213.						
100 Lire	48	6	50	16½	86	53
Schlesien Preuß.Antheils, s.Breßlau.						
Schlesien Oesterr. Antheils, S. 214.						
100 Rgulden	66	16	70	—	120	—
Schottland, s. London.						
Schweden, S. 215.						
100 Rthaler Spec.	146	15	53	23½	263	56

Inhalt und Werth.	Convent. Courent.		Preuß. Courent.		24 Gu... den fu...	
	Rthl.	Ggr.	Rthl.	Ggr.	Rfl.	Xr
Schweitzer Eidgenossenschaft, S. 219						
1) zu Appenzell, Rheinthal, Schaf=						
hausen, Gorgans, Thurgau, Tog=						
genburg. Werth wie St. Gallen,						
2) zu Bisthum Basel, Biel, Frey=						
burg, Solothurn, Walliserland.						
Werth wie Bern.						
3) zu Bünden oder dem Graubünder						
Lande. 100 Gulden	44	12	46	17½	80	5
4) zu Glarus. 100 Gulden . .	57	5	60	1 7⁄12	102	58
5) zu Schweitz, Unterwalden u. Uri.						
100 Gulden	46	5	48	12½	83	10
6) zu Zug. 100 Gulden . . .	48	1⅛	50	10¼	86	29
Sevilla, wie Cadix.						
Sicilien, S. 221.						
100 Once	324	11	340	16⅓	584	—
Soest, S. 223. Werth wie Cleve.						
Spanien, S. 224.						
100 Real de Vellon	6	21½	7	5¾	12	24
de platta	12	23⅓	13	14½	23	21
100 Duc. Cambio	143	1½	150	5	257	31
Stettin, S. 233. Werth wie Berlin.						
Stockholm, s. Schweden.						
Stralsund, S. 235.						
100 Rthaler	107	3 5⁄16	112	12	192	51
100 Gulden	53	13⅓	56	6	96	25
Straßburg, S. 237.						
Werth wie Frankreich.						
Stuttgard, s. Würtemberg.						
Tecklenburg, S. 239.						
100 Rthaler	95	5¼	100	—	171	25
Toulon, S. 239.						
Werth wie Frankreich.						
Triersche Churlande, S. 240.						
100 Rthlr. d. 24 fl. Fußes . .	83	8	87	12	150	—
d. 25 fl. Fußes . .	80	—	84	—	144	—
Triest, S. 240.						
100 Reichsgulden	66	16	70	—	120	—
100 Lire courent	12	14½	13	5 5⁄?	22	40
di Piaza	12	7 7⁄12	12	22 5⁄12	22	10
Turin, S. 242 statt 442.						
100 Lire	30	7⅛	31	19 7⁄12	54	11

Inhalt und Werth.	Convent. Courent. Rthl.	Convent. Courent. Ggr.	Preuß. Courent. Rthl.	Preuß. Courent. Ggr.	24 Guldenfuß. Rfl.	24 Guldenfuß. Kr.
S. 246.						
Rgulden	55	$13\frac{1}{3}$	58	8	100	—
rn, S. 247. Werth wie Wien.						
izia, S. 248.						
Libras	103	$18\frac{1}{2}$	108	23	186	47
dig, S. 250.						
Ducati Banco	129	—$\frac{3}{4}$	135	$11\frac{7}{12}$	232	16
picc. Cour.	83	8	87	12	150	—
Lire Bco.	20	$19\frac{1}{2}$	21	$20\frac{5}{12}$	37	$27\frac{1}{2}$
picc. Cour.	13	$10\frac{1}{2}$	14	$2\frac{5}{8}$	24	12
en, s. Bremen.						
na, S. 258.						
Lire	13	8	14	——	24	—
tland, S. 259.						
Rthaler	90	$21\frac{11}{12}$	95	11	163	38
eck, S. 259.						
Rgulden	55	$13\frac{1}{3}$	58	8	100	—
chau, S. 259.						
Thaler à 6 fl.	95	$19\frac{1}{2}$	100	$14\frac{5}{12}$	172	27
l, s. Cleve.						
, S. 261.						
Rgulden	66	16	70	——	120	—
Rthaler	100	——	105	——	180	—
nar, S. 265. Werth wie Rostock.						
temberg, S. 266.						
Rgulden	55	$13\frac{1}{3}$	58	8	100	—
urg, S. 267.						
Werth wie Rußland.						
e u. Cefalonia, S. 267.						
Real	107	$12\frac{3}{4}$	112	$21\frac{3}{4}$	193	33
nd, S. 268.						
Gulden	53	$14\frac{1}{2}$	56	$6\frac{5}{6}$	96	29
oder Celle, S. 268.						
Werth wie Hannover.						
h, S. 269.						
Gulden u. d. 22 fl. Fuß . .	60	$14\frac{1}{2}$	63	$15\frac{1}{6}$	109	$5\frac{1}{2}$
durch Laubthaler . .	60	$1\frac{7}{12}$	63	$1\frac{7}{12}$	108	6
ich, S. 271. Werth wie Zürich.						

Inhalt.

Tabellen.

I. Ueber Vergleichung und Werth der vornehmsten Rechnungs-Münzen aller Orte und Lande in- und ausserhalb Europa, also auch der in vorhergehenden Nachrichten nicht enthaltenen. S. 273.

II. Ueber Gewicht, Gehalt und Werth der vornehmsten Gold- und Silber-Münzen aller Länder. S. 301.

III. Ueber Vergleichung und Länge verschiedener Ellen-Maaße, die in den vorhergehenden Nachrichten nicht vorkommen. S. 323.

IV. Ueber Vergleichung und Größe verschiedener Körpermaaße zu trocknen und flüßigen Waaren, die in den vorhergehenden Nachrichten nicht befindlich. S. 329.

V. Ueber Vergleichung und Schwere verschiedener Handels-Gold- Silber- Münz- Jouwelen- und Perlen-Gewichte, die in vorhergehenden Nachrichten nicht enthalten. S. 339.

VI. Ueber das Gewicht eines Franz. Cubikzolles an verschiedenen Metallen und andern Dingen. S. 350.

VII. Ueber Resolvirung der bey den Münztafeln vorkommenden Decimal-Theile eines Rthalers. S. 351.

Aachen,

Reichsstadt in Westphalen, rechnet gewöhnlich nach Reichsthaler zu 54 Mark à 6 Buschen.

Verhältniß sämtlicher Aachner Rechnungsmünzen.

Spec. thaler.	Reichs-thaler.	Reichs-gulden.	Aachner oder schl. Thaler	Schillinge.	Aachner Gulden.	Aachner Mark od. Peterm.	Buschen	Heller.
1	$1\frac{1}{3}$	2	$2\frac{10}{13}$	8	12	72	432	1728
	1	$1\frac{1}{2}$	$2\frac{1}{13}$	6	9	54	324	1296
		1	$1\frac{5}{13}$	4	6	36	216	864
			1	$2\frac{8}{9}$	$4\frac{1}{3}$	26	156	624
				1	$1\frac{1}{2}$	9	54	216
					1	6	36	144
						1	6	24
							1	4

Der Zahlwerth ist gewöhnlich der 16 Rthlr. od. Courent, mit unter auch der $16\frac{2}{3}$ Rthlr. Fuß. Wechsel auf Antwerpen und Paris werden nach den Species- oder 12 Rthl. Fuß behandelt.

Würkliche Aachner Münzsorten, in

Golde. Ducaten, nach den Reichsfuß.

Silber. Rathspräsentcher zu 32, 16 und 8 Mark, sind Scheidemünzen.
Stücke zu 3, 2 und 1 Mark Aachner.

Kupfer. 3 und 1 Buschen oder 12 und 4 Hellerstück.

Von fremden Münzsorten gelten hier m. od. w.

Gold.	*Souverains* . . .	10 rthl.	od.	60	fl. Aachn.
	Carolinen u. Schildlouisd'or	$7\frac{1}{3}$	= =	44	= =
	Franz. Sonnenlouisd'or	$7\frac{1}{4}$	= =	$43\frac{1}{2}$	= =
	= alte Louisd'or	6	= =	36	= =
	Ducaten	$3\frac{1}{3}$	= =	20	= =
Silb.	Franz. Laubthaler .	$16\frac{1}{2}$ fl.	=	99	Mk. Aachn.
	Brab. Silber-Kronen	16	= =	96	= =
	Dergl. Schillinge . . .		.	10	= =
	Neue ⅔tel od. Constitut. Gulden		.	46	= =
	Conventions-Spec. Thaler	$14\frac{1}{2}$ fl.	od.	87	= =
	Dergl. Gulden . .	$7\frac{1}{4}$	= =	43	= =
	Dergl. Kopfstück oder 20 Xr.	.	.	13	= =

Wechsel-Preise nach dem Silber-Pari u. 16 Rthl. Fuße.

giebt Aachen	empfängt	in
*164⅝ rthlr.	100 thlr. Holl. Cour.	Amsterdam.
*115¹⁰⁄₁₀ Specthl.	100 thlr. Wechs. Geld	Antwerpen.
*120 rthlr.	100 rthl. Conv. Cour.	Frankf. a. M. u. Wien.
*67,57 Specthl.	100 Ecu à 3 Liv.	Paris.

Nota. Die mehresten Wechsel werden aber von Amsterdam aus vollzogen.

Das Ellenmaaß von 296 Fr. Lin. ist ⅜ pCt. länger als die Berliner Elle.

Das Fußmaaß von 12 Zoll hält 128½ Fr. Linien, und ist 8¼ pCt. kürzer als der Rheinl. Fuß.

Vom Getraidemaaß hat der Kornmalter 6 Faß à 4 Korf, 1 Faß Hafer aber 6 Kopf. Der Kopf hält 301⅔ Fr. Cubikzoll, und 908½ Kopf betragen 100 Berliner Scheffel.

Vom Weinmaaß hält der Ahm 130 Kannen oder 7705 Fr. Cubikzoll = 132⅖ Berliner Quart circa.

Handelsgewicht ist das Schiffpfund von 3 Centner oder 300 Pfund, zur Fracht aber 318 Pfund. Das Pfund von 2 Mark, 16 Unzen, 32 Loth, 128 Quent, 512 Pfennige wieget 9754 Holl. As, und ist also noch nicht ₁⁄₁₈ pCt. schwerer als das Berliner Pfund.

Alicante

im Spanischen Valenzia am Mittelländischen Meere, rechnet gewöhnlich wie Valenzia nach)

Libras oder *Pesos* zu 20 *Sueldos* à 12 *Dineros*, oder nach

Reales de platta nuevas zu 24 *Dineros* Valenz. Währung; zuweilen auch in Facturen nach)

Reales de platta antiguas zu 30 *Dineros* Castil. Währung, s. Spanien.

Verhältniß sämmtlicher hiesiger Rechnungsmünzen, s. unter Valenzia; außerdem rechnet man hier den Alicant. *Ducado* zu 11 Valenz. neue Realen, und

10 Alicant. *Ducados* betragen 11 Alic. ob. Valenz. *Libras*, 1375 dergleichen = 1496 Span. Wechs. *Ducados*.

Die übrige Vergleichung der Valenz. Rechn. Münzen und deren Zahlwerth, der Werth der würkl. Span. Münzen in Valenz. Währung ist unter Valenzia und Spanien bemerket.

Die hiesigen Wechselpreise auf Amsterdam, Genua, Livorno, London, Paris, Uso und Respecttage sind unter Spanien zu suchen.

Ellenmaaß. Die *Vara* wird zu 337 und 383 Fr. Lin. lang angegeben, und wäre also 13⅞ oder 29⅒ pCt. länger als die Berliner Elle. Die übrigen Längenmaaße s. unter Valenzia.

Getraidemaaß. Der *Cahiz* oder *Caffise* Korn von 12 *Barsellas* enthält 12420 Fr. Cub. Zoll oder 4½ Berl. Scheffel circa.

Von Weinmaaß hält das Both 377 bis 409 Berliner Quart circa.

Wein- Branntwein- und Eßigmaaß ist der *Cantaro* von 544 Fr. Cub. Zoll oder 9⅞ Berl. Quart circa.

Die Oehlpipe hält 474⅛ Berl. Quart oder 1055 Berl. Pfund circa.

Handelsgewicht. *Carga* von 2½ Quintal. Der Quintal hält 4 Arroben, 96 große oder 144 kleine Pfund, und wieget circa 106¼ Pfund Berliner.

Das große Pfund zu Mandeln, Anies, Wolle, frischen Fischen und andern Eßwaaren wieget 18 Unzen oder 10791 Holl. As, und ist 10⅞ pCt. schwerer als das Berl. Pfund.

Das kleine Pfund zu Specereyen und feinen Waaren wieget 12 Unzen oder 7194 Holl. As, und ist 35⅛ pCt. leichter als das Berl. Pfund.

Das Castilianische Pfund von 16 Unzen oder 9592 Holl. As, also 1⅞ pCt. schwerer als das Berl. Pfund, wird bey Zoll- und Kron-Rechnungen gebrauchet.

36 Quintal-Mandeln rechnet man auf die Schiffs-Last.

Altona

im Dänischen Niedersachsen nahe bey Hamburg an der Elbe, rechnet gewöhnlich nebst dem Herzogthum Holstein, der Grafschaft Ranzau und der Herrsch. Pinneberg nach

Mark zu 16 Schillinge à 12 Pfennige Courant;

Handelsbücher sollen aber nach Verordnung v. 29. Febr. 1788 geführt werden in

Speciesthaler zu 48 Schillinge à 12 Pfennige Species.

Verhältniß dieser Rechnungsmünzen.

Thaler.		Mark.		Schillinge.		Pfennige.	
Species.	Courent.	Species.	Courent.	Species.	Courent	Species.	Courent.
1	1¼	3	3¾	48	60	576	720
	1	2⅖	3	38⅖	48	460⅘	576
		1	1¼	16	20	192	240
			1	12⅘	16	153⅗	192
				1	1¼	12	15
					1	9⅗	12
						1	1¼

Außerdem sind hier auch bey Wechselgeschäften wie in Hamburg, Pfund zu 20 Schill. à 12 Pfenn. vls. oder à 7½ Mark, desgl. Wechselthaler zu 2 Mark gebräuchlich.

Der Zahlwerth wird entweder nach Schleswig-Holstein. Bco. Species, die Cölln. Mark f. Silber zu 9½ Rthlr. Spec. bey Königl. Cassen, bey der Bank und im großen Handel, oder nach Schlesw. Hollst Courent, die Cölln. Mark f. Silber zu 11⁷⁄₁₆ Rthlr. im gemeinen Handel u. Wandel berechnet.

Würkliche Landesmünzen sind in

Gold: Species und Courent Ducaten nebst Christiansb'or, f. Dännemark.

Silb. neue seit 1788 auf Spec. und Cour. Valuta zugleich ausgemünzte ganze, ⅔tel und ⅓tel Spec. Rthlr. zu 48, 32 und 16 ßl. Spec. oder 60, 40, 20 ßl. Cour. ⅙tel Species zu 8 Schill. Spec. und 10 Schill. Cour. ⅟₁₂tel Species zu 4 Schill. Spec. und 5 Schill. Cour. ⅟₂₄tel Species zu 2 Schill. Spec. und 2½ Schill. Cour. Schillingsstück zu 2 Sechslinge als Scheidemünze.

Kupf. Sechslinge und Dreylinge zu ¼ und ⅛ Schilling.

Von den ältern Dänischen Münzsorten sind für 100 neue Schleswig-Hollsteinische Species festgesetzet: 100 alte Species, 117½ Rthlr. in Kronen, 125 Rthlr. in Dänisch groben sortirten Courent, der 24, 16, 12, 8 und 4 Schilling Dänisch Stücke, davon die 16 Schill. Stück auf 15, die 12 Schill. Stück auf 10 Schill. Dänisch bereits reducirt sind, desgleichen 132½ Rthlr. Dän. 2 Schill. Stück.

Von Banko-Noten sind für Schleswig und Hollstein seit 1788 neu ausgefertiget und in Umlauf, Zettel zu 80, 40, 20 und 8 Speciesthaler oder zu 100, 50, 25 und 10 Rthlr. Courent.

Die alten Kopenhagner Banko-Noten sind gegenwärtig 37½ pCt. schlechter als Species-Banco, und 100 Rthlr. dergl. Noten werden zu 90⅔ Rthlr , 1 Rthlr. in alten Noten aber für 43½ ßl. Schlesw. Hollst. Courent weggegeben.

Fremde Münzsorten coursiren auf die Art und zu den Preisen wie in Hamburg.

Wechselarten od. Preise sind ebenfalls wie in Hamburg.

In Ermangelung des Uso werden Wechsel, die nicht auf Sicht lauten, auf einen gewissen Tag bestimmt. Respect-Tage sind allhier 11 verordnet.

Maaße und Gewichte in Altona sind zwar den Hamburgern gleich; die Bier-Tonne aber ist 50 pCt. kleiner als die Hamburger.

Im Hollsteinischen rechnet man 100 Faden Holz für 81 Faden in Hamburg, ebendaselbst gebraucht man auch das Dänische Getraidemaaß, das Lübische Handels- und Cöllnische Markgewicht.

Von öffentlichen Handelsanstalten ist die 1777 größtentheils auf den Fuß der Hamburger Bank errichtete Giro-Bank zu bemerken, durch welche Wechselbriefe und andere Papiere, die in Bancogelde ausgestellet sind und über 100 Mark Species betragen, bezahlt werden musten. Sie war zugleich mit einer Leihebank auf Gold und Silber zu 2 Mck. Zinsen auf 3 Monat Zeit, nud einer Disconto-Anstalt verbunden; und ihr Schluß dauerte vom 11ten bis 19. Octbr., vor welcher Zeit die Wechsel, deren Verfallzeit und Respect-Tage während des Schlußes eintrat, abgeschrieben wurden.

Die neuere Depositenbank seit 1788 giebt für den Belauf der darin deponirten Speciesmünze die obengedachte Bankonoten aus, welche auf Vorzeigen sogleich wieder gegen klingende Münze umgewechselt, auch bey Königl. Cassen angenommen werden sollen.

Amsterdam

und ganz Holland rechnen gewöhnlich nach

Gulden zu 20 Stüver à 16 Pfennige Holländisch; bey öffentlichen Einkünften und Abgaben aber, rechnet man den Stüver zu 12 Pfenn.

Verhältniß sämtlicher Holländ. Rechnungsmünzen.

Pfund Flämmisch.	Holl. Thaler	Gold-Gulden	Holl. Gulden.	Schillinge Fläm.	Holl. Stüver	Groot Fläm.	Holl. Pfennige.
1	$2\frac{2}{3}$	$4\frac{2}{7}$	6	20	120	240	1920
	1	$1\frac{11}{14}$	$2\frac{1}{2}$	$8\frac{1}{3}$	50	100	800
		1	$1\frac{2}{3}$	$4\frac{2}{3}$	28	56	448
			1	$3\frac{1}{3}$	20	40	320
				1	6	12	96
					1	2	16
						1	8

Nota. Nach Livres oder Pfund zu 20 Schillinge à 12 Pfenn. vlf. werden Wechsel geschlossen, Wein, Erbsen und Bohnen behandelt. Nach Thaler zu 50 Stüb. à 16 Pfenn. stellet man Wechselpreise, und nach Goldgulden zu 28 Stüver rechnen vornehmlich die Kornhändler.

Der Zahlwerth dieser Rechnungsmünzen, wird entweder in Courent als der gewöhnlichen Valuta durch ganz Holland, oder in Banco-Valuta zu Amsterdam berechnet. In Courent hat die Cölln. Mark fein Silber den Werth von 24½ fl. Courent, und da dieses Courent jetzt nur ½ pCt. m.

ob. w. schlechter denn Banco ist, so kommt die Cölln. Mark fein Silber 24½ fl. Bco. m. ob w. zu stehen. Der Unterschied zwischen Banco- und Courent-Valuta heißt eigentlich der Banco-Agio und ist veränderlich; ehedem stand er 5 pCt. m. ob. w.

Würklich geprägte Holländische Münzsorten bestehen theils in Nationalmünzen, deren grobe Sorten nicht in großer Anzahl ausgepräget werden, mehrentheils nur im Lande umlaufen, und auf den Geprägen ihren bestimmten Werth in Courent anzeigen, theils in Fabrikationsmünzen, welche mehrentheils zum ausländischen Handel gepräget werden und einen unbestimmten oder veränderlichen Werth haben.

Die Nationalmünzen in Golde sind der ganze und halbe *Ruyder* von 14 und 7 Gulden Courent.

Die Nationalmünzen in Silber sind 3, 2, 1½, 1, ½be und ¼tel Gulden-Stück, davon die 3 fl. Stück Staaten-Gulden, die 2 fl. Stück Kronen und die 1½ fl. Stück Daalder benannt werden.

28 Stüver-Stücke.

Schillinge zu 6 Stüver. Sesthalfs oder reducirte alte und beschnittene Schillinge zu 5½ Stüver.

Dubbeltjes oder Doppelstüver, in welchen nebst den Sesthalfs und Schillingen fast alle kleine Zahlungen und Ausgaben, die nicht 50 fl. übersteigen, geschehen; endlich Einfache Stüver.

Kupferne *Duyt* ob. *Deute* v. ⅛ Stüv. ob. 2 Pfenn. Holl.

Die Fabrikationsmünzen in Golde sind Ducaten einfache und doppelte von veränderlichem Werth, der einfache gilt gegenwärtig 5 fl. 7 Stüv. Cour.

Die Fabrikationsmünzen in Silber sind Ducatons ob. ganze und ½be Silb. Ruyder, galten sonst bey der Bank 60 und 30 Stüver, in Courent aber 63 und 31½ Stüv. und darüber.

Courentthaler ganze, ½be, ¼tel und ⅛tel, zu 50, 25, 12½, 6¼ Stüver Cour. sind die jetzigen nach dem Fuß der Alberts-Thaler ausgeprägten Holländ. Species, welche mehrentheils zum Handel nach der Ostsee gebrauchet, und in Holland circa 3½ pCt. besser als Courent angenommen werden.

Nota. Die sonst von Andern angeführten Species-Alberts-Kreuz- und Löwenthaler, Goldgulden, Flabben, Stooters sind insgesammt alte Sorten, so jetzt wenig mehr vorkommen.

Fremde Münzsorten werden in Amsterdam entweder nach dem Gewicht, oder Stückweise, oder auch pro Cento angenommen oder weggegeben:

a) Nach dem Gewicht werden bezahlet

Die feine Trois-Mark Barren-Gold und Portug. *Crusaden* gelten beständig 355 fl., werden aber zu diesem Werth mit einem veränderlichen Agio (jetzt) $6\frac{1}{2}$ pCt. besser als Bco. angenommen.

Die Brutto-Unze folgender Goldsorten gilt veränderlich in Cour. als:

Alte und leichte Ducaten von $23\frac{1}{2}$ Karat fein circa sonst	$47\frac{1}{2}$	fl.
Franz. Preuß. und Lüneburgische leichte Pistol von 21 Kar. 6 à 10 Gr. sonst . . .	$43\frac{1}{2}$	—
Franz. Sonnen u. Span. leichte Pistolen sonst	$43\frac{1}{4}$	—
Engl. leichte Guinees und Souverains sonst	$44\frac{3}{5}$	—
Die feine Trois-Mark Barren-Silber, jetzt	$25\frac{3}{5}$	—
Dergl. von 5 à 7 Pfenn. fein sonst . .	$25\frac{?}{20}$	—
Die rauhe Trois-Mark		
Fein Lüneburg. $\frac{2}{3}$tel à 11 pf. 22 Gr. fein ca. jetzt	$25\frac{3}{20}$	—
Franz. Geld od. neue Kronen 10 pf. 21 Gr. fein circa sonst	$23\frac{19}{40}$	—
Span. Mexicanen 10 pf. 21 Gr. fein ca. jetzt	$22\frac{4}{5}$	—
Dergl. neue Stück von Achten . . .	—	—
Lüneburg. u. Sächs. Speciesthaler von 10 pf. 16 Gr. fein circa	—	—

b) Nach dem Stück gelten in Courent:

	fl.	Stv.
Goldne neue Ducaten	5	$6\frac{3}{4}$
alte dergl.	5	$6\frac{1}{4}$
Alte Franz. Schild- u. Sonnen Ldor.	11	3
Engl. Guinees	11	14
Pistolen-Sorten diverse . . .	9	5
Silberne franz. Kronen oder Laubthaler .	—	$55\frac{1}{2}$

c) *Pro Cento* sind m. od. w. besser als Holländ. Courent.

Silb. alte Kreuz- und Holl. Thaler . . .	—
neue, oder Holl. Cour. Thaler .	2 pCt.

Wechselarten oder Preise nach dem Silber-Pari, dabey der Holl. Bco. Agio zu $\frac{1}{2}$ pCt. angenommen worden.

Amsterdam wechselt auf

Antwerpen, Brüssel und Gent à Vista, und giebt 100 Liv. vls. od. fl. Holl. Bco. für *$102\frac{7}{8}$ Liv. vls. od. fl. Wechselgeld.

Breßlau à 6 Wochen nach Dato *$45\frac{1}{2}$ Stüv. Holl. Bco. für 1 Liv. Preuß. Bco.

Danzig à 40 Tage n. Dato, 1 Liv. vls. Bco. für *$415\frac{5}{8}$ Gr. Danz. Cour.

Frankreich als Bourdeaux und Paris à 2 Uso und à Vista, auch 2, u. 1 Mon. *$54\frac{3}{8}$ Pf. vls. Holl. Bco. für 1 Ecû von 3 Liv. tourn.

Genf à Uso von 2 Mon. *$90\frac{1}{2}$ Pf. vls. Holl. Bco. für 1 Ecu Genf. Cour.

Genua à Uso v. 2 Mon. * 89½ Pf. vls. Holl. Bco. für 5¼ Lire
fuori Bco

Hamburg à Uso und à Vista * 35⅞ Stüv. Holl. Bco. für
2 Mark Hamb. Bco.

Leipziger Messen * 36⅛ Stüv. Holländ. Cour. für 1 Rthlr.
Convent. Cour.

Livorno à Uso v. 2 Mon. nach Dato * 90 Pf. vls. Holl. Bco.
für 1 Pezze von 6 Lire.

Lissabon à Uso v. 2 Mon. n. Dato * 44⅖ Pf. vls. Holl. Bco.
für 4 0 Rees.

London à 2 Uso und à Vista * 38 Schill. vls. Holl. Bco. für
1 Liv. Sterl.

Rotterdam und Zeeland * 100 Liv. vls. od. fl. Cour. für 100
Liv. vls. od. fl. Cour.

Spanien, näml. Bilbao Cadix, Madrid, Sevilien à Uso
v. 2 Mon. n. Dato * 104, 1 Pf. vls. Holl. Bco. für 1 Wechs.
Duc. v. 375 Marav.

Venedig à Uso v. 2 Mon. n. Dato * 93⅔ Pf. vls. Holl. Bco.
für 1 Ducat. Vened. Bco.

Wien 6 Wochen nach Dato * 36½ Stüv. Holländ. Bco. für
1 Rthlr. Convent. Cour.

In Golde ist der Pari circa auf Livorno 91¾, auf Lissabon 50, 22, auf London 36½, auf Spanien 97 circa anzunehmen.

Der Uso ist in Amsterdam bey Wechselbriefen aus ganz
Deutschland und der Schweiz, außer Genf, 14 Tage nach
Sicht. Danzig, Königsberg und Riga, 1 Monat nach Sicht.
Antwerpen, Genf, London und ganz Frankreich 1 Monat
nach Dato des Briefes. Ganz Italien, Span., Portugall
2 Mon. n. Dato des Briefes.

6 Respecttage hat man hier nach dem Verfalltage, darunter Sonn- und Festtage mit eingeschlossen sind, fällt also
der letzte Respecttag auf einen solchen Feyertag, muß den
Tag vorher bezahlt oder protestiret werden.

Wenn ein in Banco zahlbar gestellter Wechsel vor dem
Schluß derselben zwar verfallen, die 6 Respecttage aber sich
erst während der Banksperrung endigen, kann der Inhaber
mit dem Protest noch bis auf den 3ten Tag nach wieder eröff-
neter Bank warten.

Holländische Maaße.

Von Ellenmaaß wird die Amsterdammer Elle von 306
Franz. Lin. und 3½ pCt. länger als die Berliner mehrentheils
gebrauchet; die Vlaamische Elle von 315 Fr. Lin. und 6¼
pCt. länger als die Berl. Elle ist ebenfalls gewöhnlich.

Von andern Längenmaaßen hält die Ruthe 13, der
Faden 6 Fuß à 11 Däume oder Zoll. Der Fuß von 125⅘
Fr. Lin., wird, wenn Masten in die Runde gemessen werden,

in 2 Palmen getheilet, und ist 10⅞ pCt. kürzer als der hier ebenfalls gewöhnliche Rheinländische Fuß von 12 Zoll.

Die Holländische Meile hält 18034 Franz. Fuß Länge, und 19 derselben betragen 15 Deutsche od. Geograph. Meilen.

Der Morgen Land hält 600 □Ruthen oder 77016 Fr. □Fuß, und 3,101 Berl. kl. Morgen.

Von Getraidemaaß zu Amsterdam, Edam, Monniken- dam und Purmerent hält die Last Korn 21½ Tonnen, 27 Mud- den, 36 Säcke. Der Sack hat 3 Scheepels, 12 Vierdevat, 96 Kops und 4087 Fr. Cubikzoll, ist also 49 7/8 pCt. größer als der Berliner Scheffel; an andern Orten ist dieses Maaß verschieden, und im allgem. Contoristen angegeben.

Grob Seesalz wird nach Hondert zu 404 Maaten à 3796 Fr. Cubikzoll verkauft.

Steinkohlen nach Hoed zu 38 Maaten, 6 Hoed = 5 Chaldrons in Newcastle.

Kalk nach der großen Tonne von 90 Mingelen oder 5417 Franz. Cubikzoll.

Von Rhein- Mosel-Wein- und Kornbrandtwein- Maaßen hält der Ahm 4 Anker, 8 Stekannen, 21 Viertel, 64 Stoopen, 128 Mingelen, 256 Pinten, 1024 Musjes oder 7705 Franz. Cubikzoll. Die Mingele hält 60 Fr. Cubikzoll und ist 31½ pCt. größer denn das Berl. Quart.

Franzwein wird das Oxhoft zu 180, die Tierze aber zu 120 Mingelen gerechnet.

Span. u. Portugies. Weine werden nach Boothen und Pipen verkauft, welche letztere 340 Mingelen enthalten sollen.

Franzbrantwein verkauft man nach 30 Viertel. Das Bourdeaurer Viertel rechnet man zu 6⅔ Mingelen od. circa 6 7/13 Berl. Quart.

Die Tonne Bier ist dem Ahm von 128 Mingelen = 132 1/13 Berl. Quart gleich.

Das Faß Baumöhl wird zu 717 Mingelen gerechnet, und der Mingel wieget circa 2¼ Berl. Pfund.

Hanf- Lein- Raep- oder Rüböhl wird nach dem Ahm zu 7½ Stekannen od. 120 Mingelen verkauft, die ca. 275 Pfd. Berl. wiegen.

Trahn wird in Quarteelen von 18 bis 21 Stekan, zu 12 Stekan oder 16 Mingelen verkauft.

Gewichte.

Von Handelsgewicht im Großen hat das Schiffpfund 3 Centner, 20 Lispfund, 37½ Stein oder 300 Pfund. Das Pfund Troisgewicht hält 2 Mark, 16 Unzen, 32 Loth oder 10280 Holl. Tr. As, und ist also 5 7/8 pCt. schwerer als das Berl. Pfund. Das Ostind. Comp. Gewichts-Pfund ist aber 7 pCt. schwerer als das Berliner.

A 5

Das Antwerpner oder Brabanter Gewichtspfund, wornach im Großhandel Queckſilber, Conchenille, Seide und Garne verkauft werden, hält 9790 Holl. As, und iſt alſo nur ⅔ pCt. ſchwerer als das Berl. Pfund.

Butter wird nach Tonnen verkauft, und die Leidſche wiegt 320, die Vrieſiſche 328, die Maſtenbröker 400 und die gemeine Holländiſche 336 Pfd. jedoch letztere mit dem Holze.

Das Medicinalgewicht im Großen ſoll das obengedachte Troispfund von 16 Unzen, 128 Drachmen, 384 Skrupel oder 7680 Grän ſeyn, es hält aber nur 10240 Holl. As Schwere.

Das eigentliche Apothekergewicht iſt ⅔tel des gedachten Gewichts, und hält nur 12 Unzen à 8 Drachmen, 24 Skrupel, 480 Grän oder 7680 Holl. As Schwere.

Gold= Silber= und Geld=Gewicht iſt die Troismark von 8 Unzen, 160 Engel, 640 Vierling, 1280 Troisken, 2560 Deursken oder 5120 Holl. As; 19 dergl. Troismark = 20 Mark Cölln.

Beym Probiren wird die f. Mark Gold zu 24 Karat à 12 Grän, Silber aber zu 12 Pfennige à 24 Grän à 24 Theile gerechnet.

Bey dem Juwelen= und Perlen=Gewicht wird gedachte Troismark zu 1200 Karat à ½be, ¼tel u. ſ. w. gerechnet, und 7¼ Karat betragen 32 Holl. As.

Zählende Güther.

1 Laſt Hering, ſo wie er aus der See kommt, 14 Tonnen; man verkauft ſie indeſſen zu 12 auch 13 Tonnen.

1 Laſt Pech hält 12, Theer aber 13 Tonnen.

1 Laſt zur Schiffsfracht wird zu 8 Orthoft Wein, 5 Stück Brantwein oder Pflaumen, 14 Stück mit Heringen, 12 Faß Pech, 13 Faß Theer, 7 Quartel Trahn, 4 Viper Baumöhl, 20 Kiſten Citronen, 4000 Pfund Reis, Eiſen, Kupfer ꝛc., 3000 Pfd. Mandeln, 2000 Pfd. Wolle u. Federn, 2400 Pfd. Pomeranzenſchalen, 2000 Pfd. Specerey u. ſ. w. Die Weitzenlaſt wird bey der Fracht 10 pCt. höher als die Rockenlaſt, und dieſe 20 pCt. höher als die Hafer= und 10 pCt. höher als die Saatlaſt gerechnet. Außerdem ſtehet dieſe Frachtlaſt von 4000 Pfd. mit 2 Tonnen in England u. Frankreich gleich.

1 Laſt Ballaſt hat nur 2000 Pfund.

100 Felle machen 104 Stück.

100 Planken von Weſterwyk haben 124, von Chriſtiana 126, und die Nordiſchen und Kopperwykſchen 132 Stück.

Oeffentliche Handelsanſtalten.

Die Amſterdamer Ao. 1605 errichtete Banco, nimmt Holländ. und fremde Gold= und Silbermünzen in Beuteln

von wenigstens 200 Stück, nach einem bestimmten Gewicht
und Gehalt an, bezahlet solche aber niedriger als sie in Courent-Valuta gewöhnlich gelten.

Durch die bey der Bank belegten Gelder machet man
sich entweder einen Fond, auf welchen man alle Gelder für
Wechselbriefe so nicht unter 300 fl., bey 25 fl. Strafe, durch
Ab- und Zuschreiben von einer Rechnung auf die andere, empfangen und bezahlen muß; oder man nimmt auch die belegten Münzsorten baar wieder zurück, wenn man sie besser zu
benutzen gedenket, in welchem Fall die Bank ein Recipisse
oder Bescheinigung auf 6 Monat Zeit ausstellet, welches
man gelegentlich wieder mit Nutzen verhandelt, und solchem-
nach an einen andern abtreten kann.

Außer die ersten Tage nach Wiedereröfnung der Bank,
kann man nur über die in einem Tage zugeschriebenen Gelder, den folgenden Tag disponiren, und für jeden abgeschrie-
benen Posten werden 2 Stüver bezahlet, welche die Bank
bey dem 6monatl. Rechn. Schluß sich mit einem male gut
schreibet; mehr abschreiben zu lassen als man zu gute hat,
kostet beträgliche Geldstrafe.

Wenn man die belegten Münzsorten gegen die erhaltenen
Recipisses baar wieder zurück nimmt, bezahlet man außer
dem Vorschuß der Bank ⅛ pCt. für Gold- und Silber-Bar-
ren, ¼ pCt. für Gold- und Silber-Sorten, und ½ pCt. für
Ducatonen als Zinsen. Geschiehet aber während 6 Monat
keine Abforderung, muß die verfallene Interesse der Bank
gutgeschrieben und das Recipisse gegen gleiche Zinsen verlängert werden, ansonst die deponirten Sorten, für den Vorschuß, an die Bank verfallen.

Die hiesige Bank wird wegen Berichtigung ihrer Rech-
nungsbücher 2mal des Jahres auf 14 Tage, in der Mitte
des Jenners und Julius gewöhnlich geschlossen, außerdem
aber auch in den 3 großen Festen, Bettagen, und auf 6 bis 8
Tage in den ersten Tagen des Amsterdamer Jahrmarkts.

Ancona

im Päpstlichen Italien am Abriatischen Meer, rechnet gewöhnlich nach

Scudi zu 100 Bajocchi wie Rom, oder auch nach
Scudi zu 20 Soldi oder Grossi à 12 Denari;

Verhältniß dieser Rechnungsmünzen.

1 Scudo 10 Paoli 20 Soldi 100 Bajocchi 240 Denari.

1	2	10	24	
	1	5	12	
		1	2⅖	

Der Zahlwerth dieser Rechn. Münzen, die würklichen päbstl. und fremden Münzen, Wechselarten auf Amsterdam, Bologna, Florenz, Neapel und Venedig sind unter Rom bemerket. Auf Bergamo giebt Ancona 1 *Scudo* für 210 *Soldi* Cour. m. od. w. und auf Rom wird circa mit ½ pCt. Gewinn oder Verlust gewechselt.

Der Uso ist bey Wechseln aus Italien 15, aus Frankreich 40 Tage nach Dato. Bey andern ausländischen Briefen richtet man sich nach dem Uso der Orte daher sie gezogen. Respecttage sind hier nicht.

Maaße und Gewichte.

Ellenmaaß *Braccio* 284⅘ Fr. Lin., ist 3$\frac{11}{18}$ pCt. kürzer als die Berl. Elle, nach Andern 309 Fr. Lin. und 4½ pCt. länger als die Berl. Elle.

Fuß, davon 10 auf die *Pertica* gehen, hält 173⅓ Franz. Lin. und ist 24½ pCt. länger als der Rheinl. Fuß.

Beym Geraidemaaß hält der *Rubbio* von 8 *Coppe* à 4 *Provende*, 13764 Fr. Cub. Zoll od. 5$\frac{1}{16}$ Berl. Scheffel circa.

Von Maaßen zu flüßigen Waaren hält der *Soma* 48 *Boccali* à 72 Franz. Cubikzoll, wonach der *Boccal* 24⅛ pCt. größer denn das Berl. Quart ist.

Das Handels-Gewichts-Pfund von 12 *Once* wird verschiedentlich zu 6988 und 6884 Holl. As Schwere angegeben, und würde also 39$\frac{3}{18}$ oder 41⅝ pCt. leichter denn das Berl. Pfund seyn.

Anspach und Bayreuth,

zwey Marggräfl. Brandenburgische Fürstenthümer des Fränkischen Kreises, welche der Marggraf anfangs 1792 dem Königl. Preuß. Hause abgetreten, rechnen gewöhnlich und im gemeinen Handel und Wandel nach

Reichs od. Rhein. Gulden zu 60 Kreuzer à 4 Pfennige; im Bayreuthschen aber werden alle Herrschaftliche Cassen und Abgaben nach

Fränk. Gulden zu 15 schwere Batzen od. 75 Kreuzer berechnet; ebendaselbst, besonders aber in Hof und Erlangen, führen Kaufleute ihre Bücher nach

Reichsthaler zu 24 gute Groschen à 12 Pfennige; auch wird in Hof wegen des Handels mit dem angränzenden Sächsischen Voigtlande nach

Meißnischen Gulden zu 21 Groschen à 12 Pfennige gerechnet.

Hiernach hat 1 Rthlr. 1$\frac{1}{7}$ Meißn. fl., 1⅕ Fränk. fl., 1½ Rhein. od. rfl., 18 schwere 22½ leichte Batzen, 24 ggr. 90 Xr. 288 gpf. und 360 leichte Pfennige.

Der Zahlwerth dieser Rechn. Münzen ist der Convent.
24 Gulden-Fuß, die Cölln. Mark fein Silber zu 16 Rthlr.;
der Werth des Rheinischen fl. ist also 14 gr., des Fränkischen
17½ gr., des Meißnischen 18 gr. 4½ pf. und des Rthlrs.
21 gr. Preuß. Cour.

Würkliche Landesmünzen

☉ Ducaten nebst ganzen und ¼ben Carolinen,
☽ ganze, ½be, ¼tel, ⅛tel, 1⁄16tel und 1⁄32tel Conv. Spec. Thlr.
ganze, ½be, ¼tel u. ⅛tel Convent. Kopf= oder 20 Xr. Stück,
Conventionsbatzen und einzelne Kreuzerstück;
von allen diesen siehet man aber fast nichts mehr als Gröschen,
oder 3 Xr. Stück, einzelne Kreuzer= und Kupfer=Pfennige.

Von fremden Münzsorten sollten hier gesetzmäßig gelten
Goldne Reichs=Carolinen 11 rfl., Bayersche Maxd'or
7¼ rfl., ganze Souverains 14 rfl. 44 Xr., Ducaten 5 rfl.,
Franz. Sonnen=Louisd'or 10½ rfl., Franz. alter Schild=Ld'or
10 rfl. 36 Xr., dergl. alte Fr. Louisd'or nebst Span. Preuß.
und Braunschw. 5 Thlr. Stücken zu 8½ bis 9 rfl.

Silberne Reichs=Convent. Speciesthaler 2⅔ rfl., ganze
und ½be Convent. Kopfstücke zu 24 und 12 Xr., 6 und 3 Xr.
Stück; Franz. ganze Laubthaler zu 2 rfl. 45 Xr., dergl. ½be
zu 1 rfl. 22½ Xr.

Von allen diesen Sorten kommen aber Carolinen und
Maxdor jetzt gar nicht mehr vor. Souverains, Ducaten und
alte Franz. Schild=Ldor nebst Convent. Speciesthaler sind
würklich rar, und es rouliren allhier blos noch beym Handel
☉ Fr. neue Louisd'or seit 1785 zu 11 rfl. u. drüber, diverse
5 Rthlr. Stücke zu 9½ rfl. und drüber;
☽ Franz. Laubthaler zu 2½ rfl. circuliren am mehresten im
Handel, sind aber bey Königl. Cassen auf ihren höch=
sten Werth von 2 7⁄16 rfl. gesetzet worden,
Preuß. Cour. Thlr. gelten bey Königl. Cassen 1 rfl. 43 Xr.
ganze und ½be Conv. Kopfstücke zu 24 u. 12 Xr. sind nicht
sehr häufig,
6, 3 und 1 Xr. Stücke nebst Kupfer=Pfennigen rouliren
als Scheidemünze.

Maaße und Gewichte

sind in beyden Fürstenthümern und den dazu gehörigen Orten
sehr verschieden:

Vom Ellenmaaße hält die Anspacher Elle 276 und die
Bayreuther 291 Fr. Lin., erste ist 7 1⁄13 und die 2te 1 7⁄8 pCt.
kürzer denn die Berl. Elle. Die Hofer Elle hält 282½, die
Schwabacher 301½, die Rother Markt=Elle 348 Franz. Lin.,
man verkauft aber in Roth nach verschiedenen Ellenmaaßen.

Vom Fußmaaß ist der Anspacher Bauschu dem Nürn=
berger gleich. Der Anspacher Schu zur Vermessung der Län=

der ꝛc, aber hält 132 Fr. Lin. und ist 5 1/2 pCt. kürzer als der Rheinländ. 12 Schue geben 1 Ruthe.

Der Anspach. Haspel od. Schneller wollen u. leinen Gespinst oder Garn muß seit 1773, 12 Gebind à 60 Faden halten, und der Umfang der Haspel ist 2 Bayreuther Ellen. Sonst rechnete man das Stück Wollen-Garn in der Haspel 2, bey Leinen-Garn 4 Ansp. Ellen.

Die Meile von 2 Stunden hält 2400 Anspach. Ruthen oder 26400 Franz. Fuß, 13 solche Meilen gehen auf 1 Grad.

Vom Landmaaß hält im Anspachischen der Morgen oder Tagewerk 360 ☐Ruthen od. 43560 Franz. ☐Fuß = 1 4/5 Berl. kleine Morgen in allen Landesarten; in den dortigen Franken-Aemtern, besonders Creglingen, aber giebt es Tagewerke, die nur 180, 190 u. 160 ☐Ruthen ausmachen. Der Nürnberger Morgen wird hier nur zu 200 ☐Ruthen à 16 Schu, der Rheinländer zu 600 ☐Ruthen à 16 Schu oder zu 2 Jauchart gerechnet.

Vom Brennholzmaaß hält die Klafter im Fürstenth. Anspach 5 1/2 Schu Höhe u. Weite und 3 1/2 Schu Länge.

Vom Getraidemaaß ist das in der Stadt Anspach eingeführte Herrschaftl. Maaß dem Nürnberger gleich, und bestehet bey glattem Getraide, als Korn, Weitzen, Erbsen, Linsen, Heidekorn und Wicken, in 1 Simra von 16 Metzen oder 256 Maaß; bey rauhem Getraide, als Dinkel, Gerste und Hafer, hat 1 Simra Herrschaftl. Maaß 16 große, 32 kleine Metzen oder 576 Maaß, welche dem vorigen gleich sind. Dieses Maaß habe 65 1/2 Fr. Cubikzoll Inhalt befunden, es enthält also der Simra glatte Frucht 16672 Fr. Cubikzoll oder 6 1/2 Berliner Scheffel, der Simra rauhe Frucht aber 37512 Fr. Cubikzoll oder 13 1/3 Berl. Scheffel.

Außerdem hat man in Anspach noch: a) ein Herrschaftl. Futtermaaß zu Hafer für die Herrschaftl. Pferde, davon 96 à 6 Maaß, 72 à 8 Maaß und 48 à 12 Maaß auf den Simra von 576 Maaß gehen; desgl. b) ein Stiftsmaaß, davon der Simra von 16 Metzen à 16 Maaß, 280 1/2 Herrschaftl. Maaß glatte Frucht, und der Simra rauhe Frucht von 16 Metzen à 26 Maaß, 560 Herrschaftl. Maaß enthält.

In der Hauptstadt Bayreuth wird der Simra zu 16 Mäs gerechnet, welche in glattem Getraide 375 1/2 Anspacher Herrschaftl. Maaß oder 24322 Fr. Cubikzoll = 8 3/4 Berliner Scheffel; in rauher Frucht aber 456 Ansp. Herrsch. Maaß od. 29697 Fr. Cub. Zoll = 10 1/2 Berl. Schfl. betragen.

Mit diesen Getraidemaaßen kommen zwar noch viele andere Getraidemaaße der Orte dieser Fürstenthümer überein, die meisten derselben gehen aber auch davon sowohl in Ansehung der Benennung als der Eintheilung und Größe, beträchlich ab, welches hier anzuzeigen nicht Raum ist und vielleicht bey einer andern Gelegenheit geschehen kann.

Vom Wein- und Getränkmaaße wird in ganz Franken das Fuder Wein zu 12 Eymer gerechnet, die Eymer und Maaße aber sind der Eintheilung und Größe nach sehr von einander verschieden.

In Anspach wird der Eymer zu 66 Maaß à 4 Schoppen gerechnet, und enthält nach meinem Befinden 4247, das Maaß aber 64¼ Franz. Cubikzoll; der Eymer liefert also circa 73⅓ Berl. Quart, und das Getränkmaaß ist 10$\frac{1}{18}$ pCt. größer denn das Berl. Quart.

In Bayreuth rechnet man 27 Schenkmaaß auf 1 Getraidemeeß, das Schenkmaaß enthält also ⅞ Ansp. Getränk-Maaß oder 56¼ Franz. Cubikzoll und ist also 3 pCt. kleiner als das Berl. Quart.

Nach dem Anspacher Addreßbuche gehen folgende Ansp. Getränkmaaße auf 1 Eymer von beygefügten Fränkischen Weinorten, dabey die Maaße der Orte immer einen Eymer ausmachen, als:

63¼	=	64 Maaß in Creglingen
54	=	54 — — Frickenhausen
54	=	60 — — Goßmansdorf und Ochsenfurth
57	=	64 — — Heydingsfeld
60¼	=	64 — — Kitzingen
60	=	1 Eymer in Kleinlankheim u. Wiesenbronn
60½	=	64 Maaß in Marktbreit u. Maynbernheim
60	=	1 Eymer in Maynstockheim
62	=	1 — — Neuses auf dem Berge
56	=	64 Maaß in Nordheim und Sommerach
54$\frac{3}{20}$	=	68 — — Nürnberg
54½	=	56 — — Obernbreit
56	=	64 — — Randersacker
54	=	48 — — Segnitz
56$\frac{7}{10}$	=	60 — — Sickershausen
52⅔	=	48 — — Sommerhausen
62	=	64 — — Stefft
47¾	=	64 — — Würzburg.

Außerdem hält das Getränkmaaß in Bemberg u. Wiesenbach 55½, in Closter Birkenfeld 53½ und in Schwabach 58½ Franz. Cubikzoll.

Das Handelsgewicht sowohl in Anspach als auch Bayreuth, wird dort mit dem Nürnberger gleich gehalten, das Pfund hält also 10680 Holl. As, und ist 8½ pCt. schwerer als das Berliner Pfund.

Antwerpen,

Brüssel, Gent, so wie ganz Brabant, Flandern, Luxemburg und überhaupt die Oesterreichischen Niederlande rechnen gewöhnlich nach

Gulden zu 20 Stüver à 12 *Denier* ob. à 16 Pfennige Brab.

Verhältniß sämtlicher hiesiger Rechnungsmünzen.

Livre vlä. od. de Gros.	Thaler Patagon.	Gulden oder Livres.	Schilling vlä. Escalins.	Stüver, Sols ob. Patars.	Groot vlä. Den. de Gros.	Orts Liards.	Deniers.	Pfennige Brabant.	Myten.
1	2½	6	20	120	240	480	1440	1920	5760
	1	2⅔	8	48	96	192	576	768	2304
		1	3⅓	20	40	80	240	320	960
			1	6	12	24	72	96	288
				1	2	4	12	16	48
					1	2	6	8	24
						1	3	4	12
							1	1⅓	4
								1	3

Der Zahlwerth ist gewöhnlich Brabanter Courent; Wechselgeld zur Wechselzahlung ist 16⅔ pCt. besser oder 6 in Wechs. Geld thun 7 in Brab. Courent, und in Luxemburg Courent, so 10 pCt. schlechter als Brab Cour. Die Cölln. Mark fein Silber hat den Werth von 24,946 fl. oder Liv. Wechs. Geld, 29¹⁄₁₆ fl. ob. Liv. Brab. Cour., 32,014 fl. oder Liv. Luxemb. Cour.

Würkliche Oesterr. Niederländische Nationalmünzen.

Goldne, n. Verordn. v. 1784.	Gewicht	Wechs. Geld.		Brab. Cour.	
	As.	Fl.	Stv.	Fl.	Stv.
Souverains, doppelte, 22 Karat fein	230	15	19½	18	12½
einfache, 22 Karat —	114	7	19½	9	6¼
Ducaten, 23¹⁰⁄₁₂ Karat fein . . .	72	5⅔	—	6	6

Wenn bey den Souverains über das bestimmte Passier-Gewicht noch 4, und bey den Ducaten noch 5 As fehlen, muß jedes As mit 2¼ Sols Courent vergütet werden; noch leichtere Stücke soll man gar nicht annehmen.

In

In Silber.	Gewicht As.	Gehalt Loth.	Wechs. Zahl fl.	Stv.	Brab. Cour. fl.	Stv.
Ducatons, ganze, seit 1749. . .	692	$13\frac{8}{9}$	3	1	3	$11\frac{1}{8}$
dergl. $\frac{1}{2}$be, $\frac{1}{4}$tel u. $\frac{1}{8}$tel n. Verhältn.						
Kronenthaler, ganze, s. 1755 . .	613	$13\frac{8}{9}$	2	14	3	3
dergl. $\frac{1}{2}$be u. $\frac{1}{4}$tel n. Verhältn.						
Escalins od. Schillinge s. 1749 .	103	$9\frac{2}{3}$	—	6	—	7
Alte Permiß Schillinge	—	—	—	—	—	$6\frac{3}{4}$
$\frac{1}{2}$be Escal. od. Plaquetten s. 1755	56	8	—	3	—	$3\frac{1}{2}$
Stücke à 5 Stüver s. 1749 . .	98	$6\frac{5}{9}$	—	—	—	5
à $2\frac{1}{2}$ — s. 1749 . .	49	$6\frac{5}{9}$	—	—	—	$2\frac{1}{2}$

In Kupfer.

Doppelte und 1fache Liards von 6 u. 3 Denier oder 8 und 4 Pfennige Brab.

Fremde Münzsorten

In Golde werden jetzt bloß als Waare angesehen, und zufolge der Verordn. vom März 1786 nach dem Gewicht der feinen Trois-Mark verkauft, von der Brüßler Münze aber folgendergestalt bezahlet:

Brabant. Cour.

1) wenn solche unter 22 Karat halten, 442 fl. $11\frac{1}{2}$ Sols
2) wenn sie 22 Kar. u drüber fein sind, 445 fl. —$\frac{1}{2}$ Sols.

In Silber, nach Verordnung v. 1749 u. 1755.	Gewicht As.	Wechs. Zahl fl.	Stv.	Brab. Cour. fl.	Stv.
Alte Ducatons mit Span. u. Erzherzogl Wappen, desgl. Holländ und Lütticher	678	3	—	3	10
Franz. Kronen neue u. Palmthaler	·	2	16	3	$5\frac{1}{4}$
Navarra und andere kleine Thaler	512	2	5	2	$12\frac{1}{2}$
mit doppel LL, $10\frac{3}{10}$ auf die Mark	—	2	3	2	10
Louisblancthaler	—	2	8	2	16
Holländ. und Lütticher Thaler . .	—	2	8	2	16
Carambolen	784	3	4	3	$14\frac{2}{5}$
$\frac{1}{2}$be dergl.	392	1	12	1	$17\frac{1}{2}$

Wechselarten oder Preise nach dem Silberpari.

Antwerpen, Brüssel, Gent giebt in Wechselgelde auf

Amsterdam à Vista * 102, 14 Liv. vls. od. fl. für 100 Liv. vls. od. fl. Holl. Bco.
Frankfurt a. M. Messen * $37\frac{1}{3}$ Stv. für 1 Rthlr. Conv. Cour.
Frankreich, Lion u. Paris à 2 Uso u. à Vista * 56, 10 pf. vls. für 3 Liv. tourn.
Hamburg à Vista * 36, 12 Stv. für 2 Mck. Hamb. Bco.
Lissabon à Uso * 46, 24 pf. vls. für 400 Rees.
London à Vista u. 2 Uso * 39, 09 kl. vls. für 1 Liv Sterl.
Mailand à Uso 1 fl. für * 54, 12 Mail. Cour. Soldi.

Rotterdam u. Mittelburg à Vista 100 fl. für 97,71 fl. Holl. Courent.
Spanien, Cadix, Madrit à Uso * 107 1/8 pf. vls. für 1 Duc. Cbr.
Venedig à Uso * 96,52 pf. vls. für 1 Duc. Vened. Bco.

In Golde ist der Pari auf Lissabon 52,08 pf. vls., auf London 37,81 ßl. vls.

Wechsel-Uso u. Respecttage sind wie in Amsterdam.

Maaße und Gewichte.

Vom Ellenmaaße hält die Antwerpner Seiden-Elle 307⅞ Fr. Lin. und ist 4½ pCt. länger als die Berl., die Antwerpn. Wollen-Elle aber 303⅞ Fr. Lin. u. ist 2⅝ pCt. länger als die Berl.; die Brüßler Elle hält 307⅔ Fr. Lin. und ist demnach der Antw. Seiden-Elle beynahe gleich.

Der Antwerpner Fuß hält 126⅓ Fr. Lin. u. ist 9 9/16 pCt. kürzer als der Rheinländ., der Brüßler Fuß hält nur 122⅓ Fr. Lin., und 20 Fuß werden auf die Ruthe gerechnet.

Vom Wegemaaß giebt es in Brabant Meilen, davon 20, 19,486, und 25 auf einen Grad gehen.

Vom Land- od. Feldmaaß hält der Antwerpn. Bunder 400 □Ruthen, welche 5,154 Berl. kleine Morgen betragen.

Getraidemaaß in Antwerpen ist die Last von 32½ Viertel à 4 Mucken, das Viertel enthält 3867½ Franz. Cubikzoll und ist 41 1/16 pCt. größer als der Berl. Scheffel. In Brüssel hält der Sack Getraide 5879 Fr. Cubikzoll u. ist also 114 7/8 pCt. größer als der Berl. Schfl.

Vom Weinmaaß hält das Both 152 und der Ahm 50 Stoopen, der Stoop aber hält 160 Fr. Cubikzoll, ist also 175⅞ pCt. größer denn das Berl. Quart.

Bey dem Handelsgewichte wird die Charge zu 2 Ballen od. 400 Pfund, das Schiffpfund zu 300 Pfund, der Centner zu 100 Pfd., der Chariot zu 165 Pfd., der Stein zu 8 Pfd. und das Pfund zu 2 Mck., 16 Unzen od. 32 Loth gerechnet; dieses Pfund v. Antwerpen u. Brüssel wieget 9754 Holl. As, und ist also nur 1/27 pCt. schwerer denn das Berl. Pfund.

Das Gold- u. Silbergewicht ist die Trois-Mark von 8 Unzen, 160 Engel, 5120 As, wie in Amsterdam, also 5¼ pCt. schwerer als die Cölln. Mark.

Arragonien,

Spanische Provinz mit der Hauptstadt Saragossa, rechnet gewöhnlich nach

Libras zu 10 *Reales* oder 20 *Sueldos* à 16 *Dineros*

Arragonischer Währung, in welcher die Cölln. Mark fein Silber 10 1/11 Libras stehet.

Von den Rechnungsmünzen der Arragon. u. Castil.
Währung vergleichen sich

$$\text{Arrag. Währ.} \begin{cases} 16 \text{ Libras} &= 5 \text{ alte Wechsel-Pistolen} \\ 4 \text{ deral.} &= 5 \text{ alte Wechsel-Piaster} \\ 75 \text{ dergl.} &= 68 \text{ Wechsel-Ducaten} \\ 17 \text{ Sueldos} &= 16 \text{ Reales de Vellon} \end{cases} \text{Castil.}$$

Von den würklichen Spanischen Gold- und Silber-Münzen vergleichen sich mit den Rechnungs-Münzen der Arragon. Währung in ganzen Zahlen

$$\left.\begin{array}{l} 4 \text{ goldne einfache Pistolen} \\ 16 \text{ silberne ganze Piaster} \end{array}\right\} = 17 \text{ Libr. ob. 170 Real. Arrag.}$$

die übrigen Sorten n. Verh.

Wechselarten, Usso u. Respecttage, s. unter Spanien.

Maaße und Gewichte.

Vom Ellenmaaß ist die Arragon. Vara $\frac{1}{13}$ kleiner als die Castillianische, und 347 Franz. Lin. lang, also $17\frac{1}{12}$ pCt. länger als die Berliner Elle.

Vom Getraidemaaß hält der *Cahiz* 8 Fanegas, 24 *Quartales* oder 96 *Almudas* od. *Celemines*; der Arragonische *Fanega* enthält 1185 Franz. Cubikzoll und ist $131\frac{1}{2}$ pCt. kleiner denn der Berl. Scheffel.

Von Weinmaaßen hat der *Nietro* oder *Carga* 16 Cantaros, die *Cantare* oder *Arrobe* aber hält 479 Fr. Cub. Zoll oder $8\frac{1}{4}$ Berl. Quart.

Oehl und Honig werden nach dem Gewicht verkauft.

Vom Handelsgewicht rechnet man den Quintal zu 4 Arroben, 108 Castil. Pfund à 16 Unzen, u. 144 Arrag. Pfd. von 12 Unzen; das Arragon. Pfund wieget 7198 Holl. As u. ist also $35\frac{1}{2}$ pCt. leichter als das Berl. Pfd. Das Pfund zu Fleisch u. Fischen hält 36 Unzen ob. 21582 Holl. As.

Bey dem Gold- u. Silbergewicht in Arragonien wird die Mark zu 8 *Oncas*, 32 *Quartos*, 128 *Ariencos* od. *Adarmes* od. 4096 *Granos* à $1\frac{1}{5}$ Castill. *Granos* Silb. Gew. gerechnet, die Mark ist also der Gran. Castillian. von 4796 Holl. As gleich, und $1\frac{1}{2}$ pCt. leichter als die Cöllnische.

Archangel, s. Rußland.

Augsburg,

Reichsstadt in Schwaben, rechnet gewöhnlich nach Reichsgulden zu 60 Kreuzer à 4 Pfennige.
Verhältniß sämtlicher Rechnungsmünzen.

1 Rthlr.	1½ Reichsfl.	22½ Batzen	30 Käisgr.	90 Xr.	360 pf.
1	—	15	— 20	— 60	— 240
	1	—	1½ —	4 —	16
		1	—	3 —	12
			1	—	4

B 2

Der Zahlwerth ist gewöhnlich: 1) Münzvaluta, Waarenzahlung oder der 24 Guldenfuß, die Cölln. Mark fein Silber zu 16 Rthlr.; 2) Courentvaluta od. der 20 fl. Fuß ist die eigentl. Wechselzahlung, die Cölln. Mark fein Silber zu 13⅓ Rthlr.; 3) Girogeld ist nur bey Bestimmung einiger Wechselpreise gewöhnlich u. wird 27 pCt. besser denn Courent gehalten, wornach die Cölln. Mark fein Silber den Werth von 10$\frac{29}{61}$ Rthlr. Girogeld hat.

Würklich geprägte Münzsorten der Stadt sind:

⊙ Ducaten und Goldgülden, so jetzt selten.

☽ ganze, ½be, ¼tel Conv. Species, zu 2 fl., 1 fl. u. 30 Xr. Courent, oder 2⅖ fl., 1⅕ fl. u. 36 Xr. Münze.

ganze, ½be, ¼tel Convent. Kopfstück zu 20, 10, 5 Xr. Cour. oder 24, 12, 6 Xr. Münze.

3 und 1 Xr. Stücke.

Von fremden Münzsorten in Golde rouliren

Ducaten zu 4½ fl., Carolinen zu 9 fl., Mard'or zu 6 fl., Goldgulden zu 3 fl., alte Franz. Span. u Deutsche Pistolen zu 7½ fl. gerechnet, werden bey der Handl. mit einigen Procenten Gewinn gegen Courent verwechselt, oder es gilt der Ducat 5 fl., der Carolin 11 fl., der Mard'or 7½ fl., der Goldgulden 3⅔ fl., die Pistolen 9 fl. in Münze und jetzt beträglich drüber.

Franz. ältere Schild-Ld'or zu 9⅓ fl. gerechnet, werden mit einigen pCt. Verlust gegen Courent gewechselt, oder das Stück gilt 11 fl. Münze und darüber.

Dergl. neue seit 1785, sind auf 10 fl. 24 Xr. Münze gesetzt.

Souverains gelten jetzt 14 rfl. 35 Xr. Courent m. od. w.

Die feine Mark Ducaten-Gold gilt ca. 282 fl. Cour.

Louisd'or-Gold — — 276 fl. —

In Silber rouliren

Alte nach dem Reichsfuß ausgemünzte Speciesthaler werden ca. 10 pCt. besser denn Courent gehalten, oder das Stück gilt 2⅕ fl. Cour. od. 2⅗ fl. Münze u. darüber.

Aeltere Franz. Laubthaler bis 1784 zu 2⅔ fl. gerechnet, werden mit ca. 4 pCt. Verlust gegen Cour. verwechselt, oder das Stück gilt 2$\frac{7}{10}$ fl. Cour. u. 2⅘ fl. Münze.

Dergl. neuere seit 1784 und 85, sind auf 2⅘ fl. Münze herabgesetzt.

Dergl. ½be von Ludwig XV. sind, weil sie abgeschliffen, außer Cours gesetzt.

Brabanter Thaler werden zu 99½ fl. Cour. für 100 fl. in Brab Thlr. verwechselt.

Neue Münze in 30, 24, 12 u. 6 Xr. Stücken, verliert ca. 20 pCt. gegen Courent.

Die feine Mark Span. Piaster gilt 20½ fl. Cour. circa.

Die Mark Staub = oder gekörntes Silber von 15 Loth 3½ Quent fein zu 20½ fl. Courent ca.

Die feine Mark geringhaltig Silber (*Legabassa*) von 7 Loth 2½ Quent bis 6 Loth 2¼ Quent fein 20½ fl. Cour. ca.

Die Mk. Louisbl. od. alte Franz. Thl. v. 14 Lth. 2½ Qt. f.

Die Mk. verarbeitetes Silber Augsb. Probe hält 13 Loth fein, und hat den Tannenapfel zum Zeichen.

Wechselarten oder Preise nach dem Silber Pari, auf Amsterdam à Uso ? 108½ rthlr. Giro für 100 thlr. Holl. Pco. Deutschland als Boken, Frankfurt a. M. und Leipz. Messen, Frank. a. M., Nürnberg u. Wien à Uso und 14 Tage nach Sicht ? 100 rthlr. od. fl. für 100 rthlr. od. fl. Conv. Cour. Frankreich als Lioner Messen u. Paris à Uso od. 1 Mon. nach Dato ? 112⅝ rsl. Cour. für 100 *Ecu* v. 3 *Liv.* Hamburg à Uso u. 14 Tage nach Sicht ? 114, 0 18 rthlr. Giro für 100 rthlr. Hamb. Bco. London à Uso und 1 Mon. nach Dato ? 9, 402 rsl. Cour. für 1 Liv. Sterl. Venedig à Uso u. 14 Tage n. Sicht ? 101 11/20 rthlr. Giro für 100 Duc. Ven. Bco.

Der Uso ist allhier 15, 2 Uso 30, 1½ Uso 23, und ½ Uso 8 Tage n. d. Acceptation. Die Zahlung der Wechsel aber geschiehet gemeiniglich durch den Scontro Dienstags jeder Woche, und was da nicht abgemacht wird, bezahlet man die Mittewoche baar und durch Anweisung.

Da hier jede Mittewoche Zahltag ist, so haben die am Dienstage verfallenen Wechsel nur einen, und die am Mittewochen verfallenen 8 Respecttage, weil sie erst künftige Mittewoche bezahlet werden.

Wechsel, die à Vista oder auf einen gewissen Tag gestellet sind, müssen, falls solche ankommen wenn der Mittewochszahltag vorbey ist, innerhalb 24 Stunden bezahlet oder protestiret werden.

Maaße und Gewichte,

Von Ellenmaaßen hält die große oder Kramer-Elle 270½, die kleine Barchet- u. Leinwand Elle aber 262½ Franz. Lin., die erste ist 9½ pCt. und die kleine 12⅞ pCt. kürzer denn die Berliner Elle.

Fußmaaß. Der hiesige Stadt- od. Werkschu ist die kleine ½be Elle von 131,3 Fr. Lin, wornach 18 Augsburger Schu = 17 Rheinländ. Fuß.

Landmaaß. Der Jouchart Acker enthält 16000 ☐ Schu oder 0, 5496 Berl. kleine Morgen.

Vom Getraidemaaß hat 1 Schaff Korn 8 Metzen, 32 Vierling, 128 Viertel, 512 Mäßle, und enthält 10348 Fr. Cubikzoll od. 3⅔ Berl. Scheffel circa.

Vom Weinmaaß hat 1 Fuder 8 Jez, 16 Muids, 768 Maaß, 1536 Seidel, 3072 Quartel, 6144 Achtele, das Maaß soll 1½ Par. Pinte oder 72 Fr. Cubikzoll enthalten, u. wäre also 24⅞ pCt. größer denn das Berl. Quart.

Vom Biermaaß wird der Eymer zu 64 Visir und 72 Schenkmaaß gerechnet, und soll 2991 Fr. Cubikzoll enthalten, wornach das Visirmaaß 46¾ und das Schenkmaaß 41⅝ Fr. Cubikzoll nur halten würde.

Vom Handelsgewicht hält der Centner 100 Pfund, davon das Pfund Groß- oder Frohn-Gewicht 10220 Holl. As und 4⅕ pCt. schwerer denn das Berl. Pfund, das Pfund Klein- oder Kramer-Gewicht aber 9836 Holl. As schwer, und ⅞ pCt. leichter denn das Berl. Pfund ist.

Bey dem hiesigen Gold- Silber- und Geld-Gewicht wird die Mark zu 16 Loth, 64 Quent, 256 pf. gerechnet und wieget 4912 Holl. As, ist also 1 pCt. schwerer als die Cölln. Mark, welche einige auch nur ⅞ pCt. leichter als die Augsburger rechnen.

Bamberg,

die Hauptstadt des Hochstifts gleiches Namens in Franken, rechnet gewöhnlich nach

Reichsgulden zu 60 Kreuzer à 4 Pfennige

des 24 Gulden Fußes; außerdem sind auch, wie zu Anspach, Fränkische Gulden und Reichsthaler gebräuchlich.

Von würklichen Landesmünzen hat man

☉ Ducaten.   ☽ Convent. Spec. Thaler, ganze u. ½be Kopfstücke, 3 und 1 Xr. Stücke.

Maaße und Gewichte.

Das Ellenmaaß ist 299,2 Fr. Lin. lang u. also 1⅞ pCt. länger denn die Berl. Elle.

Vom Getraidemaaß soll 1 Malter 4 Simmer, 8 Metzen, 16 Sechter, 64 Gscheid halten; in Anspach aber vergleichet man 4 Bamb. Simra à 4 Metzen mit 1 Nürnberger Simra, wornach der Bamb. Simra 4194 Fr. Cub. Zoll hält u. 52⅓ pCt. größer denn der Berl. Scheffel ist.

Das Weinmaaß soll dem Nürnberger gleich seyn.

Vom Gewicht hält der Centner 100 Pfund u. das Pfd. wieget 10103 Holl. As, ist also 3⅕ pCt. schwerer denn das Berliner Pfund.

Barcelona,

die Hauptstadt des Spanischen Cataloniens, am Mittelländischen Meere, rechnet gewöhnlich nach

Libras zu 20 *Sueldos* à 12 *Dineros* Catalonisch.

Verhältniß sämtlicher Catalonischen Rechnungsmünzen.

Libra Catalana.	*Reales de platta Catalanes.*	*Reales de Ardites.*	*Sueldos Catal.*	*Dineros Catal.*	*Mallas Catal.*
1	$6\frac{2}{3}$	10	20	240	480
	1	$1\frac{1}{2}$	3	36	72
		1	2	24	48
			1	12	24
				1	2

Den Zahlwerth dieser Rechn. Münzen bestimmet die Cölln. Mark fein Silber zu $18\frac{6}{45}$ Libras, oder $120\frac{40}{45}$ Catal. und $181\frac{15}{45}$ Real de Ardites.

Die Catalonischen Rechnungsmünzen vergleichen sich mit den gewöhnlichen Rechnungsmünzen der Castillianischen Währung folgendergestalt in ganzen Zahlen:

Catal. Währ.	28 Libras	=	5 alte Wechselpistolen	Castill. Währ.
	7 Dergl.	=	5 alte Wechselpiaster	
	525 Dergl.	=	272 Wechsel-Ducaten	
	7 Catal. Reales	=	6 alte Silber-Reales	
	119 Dergl.	=	192 Reales de Vellon	
	7 Real. de Ardites	=	4 alte Silber-Reales	
	119 Dergl.	=	128 Reales de Vellon	

Von den würklichen Span. Gold- und Silbermünzen gelten in Catalonischer Währung:

☉ 4fache Pistolen zu 30 Libr. 200 Catal. Real und 300 Real de Ard., die geringern Sorten nach Verhältniß.

☽ Piaster zu $1\frac{7}{8}$ Libr. $12\frac{1}{2}$ Catal., u. $18\frac{3}{4}$ Real de Ard., $\frac{1}{2}$te, $\frac{1}{4}$tel, $\frac{1}{8}$tel und $\frac{1}{16}$tel nach Verhältniß. Real de Vellon zu $1\frac{5}{6}$ Sueldo.

Wechselarten auf Amsterdam, Genua, Lion, London, Marseille und Paris, Uso und Respecttage s. Spanien.

Maaße und Gewichte.

Von Längenmaaßen wird die *Cane* v. 2 *Varras* oder 8 *Palmos*, 701, u. 696,6 Fr. Lin. lang angegeben, wornach solche $137\frac{1}{8}$ od. $135\frac{5}{8}$ pCt. länger denn die Berl. Elle ist.

Von Getraidemaaß hat die *Salma* $1\frac{3}{5}$ *Carga*, 4 *Quartera*, 48 *Cortanes*; die *Quartera* enthält 3427 Fr. Cubikzoll und ist also 25 pCt. größer denn der Berl. Scheffel.

Vom Wein- u. Brantweinmaaß hat die *Carga* 12 *Arrobas* von 26 Pfund à 12 Unz., 16 *Cortanes*, 32 *Quarteras*, 128 *Quartos*, u. hält 5505 Fr. C. Zoll od. $94\frac{15}{14}$ Berl. Quart.

Vom Oehlmaaß hat die *Carga* 11 *Arrobas*, 30 *Cortanes*, 120 *Quartos*, und wieget = $246\frac{1}{4}$ Pfund Berl. circa, die Arroba zu $22\frac{3}{4}$ Pfund Castill. gerechnet.

Die Pipe Oehl v. Maiorca enth. 107 Cortas od. Cortanes.

Vom Handelsgewicht wird der Quintal zu 4 Arroben oder 104 Pfund zu 12 Unzen gerechnet, und das Pfund hält 8512 Holl. As u ist $14\frac{2}{13}$ pCt. leichter als das Berl. Pfund.

Vom Catalon. Gold- und Silbergewicht rechnet man die Mark zu 8 Unzen, 32 Quartos, 128 Argiensos, 4608 Granos; sie wieget 5505 Holl. As und ist also 15 pCt. schwerer als die Cölln. Mark.

Basel,

Stadt und Canton in der Schweitz, rechnet gegenwärtig zu Folge des Helvetischen Calenders v. 1788, gewöhnlich nach Gulden zu 60 Kreuzer à 8 Heller;

und die sämtlichen hiesigen Rechnungsmünzen haben folgendes Verhaltniß:

Thaler.	Gulden.	Pfund	Batzen.	Schillinge.	Plapparts.	Albus	Kreuzer.	Rappen.	Heller.
1	2	$2\frac{1}{2}$	30	40	$53\frac{1}{3}$	60	120	320	960
	1	$1\frac{1}{4}$	15	20	$26\frac{2}{3}$	30	60	160	480
		1	12	16	$21\frac{1}{3}$	24	48	128	384
			1	$1\frac{1}{3}$	$1\frac{7}{9}$	2	4	$10\frac{2}{3}$	32
				1	$1\frac{1}{3}$	$1\frac{1}{2}$	3	8	24
					1	$1\frac{1}{8}$	$2\frac{1}{4}$	6	18
						1	2	$5\frac{1}{3}$	16
							1	$2\frac{2}{3}$	8
								1	3

Nach Krusen u. Andern soll man entweder nach Thaler od. *Ecû* zu 60 *Sols* à 12 *Deniers*, oder nach Thaler zu 108 Xr. à 5 pf., oder nach *Livres* zu 20 *Sols* à 12 *Deniers*, oder auch nach Gulden zu 60 Xr. à 5 pf. rechnen, wornach der Thaler od. *Ecû* $1\frac{4}{5}$ fl., 3 *Livres*, 27 gute Batzen, 30 Schweitzer Batzen 36 gr., 45 fl. od. Plapph.. 60 *Sols*, 108 Xr., 270 Rappen, 540 pf. oder 720 *Deniers* enthalten würde, welches sich wahrscheinlich wohl geändert hat

Der Zahlwerth der hiesigen Rechn. Münzen wird entweder in Wechselgelde den Laubthlr. zu $2\frac{2}{5}$ fl., oder in Courent den Laubthaler zu $2\frac{2}{3}$ fl. gerechnet, nach erstern hat die Cölln. Mark fein Silber den Werth von 21, 11 fl. Wechsel-Geld, nach dem andern aber von 23, 68 fl. Courent.

Würkliche hiesige Münzsorten sind

☉ 2 und 1fache auch ¼tel Ducaten, den Bernern gleich, zu 5 fl. und darüber.

☽ Thaler seit 1764 u. 65, zu 30 Batzen oder 120 Xr.

Dergl. ½be oder Gulden zu 60 Xr.

10, 5, 3, 1fache und ½be Batzen zu 40, 20, 12, 4 u. 2 Xr.

Rappen zu 3 Heller und

Schillingassis oder Plappharts zu 6 Rappen.

Von fremden Münzsorten sind n. Verordnung v. Aug. 1786

☉ Franz. Schildlouisd'or auf 4 Laubthaler gesetzt, niemand kann aber gezwungen werden, solche in Zahlung anzunehmen.

Franz. alte Ld'or. sind außer Umlauf gesetzt, und niemand soll sie wechseln u. sammlen.

☽ Franz. Laubthaler haben, ohne auf das Jahr ihrer Ausmünzung zu achten, den alten Werth von 2⅔ fl. Wechs. Geld und 2⅔ fl. Courent behalten.

Wechselarten oder Preise, nach dem Silber-Pari.

Basel giebt gegenwärtig in Wechselgeld oder Laubthaler à 2⅔ fl., auf

Amsterdam auf kurze Sicht und 2 Monat *52 3/10 Xr. für 1 fl. Holl. Cour.

Augsburg à Uso von 14 Tage nach Sicht *106 11/20 fl. für 100 fl. Conv. Cour.

Frankfurt a. M. Messen * 100 Franz. Schildlouisd'or für 100 Fr. Schildlouisd'or.

Hamburg à 1 u. 2 Uso oder 30 u. 60 Tage auch kurze Sicht 100 thlr. für *86, 42 rthlr. Hamb. Bco.

Leipz. Messen *8⅓ fl. für 1 wicht. Pistole à 5 rthlr.

London auf kurze Sicht u 2 Mon. 1 thlr. für 47½ pf. Sterl.

Lion auf die Messen, Paris à 1 und 2 Uso und kurze Sicht * 00 Fr. Liv. od. 40 fl. für 100 Livr. in Frankreich.

Mailand à 1 und 2 Mon. Dato auch Sicht, 1 wicht. Pistole v. 7 4/10 fl. für *24 7/10 Lire Cour.

Wien à 2 Monat u. kurze Sicht wie Augsburg.

Die von andern Orten auf Basel gezogenen Wechselbriefe werden gemeiniglich nur auf einige Tage nach Sicht oder nach Dato gestellet, deshalben weder Uso noch Respecttage gewöhnlich.

Maaße und Gewichte

Ellenmaaß ist zerley; die große, Aune genannt, hält 522⅔ Fr. Lin., u. ist 76⅔ pCt. länger denn die Berliner Elle; die kleine heißt Braccio, hält 241½ Franz. Lin. und ist 22 7/6 pCt. kürzer als die Berl. Elle.

Die Ruthe hält 16 Stadt- oder Feld-Schu à 132½ Fr. Lin., u. 20 Baseler Schu machen 19 Rheinländ., 61 Baseler aber 56 Franz. Fuß.

Das Land: od. Feldmaaß ist der Juchart v. 140 ☐ Ru=
then, 30206 Fr. ☐ Fuß = 1,2485 Berl. kleine Morgen.

Von Getraidemaaß hat der Sack 8 Müdde od. Schfl.,
32 Küpflein, 64 Becher, enthält 6504 Fr. Cub. Zoll und ist
137½ pCt. größer denn der Berl. Scheffel

Vom Weinmaaß hat der Saum 3 Ohm, 96 alte oder
120 neue Pott. Der Ohm hält 2522 Fr. Cubikzoll, oder 43½
Berl. Quart.

Das Handelsgewichts=Pfund wird dem Franz. Mcf.
Gew. Pfund gleich 10188 Holl. As gerechnet, und ist also
4½ pCt. schwerer denn das Berl. Pfund.

Gold= u. Silber=Gewicht ist die Cöllnische Mark.

Baffano

im Venetianischen Italien, rechnet gewöhnlich wie Ve=
nedig nach
Lire zu 20 *Soldi* à 12 *Denari.*

Die sämtlichen Rechnungsmünzen sind *Ducati* zu 6½
Lire, 24 *Groffi*, 124 *Soldi*, 1488 *Denari.* Der Zahlwerth
ist die unter Venedig bemerkte *Piccola - Valute.*

Würkliche Münzsorten und was dazu gehöret, s. un=
ter Venedig.

Von Längenmaaßen hält die *Pertica* oder Ruthe 6
Fuß à 157, 1 Fr. Lin., der Fuß ist also 13⅟₁₂ pCt. länger als
der Rheinländische.

Das Handelsgewichts=Pfund wieget 7105 Holl. As,
und ist 37⅟₁₂ pCt. leichter denn das Berl. Pfund.

Bayonne

in Franz. Gascogne, rechnet, zahlet und hat die ganze
unter Frankreich gemeldete Münz-Verfassung.

Wechselarten auf Amsterdam, Hamburg, London, Pa=
ris, Spanien, Cadix, Pamplona, St. Sebastian, Uso und
Respecttage sind ebenfalls unter Frankreich angezeiget.

Von fremden Münzsorten gelten hier nach der Franz. Marf.

	Livr.	Sols
Portug. gemünzt Gold	757	10
Mexican. Pistolen	752	—
Peruanische dergl.	742	—
Engl. Guineen	757	15
Span. neue Piaster	47	15

Maaße und Gewichte.

Die Elle, Aune, hält 391⅓ Fr. Lin. und ist 32$\frac{3}{18}$ pCt. länger denn die Berl. Elle.

Der Getraide-*Sac* von 2 *Conques* hält 4140 Fr. Cubikzoll und ist 51 pCt. größer denn der Berl. Scheffel.

Wein wird nach dem Faß von 4 Orthoft, die 5 Orthoft in Bourdeaux ausmachen, verkauft; das Bayonn. Orthoft hält circa 201 Berl. Quart.

Brantwein hat in Faß od. der Pipe circa 80 Veltes od. Viertel, man verkauft ihn aber nach Viertel, die 374 Franz. Cubikzoll = 6$\frac{2}{10}$ Berl. Quart enthalten.

Das Handelsgewichts-Pfund ist das gewöhnl. Franz. Mck. Gew., 4½ pCt. schwerer denn das Berl. Pfund.

Bayreuth, s. Anspach.

Bergamo

im Venetian. Italien, rechnet gewöhnlich wie Venedig nach *Lire* zu 20 *Soldi* à 12 *Denari*.

Der *Ducado* hat 6⅕ *Lire*, 24 *Grossi*, 124 *Soldi*, 288 *Piccioli*, 1488 *Denari*.

Der Zahlwerth dieser Rechn. Münzen sollte zwar die unter Venedig bemerkte *Piccola-Valute* seyn, da aber hier die Gold- u. Silber-Münzen 3 bis 4 pCt. höher angenommen werden als solche der Venet. Münztarif bestimmet, so ist also auch der Zahlw. hier um so viel geringer; man kann indessen die Cölln. Mark fein Silber zu 103 Lire, und also 100 Lire für 13$\frac{7}{12}$ Rthlr. Preuß Cour. annehmen.

Die würklichen Venetianischen Gold- u. Silbermünzen werden hier gedachterweise mit 3 bis 4 pCt. Agio gegen *Piccol. Valuta* angenommen.

Die fremden Münzsorten genießen ebenfalls diesen Agio über ihren bestimmten Werth, insonderheit aber gilt

Der Genues. Scudo di Giov. Baptista 8 Lire.
Dergl. ½be, ¼tel, ⅛tel, $\frac{1}{16}$tel u. $\frac{1}{32}$tel nach Verhältniß.
Span. ganze, ½be u. ¼tel Provinz. Pesetas, oder 4, 2 u. 1 Real de Vellon-Stücke zu 2, 1 u. ½ Lire Bergamo.
Mailänd. Lire zu 30 Soldi Bergamo.

Wechselarten oder Preise nach dem Silber-Pari.

Bergamo giebt in Venet. Piccol. Valuta auf
Amsterdam 2 Mon. n. Dato * 81⅝ Soldi für 1 fl. Holl Bco,
Augsburg u. Wien à 14 Tage nach Sicht, od. 30 à 40 Tage nach Dato, desgl. Botzner Messen * 99¼ Soldi für 1 fl. Conv. Cour.

Genua 15 Tage n. Sicht *31,7 Soldi für 1 Lire fuori Bco.
London à Uso v. 3 Mon. *46⅔ Lire für 1 Liv. Sterl.
Lioner Messen u. Paris à 2 Uso v. 1 Mon. ob. o Tage Dato
*111⅞ Soldi für 1 *Ecu* v. 3 *Liv. tourn.*
Livorno à 15 Tage n. Sicht *184½ Soldi für 1 Pezza da otto.
Mailand à 20 Tage n. Dato *205½ Soldi für 7 Lire Cour.
Neapel à 15 Tage n. Sicht *161 Soldi für 1 Duc. Regno.
Rom à 10 Tag. n. Sicht *208⅞ Soldi für 1 Scudo v. 10 Paoli.
Venedig à Vista *100 Lire für 100 Lire piccol.
Zürch à 15 Tage nach Sicht.

Der Uso ist wie zu Venedig. Respecttage werden hier nach Einigen nicht verstattet, nach Andern hat man 6, darunter weder Fest- noch Freytage begriffen sind, wenn der Freytag nicht etwa in einer Festwoche fällt.

Die à Vista oder auf gewisse Tage nach Dato gestellten Briefe, müssen den Präsentationstag acceptiret oder protestiret werden; auf bestimmte Tage gezogene Briefe, protestiret man am Verfalltage.

Maaße und Gewichte.

Die Elle, *Braccio*, hält 290½ Fr. Lin., und ist 1⅓ pCt. kürzer denn die Berl. Elle.

Der Fuß, deren 6 einen *Cavezzo* ausmachen, hält 193,* Fr. Lin und ist 38½ pCt. länger denn der Rheinl. Fuß.

Land- oder Feldmaaß ist die *Pertica* v. 24 *Tavole* ob. 96 *Cavezzi* = 0,25714 Berl. kleine Morgen.

Getraide: *Carro* v. 10 *Some* ob. *Sacci*, 80 *Satare*, *Staja* oder *Stari*, 120 *Quartes*, 480 *Copelli*, der *Stara* enthält 1044 Fr. Cub. Zoll u. ist 163½ pCt. kleiner als der Berl. Schfl.

Wein: *Brenta* von 52 *Pinte*, welche 3227½ Fr. Cubikzoll od. 55⅔ Berl. Quart hält.

Handelsgewicht. Das große Pfund ob. die *Lira* von 30 *Oncie* zu groben Waaren, hält 16962 Holländ. As und ist 73½ pCt. schwerer denn das Berliner Pfund. Das kleine Pfund, *Liretta*, v. 12 *Oncie* zu feinen Waaren, als Seide, Conchenille, Indigo, Wachs, Specereyen rc. hält 6785 Holl. As, und ist 43½ pCt. leichter als das Berl. Pfund. Die *Onca* beider Pfunde ist gleich schwer und wird in 24 *Denari* à 24 *Grani* eingetheilet.

Gold- u. Silbergewicht, ist die Milaneser Mark.

Von öffentl. Handelsanstalten währet die hiesige ansehnliche Messe vom 22. Aug. bis 7. Septbr. Die Freiheit für ein- u. ausgehende Waaren dauert 9 Tage, und 4 Tage darnach bezahlet man nur die ½te der gewöhnl. Abgaben.

Zum hiesigen Commerz-Collegio gehören überhaupt alle Handelssachen, besonders aber die Ausfertigung der Proteste, dafür man jetzt 7 Lire bezahlet.

Bergen in Norwegen, s. Dänemark.

Berlin,

eine Königl. Preuß. Hauptstadt der Mark Brandenburg, in Obersachsen, rechnet gewöhnlich nach

Reichsthaler zu 24 gute Groschen à 12 Pfennige;

u. die sämtl. Rechn. Münzen haben folgendes Verhältniß:

Pfund od. LivreBco.	Rthlr. Courent.	Groschen.		Pfennige.	
		Banco.	Courent.	Banco.	Courent.
1	$1\frac{5}{18}$	24	$31\frac{1}{2}$	288	378
	1	$18\frac{2}{3}$	24	$219\frac{1}{2}$	288
		1	$1\frac{5}{18}$	12	$12\frac{1}{3}$
			1	$9\frac{1}{7}$	12
				1	$1\frac{5}{18}$

Der Zahlwerth ist 1) gewöhnlich Courent, die Cölln. Mark fein Silber zu 14 Rthlr. 2) Banco, die Cölln. Mck. fein Silber zu $10\frac{2}{3}$ Livr., und $31\frac{1}{2}$ pCt. besser denn Courent; kommt nur noch bey den Banknoten und einigen Rechnungen der Bank vor. 3) In Friedrichsd'or à 5 Rthlr. wird eben= falls vieles gehandelt. 16 Liv. Banco betragen 21 Rthlr. Preuß. Cour.

Würklich geprägte Landesmünzen sind in

Golde:

Ducaten n. b. Holl. Fuß, sollen eigentlich 3 Rthlr. Courent gelten, werden aber jetzt weit höher ausgegeben.

Doppelte, einfache u. $\frac{1}{2}$be Friedrichs= u. Friedr. Wilh. d'or, zu 10, 5 u. $2\frac{1}{2}$ Rthlr. sind zwar zu $10\frac{2}{3}$, $5\frac{1}{3}$ u. $2\frac{2}{3}$ Rthlr. Preuß. Cour. oder $6\frac{2}{3}$ pCt. Gewinn gegen Preuß. Cour. festgesetzet, gewinnen aber gegenwärtig 10 pCt. u. darüber.

Silber:

Preußisch Courent; die Cölln Mark fein zu 14 Rthlr. aus= geprägte ganze, $\frac{1}{2}$be u. $\frac{1}{3}$tel Reichsthaler=Stücke zu 24, 12 und 6 ggr. $\frac{1}{4}$tel, $\frac{1}{8}$tel u. $\frac{1}{12}$tel betral. zu 8, 4 u. 2 ggr. Scheidemünzen an $\frac{3}{4}$tel oder gute Groschen, 6, 4, 3 und 1 Pfennig=Stücke.

Kupfern=5 u. 1 Pfennig=Stücke kommen jetzt wenig vor.

Papiergeld oder Banknoten

von 1000, 500, 100, 50, 20, 10, 8 und 4 Liv. oder Pfund Banco, so an die Inhaber mit $13\frac{1}{2}$, $65\frac{1}{3}$, $131\frac{1}{4}$, $65\frac{1}{2}$, $26\frac{1}{4}$, $13\frac{1}{4}$, $10\frac{1}{4}$ u. $5\frac{1}{2}$ Rthlr. Preuß. Cour. sogleich bezahlet werden.

Von fremden Münzsorten coursiren beym Handel

Goldne Franz. und verschiedene Deutsche Pistolen-Sorten nach dem bestimmten Passier-Gewicht, die doppelte von 10 Rthlr. zu 37½, einfache v. 5 Rthlr. zu 18 47, halbe v. 2½ Rthlr. zu 9 22 Richtpf., gewinnen gegenwärtig 10 pCt. und darüber gegen Preuß. Courent. Neue Holl. Rand-Ducaten à 2½ Rthlr. gewinnen jetzt 14 pCt. u. drüb. gegen Pr. Cour. Ordin. od. wicht. Ducaten à 2½ Rthlr. gewinnen jetzt 13 pCt. u. drüber gegen Pr. Cour. Souverains zu 8½ Rthlr. gerechnet, gelten 8½ Rthlr. Friedr.d'or, kommen aber wenig vor.

Silber-Sorten kommen wenig, und in einzelne Stücken vor, als Franz. Laubthlr. zu 1½ Rthlr., Albertsthlr. à 1½ Rthlr., Rubel à 1¼ und 1½ Rthlr. Pr. Cour. u. s. w.

Wechselarten oder Preise nach dem Silber-Pari.

Berlin giebt gegenwärtig in Preuß. Courent auf

Amsterdam à Vista u. 4 à 5 Wochen Dato * 144½ rthlr. für 100 rthlr. Holl. Bco. od. * 143,59 rthlr. für 100 thlr. Holl. Cour.

Breßlau u. Pr. Schlesien, Cleve u. Pr. Westphalen, Königsberg u. Preußen. Magdeburg u. Halberstadt, Stettin und Pommern * 100 rthlr. für 100 rthlr. Preuß. Cour.

Hamburg à Vista und 4 à 5 Woch. Dato * 152 2/5 rthlr. für 100 rthlr. Hamb. Bco.

Leipzig u. Wien à Vista * 105 rthlr. für 100 rthlr. Conv. Cour.

London 2 Mon. Dato * 6,50 rthlr. für 1 Liv. Sterl.

Paris 2 Mon. Dato * 7½ rthlr. für 100 Ecü à 3 Liv.

In Golde ist der Pari auf London 6,442 rthlr. circa.

Der Wechsel-Uso ist 14 Tage nach der Acceptation. Respecttage sind drey, wenn sie nicht etwa auf Feyrtage fallen, in welchem Fall den Tag vor dem Feyertage bezahlet oder protestiret werden muß.

Maaße und Gewichte.

Von Längenmaaßen ist die Berl. Elle 295½ Fr. Lin. lang. Die Ruthe hat 12 Fuß, davon theils Berliner v. 137,5, mehrentheils aber Rheinländ. v. 139½ Franz. Lin. gebrauchet werden. Der Fuß wird in 12 Zoll à 8 bis 10 Lin. vertheilet, u. 75 Rheinl. Fuß thun 76 Berl. Fuß.

Von Lands- oder Feldmaaßen ist der kleine Morgen v. 180 Rheinl. □Ruthen od. 24197 Franz. □Fuß zum allgemeinen Feldmaaß in Königl. Preuß. Staaten angenommen. Der große Morgen hat 400 □Ruthen ob. 53771 Franz. □Fuß. Die große Hufe Land hat 30 große und 66⅔ kleine Morgen. Die Hakenhufe hat 2, die Landhufe 1 großen Morgen.

Vom Getraidemaaß wird die Last zu 3 Winspel, bey Hafer u. Gerste aber nur zu 2 Winspel gerechnet. Der Wspl. hat 2 Malter, 24 Scheffel, 96 Viertel, 384 Metzen, 1536 Mäßgen; der Scheffel aber hält 2741½ Franz. Cub. Zoll,

Vom Salzmaaß wird die Last von 60 Berl. Scheffel zu 8 Tonn. à 405 Pfund netto, u. der Schfl. zu 54 Pfd. gerechnet.

Vom Brennholz wird der Haufen v. 4½ Klafter, 9 Fuß hoch und 18 Fuß lang angenommen. Der Haufen Torf zu 6 große und 240 kleine Maaßkörbe; der Haufen Schlesische Steinkohlen zu 28 Scheffel. Holzkohlen werden nach der Tonne von 3 gehäuften Berl. Schfl. verkauft.

Vom Kalkmaaß wird der Prahm roher Kalkstein 22 Fuß lang 7¼ Fuß breit u. 2½ Fuß hoch 412 à 427 Cub. Fuß circa 210 Centner gerechnet. Ausgebrannter Steinkalk wird entweder nach Tonnen von 6½ Cub. Fuß oder 4 Scheffel oder 3½ Centner ca. oder nach Winspel von 5¼ Cub. Fuß verkauft. Mergelkalk entweder nach der Tonne v. 2 à 2¼ Berl. Schfl. od. n. d. Winspel von 24 Scheffel.

Vom Weinmaaß wird das Fuder zu 4 Oxthoft, 6 Ohm, 12 Eimer, 24 Anker, 768 Quart à 2 Oesel und das Quart zu 58 Franz. Cubikzoll Inhalt gerechnet.

Vom Biermaaß rechnet man 1 Gebräude zu 9 Kupen, 18 Faß, 36 Tonnen, 144 Aehmgen, 3456 Quart à 2 Oesel oder 58 Franz. Cubikzoll.

Bey dem Handelsgewicht wird die Last zu 12 Schiffpfd. à 20 Lispfund à 14 Pfund od. 3360 Pfund gerechnet, die Last Salz aber hält 3240 Pfund. Der Centner hat 5 schwere Stein à 22 Pfd. od. 10 leichte à 11 Pfund, also 110 Pfund. Das Pfund Handl. Gew. v. 9750 Holl. Aß schwer, hält 2 Mark, 16 Unzen, 32 Loth, 128 Quent, 512 Pfennige. Fleischgewicht ist schwerer und 10 Pfd. desselben machen 11 Pfund Handels- od. Kram-Gewicht.

Das Gold- u. Silbergewicht ist die Cölln. Mark von 2 Unzen, 16 Loth, 64 Quent, 256 Pfennige, 512 Hellergew. od. 4864 Holl. Aß u. 65536 Richtpfennigstheile.

Bey der Probe des Goldes wird die Mark zu 24 Karat à 12 Grän fein; das Silber aber die Mark zu 16 Loth à 18 Grän fein gerechnet. Berliner Probe verarbeitetes Silber soll 12 Loth fein halten, u. führet einen Zepter zum Zeichen.

Das Edelstein- od. Diamanten- u. Perlengewicht ist in ganz Europa gleich, u. bestehet in dem Karat von 4 Grän, welcher auch in ½, ¼, ⅛, 1/16, 1/32 u. 1/64tel getheilet wird, und 4¼ Holl. Aß od. 57½ Cölln. Richtpfenn. enthält.

Das Apotheker- oder Medicinalgewichts-Pfund hat 12 Unzen, 96 Drachmen, 288 Scrupel, 5760 Grän; es ist, mit Ausnahme der Hannöverschen Lande, in ganz Deutschland 7452 Holl. Aß schwer, und 47 Pfund Apoth. Gew. betragen 36 Pfund Cölln. Gewicht.

Von zählenden Gütern rechnet man das Stück Garn zu 20 Gebind à 40 Faden.

Die Ao. 1765 errichtete Berliner Hauptbank begreift gegenwärtig die Depositenbank, die Leihebank und die Haupt=Cassa.

Die Depositenbank od. Cassa nimmt alle bey Waisen=Anstalten, Gerichten, milden Stiftungen und Particuliers müßig liegende Gelder, in Ducaten à 2¼, Pistolen à 5 rthlr. und Preuß. Cour.; nach runden Summen von wenigstens 50 Rthlr., gegen besondere Obligationen des Haupt=Banco=Directorii, anlehnweise zu 3 pCt. für Pupillen, zu 2½ pCt. für gerichtl. und milde Stiftgelder und zu 2 pCt. für Particuliers an, und zahlet solche auf Erfordern sogleich wieder ganz oder auch abschläglich mit wenigstens 10 Rthlr. aus. Der Zinsfuß war bis 1. Febr. 1778 ohne Unterschied 3 pCt., u. v. 1. Febr. 1778 bis 1. Jan. 1787 auf 2½ pCt. für gerichtl. milde Stiftungs= u. Particulier=Gelder festgesetzet, daher es denn auch kommt, daß die noch von diesen Zeiten stehenden Capitalia gegenwärtig noch so hoch verzinset werden; seit dem 1sten Jan. 1787 hat man aber an Particuliers nur 2 pCt. Zinsen gegeben.

Die Leihbank, Lombard od. das Disconto=Comtoir giebt den Besitzern allerhand guter und taxirter Effecten, Kaufmannswaaren, gerichtl. Obligation u. s. w. geringstens 100 Rthlr. Preuß. Cour. vorschußweise zu 5 pCt. jährliche Zinsen auf 2 bis 6 Monat.

Die Haupt Banco=Cassa besorget den Ein= u. Verkauf von Gold, Silber, Species, ein u. ausländ. Wechselbriefe, die Einnahme u. Ausgabe der obengedachten Banknoten für baar Geld, nebst der Einziehung Königl. Gefälle aus den Provinzen, und die Remessen der an andern Höfen befindl. Königl. Gesandten u. s. w.

Sonn= und Festtags, desgl. Mittwochs u. Donnerstags Nachmittags, ist die Bank für das Publikum geschlossen; die aber dieser Hauptbank untergeordneten Banken sind zu Breßlau, Cleve, Elbing, Emden, Frankfurt an der Oder, Königsberg, Magdeburg, Memel, Minden und Stettin.

Bern,

Stadt und Canton in der Schweiz, rechnet gewöhnlich nach

Gulden zu 60 Kreuzer, oder nach

Kronen zu 25 Batzen à 4 Kreuzer, oder nach

Franken oder Livres, die man entweder in 10 Batzen à 4 Xr. oder in 20 Sols à 12 Deniers eintheilet.

Der

Verhältniß sämtlicher hiesiger Rechnungsmünzen.

Krone	Gulden	Livres	Pfund	Batzen	Sols	Schillinge	Kreuzer	Deniers	Heller.
1	1⅔	2½	3⅓	25	50	66⅔	100	600	800
	1	1½	2	15	30	40	60	360	480
		1	1⅓	10	20	26⅔	40	240	320
			1	7½	15	20	30	180	240
				1	2	2⅔	4	24	32
					1	1⅓	2	12	16
						1	1½	9	12
							1	6	8
								1	1⅓

Den Zahlwerth dieser Rechn. Münzen bestimmet die Cölln. Mark fein Silber zu 23,68 Gulden.

Würkliche Berner Landesmünzen sind in

☉ 3fache, 2fache, 1fache, ½be u. ¼tel Ducaten, einfache à 7½ Livr. od. 75 Batzen.

☽ ganze, ½be u. ¼tel Franken od. Livres zu 10, 5 u. 2½ Batzen, davon die ½ben *florins bons* genennet werden.
ganze und ½be Batzen zu 4 und 2 Xr.
ganze und ½be Kreuzer, Vierer genannt.

Von fremden Münzsorten sind Ao. 1786 festgesetzet:

☉ Franz. alte Schildlouisd'or b. m. 1784 . 10 fl. 56 Xr.
— neue Louisd'or seit 1784 u. 85 . 10 fl. 24 Xr.
☽ — Laubthaler . . . . . 2 fl 40 Xr.

Wechselarten, Uso u. Respecttage sind hier nicht eingeführet, man bedienet sich aber der Städte Basel u. Genf, um die erforderlichen Remessen u. Tratten zu besorgen.

Maaße u. Gewichte.

Die Berner Elle hält 240⅐ Fr. Lin., und ist 23⅛ pCt. kürzer als die Berliner.

Der gewöhnliche Fuß v. 12 Zoll hält 130 Franz. Lin. Der Steinbrecher Fuß v. 13 Zoll hält 140⅝ Fr. Lin., 13 gewöhnliche Fuß machen 12 Steinbrecher Fuß, u. 61 gewöhnl. Fuß thun 57 Rheinländ. Fuß. Die Ruthe hat 10, die Klafter 8 und der Schritt 2½ Fuß.

Von Land- od Feldmaaß hält der Juchart Holz 45000, Acker 40000, Wiesen 35000, der kleine 32000, u. der kleinste 31250 Berner □Fuß.

Von Getraidemaaß hat der Mütt 12 Mäß, 48 Immi, 96 Achterli, 192 Sechzenerli, u. enthält 7984½ Fr. Cub. Zoll, ist also 191⅓ pCt. größer denn der Berl. Scheffel.

Von Getränkmaaß wird das Landfaß zu 1½ gem. Faß, 6 Saum, 24 Eymer od. Brente, 600 Maaß od. Pinten, die man wieder in ½be, ¼tel und 8 Becher vertheilet, gerechnet. Die Pinte hält 83⅙ Franz. Cub. Zoll und ist 43⅖ pCt. größer denn das Berl. Quart.

Von Handels- od. Eisengewicht hält der Centner 100 Pfund, das Pfd. aber hat 16 Unzen, 32 Loth, 128 Quent od. Quart, 512 Pfennige und ist 10825 Holl. As schwer, mithin 11 pCt. schwerer denn das Berl. Pfund; nach Tillet soll es 9834 Holl. As schwer seyn.

Das Gold- Silber- Galonen- Seiden- u. Salzgewicht ist die Pariser Mark zu 16 Loth à 4 Quent à 4 pf., 5094 Holl. As, also 4⅞ pCt. schwerer als die Cölln. Mark; nach Tillet wiegt sie 5138⅙ Holl. As, und ist 5⅝ pCt. schwerer denn die Cölln. Mark.

Beym Probiren wird die Mark fein Gold zu 24 Karat à 32 Theile, die Mark Silber aber entweder zu 12 Deniers à 24 Grains od. zu 16 Loth à 18 Grän fein gerechnet.

Verarbeitetes Gold hält 18 Karat, Silber 13 Loth, Zinn 4 Pfd. u. 1 Pfd. Bley, ehern Geschirr 100 Pfd. Kupfer u. 20 Pfund Zinn und ist mit einem B und dem Stadtwappen bezeichnet.

Das Apotheker-Gewichts-Pfund hat 12 Unzen, 96 Drachm. 288 Scrup. 5760 Grän u. ist 7423 Holl. As schwer.

Bielefeld wie Minden.

Bilbao,

im Spanischen Biscaya, ohnweit dem Meere, rechnet gewöhnlich nach

Reales zu 34 *Maravedit de Vellon* Castill. Währung, deren Beschaffenheit unter Spanien und Madrid zu ersehen.

Würkliche Span. Münzsorten, die hiesigen Wechselarten auf Amsterdam, London u. Paris, Uso u. Respecttage sind unter Spanien zu ersehen

Maaße u. Gewichte.

Von Ellenmaaß hält die *Vara* 377⅓ Franz. Lin. und ist 27$\frac{2}{18}$ pCt. länger denn die Berl. Elle.

Von Getraidemaaß hält der *Fanega* von 12 *Celemines* 3033 Fr. Cubikzoll und ist 10⅝ pCt. größer denn der Berliner Scheffel; nach andern hält er 2829 à 2881 Fr. Cubikzoll, also nur 2$\frac{3}{18}$ à 5$\frac{1}{18}$ pCt. mehr denn der Berliner.

Von Handelsgewicht hält der Quintal-Macho zu Eisen 155 Pfund Span. od. 147½ Pfd. Hamb.; der kleine Quintal zu allen übrigen Handelswaaren 100 Pfund Bilbao oder 104$\frac{7}{18}$ Pfund Berl circa. Getrocknete und gesalzne Fische werden nach Centnern von 104 Pfund verkauft, die wegen des guten Gewichts 110 Pfd. betragen. Das hiesige Pfd. ist 10194 Holl. As schwer, u. 4$\frac{1}{18}$ pCt. schwerer als das Berl. Pfd.

Bologna,

im Päbſtlichen Italien, rechnet gewöhnlich nach
Lire zu 20 Soldi à 12 Denari.
Die Soldi werden auch Bolognini genennet, und ſind eigent-
lich Römiſche Bajocchi.

Verhältniß ſämtlicher hieſiger Rechnungsmünzen.

1 Scudo 5 Lire, 10 Paoli, 100 Soldi, 500 Quatrini, 1200 Denari.

1 —	2 —	20 —	100 ——		240 —
	1 —	10 —	50 ——		120 —
		1 —	5 ——		12 —
			1 ——		2⅖ —

Der Zahlwerth iſt entweder Wechſelgeld, die Cölln.
Mark fein Silber zu 46½ Lire Wechſ. Gelb, oder es iſt gewöhnlich Courent, welches man auch *Fuori Banco* ſonſt
Moneta lunga benennet, die Cöllniſche Mark fein Silber zu
47,62 Lire Courent. Wechſelgeld iſt beſtändig 2½ pCt. beſſer denn Courent.

Würkliche Päbſtl. für Bologna u. Rom, anjetzt auf
gleiches Gewicht, Gehalt und Zahlwerth ausgeprägte
Münzſorten ſind

neue Goldſorten v. Pius VI. ſeit 1786.

10, 5, 2 u. 1fache, ½be u. ¼tel Röm. u. Bologn. Zechinen,
die 1fache zu   10⅓ Lire.
Bologn. u. Röm. Piſtolen od. Doppien   15½ —

Silberſorten:

Ganze u. ½be Bologn. u. Röm. neue Scudi v. Pius VI.
   à 10 u. 5 Paoli, der ganze   5 —
Teſtoni, Röm. u. Bologn. à 3 Paoli oder   1½ —
Lire od. Piaſtri v. Bologna à 2 Paoli oder   1 —
Ganze, ½be u. ¼tel Bologn. u. Röm. Paoli zu 10, 5 u. 2½ Soldi.
Murajolle, 2 u. 1fache zu 4 u. 2 Soldi.
Bolognini oder Bajocchi zu 1 Solds.

Kupferſorten:

Ganze u. ½be Bajocchi zu 5 u. 2½ Quatrini ob. 1 u. ½ Solds.
Quatrini zu 2⅖ Denari.

Das in Rom gewöhnliche Pappiergeld iſt hier nicht in
Umlauf; auch ſind alle ältere Päbſtliche Goldmünzen ſeit
1787 nach den Münzhäuſern verwieſen worden, alſo
    das Pfund v. 24 Karat fein Gold zu 1130 Lire 16½ Solds
    das Pfund v. 12 Unzen fein Silber zu 72 Lire 15½ Solds
bezahlet werden ſoll.

Fremde Münzsorten stehen nach Verordnung v. May 1786, in folgend. Gewicht u. Werth.	Bologneser		
	Carati.	Lire.	Soldi
Goldne			
Deutsche Ducaten verschiedn. Fürsten .	18½	10	13
Franz. Schildlouisd'or vor Octbr. 1785	43¼	22	19½
neue Louisd'or seit Octbr. 1785	40½	21	11
Genues. neue Pistolen v. 50 Lire . .	74¾	40	6
Holl. Ducaten	18½	10	13
Mail. Zechinen seit 1778	18½	10	17
Pistolen seit 1778	33¼	17	17
Souverains s. 1786 u Wiener .	29¼	31	15½
Portug. Lisboninen Pistolen	76	41	—
Savoj. Pistolen alte vor 1786 . . .	51	27	4
neue seit 1786 . . .	48½	25	16
Span. Pistolen geränd. seit 1772 . .	35¼	19	1
Piecettes oder Goldpiaster . .	9½	5	—
Toscan. Zechinen	18½	10	17
Ungar. od. Kremnitz. Ducaten . . .	18½	10	15
Venet. Zechinen	18½	10	17½
Silberne			
Deutsche Convent. Spec. Thaler . .	150	4	15
½be werden nicht angenommen.			
Franz. Laubthaler vor 1785	156	5	8
in 1785. 24 Den. 20 Gr.	156	5	6
Mail. Scudi seit 1778	122½	4	13
neue 3 Kronen-Thaler . . .	156½	5	4
Savoj. neue Scudi	186	6	8
Span. Piaster geränd. u. geprägt s. 1772.	142½	5	—
Toscan. Franceschini u. Leopoldini :	140¼	5	—
Tallari m. 2 Adlern	150	4	15
Venet. Ducati v. 8 Lire	120	3	15

Von diesen Gold- und Silber-Sorten gelten und wiegen die 4, 3, 2fachen, ½ben u. ¼tel nach Verhältniß. Alle diese Sorten werden sehr genau gewogen, und verlieren, wenn sie nicht das vorgeschriebene Gewicht haben, für 1 Grän Zechinen-Ducaten 15, und von andern Goldsorten 14 Quatrini; übrigens wird dieser Tarif nur bey einzelnen Stücken in täglichen Ausgaben befolget, bey der Handlung in Summen hingegen gelten sie veränderlich.

Wechselarten oder Preise nach dem Silber-Pari.

Bologna giebt	empfängt	in oder zu
38,12 Bol.	1 fl. Holl. Bco.	Amsterdam à Uso v. 2 M. Dato
46,46 —	1 fl. in Pistol. à 7½ fl.	Bozner Messen
104,9 —	1 Duc. v. 7 Lire	Florenz à 3 Tage Sicht
89,02 —	6 Lire fuor. Bco.	Genua 2 Tage Sicht
52,12 —	3 Liv. tourn.	Lioner Messen
86,17 —	1 Pezza da otto	Livorno à 3 Tage Sicht
92,59 —	6 Lire Cour.	Mailand Uso v. 15. Tag. Sicht
97,56 —	1 Scudo Rom.	Rom desgl. Uso
58,04 —	1 Duc. Cour.	Venedig 8 Tage Sicht
46,46 —	1 rfl. Conv. Cour.	Wien, Uso v. 14 Tag. Sicht.

In Ansehung des Uso der auf Bologna gezogenen Wechselbriefe, bedeutet solcher nach Verordnung Pius V. Von Rom u. Genua 10 Tage nach Sicht ob. der Acceptation. Von Mailand, Venedig, Florenz, Pisa, Lucca, ganz Toscana, Ancona, Marca, Romagna, Lombardie, 8 Tage nach Sicht ob. der Acceptation. Von Neapel 14 Tage wie vorher. Von Palermo, Messina und andern Orten dieses Reiches 1 Monat wie vorher. Von Antwerpen, Paris u. andern Franz. u. Flanderischen Orten 2 Monat nach Dato. Von London und der Levante 3 Monat nach Dato.

Nach dieser Vorschrift richtet man sich zwar in Ansehung der außerhalb Italien gelegenen Orte, in Ansehung der Italiänischen aber die hieher ziehen, ist in Bologna gewöhnlich, die Briefe vollkommene 8 Tage nach der Acceptation zu bezahlen, so daß ein Wechsel welcher den 1. des Mon. acceptiret worden, den 10ten desselben Monats bezahlet seyn soll, wornach man also den Acceptations- und Zahlungs-Tag nicht mit unter gedachte 8 Tage begreifet.

Niemand acceptiret und zahlet an Festtagen.

Sobald ein Wechsel nicht acceptiret wird, lässet man sogleich wegen Mangel der Acceptation protestiren, man zählet sodann die Tage auf die der Brief gestellet ist, und lässet sodann nochmals wegen Mangel der Zahlung protestiren, u. dann die Retour machen.

Wechsel die auf gewisse Tage nach Dato oder auf eine bestimmte Zeit lauten, müssen den Tag nach der Verfallzeit präsentiret und bezahlet werden, oder man lässet sie protestiren. Die à Vista oder nach Gefallen gezogen werden, bezahlt man ebenfalls gewöhnlich bey der Präsentation.

Die auf Fremde, in Bologna zahlbar gestellte Wechsel, werden den Tag, wenn sie an denjenigen präsentiret werden sollen auf welchen sie gezogen sind, dem Notarius des Handels-Tribunals zur Acceptation präsentiret, und so derglei-

C 3

chen Fremde nicht erscheinen, oder jemanden dazu bevoll=
mächtigen, lässet man solche bey der Verfallzeit protestiren,
welche von dem Tage der Präsentation des Briefes an den
Notarius, ihren Anfang nimmt.

Gemeiniglich werden die Proteste wegen Mangel der
Acceptation, am Tage der Ankunft des Wechsels gemacht,
und die Unkosten für einen jeden Protest sind 2½ Lire.

Maaße und Gewichte.

Vom Ellenmaaß hält die *Braccio* zu allen Waaren ohne
Unterschied 286 Fr. Lin., und ist also 3⅓ pCt. kürzer denn
die Berl. Elle.

Der Fuß, davon 5 auf 1 Schritt und 10 auf 1 Ruthe,
gehen, hält 168⅓ Franz. Lin., und 67 Bologn. Fuß thun 81
Rheinländ. Fuß.

Vom Land= ob. Feldmaaß hält die *Biolca* 196 ☐ Ru=
then oder 1,105 Berl. kleine Morgen, die *Tornatura* aber
140 ☐ Ruthen oder 0,7894 solche Morgen.

Vom Getraidemaaß hat 1 *Corba* 2 *Stari*, 8 *Quarte=
roni* ob. *Quartiroli* und 32 *Quarticeni* ob. *Cupi*; er enthält
3720 Fr. Cubikzoll ob. 1,157 Berl. Scheffel. Der *Corba* zu
Früchten hat 3 *Staja*.

Vom Wein= u. Brantweinmaaß hält 1 *Corba* 2 halbe
4 *Quartarola*, 60 *Boccali*, 24. *Foglietti*. und enthält 3720
Franz. Cub. Zoll ob. 64⅓ Berl. Quart; der *Boccal* also von
62 Fr. Cubikzoll ist 6/10 pCt größer denn das Berl. Quart.

Oehl wird nach dem Gewichtspfund v. 12 *Oncie* verkauft.

Vom Handelsgewicht hat der *Peso* 25 *Libre* ob. Pfd.;
das Pfund wird in 12 *Oncie* und die *Oncie* zur Seide in 16
Ferlini eingetheilet, und wieget 7534½ bis 7537 Holl. As,
ist also 29 1/12 à ½ pCt. leichter denn das Berl. Pfund.

Das Gold= Silber= u. Münzgewichts=Pfund hat die
Schwere des vorigen, wird aber in 12 *Oncie*, 96 Achtel,
1920 *Carati*, 7680 *Grani* eingetheilet, u. ist 54 21/24 à 7/8 pCt.
schwerer als die Cölln. Mark, welche hiernach 1239 à ½ *Ca=
rati* wieget. Die *Oncie* zum Golde wird auch in 24 *Denari*
getheilet, und das feine Gold in Bologna soll nur aus 20
Denari bestehen.

Jouvelen werden n. der Holl. Trois=Oncie v. 640 Holl.
As Schwere gewogen, welche man des Endes in 16 *Ferlini*,
160 *Carati* und 640 *Grani*, die also der Holl. As gleich sind,
eintheilet; 7½ *Oncie* oder 1216 *Carat*. Jouvelen=Gewicht
gehen auf die Cölln. Mark.

Bey dem Medicinalgewicht rechnet man das Pfund zu
12 *Oncie*, 96 *Dramme*, 288 *Scrupoli*, 6912 *Grani*; es ent=
hält aber nur 11½ *Oncie* Handelsgewicht, und ist solcherge=
stalt auch nur 7066 Holl. As schwer.

Von öffentlichen Handelsanstalten ist zu bemerken

1) Das hiesige Handelsgericht (*Foro di Mercanti*) zu Entscheidung aller Streitigkeiten in Handelssachen.

2) Das Kaufhaus als ein Magazin für hiesige und fremde Kaufleute, in welches man alle Waaren, ohne andere Abgaben als einen geringen Transito, niederlegen kann, wenn sie nicht in Kirchenstaaten bleiben, und alsdann von 100 Pfund Gewicht 4 *Bajocchi* bezahlen müssen.

Boßen,

eine Handelsstadt der Oesterreichischen Grafschaft Tyrol, rechnet gewöhnlich nebst Insbruck, Roveredo und ganz Tyrol, nach

Reichsgulden zu 60 Kreuzer à 4 Pfennige; und die sämtlichen hiesigen Rechnungsmünzen sind, und haben das unter Augsburg angezeigte Verhältniß.

Der Zahlwerth dieser Rechn.Münzen wird jetzt gewöhnlich in Tyroler Couvent nach einem 21 rsl. Faß, die Cölln. Mark fein Silber zu 14 rthlr. gerechnet, oder man bezahlet in Meßvaluta, darunter man Wiener Courént oder den 20 Gulden-Fuß verstehet, der 5 pCt. besser denn Tyroler Courent ist.

Würklich geprägte Landesmünzen sind die unter Wien angezeigten Oesterr. Conventionssorten, davon hier in Tyrol. Cour. gelten

Der Specthaler 2 rsl. 6 Xr., der Gulden 1 rsl. 3 Xr., das 20 Xr. Stück 21 Xr., das 10 Xr. Stück 10½ Xr.

Fremde Münzsorten werden außer den Messen zu den unter Wien bemerkt. Preisen mit 5 pCt. Erhöhung ausgegeben.

Wechselarten oder Preise nach dem Silber-Pari. Boßen giebt in Meßvaluta nach dem 20 Gulden-Fuß, auf Amsterdam à Uso °205⅔ rsl. für 100 rthlr. Holl. Bco.

Deutschland, als Augsburg u. Wien à Uso, Frankfurt und Leipziger Messen, °100 rsl. od. rthlr. für 100 rsl. od. rthlr. Convent. Cour.

Hamburg à Uso °217½ rsl. für 100 rtblr. Hamb. Bco.

London à Uso °9,402 rsl. für 1 Liv. Sterl.

Venedig 1 rsl. für °99⅓ *Soldi Vened. Piccoli*.

Uso und Respecttage hat man hier nicht, weil nur auf die Boßner Messen gezogen wird.

Maaße und Gewichte.

Vom Ellenmaaß hält die Boßner Elle 350,1 Fr. Lin. und ist 18½ pCt. länger denn die Berliner Elle, die Boßner Brazza 243,7 Fr. Lin. u. ist 21½ pCt. kürzer als die Berl., die Tyroler Elle 356½ Fr. Lin. ist 20½ pCt. länger als die Berl.

Der Tyroler Fuß hält 148,1 Fr. Lin. u. ist $6\frac{7}{8}$ pCt. länger als der Rheinl. Fuß.

Vom Feld- od. Landmaaß soll der Jauch od. Jauchart 1000 □Klaftern, nach andern 600 □Ruthen $= 1,6944$ Berl. kleine Morgen enthalten; es giebt auch *Stochiacah* von 800, *Tagmat* v. 400, *Staarland* v. 100, u. *Grabe* v. 80 □Ruthen.

Vom Getraidemaaß soll der Boßner Star die $\frac{1}{8}$be Wien. Meße seyn u. also $1768\frac{1}{2}$ Fr. Cubikzoll u. 55 pCt. kleiner als der Berl. Scheffel halten. Der Tyroler Korn-Star hält richtig 1541 Fr. Cubikzoll u. ist $77\frac{1}{2}$ pCt kleiner als d. Berl. Schff.

Vom Getränkmaaß soll der *Yhren* od. *Ueren* so viel als 1 Wien. Eymer, der *Ziment* so viel als 1 Seidel, seyn. Das Tyroler Getränkmaaß hält $40\frac{2}{3}$ Fr. Cub. Zoll u. ist $49\frac{1}{2}$ pCt. kleiner als das Berl. Quart.

Das Oehl-maaß soll der Muth v. ca. 124 Berl. Pfd. seyn.

Vom Handelsgewicht hält der Saum 4 Centner à 100 Pfd., das Pfund zu 10426 Holl. Als Schwere ist $6\frac{1}{2}$ pCt. schwerer als das Berliner. Das Tyroler Pfund hält richtig 11707 Holl. As u. ist $20\frac{1}{8}$ pCt. schwerer als das Berl. Pfund.

Die 4 Boßner Messen sind *Fiera di Quadragesima, di Corpus Domini, d'Egidio* und *di St. Andrea*, oder Mit-fasten- Frohnleichnams- Egidien- od. Bartholomä- u. Andreas-Markt. Die 3 ersten gehen den ersten Werktag nach dem Sountag *Oculi*, nach dem Frohnleichnamstag, u. Mariä Ge-burt, und die 4te den 1sten Decbr. an, wenn es kein Sountag ist. Eine jede Messe dauert 15 Tage, in welcher Zeit v. 6ten bis 12ten Tage acceptiret, v. 13ten bis zu Ende rescontriret wird. Zum Contantzahlen hat man noch 2 Tage, an dessen letzten man wegen Mangel an Zahlung protestiren lassen kann.

Alle auf Boßen gezogenen Wechsel müssen unmittelbar an jemand zu bezahlen gestellet seyn, weil alle indossirte u. solche Briefe, deren Zahlung an mehr als eine Person geleistet wer-den soll, verboten sind.

Bourdeaux,

im Französischen Guienne an der Garonne, rechnet wie ganz Frankreich nach

Livres zu 20 *Sols* à 12 *Deniers*,

und der Wechsel-Ecü hat 3 *Livres* oder 60 *Sols tourn.*

Sämtliche Rechnungsmünzen mit ihrem Zahlwerth, die würklichen Franz. Münzsorten u. Wechselarten auf Amsterdam, Hamburg und London, sind unter Frankreich zu ersehen.

In Ansehung des Uso und der Respecttage, müssen die à Vista gestellten Wechsel bey der Präsentation bezahlet, oder noch desselben Tages protestiret werden. Die auf einige Tage Sicht, od. auf 1 u. mehr Uso gestellten Wechsel und Waaren-Billets, genießen die gewöhnl. 10 Respecttage, welche den Tag nach dem Verfalltage anfangen. Die in hiesigen Messen zahlbar gestellten Wechsel u. Billets, müssen den letzten Tag der Messe protestiret werden, wenn keine Zahlung eingehet. Mit denen auf gewisse Tage der Messe zahlbar gestellten Wechseln, wartet man, der Fremden wegen, gemeiniglich auch bis zum letzten Tage der Messe.

Maaße u. Gewichte.

Vom Ellenmaaß soll die hiesige *Aune* der Pariser eigentlich gleich seyn, wird aber zu 528 Fr. Lin. also 78⅓ pCt. länger als die Berl. Elle angegeben.

Der Fuß Feld, od. Landmaaß hält 158 Fr. Lin., und ist 13¹⁄₁₂ pCt. länger als der Rheinländ.

Vom Landmaaß soll 1 *Journal* 3 *Pougnerées* à 72 *Escas* à 12 Fuß 2 Zoll od. 888 □ *Toisen* = 1,3212 Berl. kleine Morgen halten; nach andern wird es 25000 □ Fuß = 1,2436 Berl. kl. Morgen, 1 *Rege* Kornland aber für ¹⁄₂₀tel u. 1 *Rege* Weinland für ³⁄₁₀tel *Journal* gerechnet.

Vom Getraidemaaß hält der *Boisseau* 3868 Fr. Cub. Zoll, ist also 41¹⁄₁₈ pCt. größer denn der Berl. Scheffel. Der *Boisseau* Castanien wiegt 113¼ Pfund in Berl.

Vom Wein u. Brantweinmaaße wird verschiedentlich die *Tonneau* zu 4 *Barriques* oder Orthoft, 6 *Tiercons*, 128 *Veltes* od. Viertel u. 400 *Pots*, von andern aber zu 144 *Veltes*, 400 *Pots* u. 864 Parif. *Pinten* angegeben. Nach erster Angabe würde das Orthoft 207, die Tierze 138, die *Velte* 6⁷⁄₁₂ Berl. Quart und der *Pot* 109 Fr. Cub. Zoll = 1⅔ Berl. Quart ausmachen, nach der 2ten Angabe aber hat man 2erley Orthoft von 178⅔ u. 152½ Berl. Quart, die Tierze hält 119, die *Velte* 5, und der *Pot* 103,₇ Fr. Cubikzoll od. 1,₇₉ Berl. Quart, gewiß ist, daß das hiesige Orthoft zwischen 160 bis 180 Berliner Quart hält.

Brantwein ist zwar in Fässern von ca. 50 od. 52 *Velten*, der Preiß wird aber für 32 *Velten* gemacht, die etwa 195 Berl. Quart geben.

Vom Handelsgewicht hat der Quintal 100 Pfund à 2 Mark à 8 Unzen à 576 Grän, das Pfund wiegt 10228 Holl. As u. ist 4⅞ pCt. schwerer als das Berl. Pfund.

Von Nutzholz verkauft man hier Klappholz zu 124, Dielen zu 126, Piepen u. Orthoft-Stäbe zu 1616 u. Bodenstäbe zu 2424 Stück.

Die hiesigen beiden Messen, *Foire de Mars* und *Foire d'Octobre*, deren jede 15 Tage währet, u. eben den Tag der

Woche darin sie anfängt, auch wieder aufhöret, gehet die 1ste den 1. Merz an u. endet den 15. Merz; die 2te, welche wegen des großen Weinvertriebes die ansehnlichste ist, gehet den 15. Octbr. an u. endet sich den 29. Octbr. In beiden Messen ist der Zoll aus- u. eingehender Waaren geringer als sonst, u. Franz. Waaren sind ganz frey,

Braunschweig,

die Hauptstadt der Herzogl. Braunschweig-Wolfenbüttelschen Lande in Niedersachsen, rechnet gewöhnlich nach Reichsthaler zu 36 Mariengroschen à 8 Pfennige.

Verhältniß sämtlicher hiesiger Rechnungsmünzen.

Reichsthaler.	Reichsgulden.	Mariengulden.	gute Groschen.	Mariengroschen.	Gülgen.	Marier.	Dreyer.	Pfennige.	Heller.
1	1½	1½	24	36	48	72	96	288	576
	1	1⅓	16	24	32	48	64	192	384
		1	13⅓	20	26⅔	40	53⅓	160	320
			1	1½	2	3	4	12	24
				1	1⅓	2	2⅔	8	16
					1	1½	2	6	12
						1	1⅓	4	8
							1	3	6
								1	2

Der Zahlwerth dieser Rechnungsmünzen wird nach dem Conventions-Courent-Fuß, die Cölln. Mark fein Silber zu 13½ rthlr. bestimmet, desgl. auch in Pistolen à 5 rthlr.

Würkliche Landesmünzen sind in

☉ Ducaten jetzt zu 3 rthlr., doppelte, 1fache u. ½be Carld'or oder 10, 5 u. 2½be rthlr. Stücke.

☽ ganze, ½be u. ¼tel Convent. Species-Rthlr. zu 48, 24 und 12 Marieugr., ⅛tel, 1/12tel u. ⅟₂₄tel Convent. Rthlr. Stücke zu 6, 3 u. 1½ Mariengroschen.

neue ⅔tel Stücke nach dem Leipz. Fuß, seit 1789.

Scheidemünzen an 6 und 4 Pfennigstücke, die Cölln. Mark fein à 14 rthlr.

Kupfer-Pfennige.

Von fremden Münzsorten gelten

In Golde: alte Franz. Span. u. Deutsche Pistolen oder 10, 5 u. 2½ rthlr. Stücke, wenn sie das vorgeschriebene Paß-

ſier-Gewicht von 3708, 1838 u. 917 Cölln. Richtpfennige haben, jetzt 3 pCt. u. m. Agio gegen Convent. Cour.

Holl. u. andere Ducaten zu 2⅔ rthlr. gerechnet, werden
jetzt mit 6 pCt. gegen Courentgeld verwechſelt.

Franz. neue Louisd'or ſeit 1785 ſind auf 5⅕ rthlr. geſetzt.

In Silber: nach dem Leipziger Fuß ausgeprägte Spec.
Thlr., ½tel, ¼tel u. ⅛tel Stück à 48, 24, 12 und 6 Margr.,
werden mit circa 12 pCt. Agio Gewinn gegen Convent. Cour.
umgeſetzt.

Wechſelarten nach dem Silberpari.

Braunſchweig giebt	empfängt	in
* 137¹¹⁄₁₂ rthlr.	100 rthlr. Bco.	⎫ Amſterdam
* 136⅓ rthlr.	100 rthlr. Courent.	⎭
* 144,8 rthlr.	100 rthlr. Bco.	⎫ Hamburg
* 117,647 rthlr.	100 rthlr. Corrent.	⎭
* 6,267 rthlr.	1 Liv. Sterling	Londou.

Nach einigen andern Orten wechſelt Braunſchw. wie Leipzig,
indeſſen wird überhaupt u. mehrentheils nur aus den hieſigen
Meſſen gewechſelt. Wenn man die Paß-Piſt. zu 5 rthl. annimt,
ſo iſt das Goldpari auf London 6,04 rthlr. für 1 Liv. Sterl.

Die Acceptation der auf die hieſigen Meſſen gezogenen
Wechſel, muß längſtens den Freytag Abend der erſten Meßwoche geſchehen, vor der Zeit aber iſt auch Niemand dazu verbunden, der Inhaber kann mithin vor gedachter Zeit auch nicht
proteſtiren laſſen. Die Bezahlung ſolcher Briefe muß längſtens
am Donnerſtage der andern Woche, da ohnehin die Meſſe ausgelautet wird, erfolgen.

Der Uſo iſt allhier durchgehends 14 Tage nach der Acceptation zu verſtehen. Reſpecttage ſind zwar hier eigentlich
nicht verordnet, indeſſen ſind in gewiſſen Fällen den Präſen-
tanten 3 Reſpecttage nachgegeben.

Maaße u. Gewichte.

Von Längenmaaßen hat die Ruthe 8 Ellen, 16 Schu
od. Fuß à 12 Zoll. Die Elle hält 253 Fr. Lin. u. iſt 16½ pCt.
kürzer als die Berl. Der Fuß 126½ Fr. Lin., 11 Braunſchw.
Fuß = 10 Rheinl. Fuß.

Vom Getraidemaaß hat der Wiſpel Korn 4 Scheffel,
40 Himten, 160 Vierfaß, 640 Löcher. Der Himt enthält 1565
Fr. Cubikzoll, und iſt 75½ pCt. kleiner als der Berl. Scheffel.
Der Haferſchfl. wird zu 12 geſtrichene Himten gerechnet, und
der Schfl. Hopfen wieget 27½ Hamb. Pfd. Netto.

Vom Weinmaaß hat 1 Fuder 4 Orthoft, 6 Ahm, 240
Stübgen, 960 Quartier, 1920 Nößel; das Quartier hält
46½ Fr. Cubikzoll u. iſt 25,¹⁄₁₂ pCt. kleiner denn das Berl. Quart.

Ein Faß Bier hat 4 Tonnen, 108 Stübgen, 432 Quartier
à 2 Nößel; das Faß Mumme aber hält nur 100 Stübgen.

Vom Handelsgewicht hat das Schiffpfund 20 Lißpfund à 14 Pfund, der Centner 114 Pfd., der Stein 10 auch 11 Pfd. Das Pfund von 32 Loth à 4 Quent u. s. w. enthält 9716 Holl. Aß und ist ½ pCt. leichter denn das Berl. Pfund.

Man rechnet die Tonne Butter groß Band zu 280, klein Band zu 224 Pfund Netto. Rüböhl wird nach der Piepe v. 820 Pfund, Baumöhl nach dem Centner verkauft.

Gold- u. Silbergewicht ist die Cölln. Mark. Verarbeitetes Silber hält 12 Loth fein und hat den stehenden Löwen zum Zeichen.

Von zählenden Güthern kommen außer denen in der Einleitung bemerkten Schock, Steigen, Packtuch, Lasten, Groß, Dutz, große und ordin. 100 und 1000, noch besonders Bund Garn zu 20 Löpfe vor. Der Werklopf wird zu 10hundert Haspelfaden, der Kauf-Lopf aber zu 9hundert Faden Garn gerechnet.

Die Braunschweiger zwey großen Messen, die jährl. gehalten werden, und eigentlich 8 bis 10 Tage dauern sollen, gehen folgendermaßen an: 1) Der Lichtmeßmarkt, den Donnerstag der Woche, darin Mariä Lichtmesse fällt, ohngefehr im Febr. 2) Der Laurenziimarkt, den Donnerstag der Woche, darin der Laurentiustag ist, ohngefehr im August, und wenn einer dieser beiden Tage auf den Sonntag trift, gehet die Messe den vorhergehenden Donnerstag an. Der Großhandel auf diesen Messen soll nur drey Tage vorher, also von dem Montag an bis zum Donnerstag, wo sie eingeläutet wird, geschehen.

Bremen,

Niedersächsische Reichsstadt, rechnet mit den Herzog- und Fürstenthumern Bremen, Verden, Oldenburg u. Delmenhorst gewöhnlich nach

Reichsthaler zu 72 Groot à 5 Schwar.

Verhältniß sämtlicher hiesiger Rechnungsmünzen.

Rthlr.	Mark	Kopf-stück	Dütgen	Flins-richs.	Schill.	Groote	Schwa-re.
1	2¼	6	16	18	48	72	360
	1	2⅔	7½	8	21⅓	32	160
		1	2⅔	3	8	12	60
			1	1⅛	3	4½	22½
				1	2⅔	4	20
					1	1½	7½
						1	5

Der Zahlwerth ist dar Convent. Fuß, die Cölln. Mark fein Silber zu 13½ rthlr., desgl. auch Pistolen à 5 rthlr.

Von würklichen Stadtmünzen hat man

Goldne Ducaten nebst Silbernen ganzen, $\frac{1}{2}$ben u. $\frac{1}{4}$tel Specthaler und Kopfstücke à 12 Grot; in Kupfer: Schware, Flinriche à 4 Grot, u. 6, 3, 2, 1 u. $\frac{1}{2}$be Grotstücke.

Von fremden Münzsorten coursiren

Gold. Ducaten- u. Pistolen-Sorten wie in Braunschweig.

Silb. $\frac{2}{3}$tel Stücke à 48 Grot gewinnen 10 pCt. ca. gegen Courent. Alte Franz. Louisbl. à 96 Gr. u. alte 6 Grotstücke gewinnen 5 pCt. gegen Courent od. Wechs. Zahlung.

Conventionsmünzen werden dem hiesigen Courent gleich gerechnet, gegen Ld'or aber mit ca. 3 pCt. Verlust verwechselt.

Preuß. Courent verlieret 7, u. Hannöversches Cassengeld gewinnet circa 7 pCt. gegen Louisd'or.

Wechselarten oder Preise nach dem Silberpari.

Auf Amsterdam u. Hamburg à Vista u. 2 Mon. Dato, so wie in Braunschweig.

Auf London à 2 Uso giebt man $626\frac{2}{3}$ rthlr. für 100 Liv. Sterl.

Auf Paris à 2 Uso — — $18\frac{1}{18}$ Grot für 1 Liv. tourn.

Der Uso in Briefen aus Deutchland ist 14 Tage Sicht, aus London 1 Mon. n. Dato; nach dem Verfalltage hat man noch 8 Respecttage, Briefe aber die auf den Ausgeber, oder à Vista, desgl. 2, 3, 4 Tage Sicht gestellet sind, genießen sie nicht.

Maaße u. Gewichte.

Vom Längenmaaß hat die Ruthe $2\frac{2}{3}$ Klafter, 8 Ellen, 16 Fuß. Die Elle v. 4 Quartier hat $256\frac{2}{3}$ Fr. Lin. u. ist $15\frac{1}{4}$ pCt. kürzer denn die Berl. Elle. Der Fuß von 8 und 12 Zoll hält $128\frac{1}{5}$ Fr. Lin., davon 51 Brem. Fuß = 47 Rheinländ.

Vom Getraide- u. Salzmaaß hat die Last 4 Quart, 40 Schfl. 160 Viertel od. 640 Spint. Der Scheffel enthält $3585\frac{3}{5}$ Fr. Cubikzoll u. ist $30\frac{3}{4}$ pCt. größer denn der Berl. Schfl. 1 Brau Malz hält 45, 1 Tonne Salz $3\frac{1}{4}$ Scheffel.

Vom Weinmaaß hat der Ahm 4 Anker oder 20 Viertel, der Rathsweinkeller aber liefert den Ahm Rheinwein zu 45 Stübgen, 180 Quart od. 720 Mengeln. Bey den Franzwein-Händlern hält der Ahm 44, das Viertel Franzwein $2\frac{1}{5}$, das Viertel Rheinwein $2\frac{1}{4}$ Stübgen. Das Orthoft hält $1\frac{1}{2}$ Tierzen od. Ahm, 6 Anker, 30 Viertel od. 264 Quart.

Vom Biermaaß hält die ganze Tonne 45, die $\frac{1}{2}$be 24, das $\frac{1}{4}$tel $12\frac{1}{2}$ Stübgen.

1 Tonne Thran hält 6 Stechkannen à 16 Mengel u. wieget 216 Pfund Netto.

Brantwein wird nach Quart v. 4 Mengel, Franzbrantwein zu 30 Viertel verkauft.

Das Stübgen hält 160 Franz. Cubikzoll und ist $175\frac{7}{8}$ pCt. größer denn das Berl. Quart.

Vom Brennholzmaaß wird das Reif od. Reep mit einer Kette v. 17 Fuß lang in die Runde gemessen, das Reepholz ist

4½, 5 bis 6 Fuß lang u. liefert 1 bis 2 Faden. Der Faden ist 6 Fuß lang u. hoch, und enhält bey der gewöhnl. Klobenlänge v. 2 à 2½ Fuß 72 à 78 Cubikfuß.

Mahagonyholz wird nach dem Fuß von 12 Zoll Länge u. Breite und 1 Zoll Dicke verkauft.

Sandsteine, Blocken die über 9 Zoll dick, werden nach Fuder zu 30 Cubikfuß. Streckstücke v. 9 bis 7 Zoll dick, nach Fuder zu 15 Ellen à 3 □Fuß, und Astrac unter 7 Zoll dick, nach Fuder zu 15 Ellen à 4 □Fuß gerechnet. 1 Last Bruch- od. Graustein wird beym Befrachten der Schiffe zu 40 Cub. Fuß à 100 Pfund gerechnet.

Vom Handelsgewicht hat das Pfund schwar 300 Pfd., wird aber von einigen Fuhrleuten zu 22 Lispfund à 14 Pfd. od. zu 308 Pfd. gerechnet. Die Wage Eisen hat 120 Pfund. Der Stein Flachs 20, Wolle aber nur 10 Pfd., letztere wird jedoch mehrentheils nach 100 Pfund berechnet. Das Pfund wieget 10380 Holl. As und ist 6⁷⁄₁₀ pCt. schwerer denn das Berl. Die Tonne Butter, bucket Band hält 300, schmal Band aber nur 220 Pfund Netto.

Gold- u. Silbergewicht ist die Cölln. Mark; verarbeitet Silber muß 12 Loth fein seyn.

Von zahlenden Güthern rechnet man: Hering, Salz u. Steinkohlen nach Lasten zu 12 Tonnen; Bückling nach Lasten zu 20 Stroh à 125 Stück; Packpapier nach Riem v. 2 Rieß, weiß od. grau Maculatur u. Löschpapier das Buch zu 18 Bogen; Hering nach der Tonne v. 800 bis 900 Stück; Fuchsbälge ꝛc. u. dem Zehnling v. 10 Stück; Linnengarn zum Kauf nach dem Lop od. Stück v. 10 Gebind à 90 Faden à 3½ Ellen.

Brescia,

im Venetian. Italien, rechnet gewöhnlich nach Lire zu 20 *Soldi* à 12 *Denari*;

deren Zahlwerth so wie überhaupt die ganze Münzverfassung eben so wie in Bergamo S. 27. beschaffen ist.

Mit den Wechselgeschäften reguliret man sich nach Bergamo, Venedig u. Mailand; indessen müssen die auf Brescia gezogenen Wechsel in Venedig zahlbar seyn, damit sie die Rechte der Wechsel genießen, welches auch von andern Venet. Orten außer Bergamo gilt.

Maaße u. Gewichte.

Vom Ellenmaaß hält die Seiden-*Braccio* 285,₁ Fr. Lin. u. ist 3½ pCt. kürzer als die Berl. Elle. Die Wollen- u. Leinen-*Braccio* hält 299,₁ Fr. Lin., und ist 1½ pCt. länger als die Berl. Elle.

Der gemeine Fuß, davon 6 auf 1 *Cavezzo* gehen, hält $210\frac{7}{8}$ Franz. Lin. u. ist $51\frac{9}{16}$ pCt. länger als der Rheinl. Fuß. Der Stundenfuß hält $146\frac{3}{4}$ u. der Bildhauerfuß $130\frac{5}{6}$ Fr. Lin.

Vom Land- od. Feldmaaß hält der *Pio* v. 100 *Tavale* od. 400 □ *Cavezzi* 1,2762 Berl. kleine Morgen.

Vom Getraidemaaß hat 1 *Carro* 10 *Some* oder *Sachi*, 120 *Quartes* od. 480 *Copelli*.

Die Maaße flüßiger Dinge sind der *Carro* v. 12 *Zerla*, 48 *Sechia*, 452 *Pintes*, 864 *Boccali*. Die *Pinta* hält $69\frac{1}{2}$ Fr. Cubikzoll u. ist $19\frac{5}{8}$ pCt. größer denn das Berl. Quart.

Vom Handelsgewicht hat 1 *Paro* $12\frac{3}{5}$ *Pesi* à 25 *Libra*. Die *Lira* od. das Pfund aber hält 12 *Oncie* à 16 *Drame*, u. soll 6059 Holl. As wiegen oder $60\frac{1}{2}$ pCt. leichter denn das Berl. Pfund seyn; nach Andern wiegt es 6810 Holl. As, und wäre nur $43\frac{1}{6}$ pCt. leichter denn das Berl. Pfund.

Das Gold- u. Silbergewicht ist die Milaneser Mark.

Die hiesige Messe dauert eigentl. vom 6. bis zum 18ten August; da oft schon den 18ten July die Waaren-Einfuhre angehet, so zählet man in diesem Fall an die Zollpächter 4 *Paoli* für jeden Ballen.

Breslau,

Königl. Preuß. Hauptstadt des Herzogth. Schlesien, rechnet gewöhnlich wie das ganze Preuß. Schlesien u. die Grafschaft Glatz, nach

Reichsthaler zu 30 Silbergroschen à 12 Denaren.

Verhältniß sämtlicher hiesigen Rechnungsmünzen.

Rthlr.	Schles. Thlr.	Reichsgulden.	Ggr.	Silbrgr.	Weißgr.	Xr.	Gröschel.	Denaren.
1	$1\frac{1}{4}$	$1\frac{1}{2}$	24	30	45	90	120	360
	1	$1\frac{1}{5}$	$19\frac{1}{5}$	24	36	72	96	288
		1	16	20	30	60	80	240
			1	$1\frac{1}{4}$	$1\frac{7}{8}$	$3\frac{3}{4}$	5	15
				1	$1\frac{1}{2}$	3	4	12
					1	2	$2\frac{2}{3}$	8
						1	$1\frac{1}{3}$	4
							1	3

Der Zahlwerth ist allhier der Preuß. Courent-Fuß, die Cölln. Mark fein Silber zu 14 rthlr. Banco-Pfund zu 24 ggr. od. $39\frac{3}{8}$ Silbgr. sind wie in Berlin $31\frac{1}{4}$ pCt. besser als Pr. Cour.

Würkliche hiesige Gold- u. Silbermünzen

sind unter Berlin S. 29. beschrieben und gelten nach Maaßgabe der hiesigen Währung, den Rthlr. zu 30 Silbgr. à 12 Denaren gerechnet; indessen sind für Schlesien insonderheit folgende Silbersorten ausgeprägt;

Tympfe zum Pohln. Handel à 6 Silbgr. od. 18 Xr.
Doppelte u. 1fache Silbergroschen zu 6 u. 3 Xr.
2 u. 1 Gröschel auch Denarenstück; in Kupfer ½be Kreuzer.

Von fremden Münzsorten coursiren allhier m. od. w.

☉ Ducaten, Randducaten 94½, Kaiserl. 94½, ord. wichtige 92½ Silbergr. Souverainsd'or à 9 Rthlr. 5 Silbergroschen. Louis- u. Friedrichsd'or sind 10 pCt. besser denn Courent.

☽ Kaiserl. od. Convent. Geld gewinnt ca. 4 pCt. gegen Cour.

Wechselarten oder Preise nach dem Silber-Pari

auf Amsterd. in Bco. u. Cour. auf lange Sicht u. 5 Woch. Dato, auf Berlin, Frankfurt a. d. Oder u. Königsberg à 8 u. 12 Tage od. à Vista, auf Hamburg in Bco. auf lange Sicht u. 4 Woch. Dato; auf Leipzig, Prag, Wien auf lange Sicht à Uso od. 14 Tage Sicht; auf London u. Paris 2 à 3 Monat, sind wie in Berlin; sonst reguliret man auch wohl die Course in Preuß. Banco u. giebt nach dem Silber-Pari 1 Liv. Preuß. Bco. für *45,7 Stüv. Holl. Cour. in Amsterdam, für *41⅗ ßl. Lüb. Bco. in Hamburg, für *47⅔ pf. Sterl. in London, und für *99⅞ *Sols tourn.* in Paris.

Der Uso ist 14, ½ Uso aber 8 Tage nach der Acceptation, Respecttage bey Briefen, so nicht in die hiesige Messen gezogen worden, sind 3 wie in Berlin.

Maaße und Gewichte.

Ellenmaaß 255,1 Franz. Lin. ist 15$\frac{1}{18}$ pCt. kürzer als die Berl. Elle.

Der Fuß ist 126 Fr. Lin. u. 10$\frac{5}{7}$ pCt. kürzer als d. Rheinl.

Die Schles. Meile von 1500 Ruthen à 7½ Schles. Elle hält 19945 Franz. Fuß, und 17,18 Schles. Meilen ca. gehen auf 1 Mittelgrad der Erde.

Vom Getraidemaaß hat der Malter 12 Schfl. 48 Viertel, 192 Metzen, 768 Mäßel. Der Scheffel hält 3524 Franz. Cubikzoll u. ist 28$\frac{9}{18}$ pCt. größer denn der Berliner.

Vom Weinmaaß hält der Eymer, davon 4 mit 3 Ungar gleich sind, 20 Topf, 80 Quart, 320 Quartierlein, das Quart hält 35 Fr. Cubikzoll, u. ist 65$\frac{5}{7}$ pCt. kleiner als das Berl. Quart.

Vom Handelsgewicht hat das Schiffpfund 396, der Centner 132, u. der Stein oder Laep 24 Pfd. Das Pfund zu 32 Loth, 128 Quint wieget 8434 Holl. As u. ist 15⅝ pCt. leichter denn das Berl. Pfund.

Gold- u. Silbergewicht ist die Mark v. 8 Unz. 16 Loth, 64 Quint, 256 Denar, 512 Heller, nach der Schwere des ½ben Pfundes v. 4217 Holl. As, u. 15$\frac{7}{18}$ pCt. leichter als die Cölln. Mark, nach Krusen 19⅝ pCt.

In der Probe wird die Mark Gold zu 24 Karat à 4 und à 12 Grän fein; die Mark Silber aber zu 16 Loth à 16 Denar fein angenommen. Verarbeiter Silber hält 12 à 11⅔ Loth fein, u. führt das Haupt Johannis auf der Schüssel z. Zeichen.

Von

Von zählenden Gütern rechnet man außer den bey der Einleitung bemerkten, das Zimmer Füchse zu 20 einzelne Stück, Zobel 20 Paar oder 40 Stück. 1 Stück Garn hält 4 Strähn, 20 Zaspel, 240 Gebind, 4800 Fäden.

Die Breslauer Lätare-Messe fängt den Sonntag Lätare, die Marien-Messe den Montag vor Mariä Geburt, u. wenn dieses Fest auf den Montag fället, den nehmlichen Montag an. Jede Messe währet 8 Tage, nach welchen die Zahlwoche und Scontrotage anfangen, der 4te Tag dieser Woche ist Zahltag.

Die Breslauer Bank hat die Verfassung der Berliner Bank und ist dieser untergeordnet.

Brüssel, s. Antwerpen.

Cadix,

im Spanischen Andalusien am Atlandischen Meere, rechnet gewöhnlich nach

Reales de platta antiguas ob. alte Silb. Realen, die man entweder in 34 *Maravedis de pl. ant.* od. in 16 *Quartos* eintheilet. Die Wechs. Pistole hat 4 Wechs. Piaster oder 32 alte Silb. Reale, und es vergleichen sich

375 alte Silb. Reale mit 34 *Ducad. de Cambio*
17 dergl. — — mit 32 *Reales de Vellon.*

Der *Ducado de platta* hat 11, der Fracht-Ducado aber, wornach man die Fracht von Hamburg auf Cadix bedinget, hat 12 alte Silb. Reale; s. Spanien Castil. Währung.

Der Zahlwerth der Cölln. Mark fein Silber ist 102⅔ alte Silb. Real.

Von würklichen Spanischen Gold- u. Silb. Münzen vergleichen sich 2 einfache Pistolen u. 8 ganze Piaster mit 85 alten Silb. Realen.

Wechselarten auf Amsterdam. London, Paris à 1 und 1½ Uso od. 2 u. 3 Mon. auch 60 u. 90 Tage Dato, auf Genua, Lissabon, Livorno, Neapel, Venedig auf gewisse Tage nach Sicht, auf Hamburg s. unter Spanien. Auf Madrid u. Sevilien wird mit ½ pCt. Gewinn od. Verlust m. od. w. gewechselt.

Der Uso für alle fremde Wechsel ist 60 Tage, außer für Französische, der nur 1 Monat ist. Man hat hier 6 Respecttage, an dessen letztem längstens, protestiret werden muß.

Maaße und Gewichte
sind die unter Spanien angezeigten Castillianischen, davon 100 *Varas* oder Ellen à 375⅔ Fr. Lin. = 127⅞ Berl. Ellen. 10 Fuß à 125,3 Fr. Lin. = 9 Rheinländ. Fuß.

D

100 *Fanegas* Getraide à 2881 Fr.Cub.Zoll $=$ 105$\frac{7}{8}$ Berl.Schfl.
1 Last Span. Salz $=$ 50$\frac{2}{3}$ Berl. Scheffel.
1 Wein: *Arroba* à 794 Fr. Cub. Zoll $=$ 13$\frac{1}{16}$ Berl. Quart.
1 Both Wein $=$ 390 bis 400 Berl. Quart.
1 Oehl: *Arroba* 24 Berl. Pfund circa.
1 Pipe Oehl $=$ 828 Berl. Pfund circa.
101$\frac{2}{5}$ Pfund Span. Handl. Gewicht à 9592 Holl. As $=$ 100
 Pfund Berl.
71 Mark dergl. Silb.Gew. à 4796 Holl. As $=$ 70 Mark Cölln.

Canea,

auf der Türk. Insel Candia im Mittelländischen Meere, rech=
net und hat den Zahlwerth wie Constantinopel:
Maaße und Gewichte.
Ellenmaaß *Pik* v. 282$\frac{1}{2}$ Franz. Lin., 4$\frac{1}{2}$ pCt. kürzer denn die
 Berl. Elle.
Getraide: *Carga* von 7680 Fr. Cubikzoll $=$ 2$\frac{4}{5}$ Berl. Schfl. ca.
Oehltonne v. 8 *Mistati*, der *Mistato* enthält 563 Fr. Cub.Zoll
 od. 9,71 Berl. Quart und wieget 21$\frac{11}{16}$ Berl. Pfund circa.
 Vom Handl. Gewicht hat der *Cantaro* 44 Oka oder 100
Rottoli $=$ 112$\frac{2}{5}$ Berl. Pfund ca. Der *Oka* hält 400 und der
Rottel 176 *Drachmas* à 66$\frac{2}{3}$ Holl. As.

Carrara,

im Modenaschen Italien, rechnet, zahlet und hat die übrige
Münzverfassung wie Modena.
 Zum Maaße des Marmors wird der *Palmo* à 12 Once
108,1 Fr. Lin. lang gebrauchet. 1 *Carrata* Marmor hält 25
Cub. Palmen, u. ist 107 bis 114 Pfund Berl. Gewicht schwer.

Cassel,

im Landgräfl. Niederhessen des Ob. Rhein=Kreises, rechnet
gewöhnlich nebst Marburg in Oberhessen, nach
 Reichsthaler zu 32 Heß. Albus à 9 Pfennige od. 12 Heller.
 Verhältniß sämtlicher Rechnungsmünzen.

Spec. Thlr.	Rthlr.	Reichs: gulden	gute Gr.	Heßif. Albus.	Marien: Gr.	Xr.	Pf.	Heller.
1	1$\frac{1}{4}$	2	32	42$\frac{2}{3}$	48	120	384	512
	1	1$\frac{1}{2}$	24	32	36	90	288	384
		1	16	21$\frac{1}{3}$	24	60	192	256
			1	1$\frac{1}{3}$	1$\frac{1}{2}$	3$\frac{3}{4}$	12	16
				1	1$\frac{1}{8}$	2$\frac{13}{16}$	9	12
					1	2$\frac{1}{2}$	8	10$\frac{2}{3}$
						1	3$\frac{1}{5}$	4$\frac{1}{5}$
							1	1$\frac{1}{3}$

Der Zahlwerth ist in Niederhessen der Conv. Cour. Fuß, die Cölln. Mark fein Silber zu 13⅓ Rthlr. In Oberhessen der 24 fl. Fuß, die Cölln. Mark fein Silber zu 16 Rthlr.; ebendaselbst bedienet man sich auch eines 22 fl. Fußes, desgl. eines 21⅓ fl. Fußes bey der Prediger- u. Kastenmeister-Einnahme.

Würklich geprägte Hessen-Casselsche Münzsorten sind

☉ doppelte und 1fache Pistolen oder 10 und 5 Rthlr. Stücke.

☽ ganze, ½be u. ¼tel Convent. Spec. Thlr., davon der ganze 2 Rfl., 32 Ggr., 42⅔ Albus od. 48 Margr., und die übrigen nach Verhältniß gelten.

Stücke zu 6, 4, 3, 2, 1 gr. nach dem Convent. Fuß.

2 u. 1 Albus, desgl. 3 Pfennig- od. 4 Hellerstücke.

Von fremden Münzsorten

sollen zwar nach Verordnung v. 1763 gelten

☉ Fr. Schild-L'dr bis 1785, zu 6 Rthlr. 2 Alb., gute 5 Rthlr. Stücke zu 5 Rthlr. u. vollwichtige Ducaten zu 2⅞ Rthlr. od. 2 Rthlr. 26¼ Albus.

☽ Franz. Laubthaler 1 Rthlr. 16⅔ Albus, alte Louisbl. zu 1⅓ Rthlr. oder 1 Rthlr. 10⅔ Albus;

gegenwärtig aber richtet man sich nach den Frankfurt. a. M. Münzpreisen.

Maaße und Gewichte.

Die Caßler Elle von 248⅔ Fr. Lin. ist 18¹⁄₁₆ pCt. kürzer als die Berliner.

Die Ruthe wird gewöhnlich zu 14 Schu, und

Der Acker Land v. 5 Metzen Korn- u. 8 Metzen Hanf-Aussaat zu 150 □Ruthen gerechnet.

Das Getraide-Viertel hat 4 Himten, 16 Metzen, 64 Mäßgen, hält 7196 Fr. Cubikzoll oder 2,625 Berl. Scheffel; anderer Orten wird das Getraide nach Malter zu 2 Schfl. od. 16 Metzen gemessen, überhaupt aber ist das Hessische Maaß sehr verschieden.

Das Wein-Fuder hat 6 Ohm, 120 Viertel od. Quärtlein u. 480 Maaß. Das Maaß hält 103 Fr. Cubikzoll u. ist 77⅑₈ pCt. größer denn das Berl. Quart.

Vom Handelsgewicht wird der Centner zu 108, u. der Cleuder Wolle zu 21 Pfund gerechnet. Das Pfund v. 32 Loth hält 10114 Holl. As und ist 3⅞ pCt. schwerer als das Berliner. Krämer wiegen mit Cöllnischem Gewicht.

Das Gold- und Silbergewicht ist die Cölln. Mark, und verarbeitet Silber soll hier 13 Loth fein halten.

Castilien, s. Spanien.

Catalonien, s. Barcelona.

Cefalonia, f. Zante.
Celle, f. Zelle.
Cette, f. Montpellier.

Cleve,

im Königl. Preußischen Westphalen, rechnet gewöhnlich nach Reichsthaler zu 60 Stüver,

u. der Stüver wird in 4 Ort od. 8 Deut od. 12 Pf. eingetheilet.

Verhältniß sämtl. Clevischen Rechn. Münzen.

Reichsthaler.	Reichsgulden.	Clev. Thaler.	Clev. Gulden.	Schillinge.	gute Groschen.	Stüver.	Kreuzer.	Settminngen.	Ort od. Tüchse.	Deut.	Pfennige.	Heller.
1	$1\frac{1}{2}$	2	3.	8	24	60	90	120	240	480	720	960
	1	$1\frac{1}{3}$	2	$5\frac{1}{3}$	16	40	60	80	160	320	480	640
		1	$1\frac{1}{2}$	4	12	30	45	60	120	240	360	480
			1	$2\frac{2}{3}$	8	20	30	40	80	160	240	320
				1	3	$7\frac{1}{2}$	$11\frac{1}{4}$	15	30	60	90	120
					1	$2\frac{1}{2}$	$3\frac{3}{4}$	5	10	20	30	40
						1	$1\frac{1}{2}$	2	4	8	12	16
							1	$1\frac{1}{3}$	$2\frac{2}{3}$	$5\frac{1}{3}$	8	$10\frac{3}{4}$
								1	2	4	6	8
									1	2	3	4
										1	$1,$	2
											1	$1\frac{1}{3}$

Der Zahlwerh dieser Rechnungsmünzen ist theils Cassen-Geld od. Berliner Courent, die Cölln. Mark fein Silber zu 14 Rthlr. bey Königl. Cassen u. Landesabgaben; theils Frankfurter Geld, die Cölln. Mark fein Silber zu 16¼ Rthlr. bey Manufactur- und Fabrik-Ausgaben; man vergleichet

6 rthlr. Frankf. Geld mit 5 rthlr. Berl. Courent.
63 rthlr. — — — 50 rthlr. des 20 fl. Fußes.
21 rthlr. — — — 20 rthlr. des 24 fl. Fußes.

Würklich geprägte Landesmünzsorten sind die unter Berlin angezeigten Preußischen, welche nach Maaßgabe der hiesigen Währung und Zahlung: der Reichsthaler 60 Stüv. Cassa-Geld od. 72 Stüv. Frankfurter Geld, und so die andern nach Verhältniß gelten. An Silber-Scheide-Münzen sind für hiesige Lande insonderheit ganze und ½be Stüver-Stücke ausgepräget.   •

Von fremden Münzen courſiren in	Berl. Cour.	Frankf. Gelde
Gold. Carolin. u. Fr. Schild-Ld'or	$6\frac{5}{12}$ rthlr.	$7\frac{7}{16}$ rthlr.
Franz. u. Deutſche Piſtolen	$5\frac{1}{4}$ —	$6\frac{2}{3}$ —
Ducaten	$3\frac{1}{8}$ —	$3\frac{1}{2}$ —
Silb. Franz. Laubthaler . .	$1\frac{1}{4}$ —	$1\frac{7}{16}$ —
Convent. Spec. Thlr.	$1\frac{23}{60}$ —	$1\frac{2}{3}$ —
Holländ. Münze, der Gulden	$\frac{9}{16}$ —	$\frac{1}{1}$ —
Alte reduc. Pr. Krieges $\frac{1}{4}$tel	$\frac{5}{24}$,	$\frac{1}{4}$ —

Außerdem allerhand benachbarte Conventionsmünzen, davon circa $5\frac{1}{8}$ rthlr. mit 1 Piſtole in Golde gleich gerechnet werden.

Wechſelzahlungen werden hier mehrentheils mit Holl. Briefen, dabey man 100 thlr. Holl. Cour. mit 135 rthlr. Ld'or à 5 rthlr. gleich rechnet, verrichtet.

Maaße und Gewichte.

Vom Ellenmaß in Cleve, wird die Cölln. Elle unbedingterweiſe, wenn man es aber beſonders bedinget, die Berliner Elle gebrauchet; die erſte iſt $255\frac{2}{3}$ Fr. Lin. lang, u. $15\frac{1}{4}$ pCt. kürzer als die Berl. Elle. 6 Cölln. Ellen $=$ 5 Brabanter Ellen.

In Weſel und Duisburg wird nach der Berl. Elle verkauft, der Einkauf aber geſchiehet nach Beſchaffenheit der Waare nach der Brabanter Elle, der Franz. Aune u. der Engl. Yarde; man vergleichet 28 Berl. mit 27 Brab. Ellen, u. 7 Berl. Ellen mit 4 Pariſ. Aunen u. 5 Engl. Yards.

Der Cleviſche Fuß hält 131 Fr. Lin. u. iſt $6\frac{1}{2}$ pCt. kleiner als der Rheinl. Fuß.

Vom Getraidemaaß hat die Laſt Korn 15 Malter, 60 Scheffel, 240 Viertel, 2880 Kannen. Der Malter hält 9045 Franz. Cub. Zoll od. $3,3$ Berl. Scheffel; in Cleve rechnet man 4 Berl. Scheffel auf den Malter.

Wein wird nach dem Ohm von 4 Anker oder 120 Kannen verkauft, der Ohm iſt der Cöllniſche und enthält 7849, die Kanne aber $65\frac{2}{3}$ Fr. Cub. Zoll u. iſt $12\frac{1}{4}$ pCt. größer denn das Berl. Quart,

Vom Handelsgewicht wird der Centner 110 Pfund à 32 Loth Handl. und 36 Loth Fleiſch- u. Fiſch-Gewicht gerechnet. Das Pfund Handl. Gew. hält 9668 Holl. As, und iſt $\frac{1}{2}$ pCt. leichter denn das Berl. Pfund.

Das Cleviſche Banco-Comtoir hat die Einrichtung der Berl. Bank und hanget von derſelben ab.

Coblenz, ſ. Trier.

Coburg oder Koburg,

Herzogl. Coburg-Saalfeldsche Residenz in Franken, rechnet gewöhnlich nach

Reichsgulden zu 60 Kreuzer à 4 Pfennige, und der Reichsthaler hat 1½ Fränk. fl., 1½ Rfl., 18 schwere, 22½ leichte Batzen, 24 Ggr., 90 Xr. wie in Anspach; indessen rechnet man auch hier den Fränk. fl. zu 20 Ggr. à 12½ Pf. oder zu 21 schlechte Gr. à 12 Pf., desgl. zu 15 schw. Batzen à 5 Xr. od. 17 Pf., obgleich hier eigentl. 2 Ggr. mit 25½ Pf., 3 Ggr. mit 38 Pf., 4 Ggr. mit 51 Pf. gleich seyn sollten.

Der Zahlwerth ist der 24 fl. Fuß, die Cölln. Mark fein Silber zu 16 Rthlr. gerechnet.

Würkliche Sächs. Coburg-Saalfeldsche Münzen sind

Gold. Ducaten,

Silb. ganze, ½be u. ¼tel Convent. Spec. Thlr. nebst Convent. 4, 2 u. 1 gute Groschen Stück.

Von fremden Münzsorten gelten

Gold. Carolinen u. Fr. Schild-Ld'or 8 fl. Fränk. u. 12 Batzen od. 11 rfl. und Ducaten 5 rfl.

Silb. Fr. Laubthaler 33 Batzen od. 2½ rfl. und Convent. Spec. Thlr. 28 Batz. 4 Xr. od. 2⅖ rfl.

Maaße und Gewichte.

Die Elle von 259,9 Fr. Lin. ist 13½ pCt. kürzer denn die Berl. Elle.

Der Getraide-Simra v. 4200 Fr. Cub. Zoll, 53½ pCt. größer als der Berl. Scheffel.

Das Handl. Gewichts-Pfund von 10608 Holländ. Aß, 8⅖ pCt. schwerer als das Berl. Pfund.

Cölln am Rhein,

Westphälische Reichsstadt, rechnet gewöhnlich nebst dem ganzen Erzstift, nach

Speciesthaler zu 80 } Albus à 12 Heller; oder nach Courentthaler zu 78

man muß aber den hiesigen Speciesthaler blos für einen gewöhnlichen Reichsthaler von 24 Ggr. oder 90 Xr. annehmen.

Verhältniß der sämtlichen Cöllnischen Rechnungsmünzen.

	Spec. Thlr.	Cour. Thlr.	Rädergulden.	Spec. Gulden.	Herrngulden.	Cölln. Gulden	Ortsthaler.	Schillinge.	Blafferts.	Räder-Albus.	Goeßgen.	Clev. Stüver.	Cölln. Albus.	Kreuzer.	leichte Albus.	Fettmänngen.	Heller.
Spec. Thlr.	1	$1\frac{1}{39}$	$1\frac{1}{4}$	$1\frac{1}{2}$	2	$3\frac{1}{3}$	4	8	20	30	48	60	80	90	100	120	960
Cour. Thlr.		1	$1\frac{7}{32}$	$1\frac{37}{80}$	$1\frac{19}{20}$	$3\frac{1}{4}$	$3\frac{9}{10}$	$7\frac{4}{5}$	$19\frac{1}{2}$	$29\frac{1}{4}$	$46\frac{4}{5}$	$58\frac{1}{2}$	78	$87\frac{3}{4}$	$97\frac{1}{2}$	117	936
Rädergulden.			1	$1\frac{1}{5}$	$1\frac{3}{5}$	$2\frac{2}{3}$	$3\frac{1}{5}$	$6\frac{2}{5}$	16	24	$38\frac{2}{5}$	48	64	72	80	96	768
Spec. Gulden.				1	$1\frac{1}{3}$	$2\frac{2}{9}$	$2\frac{2}{3}$	$5\frac{1}{3}$	$13\frac{1}{3}$	20	32	40	$53\frac{1}{3}$	60	$66\frac{2}{3}$	80	640
Herrngulden.					1	$1\frac{2}{3}$	2	4	10	15	24	30	40	45	50	60	480
Cölln. Gulden						1	$1\frac{1}{5}$	$2\frac{2}{5}$	6	9	$14\frac{2}{5}$	18	24	27	30	36	288
Ortsthaler.							1	2	5	$7\frac{1}{2}$	12	15	20	$22\frac{1}{2}$	25	30	240
Schillinge.								1	$2\frac{1}{2}$	$3\frac{3}{4}$	6	$7\frac{1}{2}$	10	$11\frac{1}{4}$	$12\frac{1}{2}$	15	120
Blafferts.									1	$1\frac{1}{2}$	$2\frac{2}{5}$	3	4	$4\frac{1}{2}$	5	6	48
Räder-Albus.										1	$1\frac{3}{5}$	2	$2\frac{2}{3}$	3	$3\frac{1}{3}$	4	32
Goeßgen.											1	$1\frac{1}{4}$	$1\frac{2}{3}$	$1\frac{7}{8}$	$2\frac{1}{12}$	$2\frac{1}{2}$	20
Clev. Stüver.												1	$1\frac{1}{3}$	$1\frac{1}{2}$	$1\frac{2}{3}$	2	16
Cölln. Albus.													1	$1\frac{1}{8}$	$1\frac{1}{4}$	$1\frac{1}{2}$	12
Kreuzer.														1	$1\frac{1}{9}$	$1\frac{1}{3}$	$10\frac{2}{3}$
leichte Albus.															1	$1\frac{1}{5}$	$9\frac{3}{5}$
Fettmänngen.																1	8

Nota. Der Räder-Albus ist eigentlich ein Kaisergroschen, und das Goeßgen wird auch Jöster genennet.

Der Zahlwerth wird allhier entweder in Wechselgelde bey allen Wechselzahlungen, oder in Species, oder in Courent-Valuta, oder nach dem 25 Gulden Fuße bey geringen Auszahlungen bestimmet, in Courent werden die Wechsel bezahlet.

Wechselgeld bestehet in Franz. Laubthalern zu $2\frac{2}{3}$ fl. oder $1\frac{7}{9}$ thlr. Wechs. Geld, dabey der Thaler von 90 Xr. zu $58\frac{1}{2}$ Stüv. od. 78 Albus, der Gulden aber von 60 Xr. zu 39 Stüv. oder 52 Albus angenommen wird. In diesem Wechs. Geld hat die Cölln. Mark fein Silber den Werth von $15\frac{47}{80}$ thlr. Wechs. Geld.

Species-Valuta ist der 24 fl. Fuß, die Cölln. Mark fein Silber zu 16 Specthlr. Courent-Valuta ist der Werth der Cölln. Mark f. Silber zu $16\frac{16}{39}$ Thlr. à 78 Albus, u. der 25 Gulden-Fuß bestimmet die Cölln. Mck. f. Silber zu $16\frac{2}{3}$ rthlr.

Würkliche Münzsorten der Stadt.

⊙ Ducaten zu $3\frac{1}{3}$ rthlr. Species sind selten.

☽ alte ganze u. $\frac{1}{2}$be Speciesthaler,
Rathszeichen zu $29\frac{1}{4}$ Stüv., $\frac{1}{6}$tel Stück $16\frac{2}{3}$ Stüv., ganze und $\frac{1}{2}$be Blafferts 3, und $1\frac{1}{2}$ Stüv.
ganze Stüver $1\frac{1}{2}$ Albus od. 16 Heller, $\frac{1}{2}$be Stüver od. Fettmänngen 8 Heller, $\frac{1}{4}$tel Stüv. od. Füchse u. 1fache Albus.

Von fremden Münzsorten sind n. d. 24 fl. Fuß festgesetzet:

⊙ Carolin. u. Fr.Schild-Ld'or bis 1785 à $7\frac{1}{3}$ thlr.Spec. od. 11 rfl.
Franz. alte Louisd'or . . . . . à 6 — — — 9 rfl.
Ducaten vollwichtige . . . . . à $3\frac{1}{3}$ — — — 5 rfl.
Neue Franz. Louisd'or seit 1785 sind außer Cours gesetzt; im Handel stehen aber diese Geldmünzen jetzt durchgängig höher.

☽ ältere Franz. Laubthaler zu $1\frac{7}{8}$ Spec. oder 2 rfl. 45 Xr.
neuere dergl. seit 1784 bestimmet zu . . 2 rfl. 42 Xr.
Convent. Speciesthaler zu 100 Stüver nach d. 25 fl. Fuß.
dergl. Silbergeld nach dem 24 fl. Fuß gewinnet ca. 3 pCt. gegen Courent, darin der Laubthlr. zu $2\frac{5}{6}$ fl. gerechnet wird.

Wechselarten oder Preise, nach dem Silber-Pari.

Cölln am Rhein giebt in Wechselgelde oder Laubthaler à 2^{2} fl. auf

Amsterdam und Rotterdam à kurze Sicht, auch 2 u. 3 Monat * $161\frac{7}{8}$ rthlr. für 100 thlr. Holl. Cour.
Bourdeaux, Frankfurt a. M. u. Paris à kurze Sicht, auch 2 u. 3 Monat, u. Messe * 100 Laubthlr. für 100 Laubthlr.
Wien kurze Sicht * $118\frac{5}{8}$ rthlr. für 100 rthlr. Conv. Cour.

Der Uso bedeutet 14 Tage nach Sicht; außerdem hat man 6 Respecttage, Sonn- und Festtage eingeschlossen; fällt der letzte Respecttag auf einen Feyertag, muß den 1sten darauf folgenden Werktag bezahlet oder protestiret werden.

Maaße und Gewichte.

Die Cöllner Elle hält $255\frac{5}{6}$ Fr. Lin. u. ist $15\frac{3}{4}$ pCt. kürzer als die Berl. Elle; man vergleichet 6 Cölln. Ellen mit 5 Brabanter, und 35 Cölln. Ellen mit 17 Pariser Aunen, deren man sich ebenfalls auch hier bedienet.

Der Cölln. Fuß hält 122 Fr. Lin., und man vergleichet 65 mit 57 Rheinländ. Fuß.

Vom Getraidemaaß hat die Last 20 Malter od. 480 Faß, der Malter hält 8172 Fr. Cubikzoll, od. 2,11 Berl. Schfl. ca.

Vom Weinmaaß hat der Ohm 26 Viertel, 104 Maaß, 416 Pintger; die Tonne wird zu 160 Viertel oder 640 Maaß gerechnet. Das Maaß hält $75\frac{1}{2}$ Fr. Cub. Zoll u. ist $30\frac{5}{16}$ pCt. größer denn das Berl. Quart.

Vom Handelsgewicht hat der Centner 106 Pfund. Das Pfund aber von 2 Mark hält 9728 Holl. As, und ist $\frac{1}{4}$ pCt. leichter als das Berl. Pfund.

Vom Gold- u. Silbergewicht wird die Mark v. 8 Unzen, 16 Loth, 64 Quent, 256 Pf., 512 Heller, 4352 Eschen und 65536 Richtpfennigstheile, zum allgemeinen Ausmünzungs-Gewicht von Deutschland, und auch zum Gold- u. Silbergew. vieler Deutscher Orte gebrauchet. Sie enthält 3608 Englische, 3760 Apotheker, 4400 Franz. Gräns oder 4864 Holl. As, und nach ihr sind alle Gold- und Silbergewichte dieses Werkchens verglichen worden.

Das Probiergewicht ist gedachte Mark, welche zu 24 Karat à 12 Grän fein Gold, und zu 16 Loth à 18 Grän fein Silber fast durch ganz Deutschland gerechnet wird.

Cöllnische Churlande,

im Chur-Rhein-Kreise, mit der Stadt Bonn, der Grafschaft Rechlinghausen und dem Herzogthum Westphalen, rechnen gewöhnlich wie Cölln am Rhein, oder auch nach

Reichsgulden zu 60 Kreuzer à 4 Pfennige; deren Werth nach dem 24 fl. Fuß, die Cölln. Mark f. Silber zu 16 Rthlr. bezahlet wird.

Würkliche Münzsorten des Erzstifts sind
☉ Ducaten à 5 rfl., ganze u. ½be Carolinen à 11 u. 5½ rfl.
☽ ganze, ½be u. ¼tel Convent. Spec. Thlr. à 2⅔, 1⅓ u. ⅓ rfl.
Kopfstücke zu 24 Kr. od. 21½ Cölln. Alb., Stücke zu 18 Kr. u. 9 Kr. od. 16 u. 8 Cölln. Alb.

Von fremden Münzsorten sind neue Franz. Louisd'or seit 1785 ganz außer Cours, u. Fr. Laubthaler seit 1784 u. 85, 3 Kr. niedriger als ältere, folglich auf 2 rfl. 42 Kr. gesetzet worden.

Maaße und Gewichte.
Die Bonner Elle von 248⅔ Franz. Lin. ist 19 pCt. kürzer als die Berliner.

Das Bonner Pfund v. 2 Mark wieget 9730½ Holl. As, und ist nur ½ pCt. leichter als das Berl. Pfd. Nach Tillet ist die Mark 4862 Holl. As schwer, also der Cölln. Mck. fast gleich.

Constantinopel,

und die sämtl. Türkischen Staaten, rechnen gewöhnlich nach Piaster zu 40 Paras 100 gute oder 120 Courent-Asper.

1	—	2½	—	—	3	—
	1	—	—	1⅓	—	—

Der gewöhnliche Beutel (Keser) wird zu 500 Piaster, der Beutel Gold aber (Kitze) zu 30000 Piaster oder 15000 Zechinen gerechnet.

Den Zahlwerth bestimmet die Cölln. Mark fein Silber zu 26½ Piaster.

Würkliche jezige Türkische Nationalmünzen.

In Golde:

Ganze, ½be u. ¼tel Zecchinen, *Fonduc* zu 5, 2½ u. 1¼ Piaster.
Ganze u. ½be Zecchinen, *Althenstambul* oder *Zerimahbub*, zu 3½ u. 1¾ Piaster.

In Silber:

Stücke zu 100, 80, 60, 40, 30, 20, 10, 5 u. 1 *Para*.
Asper, 3 Stück auf den *Para* gerechnet.

Von fremden Münzsorten galten den 15. July 1791.

Goldne

Venetianische Zecchinen 5 *Piast*, 30 *Para*.
Holl. Ducaten 5 *Piast*. 8 à 9 *Para*.
Kremnitzer Ducaten 5 *Piast*. 7 à 8 *Para*.

Silberne

Kaiserl. Convent. Speciesthaler u. Span. *Pesos duros* 2 *Piast*, 21½ à 22 *Para*.
Ragusier Thaler oder *Vislini* zu 60 *Para*.

Wechselarten oder Preise nach dem Silber-Pari.

Constantinopel giebt	empfängt	zu oder in
* 43 *Para*	1 fl. Holl. Cour.	Amsterdam
* 97½ *Para*	1 *Pezza da otto*	Livorno
* 12½ *Piaster*	1 *Liv.* Sterl.	London
* 147⅔ *Piaster*	100 *Ecû* à 3 *Liv.*	Marseille
* 232½ *Para*	1 Zecchin	Venedig
* 52½ *Para*	1 rfl. Conv. Cour.	Wien.

Den 15. July 1791 stand der Cours auf Amsterdam 42½ à 43, auf Livorno à 40 Tage 97, auf London 12½, auf Marseille 119 à 120, auf Venedig 5 *Piast*. 24 à 25 *Para*, und auf Wien à 40 Tage 49½ à 50 *Para*.

Maaße u. Gewichte zu Constantinopel.

Von Längen- und Ellenmaaßen hält die große *Pik* 296,6 Fr. Lin. und ist ½ pCt. größer denn die Berl. Elle. Die kleine *Pik* oder *Draa Stambulin* 287,2 Fr. Lin. ist 3 pCt. kleiner als die Berl. Elle. Eine andere *Pik* zu Canevas soll 367, eine andere 314, eine andere *Pik stambulin* 293, u. die *Endrezeh* 284½ Fr. Lin. enthalten.

Von den Türkischen Meilen *Berri* sollen 66⅔, *Agash* oder *Parasange* 22⅔, und nach *d'Anville* 75,1 Meilen auf 1 Grad der Erde gehen.

Vom Getraidemaaß wird der *Fortin* zu 4 *Kisloz* à 1770 Fr. Cubikzoll gerechnet, der *Kislo* ist also 48 pCt. kleiner als der Berl. Scheffel.

Vom Maaße flüßiger Dinge ſoll der Oehl-*Meter* circa 8 *Oka* wiegen, der *Alma* aber 264 Fr. Cubikzoll = 4,55 Berl. Quart; nach andern aber 865,9 Fr. Cubikzoll oder 15 Berl. Quart halten.

Vom Handelsgewicht hat der *Quintal* 7½ *Batmans*, 44 *Okas* und 100 *Rottels* ob. *Lodras* à 2 *Cheky*, und hält 136 Berl. Pfund. Der *Rottel* wiegt am richtigſten 13275 Holl.. As und iſt 36⅐ pCt. ſchwerer denn das Berl. Pfund.

Vom Gold- und Silbergewicht wird der *Cheky* in 100 *Dramen*, 1600 *Kara* und 6400 Grän eingetheilet, er wieget 6637½ Holl. As u. iſt 36⅞ pCt. ſchwerer denn die Cölln. Mark. Der *Dramm* oder Drachme, woraus ſehr viele Türkiſche Gewichte zuſammen geſetzt ſind, wieget 66⅔ Holl. As, und 73¼ Drachmen gehen auf die Cölln. Mark.

Beym Probiergewicht wird das Ganze in 24 Karat à 4 Grän fein Gold, und in 100 Karats von 4 Grän fein Silber eingetheilet.

Von zählenden Dingen hält 1 *Mazze* = 50 Stück,

Copenhagen, ſ. Kopenhagen.

Corſica,

eine von der Republik Genua an Frankreich überlaſſene Inſel des Mittelländiſchen Meeres, rechnet gewöhnlich nach
Lire zu 20 *Soldi* à 12 *Denari*,
deren Zahlwerth ehedem in Genueſer Valuta, jetzt aber wahrſcheinlich in Franzöſiſcher, die Cölln. Mark fein Silber zu 53,274 *Lire* oder *Livres* berechnet wird.

Der Getraide-*Stajo* von 2 *Mezzini* oder 12 *Bacini* hält 4968 Fr. Cubikzoll, und iſt 81½ pCt. größer als der Berliner Scheffel.

Die Wein-*Barille* hat 2 *Some*, 12 *Zuche*, 108 *Pinte*, 432 *Quarti*.

Das Handl. Gewichts-Pfund hält 7166 Holl. As und iſt 36⅐ pCt. leichter als das Berl. Pfund.

Cremona,

im Mailändiſchen Italien, rechnet, zahlet, und hat die in Mailand gewöhnliche Münzverfaſſung.

Maaße u. Gewichte.

Vom Ellenmaaß hält die gewöhnliche *Braccio* 309,9 Franz. Lin. und ist 4½ pCt. länger denn die Berl. Elle. Die Leinwand-*Braccio* hält 263,4 Fr. Lin. und ist 12¼ pCt. kürzer denn die Berl. Elle.

Der Fuß, davon 6 auf 1 *Cavezzo* gehen, hat 212,9 Fr. Lin. und ist 53 pCt. länger als der Rheinländ. Fuß.

Vom Land- u. Feldmaaß wird die *Pertica* zu 24 *Tavole* od. 96 □ *Cavezzi* gerechnet, und hält 0,81216 Berliner kleine Morgen.

Das Handl. Gewichts-Pfund wieget 6822 Holl. As, und ist 42½ pCt. leichter denn das Berl. Pfund.

Curland und Semgallen,

zwey zwischen Pohlen und Liefland gelegene Herzogthümer, mit den Städten Liebau und Windau an der Ostsee, desgl. Goldingen und Mietau, rechnet bey gemeinen Ausgaben nach

Gulden zu 30 Groschen Courent,

im Handel aber nach

Thaler Alberts zu 90 Groschen Alberts.

Verhältniß sämtlicher hiesiger Rechnungsmünzen.

Thaler		Gulden		Groschen		alte Pohlnische	
Alb.	Cour.	Alberts.	Cour.	Alberts.	Cour.	Schill.	Pfenn.
1	1⅓	3	4	90	120	360	2160
	1	2¼	3	67½	90	270	1620
		1	1⅓	30	40	120	720
			1	22½	30	90	540
				1	1⅓	4	24
					1	3	18
						1	6

Den Zahlwerth bestimmet die Cölln. Mark fein Silber zu 9⅛ Thaler Alberts, oder 38⅔ Gulden Courent.

Würkliche Curländische Münzsorten sind

in Golde:

Ducaten nach Holl. Ausbringung zu 2 Thaler Alberts,

in Silber:

Speciesthaler nach dem Fuß der Alberts- od. Holl. Courent-Thaler,

Ferdinge, 80 Stück auf den Albertsthaler.

Fremde Münzsorten

sind und coursiren auf die Art, wie in Riga.

Wechselarten nach d. Silber-Pari in Liebau u. Mietau auf Amsterdam à 41 Tage 100 thlr. Alb. für *101 7/8 thlr. Holl. Cour. Hamburg 4 Wochen nach Dato *93⅔ gr. Alb. für 1 rthlr. Hamb. Bco., à 6 Woch. *104¼ thlr. Alb. für 100 rthlr. Hamb. Bco.

Preußen à Vista 100 thlr. Alb. für 145,85 rthlr. Preuß. Cour.

Maaße u. Gewichte.

Vom Getraidemaaß hat die Last Waitzen, Gerste, Rocken, Erbsen 48, Hafer u. Malz aber 60 Loof. Der Loof hält 3158 Franz. Cubikzoll und ist 15 1/8 pCt. größer denn der Berl. Scheffel; und 100 Liebauer Salz-Last sollen 133⅓ Danziger ausmachen.

Vom Handelsgewicht hat das Schiffpfund 20 Lispfund à 20 Pfund oder 400 Pfund à 32 Loth. Das Liebauer Pfund wieget 8593 Holl. As, und ist 13⅓ pCt. leichter als das Berl. Pfund. Außerdem bedienet man sich auch des Lübischen Gewichts, welches 17 pCt. schwerer denn Liebauer ist.

Die Tonne Talg wird zu 13 Lispfund oder 260 Pfund Netto, und das Viertel Butter zu 3¼ Lispfd. ob. 65 Pfund Netto gerechnet.

Danzig,

eine Westpreußische unter Pohln. Schutz stehende Handelsstadt an der Weichsel ohnweit der Ostsee, rechnet gewöhnlich nach Gulden zu 30 Groschen à 18 Pfennige.

Verhältniß sämtl. Preußischen Rechnungsmünzen.

1 Thlr.	3 Gulden	4½ Mark	90 Gr.	270 Schillinge	1620 Pfenn.
1 —	1½ —	30 —	90 —		540 —
	1 —	20 —	60 —		360 —
		1 —	3 —		18 —
			1 —		6 —

Den Zahlwerth bestimmet die Cölln. Mark fein Silber zu 56 Gulden oder 18⅔ thlr.; der Danziger Gulden hat also den Werth von 6 gr. Preuß. Cour., und 1 gr. Preuß. Cour. = 5 Danz. gr. Cour.

Würkliche Münzsorten der Stadt sind in
Golde:
Ducaten zu 12 fl., deren wenig vorkommen.
Silber:
Gulden zu 30, Tympfz zu 18, Sechser zu 6, Dütgen zu 3, und Stück zu 2 gr. Danziger.
Kupfer:
Schillinge zu 6 pf. Danz.

Von fremden Münzsorten gelten hier m. ob. w.

Goldne

Engl. Guinees 25 fl. 3 gr., Friedr. u. Louisd'or 21 fl. 10 gr. Holl. neue Randbucaten 12 fl. 3 gr., alte wicht. Ducaten 12 fl., Ducaten v. ¼ Louisd'or Gewicht 11 fl. 28 gr.

Silberne

alte Spec. ob. Bco. thlr. 6 fl., Alb. u. Kreuzthlr. 5 fl. 24 gr. dergl. unwichtige 5 fl. 18 gr., dergl. ½tel od. Ortsthlr. 1 fl. 10 gr., Rußische alte Rubel 4 fl. 25 gr., Preuß. Courent ist 33⅓ pCt. besser als Danz. Cour.

Wechselarten oder Preise nach dem Silberpari.

Danzig giebt	empfängt	zu oder in
* 415⅛ gr.	1 Liv. vlß. Bco.	Amsterdam à 40 auch 70 Tage nach Dato u. auf Sicht.
* 182½ gr.	1 rthlr. Spec. Bco.	Hamburg 3 auch 6 Wochen nach Dato.
30 fl.	1 Liv. Sterl.	London 3 Monat.

Weil die Wechselbriefe in Hamburg nicht mit Species bezahlet, sondern in der Bank abgeschrieben werden, so decourtiret der Danz. Remittent den Trassenten 1 pro Mille und rechnet solches dem Hamburger zu gute, lässet also den Wechsel in Banco zu zahlen ausstellen. Wenn man demnach Hamb. Banco-Valuta in Danziger versetzen will, muß man 1000 rthlr. für 999 rthlr. Species rechnen, will man aber die völlige Danziger Species-Valuta in Hamburger Banco reduciren, rechnet man 1000 rthlr. Spec. für 1001 rthlr. Hamb. Bco.

Vom Uso und Respecttagen

ist ersterer bey Briefen, die hieher gezogen werden, 14 Tage nach dem Acceptations-Tage, und Respecttage sind allhier zehn verordnet, darunter Sonn- und Festtage mit begriffen werden. Fällt also der 10te Respecttag auf einen solchen, muß man am 9ten bezahlen oder protestiren lassen. Briefe die à Vista gestellet sind, und solche die man erst präsentiret wenn die Respecttage abgelaufen, haben keine Respecttage, sondern müssen 24 Stunden nach der Präsentation, die auch Sonn- u. Festtags geschehen kann, bezahlet oder protestiret werden. Die aber auf einige, oder unter 14 Tage Sicht lautenden Briefe, haben nach dem Verfalltag 3 Respecttage, ehe man sie protestiren lässet.

· Nach einer Verordnung des Danz. Magistrats sollen keine in Danzig gekauften Wechsel daselbst wieder verkauft, sondern sogleich remittiret werden.

Maaße und Gewichte.

Die Elle von 2 Fuß, 4 Quart, 24 Zoll, hält 254⅔ Franz. Lin., und ist 16 1/17 pCt. kürzer als die Berl.

Der Fuß v. 12 Zoll à 8 Theile od. 12 Lin. hält 127½ Fr. Lin., und 35 Danz. Fuß betragen 32 Rheinl. Fuß.

Von Preußischen Meilen, zu 180 Seil, 1800 Ruthen, 4500 Faden od. Klaftern, 13500 Ellen u. 27000 Fuß = 23850 Fr. Fuß, werden 14,37 auf 1 Grad gerechnet.

Vom Land- u. Feldmaaß hat die Hufe 30, der Pohln. Haken aber 20 Morgen, und der Morgen von 300 ☐Ruthen oder 52668 Fr. ☐Fuß hält 2,1766 Berl. kleine Morgen.

Der Faden Holz ist 6 Fuß lang und 6 Fuß hoch, mithin 36 ☐ Fuß.

Von Getraidemaaßen hat die große oder Malz-Last 90 Scheffel, die Sack- od. Bäcker-Last 5 Malter od. 80 Scheffel, und die Getraide-Last 60 Schfl. Der Scheffel von 4 Viertel oder 16 Metzen hält 2452 Franz. Cubikzoll, und ist 11⅓½ pCt. kleiner als der Berl. Schfl.

Seesalz wird nach Lasten verkauft, davon 100 = 87 Last in Königsberg.

Bey dem Weinmaaß wird die Last zu 2 Faß ob. Fuder 4 Both oder Sect-Pipen, 4⅔ Span. Weinpipen, 8 Oxthoft, 12 Ahm, 48 Anker oder ½be Anthal, 240 Viertel, 1320 Stof gerechnet; der Wein-Stof hält 86½ Franz. Cubikzoll, und ist 48 1/10 pCt. größer denn das Berl. Quart.

Bey dem Biermaaß rechnet man die Last zu 6 Faß, 12 Tonnen, 1080 Stof od. 4320 Quartier. Der Bier-Stof hält 116 Fr. Cubikzoll od. 2 Berl. Quart.

Der Danz. Milch-Stof hält 84 Fr. Cub. Zoll und ist 44⅝ pCt. größer denn das Berl. Quart.

Vom Handelsgewicht wird das Schiffpfd. zu 20 Lispfd. à 16 Pfund oder zu 320 Pfund, der Centner zu 120 Pfund, die Last Flachs zu 60 große Stein oder 2040 Pfund, der große Stein zu 34 und der kleine Stein zu 24 Pfund gerechnet. Das Pfund v. 2 Mark, 16 Unzen, 32 Loth, 48 Schott, 128 Quent oder 512 Pfennige, wieget 9062 Holl. As, und ist 7⅓½ pCt. leichter denn das Berl. Pfund.

Vom Gold- und Silbergewicht hat die Mark 8 Unzen, 16 Loth, 24 Schott od. Karat, 64 Quent, 96 Gran, 256 pf. 288 Grän, und hält 4859 à 62 Holl. As, ist also 1/10 à 1/23 pCt. leichter als die Cölln. Mark.

Beym Probiergewichte wird die Mark zu 24 Karat à 12 Grän fein Gold und zu 16 Loth à 16 pf. fein Silber gerechnet. Verarbeitei Silber ist 12⅓ à 13 Loth fein, und mit dem Danz. Doppelkreuz unter der Krone bemerket. Das Pfund Massiv-Drath ohne Seide rechnet man zu 24 Loth.

Von zählenden Güthern kommen in Danzig vor:
1 Last Hering, Lüneb. Salz, Honig, Pech, Theer ꝛc. à 12 Tonn.
1 Last Franz., Schottisch, Span. Salz, Loß in Schiffe 18, in Tonnen gepackt nur 16 Tonnen,

1 Tonne Hering 13 Wahl à 80 Stück oder 1040 Heringe.
1 Sechzig Wagenschoß hat 60 Hundert.
1 Ring 2 kleine Hundert 4 Schock od. 240 Stück.
1 Schock Ermeländisch Garn 60 Stück à 20 Gebinde à 40 Draden; doppelt genommen ist der Haspel 46 Zoll Engl. lang, in die Runde 3½ Berl. Ellen.
1 Schock Pohln. Hanfen- u. Heeden-Garn 4 Stück à 20 Ellen oder 240 Gebinde.

Delmenhorst, s. Oldenburg.
Dublin, s. Irrland.

Dünkirchen,

im Franz. Flandern am Canale der Nordsee, rechnet gewöhnlich wie ganz Frankreich nach

Livres zu 20 *Sols* à 12 *Deniers tourn.*

indessen ist auch noch die alte Fland. Niederländ. u. Vlämische Rechnung, der Gulden zu 20 Stüv. à 16 pf. und der Liv. zu 20 ßl. à 12 pf. vls. hier gewöhnlich.

Verhältniß sämtl. hiesiger Rechnungsmünzen.

Pfund vls.	*Ecûs.*	Gulden.	*Livres tourn.*	Schillinge vls.	*Patards.* Stüver.	*Sous tourn.*	Grot vls.	*Deniers tourn.*	Pfennige.
1	2½	6	7½	20	120	150	240	1800	1920
	1	2⅖	3	8	48	60	96	720	768
		1	1¼	3⅓	20	25	40	300	320
			1	2⅔	16	20	32	240	256
				1	6	7½	12	90	96
					1	1¼	2	15	16
						1	1⅗	12	12⅘
							1	7½	8
								1	1 1/15

Nota. Bey Bestimmung der Wechselpreise auf Holland in Cour. wird der Gulden nur zu 24 statt 25 Sous gerechnet.

Der Zahlwerth ist wie in Frankreich.

Von würklichen Französischen Münzsorten gilt

Der Schild-Ld'or von 24 Liv. tourn. = 3⅕ Liv. vls. od. 19⅕ fl. Niederländ.

Der Laubthaler v. 6 Liv. tourn. = 16 ßl. vls od. 4⅘ fl. Niederl. und die übrigen Gold- und Silbersorten nach Verhältniß.

Wechsel-

Wechselarten oder Preise nach dem Silber-Pari.

Dünkirchen giebt	empfängt	zu oder in
* 175¼ fl. à 25 Sols	100 fl. Holl. Bco. ⎫	Amsterdam auf kurze
* 182½ fl. à 24 —	100 fl. Holl. Cour. ⎬	Sicht und 2 Uso.
* 170⅔ fl. à 25 —	100 fl. Wechselgeld	Brabant oder Flandern à 2 Uso.
* 25 7/10 Liv. tourn.	1 Liv. Sterl.	London à 2 Uso.
* 100 Liv. tourn.	100 Liv. tourn.	Paris à 2 Uso.

Nota. Man kann auch die Course auf Amsterdam und Brabant als Liv. vls. für Liv. vls. annehmen, alsdann wird aber bey dem Holländ. Cour. Cours das Liv. vls. zu 144 statt 150 Sous tourn. gerechnet.

Maaße und Gewichte.

Die Elle von 299,⁸ Fr. Lin. ist 1 7/8 pCt. länger denn die Berl. Elle.

Die Flandersche *Perche* hält 25 Königl. Fuß, u. 25 Meilen rechnet man auf 1 Grad.

Der Fland. *Arpent* Feldmaaß von 100 *Perches* hält 2,5026 Berl. kleine Morgen.

Vom Getraidemaaß *Razieres*, hält das Wassermaaß 12⅓ Parif. *Boisseaux*, 8096 Franz. Cub. Zoll oder 2⅘ Berl. Scheffel; der *Razier* Landmaaß aber 12 Parif. *Boiss.* 7680 Fr. Cub. Zoll oder 2½ Berl Scheffel.

Von Salz machen 8 *Raziers* Wassermaaß circa 1 Tonne zu St. Malo.

Von Steinkohlen rechnet man 12 *Raziers* auf 1 *Chaldron* aus Neucastle.

Der Wein- Brantwein- u. Oehl-*Pot* hält 116 Fr. Cub. Zoll oder 2 Berl. Quart circa.

Das Handelsgewichts-Pfund wird zu 8915 und 8762 Holl. As schwer angegeben, und müste also 9⅔ oder 11¼ pCt. leichter denn das Berl. Pfund seyn.

Die Tonne Stockfisch in der Salzlake wiegt 300 Pfund, trocken eingeleget aber 312 Pfund hiesiges Stadtgewicht.

Elbing, wie Königsberg.

Emden,

im Preuß. Westphälischen Ostfriesland, am Ausflusse der Ems in Dollart und die Nordsee, rechnet gewöhnlich nach Reichsthaler zu 54 Stüver à 10 Witten.

E

Verhältniß sämtlicher hiesiger Rechnungsmünzen.

Reichsthaler.	schlechte Thaler.	Gulden.	Mark.	Schillinge.	Flinderke.	Schaap.	Stüver.	Groot.	Syferts.	Oertgens.	Witten.
1	$1\frac{4}{5}$	$2\frac{7}{10}$	3	9	18	27	54	72	108	216	540
	1	$1\frac{1}{2}$	$1\frac{2}{3}$	5	10	15	30	40	60	120	300
		1	$1\frac{1}{9}$	$3\frac{1}{3}$	$6\frac{2}{3}$	10	20	$26\frac{2}{3}$	40	80	200
			1	3	6	9	18	24	36	72	180
				1	2	3	6	8	12	24	60
					1	$1\frac{1}{2}$	3	4	6	12	30
						1	2	$2\frac{2}{3}$	4	8	20
							1	$1\frac{1}{3}$	2	4	10
								1	$1\frac{1}{2}$	3	$7\frac{1}{2}$
									1	2	5
										1	$2\frac{1}{2}$

Der Zahlwerth wird entweder nach dem Preuß. Cour. Fuß, die Cölln. Mark fein Silber zu 14 Rthlr., oder in Holländ. Gelde, den fl. Holl. zu 30 Stüv. Ostfriesisch, die Cölln. Mark fein Silber also zu $25\frac{1}{5}$ fl. Holl. berechnet.

Würklich geprägte Gold- u. Silbermünzen sind die unter Berlin beschriebenen Preußischen, welche nach Maaßgabe der hiesigen Währung, den Rthlr. zu 54 Stüver gerechnet, gelten.

Wechselarten und Preise auf Amsterdam und Hamburg sind wie in Berlin.

Maaße u. Gewichte.

Das Ellenmaaß, $297\frac{1}{3}$ Fr. Lin. lang, ist $\frac{8}{18}$ pCt. länger als das Berl. Sonst bediente man sich bey der hiesigen Asiat. Compagnie der Brabant. Elle.

Der Fuß hält 131,8 Fr. Lin., und 107 Fuß thun 100 Rheinl. Fuß.

Vom Kornmaaß in Emden, Greetzyhl, Leer u. Stickhausen, hat die Last 15 Tonnen, 60 Verps, 120 Scheffel, 2160 Krues. Der Verps hält 2409 Fr. Cubikzoll, und ist $13\frac{13}{16}$ pCt. kleiner denn der Berl. Scheffel, davon man 51 auf die Ostfriesische Last rechnet.

1 Last in Friedeburg hält 13 Tonnen von 4 Verps à 43 Krues, in Berum, Herrlichkeit Dornum und Norden 14 Tonnen von 4 Verps à 40 Krues, in Aurich und Esens 14 Tonn. von 4 Verps à 42 Krues, und in Wittmund 14 Tonnen von 4 Verps à 44 Krues.

Butter wird nach ganzen, $\frac{1}{2}$ben, $\frac{1}{4}$tel, $\frac{1}{8}$tel u. $\frac{1}{16}$tel Tonnen verkauft, davon die ganze 280 Pfund und die übrigen nach Verhältniß wiegen.

Vom Handelsgewicht wird das Schiffpfund zu 3 Centner à 100 Pfund à 32 Loth gerechnet. Das Pfund zu Emden,

Greetzyhl, Leer, Stickhausen u. Aurich Hausgewicht hält 34 Loth Cölln. oder 10236 Holl. As, ist also 6 pCt. schwerer als das Berl. Pfund. Zu Berum, Dornum, Esens, Friedeburg, Norden, Wittmund und Aurich Waaggewicht hält das Pfund 36 Loth Cölln. oder 11370 Holl. As, ist also 16⅞ pCt. schwerer denn das Berl. Pfund, und bey der ehemal. Asiat. Compagnie bediente man sich Amsterdamer Gewichts.

England, s. London.

Erfurth,

im Churmaynzischen Thüringen von Obersachsen, rechnet gewöhnlich nach

Reichsthaler zu 24 gute Groschen à 12 Pfennige.

Der Zahlwerth soll eigentlich der Convent. Courent-Fuß, die Cölln. Mark fein Silber zu 13⅓ Rthlr. gerechnet, seyn; indessen aber werden im Handel und Wandel Carolinen zu 6½ Rthlr., Pistolen und alte Louisd'or zu 5½ Rthlr. und darüber, Convent. Species zu 1⁵⁄₁₂ Rthlr., u. Franz. Laubthaler zu 1⅓ Rthlr. ausgegeben.

Maaße und Gewichte.

Vom Ellenmaaß hält die große Elle 243/7, die kleine Elle 179 Fr. Lin.; erstere ist 21⁷⁄₈, und die andere 65¼ pCt. kleiner denn die Berl. Elle.

Der Fuß, davon 14 auf 1 Ruthe gehen, ist dem Leipziger von 125,1 Franz. Lin. gleich.

Der Morgen Land hält 168 ☐Ruthen, 24851 Franz. ☐Fuß, oder 1,027 Berl. kleine Morgen.

Vom Getraidemaaß hat 1 Malter 4 Viertel, 12 Schfl. 48 Metzen, 192 Mäßgen. Der Scheffel enthält 2836 Franz. Cubikzoll, ist also 8¼ pCt. größer denn der Berl. Scheffel.

Vom Weinmaaß wird das Fuder zu 6 Ohm, 12 Eymer, 648 Kannen und 1296 Nößel gerechnet.

Das Handelsgewichts-Pfund wieget 9822 Holl. As, und ist ½ pCt. schwerer denn das Berl. Pfund.

Gold- u. Silbergewicht ist die Cölln. Mark, und verarbeitetes Silber soll 10 Loth fein, und mit dem Rade bezeichnet seyn.

E 2

Ferrara,

im Päbstl. Italien, rechnet gewöhnlich wie Bologna nach
Lire zu 20 *Soldi* à 12 *Denari*,

deren Zahlwerth eigentlich dem Bologneser Courent gleich
seyn sollte, indessen aber nach Maaßgabe des *Tredicino* der
hier und in Ravenna 12½, sonst aber im Kirchenstaate nur 10
Quatrini gilt, 25 pCt. schlechter als Bolognes. Courentvaluta
anzunehmen ist. Die Cölln. Mark fein Silber kommt hiernach
59⅔ *Lire* in Ferrara.

Die würklichen Päbstlichen Gold- und Silbermünzen
sind unter Bologna und Rom angezeiget; indessen sind für Ferrara insbesondere ausgepräget:

in Silber:

4, 2, und 1fache *Murajole* zu 8, 4, u. 2 *Soldi* od. *Bajocchi*,
Ganze und ½be *Tredicini* zu 5 und 2½ *Soldi* oder 25 und 12½
Quatrini.

in Kupfer:

Ganze und ½be *Soldi* zu 5 und 2½ nebst 1fachen *Quatrini*.

Fremde Münzsorten und Wechselgeschäfte reguliret
man nach Rom, Bologna, Livorno, Venedig rc.

Maaße u. Gewichte.

Vom Ellenmaaß hält die Seiden-*Braccio* 282,8, die
Wollen- Baumwollen- und Leinen-*Braccio* aber 299,3 Fr.
Lin., 1ste wäre also 4½ pCt. kürzer, die 2te hingegen 1½ pCt.
länger denn die Berl. Elle; nach andern giebt es nur eine
Braccio, welche der Anconaer gleich und 4 pCt. größer als die
von Bologna seyn soll.

Der Fuß, davon 10 auf die Ruthe gehen, hält 177,9 Fr.
Lin. u. ist 27⅞ pCt. länger als der Rheinländ. Fuß.

Die Meile hält 4083 Fr. Fuß, und 83⅔ derselben gehen
auf 1 Mittelgrad der Erde.

Vom Land- od. Feldmaaß hält der *Moggio* von 1333¼
☐Ruthen 8,41 Berl. kleine Morgen; die *Biolca* v. 6 *Staros*
od. 400 ☐Ruthen aber 2,5228 Berl. kleine Morgen.

Vom Getraidemaaß wird der *Moggio* zu 20 *Staja* oder
Stari gerechnet, der *Staro* enthält 1524 Fr. Cubikzoll, u. ist
79,9 pCt. kleiner denn der Berl. Scheffel.

Vom Weinmaaß hält der *Mastello* 8 *Secchie* oder 4128
Fr. Cubikzoll, die 71½ Berl. Quart betragen.

Das Handelsgewichtspfund oder die *Lira* v. 12 *Oncie*
192 *Ferlini* 1920 *Carati* soll 7060 Holl. As halten, also 38/16
pCt. leichter denn das Berl. Pfund seyn; nach andern hält es

7146 Holl. As, und wäre mithin nur 36⅔ pCt. leichter denn das Berl. Pfund.

Das Gold- Silber- u. Münzgewicht allhier ist die Mailänser Mark.

Florenz,

im Herzogl. Toscanischen Italien, rechnet am gewöhnlichsten nach

Lire zu 20 *Soldi* à 12 *Denari.*

Fast alle hiesige Banquiers führen aber ihre Rechnung nach

Ducati zu 20 *Soldi* à 12 *Denari di Duc.*

dabey der *Ducato*, welcher auch *Scudo Moneta* und *Scudo corrente* benennet ist, zu 7 *Lire* angenommen wird.

Die wenigsten führen noch ihre Rechnungen nach

Scudi d'oro zu 20 *Soldi* à 12 *Denari d'oro,*

weil diese Rechnung fast gänzlich abgekommen, ob man gleich darinnen noch einige Wechselpreise stellet, bey welchen dieser *Scudo*, welcher eigentlich 7½ *Lire*, 90 *Grazie*, 150 *Soldi* od. 450 *Quatrini* hält, zu 150½ *Soldi* angenommen wird, so ⅓ pCt. differiret.

Sonst berechnete man auch gewisse Waaren nach

Pezzas da otto reali zu 20 *Soldi* à 12 *Denari di Pezza,*

dabey gedachte *Pezza* zu 5½ *Lire*, 69 *Crazi*, 345 *Quatrini* angenommen ward.

Außerdem allen rechnet man aber noch

1 Testone	2 Lire	3 Paoli	24 Grazie	40 Soldi	120 Quatr.	480 Den.
1	1½	12	20	60	240	
	1	8	13⅓	40	160	
		1	1⅔	5	20	
			1	3	12	
				1	4	

Man vergleichet in ganzen Zahlen:

14 *Scudi d'oro* à 150 *Soldi* mit 15 *Ducati* ob. *Scudi Corr.*
23 dergl. — — mit 30 *Pezzi.*
560 dergl. à 150½ *Soldi* mit 603 *Ducati* ob. *Scud. Cour.*
460 dergl. — — mit 603 *Pezzi.*
23 *Ducati* ob. *Scudi Corr.* mit 28 dergl.
4 *Pezzi* — — mit 23 *Lire.*

Der Zahlwerth dieser Rechnungsmünzen wird zu Florenz in *Moneta buona*, darin die Cölln. Mark fein Silber 62 *Lire* stehet, berechnet. 23 Lire Mon. buona betragen 24 *Lire Moneta lunga*, welche Valuta in Livorno gewöhnlich, u. darinne die Cölln. Mark fein Silber 64⅖ *Lire* werth ist.

E 3

Würkliche Toscan. Nationalmünzen.	Gewicht.	Werth in	
	Grani.	Paoli	Lire.
Goldne:			
Ruspone von 3 Zecchin	213	60	40
Zecchin Gigliati	71	20	13 $\frac{1}{3}$
$\frac{1}{2}$ ber	35 $\frac{1}{2}$	10	6 $\frac{2}{3}$
Silberne:			
Francescani und Leopoldini . . .	562	10	6 $\frac{2}{3}$
Dergl. $\frac{1}{2}$ be; Francescini genennet	281	5	3 $\frac{1}{3}$
Tallari	552	9	6
Testoni	181 $\frac{1}{2}$	3	2
Lire von 12 Crazie	91	1 $\frac{1}{2}$	1
Dergl. $\frac{1}{2}$ be u. $\frac{1}{4}$ tel nach Verhältniß.			
Paoli, doppelte	112 $\frac{2}{3}$	2	1 $\frac{1}{3}$
Dergl. 1 fache, $\frac{1}{2}$ be u. $\frac{1}{4}$ tel n. Verhältn.			

Scheidemünzen in Silber: 2, 1 fache und $\frac{1}{2}$ be Crazie, zu 10, 5 und 2 $\frac{1}{2}$ Quatrini.

Kupfermünzen: Soldi zu 3, Duetti zu 2, und 1 fache Quatrini nebst Piccioli zu 1 Denaro.

Nota, Ueber den festgesetzten Werth der Goldsorten genießen solche noch ein Agio von 1 bis 3 pCt. gegen Silbergeld, welches auch von folgenden Fremden Goldsorten anzunehmen ist.

Fremde Münzsorten, welche zu beygefügtem Gewicht und Werth in Moneta buona hier umlaufen.

Goldne:	Grani.	Lire.	Soldi.
Kaiserl. und Kremnitzer Ducaten . .	71	13	—
Souverains	—	39	—
Franz. Schildlouisd'or	166	28	—
neue Louisd'or	156 $\frac{1}{4}$	26	13 $\frac{1}{4}$
Genues. Zecchinen	70	13	—
Holl. Ducaten	—	13	—
Neapol. 3 Duc. Stück	90	15	—
Portug. Lisbonninen von 4800 Rees .	218	37	—
Dobras von 6400 Rees	291	50	—
Röm. Zecchinen	70	13	—
neue Pistolen	111 $\frac{1}{2}$	19	—
Span. Pistolen	138	23	—
Vened. Zecchinen	71	13	6 $\frac{2}{3}$
Silberne:			
Franz. Laubthaler	—	7	—
Moden. 1 fache Scudi	188 $\frac{1}{4}$	2	4 $\frac{5}{13}$
Röm. Scudi	—	6	6 $\frac{2}{3}$
Testoni f. 1700, b. m. Clem. XII. .	—	2	—
dergl. nach Clem. XII.	—	1	18
Papeti	—	1	5 $\frac{1}{4}$
Paoli f. 1700, b. m. Clem. XII. .	—	—	13 $\frac{1}{4}$
dergl. nach Clem. XII. . .	—	—	12 $\frac{2}{3}$
Span. alte Piaster mit Säulen . .	—	6	6 $\frac{2}{5}$
neue dergl.	—	6	5

Die Gold= und Silberpreise des hiesigen Münzhauses sind für das Pfund

Gold von 22 bis 24 Karat fein 1288 *Lire.*

Silber von 12 Denari fein 88⅝ *Lire.*

Verarbeitet Gold hält 18 Karat, Silber 10 Denari fein, und und ist mit dem Löwen bezeichnet.

Florenz wechselt auf Amsterdam, Genua, London, Lyon, Marseille, Paris und Wien wie Livorno: außerdem giebt es nach dem Silber=Pari auf

Bologna 1 *Ducat.* von 7 *Lire* für * 104,9 *Bolognini.*

Livorno 100 *Ducati* für * 121⅕ *Pez da otto.*

Mailand 1 *Pez* von 5¼ *Lire* für * 125½ *Soldi Cour.*

Neapel 100 *Pezzi* für * 114¼ *Duc. Reg.*

Rom 100 *Francesconi* für * 100 *Scudi Moneta.*

Venedig * 79,96 *Scudi d'oro* v. 150¾ *Soldi* für 100 *Duc. Bco.*

Nota. Auf erste 3 Orte wird à 3 und 8 Tage nach Sicht, auf letzte 3 Orte aber auf einige Tage Sicht und nach Dato gezogen.

Der Uso der auf Florenz gezogenen Wechsel ist wie zu Livorno mit Ausnahme 1) der Wechsel von Rom und Venedig, welche Sonnabends acceptiret, u. 2 Woch. darauf Sonnabends, also in 15 Tagen, bezahlet werden; 2) der Wechsel von Bologna, welche Sonnabends acceptiret, und den folgenden Sonnabend, also in 8 Tagen, bezahlet werden.

Respecttage sind hier nicht zugelassen.

Maaße u. Gewichte,

welche seit May 1781. im ganzen Toscanischen gleich gesetzt worden sind.

Vom Ellenmaaße hält die *Braccio,* davon 4 auf die *Canne* gehen, 263⅔ Franz. Lin., und ist 12½ pCt. kürzer denn die Berl. Elle.

Von Land= u. Bau=Maaßen hat 1 *Cavezzo* 2 *Passi* à 3 *Braccie,* welche letztere zu 243 und 258 Franz. Lin. angegeben werden.

Von den Florentiner Meilen werden circa 68¼ auf 1 Grad der Erde gerechnet.

Vom Land= und Feldmaaß hält der *Stioro* 12 *Panori* oder 48 □ *Cannen,* die 0,22922 Berl. kleine Morgen betragen. Der *Saccate* zu 10 *Stajoli* à 66 □ *Pertica* aber 1,9418 Berl. kleine Morgen.

Vom Getraidemaaß wird der *Sacco* zu 3 *Staja,* 12 *Quarti,* 48 *Metudelli,* 96 *Mezzette* od. *Quartucci* gerechnet; der *Staja* enthält 1194 Fr. Cubikzoll, und ist 30½ pCt. kleiner denn der Berl. Scheffel.

Vom Weinmaaß hält der *Barillo* 20 *Fiaschi,* 40 *Bocali,* 80 *Mezzetas,* 160 *Quartuoci,* und wiegt 133½ Pfund; man kann ihn also zu 2100 Fr. Cubikzoll oder 36½ Berl. Quart ca.

annehmen, nach andern hält der *Barillo* 2005 Franz. Cubikzoll oder 34½ Berl. Quart circa.

Vom Oehlmaaß hat der *Barillo* 16 *Fiaschi* od. 32 *Boccali*, und wieget circa 62 Pfund in Berlin.

Das Handelsgewichts-Pfund, womit gegenwärtig auch Gold, Silber u. Münzen gewogen werden, hält 12 *Oncie*, 288 *Denari*, 6912 *Grani* und 7066 Holl. As, ist also 38 pCt. leichter als das Berl. Pfund und 45½ pCt. schwerer als die Cölln. Mark, welche 4758¾ Florent. Grani hält.

Das Probiergewicht ist gedachtes Pfund zu 24 *Carati* à 8 *Octavi* fein Gold, und zu 12 *Oncie* à 24 *Denari* fein Silber gerechnet.

Jouvelen werden mit dem Karat von 4 Grani gewogen, davon 1190½ Karat auf die Cölln. Mark gehen.

Apothekergewicht ist ebenfalls das obengedachte Pfund, dabey der *Denaro* für 1 Scrupel, u. 3 *Denari* für 1 *Drachma* angenommen werden.

Frankfurth am Mayn,

eine freye Reichsstadt des Oberrheinischen Kreises, rechnet gewöhnlich nach

Reichsthaler zu 90) Kreuzer à 4 Pfennige.
od. nach Reichsgulden zu 60)

Verhältniß sämtlicher hiesiger Rechnungsmünzen.

Spec. Thlr.	Rthlr.	Rfl.	Kopf stücke.	Batzen.	Kais. Gr.	Albus	Xr.	Pf.
1	1½	2	6	30	40	60	120	480
	1	1½	4½	22½	30	45	90	360
		1	3	15	20	30	60	240
			1	5	6⅔	10	20	80
				1	1⅓	2	4	16
					1	1½	3	12
						1	2	8
							1	4

Der Zahlwerth ist bey öffentl. Abgaben, Capitalanlagen und Wechselzahlungen der Convent. Courent od. 20 Gulden-Fuß, die Cölln. Mark f. Silber zu 13⅓ Rthlr. Courent; im gemeinen Handel und bey Waarenzahlungen aber der 24 fl. Fuß, die Cölln. Mark fein Silber zu 16 Rthlr. Münze; ausserdem wird auch wohl bey gewissen Stadtabgaben nach einem 22 Gulden-Fuße bezahlet.

Würkliche Münzsorten der Stadt sind folgende, die zu den bey den Fremden Münzsorten angeführten Preisen gelten:

Goldne
Ducaten nach dem Reichsfuß.

Silberne
Ganze, ½be und ¼tel Conventions-Species-Thaler, Kopfstücke und Kreuzer.

Fremde Münzsorten

sollen nach Verordnung des Oberrhein-Kreises vom May 1786 folgendergestalt in diesem Kreise wiegen und nach dem 20 u. 24 fl. Fuß gelten, dabey 60 As auf den Ducaten und 4020 auf 1 Cölln. Mark gehen,

	Ducat. As.	20 fl. Fuß		24 fl. Fuß	
		fl.	Xr.	fl.	Xr.
Goldmünzen:					
Carolinen, Cölln. Bayer. Pfälz. Anspach. Heß. Fulda. und Würtemberg.	167	9	30	11	24
Mard'or, Churbayersche	111	6	20	7	36
Goldgulden, Reichsgesetzmäßige	56	3	10	3	48
Souverainsd'or, Kaiserl.	190	12	42	15	14
Ducaten, Kaiserl. Preuß. Zürch. u. Reichs-	60	4	18	5	10
Kremnitzer	60	4	19	5	11
Braunschw. Holländ. Päbstl.	60	4	16	5	8
Rußische	60	4	14	5	5
Pistolen, an Frd'or. Augustd'or, Carld'or, Hessenkasselsche	115	7	30	9	—
Louisd'or, alte Franz.	115	7	34	9	5
Franz. Schildlouisd'or bis 1785	140	9	10	11	—
neue dergl. seit 1785	131	8	36	10	20
Span. 4fache Pistolen	460	30	8	36	12

Jedes fehlende As muß bey Ducaten und Souverains mit 5 Xr., bey Carolinen und Mard'or mit 4 Xr. u. bey Pistolen-Sorten mit 4½ Xr. vergütet werden, und was über 2 As zu leicht, ist ganz aus dem Umlauf gewiesen.

	20 fl. Fuß		24 fl. Fuß	
	fl.	Xr.	fl.	Xr.
Silbermünzen:				
Convent. Spec. Thlr. gesetzmäßige	2	—	2	24
— Kopfstück	—	20	—	24
— Kreuzerstück	—	1	—	1
Aeltere Kaiserl. u. vormalige Reichs Spec. Thlr., wenn sie das Gewicht haben	2	13	2	40
Franz. Laubthaler bis 1783	2	15	2	42
dergl. neue von 1784	2	14	2	41

St. Galler ganze und ½be Thaler, Montforter Kopfstücke von 1761 u. 62, al marco ausgemünzte 10 und 5 Xr. Stücke, und ½be Laubthaler von voriger Regierung sind ausgeschlossen; dagegen sollen ½be u. ¼tel der obengedachten Gold- u. Silber-Sorten nach Verhältniß wiegen und gelten.

E 5

Im Handel gelten indessen Carolinen $9\frac{1}{3}$, Franz. alte Louisd'or $7\frac{3}{8}$, Souverain $13\frac{1}{2}$, Randducaten $4\frac{3}{5}$ fl. Cour. und jetzt darüber. Die Mark Louisd'or-Gold aber 302, Carld'or-Gold 303 fl., und die feine Mark Silber 20 fl. 10 bis 18 Xr. u. s. w.

Frankfurt wechselt u. giebt nach dem Silberpari auf

Amsterdam auf kurze Sicht, 2 u. 3 Mon. Dato und à Uso von 14 Tage Sicht * $137\frac{7}{8}$ rthlr. Cour. für 100 thlr. Holl. Bco. und * $136\frac{3}{4}$ rthlr. Cour. für 100 thlr. Holl. Cour.

Augsburg auf kurze Sicht und 2 Mon. Dato, Bremen, Leipzig à Vista und à Uso von 14 Tage nach Sicht, und auf die Messen. Wien kurze Sicht und 2 Mon. * 100 rthlr. Cour. für 100 rthlr. Convent. Courent.

Bourdeaux à 1 Monat, Lion auf die Messen, Paris auf kurze Sicht à 2 und 3 Mon. Dato * $75\frac{1}{12}$ rthlr. Courent für 100 *Ecu* à 3 *Liv.*

Hamburg à kurze Sicht und 2 Monat und à Uso von 14 Tage nach Sicht * $144\frac{3}{4}$ rthlr. Cour. für 100 rthlr. Hamb. Bco.

London auf kurze Sicht und à 2 Mon. * $141\frac{1}{10}$ Conv. Batzen für 1 Liv. Sterl. od. * $141\frac{1}{20}$ rthlr. Cour. für $22\frac{1}{2}$ Liv. Sterl.

Die Wechselpreise werden hier zwar in Convent. Thaler zu 2 rfl. geschlossen, man bezahlet aber gemeinglich in Franz. Laubthalern zu $2\frac{2}{3}$ rfl. oder in Carolinen zu $9\frac{1}{3}$ rfl., auch wohl in Franz. neuen Louisd'or mit Agio gegen Convent. Thlr.

Der Uso ist 14 Tage nach der Acceptation incl. der Sonn- und Festtage; außerdem haben traßirte Wechsel, die nicht à Vista oder auf etliche Tage Sicht gezogen worden, 4 Respecttage excl. der Sonn- und Festtage.

Maaße und Gewichte.

Die Frankfurter Elle ist $239\frac{1}{3}$ Franz. Linien lang und $23\frac{9}{10}$ pCt. kürzer als die Berl. Elle; außerdem mißt man hier auch Franz. Waaren mit der *Aune*, und Holländische mit der Brabant. Elle; man vergleichet 11 Frankf. Ellen mit 5 Aunen und 41 Frankf. Ellen mit 32 Brabant. Ellen.

Der Frankf. Fuß hält 127 Franz. Lin., und 23 thun 21 Rheinländ. Fuß.

Der Getraide-Malter od. Achtel hält 4 Simmer, 8 Metzen od. Meßten, 16 Sechter, 64 Gescheid u. 5444 Franz. Cub. Zoll; ist also $98\frac{9}{10}$ pCt. größer denn der Berl. Scheffel.

Das Stück Wein hat $1\frac{1}{4}$ Fuder, $7\frac{1}{2}$ Ohm, 150 Viertel, 600 Maaß, 2400 Schoppen, wird aber oftmals nur zu $7\frac{1}{4}$ Ohm à 7436 Franz. Cubikzoll gerechnet. Das Maaß hiervon ist $60\frac{1}{2}$ pCt. größer denn das Berl. Quart.

Vom Handelsgewicht hat der Centner 100 schwere Pfd. p. 10595 Holl. As, und 108 leichte Pfund von 9720 Holl. As;

erstere sind also 8¼ pCt. schwerer und letztere ⅛ pCt. leichter als das Berl. Pfund. 1 Stein hat 22 Pfund.

Gold: u. Silbergewicht ist die Cölln. Mark. Verarbeiter Silber soll zwar 13 Loth fein und mit dem einfachen Adler bezeichnet seyn, wird aber nur zu 12 Loth 2¼ Quent fein befunden.

Die Frankfurter zwey großen Messen, so jährlich gehalten werden, und davon jede 14 Tage bis 3 Wochen dauert, sind:

1) Die Ostermesse fängt den Osterdienstag an.

2) Die September: oder Herbstmesse fängt am Sonntage vor Mariä Geburt an, wenn dieses Fest auf den Montag, Dienstag oder Mittwoch trifft; fällt dieser Tag aber später, so gehet die Messe den Sonntag darauf an; und wenn gedachter Tag selbst auf einen Sohntag trifft, gehet die Messe denselben Tag an.

In der ersten Woche fängt die Acceptationszeit den Montag an, und währet bis zum Dienstage um 9 Uhr Vormittags der andern oder Zahlwoche, und wenn da keine Annahme erfolget, muß der Inhaber protestiren, oder es anzeichnen lassen.

Am Sonnabend der andern oder Zahlwoche, um die Börsenzeit, muß ein acceptirter Brief bezahlet seyn, ansonst man zwischen 2 Uhr Nachmittags bis zu Sonnenuntergang protestiren lassen muß.

Wer Wechselbriefe in die 3te Meßwoche zahlbar ziehen will, wo eigentlich die Assignationes bezahlet werden, muß es ausdrücklich melden; ohne dieses werden sie für Wechsel, so in der zweyten Woche zahlbar sind, gehalten.

Frankfurt an der Oder,

eine Königl. Preußische Handelsstadt der Mark Brandenburg, rechnet, zahlet und hat eben die Münz: Maaß: und Gewichts: Verfassung wie Berlin.

Von öffentlichen Handelsanstalten ist

1) die hiesige Bank auf den Fuß der Berliner errichtet und von derselben abhängig.

2) Die hiesigen drey Messen, so jährlich gehalten werden, sind Reminiscere: Margarethen: und Martini:Messe; sie gehen den Montag nach diesen Festen, im Febr. oder März, im Julio und November an, sollen 8 Tage dauern, dauert aber wohl 14 Tage; und die dabey vorkommenden Wechsel-Briefe werden wie in Berlin behandelt.

Frankreich

rechnet gewöhnlich in allen seinen Europäischen Besitzungen nach

Livres zu 20 Sols à 12 Deniers tourn.

Verhältniß sämtl. Französischen Rechnungsmünzen.

Piſtole.	Ecû.	Livres.	Sols d'or.	Sols tourn.	Liard od. Denier d'or.	Deniers tourn.
1	3⅛	10	66⅔	200	800	2400
	1	3	20	60	240	720
		1	6⅔	20	80	240
			1	3	12	36
				1	4	12
					1	3

Nota. Außerdem rechnet man noch im Elſaß u. Flandern nach alter Deutſcher u. Burgundiſcher Währung, ſ. Straſsburg und Dünkirchen.

Den Zahlwerth beſtimmet die Cölln. Mark fein Gold zu 815,256, fein Silber zu 53,275 Livres tournois in ganz Frankreich außer Lothringen, wo er 29½ pCt. geringer iſt.

Würkliche Französiſche jetzige Münzforten.

Goldne

neue ſeit 1785 geprägte doppelte und 1fache Louisd'or zu 48 und 24 Liv. tourn.

Silberne

Ecû ſeit 1726, oder ganze, ½be, ⅕tel, ₁₀tel u. ₂₀tel Laubthlr. zu 6, 3, 1⅕ Liv. 12 und 6 Sols. neue ſeit der Revolution ausgeprägte 30 und 15 Sols-Stücke. 2 und 1½ Sols oder alte 6 Liards-Stücke.

Kupferne

Sols nebſt 2 und 1fachen Liards zu 12, 6, 3 Deniers; desgl. 2 Sols-Stücke ſeit d. Revolution v. Kaufleuten ausgepräget. von Glockengut 2 und 1 Sols-Stücke ebenfalls während der Revolution von der Nation ausgemünzet.

Pappiergeld:

Die ſeit der Revolution eingeführte Aſſignate von 2000, 1000, 500, 100, 90, 80, 70, 60 u. 50 Liv.; welche aber ſo weit herunter gekommen, daß man gegenwärtig 85₁₅ Liv. tourn. auf die Cölln. Mark fein Silber rechnen muß; zuweilen ſind ſie wieder etwas beſſer.

Billets der Patriotiſchen Societäten als: 1) Billets de confiance von 20, 10, 5 u. 2½ Liv. 2) Billets de la Maiſon de Secours von 40, 30, 20, 15, 10 und 5 Sols. 3) Billets de la Compagnie de Comission von 8 Sols.

Aeltere Französische würkliche Münzsorten,

die hin und wieder außerhalb Frankreich noch umlaufen, in Frankreich selbst aber nach den Münzhäusern müssen gebracht werden, sind:

Goldne

Louisd'or von 1640 bis 1709, 36¼ Stück auf die Franz., und 35 Stück auf die Cölln. Mark, von 21¾ Karat fein, 5 Gepräge, so man alte Franz. Louisd'or benennet.

Louisd'or von 1709 bis 1716, 30 Stück auf die Franz., und 28⅞ Stück auf die Cölln. Mark von 21½ Karat fein, 2 Gepräge, davon man das eine Gepräge Sonnenlouisd'or nennet.

Louisd'or von 1716 bis 1718, 20 Stück auf eine Franz., und 19⅛ Stück auf eine Cölln. Mark von 21⅞ Kar. f., Noailles oder vier Wappen-Pistolen genannt.

Louisd'or von 1718 bis 1723, 25 Stück auf eine Franz., und 24⅛ Stück auf eine Cölln. Mark von 21½ Karat fein, 2 Gepräge, Chevaliers, Maltheserkreuz und Ll. Ld'or genannt.

Louisd'or v. 1723 bis 1726, 37½ Stck. auf 1 Fr. u. 36 Stück auf 1 Cölln. Mark v. 21$\frac{7}{12}$ Kar. fein, Mirlitons genannt.

Louisd'or von 1726 bis 1785, 30 Stück auf 1 Franz., und 28⅞ Stück auf 1 Cölln. Mark von 21⅝ Kar. fein, Schild-Louisd'or genannt.

Silberne

Ecu von 1640 bis 1709, 9 Stück auf 1 Fr. und jetzt 9 Stück auf 1 Cölln. Mark von 14$\frac{1}{16}$ Loth fein, 5 Gepräge, Louis-blanc genannt.

Dergl. v. 1709 bis 1718, 8 Stück auf 1 Franz. und 7$\frac{1}{8}$ Stück auf 1 Cölln. Mark von 14½ Loth fein, 2 Gepräge, das eine Kronenthaler genannt.

Dergl. von 1718 bis 1724, 10 Stück auf 1 Franz. u. 9⅞ Stck. auf 1 Cölln. Mark von 14⅝ Loth fein, 2 Gepräge, das eine Naverra-Thaler auch Poupons genannt.

Dergl. von 1724 bis 1726, 10$\frac{1}{6}$ à 10⅜ Stück auf eine Franz. und 10 Stück auf eine Cölln. Mark v. 14½ Loth fein, Bider neuf oder Ll. Thaler genannt.

Von einigen dieser Sorten hat man auch doppelte, ½be, ¼tel, ⅛tel, $\frac{1}{16}$tel und $\frac{1}{12}$tel.

Fremde Münzsorten

sowohl als vorgedachte und andere ältere Französische, haben in Frankreich keinen Umlauf, sondern müssen nach den Münzhäusern gebracht werden, daselbst die Franz. Brutto-Mark nach dem neuesten Tariff zu folgenden Gehalten und Preisen angenommen wird:

Goldsorten:	Gehalt		Preiß		
	Carat.	32 Theile	Livres.	Sous.	Den.
Venet. und Türkische Zechinen Fonduc .	23	29	825	7	3
Genueser dergl.	23	28	824	5	8
Florentiner dergl. mit Lilien	23	27	823	4	1
Dergl. mit dem Bildniß	23	25	821	—	11
Piemont. dergl. al Annonciata	23	21	816	14	7
Oesterreich., Ungar. und Böhm. Ducaten	23	20	815	13	—
Franken zu Pferde und zu Fuß, desgleichen Franz. Agnelets	23	18	813	9	10
Kaiserliche, Hamburgische, Frankfurter und Dänische Spec. Ducaten . . .	23	17	812	8	3
Deutsche Ducaten nach dem Reichsfuß, Holländische und Preußische	23	15	810	5	2
Pohln. und Schwed. Ducaten, nebst Maltheser Zechinen	23	13	808	2	—
Rußische Ducaten mit ausgebreitetem Adler	23	11	805	18	10
Hessendarmstädtsche Ducaten und Rußische mit Andreaskreuze	23	5	799	9	4
Römische Zechinen	22	21	782	4	1
Franz. Escu d'or	22	16	776	16	3
Niederl. Souverains u. Ruß. Imperialen .	21	31	758	9	5
Engl. Guineen u. Portug. Moe d'or . .	21	30	757	7	10
Genfer u. Florent. Pistolen, u. Holl. Ryders	21	29	756	6	3
Span. Pistolen mit Wappen u. Bildniß .	21	26	753	1	6
Mexican. Pistolen u. Mogolische Rupien .	21	25	751	19	11
Franz. Louisd'or 36½, 30, 20, 25 u. 37½ St. auf die Mark	21	22	748	15	2
Piemont. Pistolen seit 1755.	21	21	747	13	7
Braunschw. Carld'or ob. 5 Thlr. Stücke .	21	20	746	12	—
Neue Span. Pistolen n. d. Fuß von Ao. 1772.	21	14	740	2	7
Pfälzische u. Preuß. Pistolen	21	18	744	8	10
Span. Peruan. Pistolen	21	17	743	7	3
Franz. Schildlouisd'or, 30 St. auf die Mck.	—	—	742	10	—
Florent. Rosen u. alte Piemont. Pistolen .	21	13	739	1	—
Flandr. u. Brabant. Albertus und Ecud'or	21	9	734	14	8
Dänische Courent-Ducaten, Neapol. Once u. Tunesische Zechinen	20	29	721	15	9
Sicilianische Oncen	20	5	695	17	10
Türkische Zerimabub	19	21	678	12	7
Pagoden mit dem zunehmenden Monde .	19	13	670	—	—
Dergl. mit dem Stern	19	5	661	7	4
Hannöversche Goldgulden	18	21	644	2	1
Rheinische u. Hessendarmstädtsche dergl. .	18	17	639	15	9
Pfalz-Baiersche u. Anspach. dergl. . . .	18	13	935	9	6
Badendurlachsche dergl.	18	5	626	16	10

Silbersorten:	Gehalt.		Preiß der Mark.		
	Den.	Grän.	Liv.	Sous.	Den.
Grobe Pfälzer Thaler	11	19	52	10	8
Dergl. Nassau-Weilburger	11	17	52	3	3
Franz. Jettons oder Spielpfennige, u. Pondischerische Rupien	11	10	50	17	3
Flach Pariser Tischgeschirr, und Mogolsche Ruppien	11	9	50	13	6
Flach vergoldet Pariser Tischgeschirr, und Maderasche Ruppien	11	8	50	9	10
Arcatische Ruppien	11	7	50	6	1
Pariser getrieben Tischgeschirr, und Mailändische Filipps-Thaler	11	6	50	2	4
Flaches Tischgeschirr aus den Provinzen .	11	5	49	18	8
Flach vergoldetes und getriebenes Provinz. Tischgeschirr	11	3	49	11	3
Engl. Kronen und Schillinge	11	1	49	3	10
Lütticher Ducatons	11	—	49	—	1
Alte Franz. Thlr. 8, 9, 10 u. 10½ auf die Mk.	10	23	48	16	5
Genueser Scudi di Cambio	10	22	48	12	8
Franz. ganze, ½be, ¼tel, ⅟₁₆tel u. ⅟₃₂tel Thaler nach jetzigem Münzfuß . . .	10	21½	48	10	10
Piaster mit den beiden Glogen, Mexican. Sevillan. Römische Scudi u. Florent. Pezzi da otto	10	21	48	9	—
Piemont. Scudi	10	20	48	5	2
Neapolit. Ducaten und Schweb. Rthlr. .	10	19	48	1	6
Portug. Crusaden	10	18	47	17	10
Piaster mit dem Bildniß, nach dem Fuß von 1772.	10	17	47	14	1
Ital. 12 Carolini-Stück	10	14	47	3	—
Hannöversche und Hamb. Thaler . . .	10	12	46	15	7
Oesterreichsche Gulden	10	11	46	11	10
Dänische doppelte Thaler	10	8	46	—	8
Flandr. und Brabant. Ducatons u. Thaler Holl. Rthlr. und Genuef. Giorgini .	10	7	45	17	—
Genfer Paragons	10	2	44	18	5
Malthef. Scudi	9	23	44	7	3
Braunschw. und Regenspurger Thaler, und Genuef. Madonine	9	22	44	3	7
Alte Franz. 20, 10 u. 4 Sous-Stück, Dänische Thaler u. Kronen, nebst Sicilian. 12 Tari-Stück	9	21	43	19	10
Anspach. und Baiersche Rthlr.	9	20	43	16	1
Venet. Ducaten	9	18	43	8	9

Noch Silbersorten:

	Gehalt.		Preis der Mark.		
	Den.	Grän.	Liv.	Sous.	Den.
Russische Rubel	9	11	42	2	9
Mainzische Gulden . . . . . . ;	8	23	39	18	2
Badendurlachsche Gulden	8	21	39	10	9
Lübeck. Thaler, Hessendarmstädt. u. Cölln. Kopfstücke	8	19	39	3	4
Baireuthsche Thaler	8	18	38	19	7
Mecklenb. Gulden	7	7	32	8	8
Piaster von Tunis	6	8	28	4	3

Das übrige rohe und verarbeitete Gold und Silber wird in den Franz. Münzhäusern nach Verhältniß des Gehalts bezahlt, und für die Mark fein Gold 828¾ Liv., für die Mark fein Silber aber 53 Livr. 9 Sous 2⅗⅛⅔ Deniers gegeben.

Französische Wechselarten oder Preise, nach dem Silber-Pari auf

Amsterdam 1 Ecu von 3 Liv. für *54,9 pf. vls. Holl. Bco.

Augsburg u. Wien *53.27 Sols für 1 rtl. Convent. Cour.

Cadix und Madrid *82,93 Sols für 1 alten Wechs. Piaster, *16,585 Liv. für 1 alte Wechs. Pistole.

Genua *97¾ Sols für 5¼ Lire fuor Bco.

Hamburg 1 Ecu von 3 Liv. für *24,89 fl. Lüb. Hamb. Bco. *192¹⁷⁄₂₅ Liv. für 100 Mck. Hamb. Bco.

Livorno *98,82 Sols für 1 Pezze da otto.

London 1 Ecu von 3 Liv. für *28½ pf. Sterl.

Neapel *86,43 Sols für 1 Duc. Regno.

Paris, Marseille, Lyon, Bourdeaux u. andere Franz. Oerter wechseln unter und auf einander mit ⅛ bis 1 pCt. Gewinn oder Verlust.

Nach dem jetzigen geringen Werth der Franz. Assignaten aber stehen die Course auf Amsterdam 34, auf Cadix 24½ Liv., auf Genua 150, auf Hamburg 308, auf Livorno 160, auf London 18, laut Pariser Courszettel vom 19. Jan. 1792.

Der Uso in Frankreich ist bey Briefen aus Spanien und Portugal 60, aus andern Orten aber 30 Tage nach Dato; ausserdem hat man 10 Respecttage, darunter der Verfalltag nicht begriffen.

Maaße und Gewichte

sind in Frankreich sehr verschieden, und deshalb bey jedem Ort insonderheit angezeiget; unter dem Artikel Paris sind die vornehmsten derselben enthalten.

Fulda

Fulda und Speyer,

zwey Hochstifte des Oberrhein-Kreises, rechnen gewöhnlich nach

Reichsgulden zu 60 Kreuzer à 4 Pfennige; deren Zahlwerth der 24 Gulden-Fuß ist.

Würkliche Münzsorten sind

in Golde:

Fuldaer ganze und ½be Carolinen.

in Silber:

Fuldaer und Speyersche Convent. Speciesthaler, nebst Gulden, 20, 10, 5 und 1 Kreuzer-Stück.

Maaße u. Gewichte.

Die Speyersche Elle von 244 Franz. Lin. ist 21½ pCt. kürzer denn die Berl. Elle.

Der Fuldasche Getraide-Malter von 8506 Franz. Cubikzoll, oder 3,101 Berl. Scheffel. Der Speyersche Malter aber 5571 Fr. Cubikzoll, oder 2,032 Berl. Scheffel.

Das Speyersche Gewichtspfund von 10608 Holländ. As ist 8½ pCt. schwerer denn das Berl. Pfund.

Galicien,

Spanische Provinz am Atlandischen Meere, mit den Seestädten Coruna, Ferrol, Vigo, rechnet gewöhnlich nach

Reales zu 34 *Maravedis de Vellon* Castil. Währung; deren Zahlwerth so wie überhaupt die ganze Münzverfassung unter den Artikeln Madrit u. Spanien angezeiget ist.

Maaße und Gewichte.

Die Elle Vara hält 375½ Franz. Lin. und ist 27½ pCt. länger denn die Berl.

Der Getraide-Fanega von 4 Ferrados hält in Coruna 3204, in Ferrol aber 3588 Franz. Cubikzoll, ist also 16⅞ und 30⅞ pCt. größer denn der Berl. Scheffel.

Weinmaaß ist der Moyo von 4 Canados, 16 Ollas, 68 Acumbres, 272 Quartillos, 5440 Oncias. Die Wein-Cantara hält 214 Berl. Quart.

Vom Handelsgewicht hat die Arroba 25 Pfd. Die Pfunde aber sind theils von 20, theils von 16 Castil. Oncias; das erste wiegt 11990 Holl. As und ist 23 pCt. schwerer denn das Berliner Pfund, das andere 9592 Holl. As ist 1½ pCt. schwerer denn das Berl. Pfd.

F

Galizien und Lodomerien,

oder die seit 1772 von Pohlen zum Hause Oesterreich gekommenen 6 Kreise Lemberg, Halicz, Pomorzany, Sambor, Pilzno u. Wieliczka, rechnen gewöhnlich wie in Groß-Pohlen, nach

Gulden zu 30 Groschen;

deren Zahlwerth aber der Oesterr. 20 Gulden oder Pohlnische 30 fl. Fuß ist.

Würkliche hiesige Gold- und Silbermünzen sind die unter Wien bemerkten Oesterreichschen, welche nebst den fremden Münzsorten nach Maaßgabe der hiesigen Währung 4mal soviel als in Wien, nehmlich der Souverain statt 12⅔ Reichs-Gulden 50⅔ fl. Pohln. und der Convent. Spec. Thaler statt 2 rfl. 8 Gulden Pohln. gelten.

Maaße.

Vom Getraidemaaß hält der Korschetz 6200 Fr. Cub. Zoll, oder 2,26125 Berl. Scheffel.

Gallipoli,

im Neapolitanischen Italien, rechnet, zahlet und hat eben die Münzverfassung wie Neapolis.

Maaße und Gewichte.

Vom Oehlmaaß hat der Salma 10 Staja von 32 Pignatte, er hält 7814 Franz. Cubikzoll od. 3027 Berl. Quart, und bey Schiffsfrachten werden 11 Salme auf die Last gerechnet.

Vom Handelsgewicht wiegt der Rotol 9408 Holl As, und ist 3⅛ pCt. leichter denn das Berl. Pfund.

Geldern,

Preußischen Antheils mit den Städten Geldern, Stralen und Wachtendonk in Westphalen, rechnet, zahlet und hat die in Cleve gewöhnliche Münzverfassung.

Maaße u. Gewichte.

Die hiesige Elle hält 294 Franz. Lin., und ist 7/8 pCt. kürzer als die Berl. Elle.

Das Handl. Gew. Pfund wiegt 9714 Holl. As, und ist ⅜ pCt. leichter als das Berl. Pfund.

Genf oder Geneve,

die Handelsstadt einer kleinen Schweizer-Republik, rechnet gewöhnlich, was Kaufleute und Wechsler betrift, nach
Livres zu 20 *Sols* à 12 *Deniers* Courent;
die Regierung und kleine Krämer aber rechnen nach Gulden zu 12 *Sols* à 4 *Quarts* oder à 12 *Deniers petite Monnoie.*

Verhältniß sämtl: hiesiger Rechnungsmünzen.

Thlr. od. Ecû.	Livr. Cour.	Genfer Gulden.	Sols Cour.	Sols Genfer	Genfer Quarts.	Deniers Cour.	Deniers Genfer
1	3	$10\frac{1}{2}$	60	126	504	720	1512
	1	$3\frac{1}{2}$	20	42	168	240	504
		1	$5\frac{5}{7}$	12	48	$68\frac{4}{7}$	144
			1	$2\frac{1}{10}$	$8\frac{2}{5}$	12	$25\frac{1}{5}$
				1	4	$5\frac{5}{7}$	12
					1	$1\frac{3}{7}$	3
						1	$2\frac{1}{10}$

Der Zahlwerth für die Cöllnische Mark fein Silber ist 92,242 *Liv.* Cour. und 112,84 fl. *petit Monn.*

Würkliche Genfer Münzsorten gelten	Genf. Cour. Liv.	Sols.	Französ. Liv.	Genfer M. Gulden.
Goldne:				
Pistolen seit 1752.	10	—	$16\frac{3}{4}$	35
Dergleichen ältere, gesetzt auf	11	10	—	$40\frac{1}{4}$
Silberne:				
Ecû, Patagon	3	—	5	$10\frac{1}{2}$
Quart d'Ecû	—	15	$1\frac{1}{4}$	$2\frac{4}{7}$
$\frac{1}{2}$be Livre	—	10	$—\frac{5}{6}$	$1\frac{5}{7}$
$\frac{1}{4}$tel dergl.	—	5	—	$—\frac{6}{7}$
Alte Bajoires	3	15	$6\frac{1}{4}$	$13\frac{1}{4}$

Scheidemünzen von 6, 3 und $1\frac{1}{2}$ Sols petit Monnoie.

Von fremden Münzsorten gelten und sind festgesetzt:
Goldne Franz. alte Schildlouisd'or 14 Liv. $10\frac{1}{2}$ Sols Cour.
Silberne Franz. Laubthaler . . . 3 Liv. $12\frac{1}{2}$ Sols Cour.

Genf wechselt und giebt in Courent nach dem Silber-Pari auf

Amsterdam	1 Ecû	für *90,72 pf. vls. Holl. Bco.
Genua	*98,7 Ecû	für 100 Pez v. $5\frac{1}{4}$ Lir. fuor Bco.
Lion u. Paris	100 Liv.	für *$165\frac{1}{2}$ Liv. tourn.
Livorno	*$99\frac{3}{4}$ Ecû	für 100 Pez da otto.
London	1 Ecû	für *$47\frac{1}{2}$ pf. Sterl.

Mailand *101,9 *Ecû* für 640 *Lire* Cour.
Turin 1 *Ecû* für *81 7/8 *Soldi* Piemont.

Nota. Man wechselt auf Amsterdam, Paris, London à 3 Monate; auf Genua, Livorno, Mailand und Turin à 8 Tage nach Sicht: auf Lion und Paris auch auf Sicht, und auf Lion auch in die Payements.

Der Uso der hieher gezogenen Wechsel aus Holland, England, Frankreich ist 1 Mon. v. 30 Tagen, aus Deutschland und Italien 15 Tage nach Sicht. Wenn am Verfalltage keine Zahlung erfolget, muß man am 5ten Respecttage, Sonntage ausgeschlossen, nach andern innerhalb acht Tagen protestiren lassen.

Maaße und Gewichte.

Ellenmaaß ist allhier die Franz. *Aune* v. 527½ Franz. Lin., 78 8/25 pCt. länger denn die Berl. Elle, und die Genfer Elle v. 507 Fr. Lin. 71½ pCt. länger als die Berl.

Der Fuß hält 216,3 Fr. Lin. und ist 55½ pCt. länger als der Rheinländ.

Der Morgen Land hält 48960 Franz. □Fuß oder 2,023 Berl. kleine Morgen.

Die *Coupe* Getraidemaaß hält 3915 Franz. Cubikzoll und ist 42⅔ pCt. größer denn der Berl. Scheffel.

Der Wein-*Char* hat 12 *Setiers*, 288 *Quarterons*, 576 *Pots*; der *Quarteron* hält 96 Franz. Cubikzoll und ist 65½ pCt. größer denn das Berl. Quart.

Vom Handelsgewicht hat 1 Pfund groß Gewicht 1⅕ Pfd. klein Gew. 18 *Onces*, 432 *Deniers*, 10368 Franz. *Grain* und wieget 11462, das kleine Pfund also 9552 Holl. As; 1stes ist 17 9/18 pCt. schwerer und 2tes 2 1/18 pCt. leichter als das Berl. Pfund.

Brantwein u. Oehl wird nach *Quintal* von 104 Pfund, ordin. Oehl aber nach *Charges* von 230 Pfund behandelt.

Gold- u. Silbergewicht ist die Franz. Mark, s. Paris, und diese Metalle werden auch so wie in Paris probiret.

Die hiesige Banco ist eine zu Bezahlung der Wechselbriefe bestimmte Casse, zu welcher die ansehnl. Kaufleute einen sichern Mann als Schatzmeister bestellen, und solchem ½ pro Mille Provision zuerkennen.

Genua,

die Hauptstadt der Italienischen Republik gleiches Namens, rechnet gewöhnlich nach

Lire zu 20 *Soldi* à 12 *Denari di Lira*.

Der Zahlwerth ist bey der hiesigen St. Georgen-Bank *Banco-Valuta*, bey Banquiers, Kaufleuten und Wechselzah-

Iungen *fuori Banco* nach dem Münz-Tarif, auch *Moneta buona* genannt, so 25 pCt. schlechter als Banco bestimmet ist, und bey dem Waarenhandel *Moneta abusiva*, welches ebenfalls *fuori Banco* benennet wird, indessen aber 1 bis 4 pCt. schlechter als Moneta buona gehalten wird; außerdem zahlet man bey Zollabgaben nach *Valuta permesso*, welches 15 pCt. besser als fuori Banco und 8¹⁵⁄₁₆ pCt. schlechter als Banco-Valuta ist. Der Werth dieser verschiedenen Genueser Valuten ist für eine Cölln. Mark fein Silber

50,094 Lire Banco.
54,45 Lire Val. permesso.
62,62 Lire fuori Bco. Moneta buona.

Moneta abusiva ist nicht zu bestimmen, weil ihr Agio veränderlich ist.

Außerdem kommen noch folgende Rechn. Münzen in Genua vor, die insgesamt in 20 Soldi à 12 Denari, eine jede besonders vertheilet werden, als:

1) Der *Scudo d'oro* stellet eigentlich die Genueser halbe alte Doppie vor, gilt 9⅔ Lire Bco., und also 11½ Lire fuor Bco. Mon. buona.

2) Der *Scudo d'oro marche* wird auch Scudo di marca oder Scudo d'oro di marca benennet, und zu Bestimmung einiger Wechselpreise gebraucht; 100 derselben thun 122⅔ Scudi d'Argento.

3) Der *Scudo d'argento* stellet die alte silberne Genovine in einem Werth von 7½ Lire Bco. und 9½ Lire fuori Bco. Mon. buona vor. Er galt sonst auch 4½ Lire *Moneta Cartulario* oder *di numerato*, einer Valuta, nach welcher man Barren-Silber und den Zoll bezahlte, desgleichen 7½ Lire *Moneta di paghe*, wornach man Span. Piaster-Silber verhandelte.

4) Die *Pezza* oder der *Piastre* wird zu Bestimmung der Wechselpreise gebraucht, und gilt 5¾ Lire fuori Bco. Moneta buona.

5) Der *Scudo di Cambio* wird wieder zu Bestimmung einiger Wechselpreise gebrauchet, und gilt 4½ Lire fuori Bco. Mon. buona.

Es vergleichen sich hiervon in ganzen Zahlen:

250	Scudi di marca	mit 2907	Lire fuor. Bco. Mon. buon.
125	dergleichen	— 153	Scudi d'argento.
2875	dergl.	— 5814	Pezzi.
1150	dergl.	— 2907	Scudi di Cambio.
2	Scudi d'argento	— 19	Lire fuor Bco. Mon. buon.
23	dergl.	— 38	Pezzi.
46	dergl.	— 95	Scudi di Cambio.
4	Pezzi	— 23	Lire fuor Bco. Mon. buon.
4	dergl.	— 5	Scudi di Cambio.

5 Scudi di Cambio mit 23 Lire fuor Bco. Mon. buona.
4 Lire Bco. — 5 dergl.
20 Lire Val. permesso — 23 dergl.

Würkliche Genueser Münzsorten nach ihrem Tarifmäßigen Gewicht und Zahlwerth in fuori Banco Moneta buona und Moneta abusiva.

	Gewicht.	M. buona.		M. abusiv.	
	Grani.	Lir.	Soldi	Lir.	Soldi
In Golde:					
Zechinen ganze u. ½be, der ganze	76	13	10	14	2
Doppien alte, 5, 4, 2, 1fache, ½be ¼tel, ⅛tel, die 1fache . . .	146⅔	23	12	24	15
Genovinen ganze, ½be, ¼tel, ⅛tel, die ganze	614	100	—	108	—
In Silber:					
Genovinen oder Scudi d'argento 2, 1fache, ½, ¼, ⅛, 1/16, die 1fache	771	9	—	9	12
Scudi di Giovan. Baptista oder di Cambio, 1fache, ½, ¼, ⅛, 1/16, 1/32tel, die 1fache	446	5	—	5	4
Giorgini ganze u. ½be, die ganze	125	1	6	1	6
Madonine, 2, 1fache, ½, ⅓, die 1fache	99	1	—	—	—
Scheidemünze in Silber:					
Pezza da 6 Soldi & una da otto	—	—	6⅔	—	—
Parpajole, 2 u. 1fache, die 1fache	—	—	2	—	—
Pezza una da otto	—	—	—⅔	—	—
In Kupfer:					
Stücke zu 4, 2 und 1 Denari.					

Nota. Die mehrfachen und Theile dieser Gold- und Silbermünzen wiegen und gelten nach Verhältniß.

Fremde Münzsorten nach ihrem Tarifmäßigen Gewicht und Zahlwerth in *fuori Banco Moneta buona.*

Goldne:	Gew.	Lire.	Soldi.
Franz. Schildlouisd'or vor Oct. 1785.	178	28	16
Portug. Pistolen von 6400 Rees . .	322	50	16
— Lisboninen von 4800 Rees . .	234	38	—
Röm. Zechinen	75	13	2
Span. alte Pistolen	146⅔	23	12
— Escudillos od. Goldpiaster . .	39	6	2
Toscan. Zechinen	76	13	10
Venet. dergl. mit 4 Grani Untergewicht	76	13	16

Nota. Für jeden fehlenden Grano muß bey den Zechinen 4 Soldi und bey den andern Sorten 3 S. 8 Den. vergütet werden.

Silberne:	Grani.	Lire.	Soldi.
Franz. Palm= und Laubthaler . .	640	7	4
Toscan. Francesconi und Leopoldini	596	6	12
Span. alte Piaster	588	6	10
— neue dergl.	588	6	8

— dergl. ½be, ¼, ⅛, ₁/₁₆tel Piaster nach Verhältniß; indeſſen
iſt niemand verbunden, in Wechſ. Zahl. die Sorten, ſo unter
1 Piaster ſind, anzunehmen.

In *Moneta abuſiva* aber galten die fremden Münzſorten im
November 1786 alſo:

Goldne

Franz. Schildlouisd'or vor Octbr. 1785 . . .	$30\frac{7}{10}$ Lire.
neue Louisd'or ſeit 1785	30 —
Portung. Piſtolen à 6400 Rees	54 —
à 4800 —	40 —
Röm. Zechinen	$14\frac{7}{10}$ —
Span. alte Piſtolen	26 —
Mexicaniſche mit Säulen	$25\frac{1}{2}$ —
neue Piſtolen	$25\frac{1}{2}$ —
Gold=Piaster	$6\frac{1}{2}$ —
Toscan. Zecchinen	$14\frac{1}{2}$ —
Ruſponi	$43\frac{4}{7}$ —
Venet. Zecchinen mit 4 Gran Nachlaß	$14\frac{1}{5}$ —
Deuſche Ducaten mit dergl.	$14\frac{1}{10}$ —
Savoiſche alte Piſtolen	$36\frac{7}{10}$ —
neue —	36 —
Neap. Sicil. Onzen	$16\frac{1}{4}$ —

Silberne

Franz. Laubthaler	$7\frac{1}{2}$ Lire.
Toscan. Francescone und Leopoldini	$7\frac{1}{10}$ —
Span. alte Piaster	$6\frac{1}{4}$ —
neue dergl.	$6\frac{7}{10}$ —
Savoiſche Scudi à 6 Lire	9 —

Genua wechſelt und giebt nach dem Silber=Pari in
fuori Bco. Mon. buona auf

Amſterdam à 60 Tage nach Dato, 1 Pez von $5\frac{1}{4}$ Lire, für
*89,52 pf. vls. Holl. Bco.

Augsburg u. Wien à 14 Tage nach Sicht *$62\frac{1}{5}$ Soldi für 1 rfl:
Convent. Cour.

Cadix und Madrid à 90 Tage n. Dato 1 Scudo doro marca
für *$649\frac{1}{2}$ Maraved. de pl.

Liſabon à 3 Mon. 1 Pezza für *$792\frac{1}{2}$ Rees.

Livorno à 8 Tage nach Sicht *$116\frac{1}{2}$ Soldi für 1 Pezza da
otto reali.

London à 3 Mon. 1 Pez. für *46⅞ pf. Sterl.

Lyon auf die Payem. Marseille à 30 Tage nach Dato, Paris à 30 Tage und à 2, 3 Mon. 1 Pez. von 5¾ Lir. für *97⅝ Sols tourn.

Mailand 1 Scudo Cambio v. 4⅗ Lir. für *99½ Soldi Cour.

Meßina und Palermo à 2 Mon. 1 Scudo di marca für *42⅛ Carlini.

Neapel à 22 Tage n. Sicht *101½ Soldi für 1 Duc. Regno.

Rom à 15 Tage n. Sicht *131½ Soldi für 1 Scudo Romano.

Venedig à 15 Tage n. Sicht 1 Scudo Camb. für *94½ Soldi Bco.

Nota. Bey dem Verkauf der Sicilian. Briefe werden hier gewöhnlich für 61 Carlini Sicil. 60 Carlini Mon. buona berechnet.

Der Uso der auf Genua gezogenen Wechselbriefe ist

Von Lissabon u. London 3 Monat, von Amsterdam, Spanien und Sicilien 2 Monat, von Frankreich 1 Monat nach Dato.

Von Ancona, Civita Vecchia, Neapel und Triest, 22 Tage nach Sicht.

Von Bergamo, Brescia, Rom u. Venedig 15 Tage nach Sicht.

Von Augsburg und Wien 14, Florenz, Livorno, Mailand, Turin 8 Tage nach Sicht, und eben so wird von Genua aus auf diese Orte, auf Palermo aber à 20 Tage nach Sicht gezogen.

Es sind zwar hier 30 Respecttage verordnet, indessen hat der Inhaber eines Briefes nicht nöthig so lange zu warten, und kann den ersten Tag nach dem Verfalltage protestiren lassen; gemeinhin aber wartet man damit bis zur erst abgehenden Post.

Die Acceptationes sind hier von solcher Verbindlichkeit, daß wer einmal acceptiret hat auch bezahlen muß, und nicht wieder zurücktreten kann.

Die Wechselgeschäfte werden Freytags und Sonnabends, wegen der oft spät ankommenden Posten aber mehrentheils nur Sonnabends geschlossen. Die Wechsel-Courtage ist ½ pro Mille, und die Waaren-Courtage von manchen Artikeln ½ pCt., von andern aber, besonders Leinwand, 1 pCt.: der Protest eines Wechsels kostet 50 Soldi fuori Bco.

In Ansehung der Vollmachten die man hieher sendet wird verlangt, daß nicht allein die Signatur der Personen die solche ausgestellet, und der Notarien die dabey gerichtlich assistiret, in Genua bekannt sey, sondern auch daß Einwohner von Genua bekräftigen können, gedachte Aussteller bey gewisser Gelegenheit gesehen haben, eben so zu zeichnen.

Genueser Maaße und Gewichte.

Das Ellenmaaß, wornach hier gehandelt wird, ist der Palmo von 110⅓ Franz. Lin., davon 2⅖ auf die Berl. Elle gehen; man hat aber auch Caunen von 8, 9, 10 u. 12 Palmen, 5 Palmen = 4 Rheinländ. Fuß.

Vom Getraidemaaß hat die Mina 8 Quarte od. 96 Gambette, und enthält 5885 Fr. Cubikzoll od. 2,147 Berl. Schfl.

Der *Mondino* Salz hält 8 Mines.

Vom Weinmaaß hat die Mezzarola 2 Barilli, und der Baril von 100 Pintes hält 3742 Franz. Cubikzoll, oder 64½ Berl. Quart.

Vom Oehlmaaß wird die Barille zu 4 Quarte oder 128 Quarteroni gerechnet, sie enthält 3260 Franz. Cubikzoll, und wieget 126½ Berl. Pfund.

Vom Handelsgewicht Peso grosso hat der Peso 5 Cantari, 30 Rubbi, 500 Rottoli, 750 Libras, 9000 Oncie. Das Pfund wieget 7260 Holl. As, und ist 34.⅖ pCt. leichter als das Berl. Pfund.

Vom Gold-Silber- und fein Waaren-Gewicht hat 1 Rubbo 25 Lira; das Pfund aber von 12 Oncie, 288 Denari, 6912 Grani wieget 6600 Holl. As, ist also 47⅓ pCt. leichter denn das Berl. Pfd. und 35½ pCt. schwerer als die Cöln. Mck.

Bey dem Probiergewicht wird das Pfund zu 24 Caratti à 8 Ottavi fein Gold, und zu 12 Oncie à 24 Denari fein Silber gerechnet.

Die Last zur Schiffsfracht wird für 20 Kisten Citronen und dergl. 26 Baril. Oehl u. 44 Baril. Wein gerechnet.

Das hiesige St. Georgen-Haus als eine öffentl. Handels-Anstalt betrift

1) Die Actien desselben, für welche Salz, Zoll und andere Gefälle der Republ. angewiesen sind; sie gelten 27 bis 28 Scudi d'argento, und tragen 2 bis 2½ pCt. Zinsen.

2) Die 4 Depositen-Banken nehmen, ohne dafür Zinsen zu zahlen, Gelder in Madoninen nach Bco. Valuta an, die 25 pCt. besser denn fuori Bco. ist, und zahlen solche entweder ganz oder zum Theil in eben der Münzsorte und Valuta oder auch durch Banco-Noten, die im Handel der Moneta buona gleich gehalten werden, auf Verlangen sogleich wieder aus.

3) Das Zollhaus, darinne alle zu Lande und Wasser ankommende Waaren deponiret werden müssen, und darin außer den allgemein. Niederlagen noch 250 an Kaufleute vermiethete Magazine befindlich sind. Bey Herausnahme der Güther müssen diejenigen, so in der Stadt bleiben, die auf jeden Artikel gelegten Abgaben bezahlen; andere hingegen, die weiter verschicket werden, zahlen blos einen Transito, der jedoch bey den See-Güthern geringer ist, als bey denen die zu Lande ankommen und abgehen.

Gibraltar,

eine Englische Vestung auf der Span. Küste beym Eingang ins Mittelländische Meer, rechnet gewöhnlich nach *Reales* zu 16 *Quartos*,

und 3 dieser Reale werden für 5 Span. Reales de Vellon ge=
rechnet, wornach der Zahlwerth der Cölln. Mark fein Silber
116 1/3 Real ist.

Der Span. Piaster, Cob oder Plate genannt, gilt 12
Real, und der Wechsel-Cours auf England, der nach diesem
Piaster reguliret wird, ist 52½ pf. Sterl. m. od. w.

Maaße und Gewichte.

Die hiesige Elle hält zwischen 373 und 376 Franz. Lin.,
und ist also 26⅓ à 27½ pCt. länger denn die Berl. Elle.

Der Fuß hält 125,1 Fr. Lin. und ist 11 1/23 pCt. kürzer als
der Rheinländ. Fuß.

Das Pfund Handl. Gew. hält 9728 Holl. As, und ist
7/32 pCt. leichter denn das Berl. Pfund.

Gothenburg, s. Schweden.

Guastalla,

ein Ital. Herzogthum, welcher nebst Parma und Piacenza
dem Span. Infanten zuständig, rechnet gewöhnlich nach
Lire zu 20 *Soldi* à 12 *Denari*,
deren Zahlwerth 4⅓ pCt, niedriger als in Parma ist, und
durch die Cölln. Mark fein Silber zu 217 7/10 Lire bestimmet
wird. Ueberdem ist hier ebenfalls wie zu Parma eine beson=
dere *Valuta abusiva* gewöhnlich, die man circa noch 1½ pCt.
schlechter als den gedachten gesetzmäßigen Zahlwerth annehmen
kann.

25 Lire von Guastalla thun 24 Lire von Parma.
5 dergleichen — 4 Lire v. Piacenza.

Würkliche Gold- und Silberne Landesmünzen sind
unter Parma angezeiget, und gelten nach Maaßgabe des hiesi=
gen Zahlwerths 4½ bis 5¾ pCt mehr als in Parma. Eben so
viel mehr gelten ohngefehr die daselbst umständlich bemerkten
fremden Gold- und Silber-Sorten.

Maaße.

Die Elle oder *Braccio* von 302,1 Fr. Lin., ist 2⅓ pCt.
länger als die Berl. Elle.

Halberstadt wie Magdeburg.

Hamburg,

eine Niedersächsische Reichs- und große Handelsstadt an der Elbe, rechnet gewöhnlich nach

Mark zu 16 Schilling à 12 Pfennige Lübisch.

Verhältniß sämtlicher hiesiger Rechnungsmünzen.

Rthlr.	Wechs. Thlr.	Mark Lübisch.	Schill. Bläm.	Schill. Lübisch.	Groot Bläm.	Drey- linge.	Pfenn. Lübisch.
1	$1\frac{1}{2}$	3	8	48	96	288	576
	1	2	$5\frac{1}{3}$	32	64	192	384
		1	$2\frac{2}{3}$	16	32	96	192
			1	6	12	36	72
				1	2	6	12
					1	3	6
						1	2

Der Zahlwerth ist allhier entweder a) Species-Banco, darunter man den würkl. Speciesthaler verstehet, wie er bey der hiesigen Bank angenommen wird; für 1000 Species oder 3000 Mark in Species die man zur Bank bringet, erhält man 1001 Rthlr. oder 3003 Mark Bco. gutgeschrieben, und für eben so viel, die man aus der Bank holet, oder an einen andern anweiset, muß man 1001 Rthlr. 30 ßl. od. 3004 Mck. 14 ßl. Bco. abschreiben laffen oder vergütigen; ferner b) Banco-Valuta, darunter der Werth desjenigen Geldes begriffen wird, was auf den Banco-Büchern befindlich ist, und darüber man durch Anweisung mittelst Ab- und Zuschreibens disponiren kann. c) Courent, dessen man sich bey den täglichen Stadt-Ausgaben bedienet; und endlich d) leicht Geld, darinne die Pistole zu 5 Rthlr. od. 15 Mark, der Ducaten zu $2\frac{1}{4}$ Rthlr. od. $8\frac{1}{4}$ Mck., der Speciesthaler zu $1\frac{1}{2}$ Rthlr. oder 4 Mark u. f. w. gerechnet, nachmals aber mit gewissen Procenten Verlust m. od. w. gegen Banco- oder Courent-Valuta verglichen wird. Der Werth der Cölln. Mark fein Silber beträget $9\frac{5}{24}$ Rthlr. Banco- und $11\frac{1}{4}$ Rthlr. Courent-Valuta.

Würkliche Münzsorten der Stadt.

In Golde:

Doppelte und 1fache Ducaten nach dem Reichsfuß.

In Silber:

Ganze, $\frac{1}{2}$be u. $\frac{1}{4}$tel Speciesthaler zu 3, $1\frac{1}{2}$ u. $\frac{1}{4}$ Mbrk nach dem Leipz. Fuß.
2 u. 1 Mark, desgl. 8, 4 u. 2 Schillingsstücke n. d. Lüb. Fuß.
Schillings-, Sechsling- und Dreylingstücke zu 12, 6 u. 3 pf.

Fremde Münzsorten coursiren hier folgendergestalt

in Golde:

Pistolen, Franz., Span., Deutsche, das Stück zu $10\frac{1}{8}$ Mck. Bco. od. 13 Mck. Cour. m. od. w. oder auch zu 15 Mck. leicht Geld mit einem Verlust von circa 41 pCt. gegen Bco. 14 pCt. gegen Cour. u. 10 pCt. circa gegen neue $\frac{2}{3}$tel à 2 Mck.

Ducaten, Holländ. und Deutsche, das Stück zu 6 Mark fest, mit 1 bis 3 pCt. Gewinn gegen Bco. od. zu 7 Mck. 11 ßl. Cour. ca. oder zu $8\frac{1}{3}$ Mck. leicht Geld mit ca. 21 pCt. Verlust gegen Bco. und 4 pCt. ca. Verlust gegen neue $\frac{2}{3}$tel.

in Silber:

Alte Reichs-Speciesthaler u. d. Bco. Gewicht u. Gehalt, das Stück zu 3 Mck. mit ca. 1 pCt. Gewinn gegen Banco, oder zu $3\frac{3}{4}$ Mck. Cour. ca. oder zu 4 Mck. leicht Geld mit 33 pCt. m. od. w. Verlust gegen Banco.

Feine Lüneburger $\frac{2}{3}$tel und $\frac{1}{3}$tel Stück zu 2 und 1 Mark leicht Geld, mit ca. 28 pCt. Verlust gegen Bco., od. das $\frac{2}{3}$tel Stück zu $30\frac{1}{2}$ ßl. Cour. ca.

Sächs. Brandenb. Braunschw. Lüneburg. und andere nach dem Leipz. Fuß ausgeprägte grobe und neue $\frac{2}{3}$tel u. $\frac{1}{3}$tel Stück zu 2 und 1 Mck. leicht Geld, mit 30 pCt. Verlust gegen Bco. oder der $\frac{2}{3}$tel zu 30 ßl. Courent ca.

Dänische 4, 2, 1fache und $\frac{1}{2}$be Kronen zu 4, 2, 1 u. $\frac{1}{2}$ Mck. sind 11 pCt. ca. schlechter als Bco., oder die Doppel-Krone gilt 2 Mck. 5 ßl. Cour. u. s. w.

Dergl. ganze und $\frac{1}{2}$be Ebräer mit Justus Judex zu 28 und 14 ßl. Cour.

Dergl. 24, 15, 10, 8, 4, 2 u. 1 ßl. Schillingsstück Dän. Cour. gelten hier nur die Hälfte in Lübischer Währung.

Lübecker Courent-Geld ist dem Hamb. Courent gleich.

Conventions- ganze, $\frac{1}{2}$be, $\frac{1}{4}$tel Speciesthaler zu 4, 2 und 1 Mark leicht Geld, verlieren ca. 42 pCt. gegen Bco., od. der ganze Species gilt 3 Mck. 7 ßl. Courent u. s. w.

Preuß. Cour. Rthlr., 8, 4 u. 2 Ggr., und Braunschw. 12, 6 u. 3 Margr. Stück zu 3 Mck. 16, 8, 4 ßl. leicht Geld gerechnet, mit 44 bis 52 pCt. Verlust gegen Bco.

Bey dem Gold- und Silberhandel verkaufet man

Gold nach Stück Ducaten und $\frac{1}{32}$tel, die Mark zu $23\frac{1}{2}$ Kar. od. 282 Grän fein Gold; 3216 Ducaten betragen 47 Mck. Cölln. fein Gold. Der Ducaten Gold wird zu 96 ßl. Banco und darüber bezahlet, leichte Ducaten werden nach der Mark Cölln. von 67 Stück gewogen, und das Stück zu $96\frac{1}{2}$ ßl. Bco. und darüber verkauft.

Silber in Barren wird nach d. Cölln. Mark fein in Banco zu 27 Mck. 10 bis 12 ßl. verkauft, neue Span. Piaster s. 1772 gelten $27\frac{3}{4}$ Mck. Banco.

Hamburg wechselt und giebt nach dem Silberpari, auf

Amsterdam kurze Sicht 8 od. 14 Tag. desgl. 1, 2, 3 Mon. nach Dato, 2 Mark Bco. für *$35\frac{1}{4}$ Stüv. Holl. Bco.

Breslau 6 Woch. Dato *$41\frac{7}{16}$ ßl. Lüb. Bco. für 1 Liv. Pr. Bco.

Deutschland, als Augsburg und Nürnberg, 33 Tage Dato; Frankf. a. M. und Naumburger Messen, Leipzig kurze Sicht à Uso u. Messen, Prag u. Wien à 6 Wochen Dato, 100 rthlr. Hamb. Bco. für *144,8 rthlr. Convent. Cour.

Frankreich, als Bourdeaux u. Paris, 1 u. 2 Uso von 1 und 2 Mon. Dato *24,89 ßl. Lüb. Bco. für 1 Ecû v. 3 Liv. tourn.

Kopenhagen kurze Sicht u. 2 Mon. Dato 100 rthlr. Bco. für *$123\frac{1}{2}$ rthlr. Dän. Cour.

Lissabon à 1, $1\frac{1}{2}$ Uso od. 2, 3 Mon. Dato *40,96 pf. vls. Bco. für 400 Rees.

London à 1, $1\frac{1}{2}$, 2, $2\frac{1}{2}$ Uso *$34\frac{5}{8}$ ßl. vls. Bco. für 1 Liv. Sterl.

Spanien als Bilbao, Cadix, Madrid, St. Sebastian 1, $1\frac{1}{2}$ Uso v. 2, 3 Mon. Dato *94,85 pf. vls. Bco. für 1 Duc. Camb. von 375 Maravedis.

Venedig 1, $1\frac{1}{2}$ Uso von 2, 3 Mon. Dato *$85\frac{1}{2}$ pf. vls. Bco. für 1 Duc. Bco.

Der Uso der Briefe aus Deutschland ist 14 Tage Sicht, aus England, Frankreich, Holland 1 Monat nach Dato des Briefes, aus Italien und Portugal 2 Mon. n. Dato des Briefes. Mit dem Verfalltag hat man hier 12 Respecttage.

Maaße und Gewichte.

Vom Ellenmaaß hält die Hamb. Elle 254 Franz. Lin., und ist $16\frac{2}{3}$ pCt. kürzer denn die Berl. Elle; die hier gewöhnl. Brabant. Elle aber $306\frac{1}{2}$ Franz. Lin. ist $3\frac{1}{16}$ pCt. länger denn die Berl. 6 Hamb. thun 5 Brabanter Ellen.

Vom Fußmaaß hält der Hamb. von 12 Zoll à 8 Theile, 127 Fr. Lin., der Rheinländ. Fuß von 12 Zoll à 10 Lin. aber $139\frac{1}{3}$ Fr. Lin.; 23 Hamb. Fuß thun 21 Rheinländ. Fuß.

Die Klafter hält 6, die Marschruthe 14, die Geestruthe 16 Hamb., die Rheinländ. Ruthe aber 12 Rheinl. Fuß. $14\frac{7}{8}$ Hamburger Meilen gehen auf 1 Mittelgrad der Erde.

Vom Holzmaaß ist der gewöhnl. Faden $6\frac{2}{3}$ Fuß lang u. hoch, der Faden Mistberger aber $6\frac{2}{3}$ Fuß lang u. 8 Fuß hoch.

Der Sack Holzkohlen ist gestempelt 34 Hamburger Zoll breit und 52 Zoll lang.

Der Morgen Land hält 91475, der Scheffel Saatland aber 39826 Fr. □Fuß, 1ster ist 3,7804, der 2te aber 1,6459 Berl. kleine Morgen.

Getraide wird gewöhnlich nach 1 Faß zu 2 Himt, 8 Spint, 32 große 64 kleine Maaß, Weitzen, Rocken, Erbsen nach der Last zu 3 Wispl. 30 Schfl. 60 Faß, Gerste und Hafer nach Last zu 2 Wispl. 20 Schfl. 60 Faß, Gerste auch

besonders nach Stock zu 3 Wispl. 30 Schfl. 90 Faß gerechnet.
Der Scheffel von 2 Faß hält 5312 Franz. Cubikzoll, ist also
93¾ pCt. größer denn der Berl. Scheffel.

Die Maaße zu flüßigen Waaren sind 1 Fuder zu 6 Ahm,
24 Ancker, 30 Eimer, 120 Viertel, 240 Stübgen, 480 Kannen,
960 Quartier, 1920 Oeßel. Das Quartier hält 45⅝ Fr. Cub.
Zoll, und ist 2¼ pCt. kleiner denn das Berl. Quart.

Eine Tonne Bier hält 48, eine schmale Tonne 32,
ein Quarteel Trahn 64, eine Tonne Trahn 32 Stübgen
oder 2 Centner Netto.

Ein Faß Wein 4 Orthoft, ein Orthoft aus Bourdeaux
62 bis 64 Stübgen, eine Pipe *Pedro Ximenis* Wein 96 bis
100 Stübgen, ein Both Sect 120 bis 130 Stübgen, ein Both
Malvasir 140 Stübgen.

1 Orthoft Brantewein hält 30 Viertel oder 60 Stübgen.

Vom Handelsgewicht hat das Schiffpfund 20 Lißpfd.
à 14 Pfund oder 280 Pfund. Ein Centner 112, ein Flachs-
Stein 20 und ein Woll- oder Feder-Stein 10 Pfund. Zur
Fuhre wird 1 Schiffpfd. zu 20 Lißpfd. à 16 Pfd. oder zu 320
Pfund gerechnet.

Das Pfund von 32 Loth à 4 Quent u. s. w. wiegt 10080
Holländ. As, und ist 3⅛ pCt. schwerer denn das Berl. Pfund.
Krämer wiegen das was nicht über 10 Pfund schwer mit Cölln.
Gewicht.

Die Tonne Butter schmael Band 224, bucket Band aber
280 Pfund Netto.

Die Pipe Oehl 820 Pfund Netto. Grüne Seife ¼ Tonne
60 Pfund Netto.

Gold- und Silber-Gewicht ist die Cölln. Mark, welche
beym Probiren zu 24 Kar. à 12 Grän fein Gold, und 16 Loth
à 18 Grän fein Silber gerechnet wird. Verarbeitet Silber
soll 12 Loth 3 Grän fein halten, und hat z. Zeichen 3 Thürme.

Jouvelen- und Perlen- nebst dem Apotheker- und Medicinal-Gewicht ist unter Berlin angezeiget.

Zählende Güther und Dinge sind bey der Einleitung
zu ersehen.

Die Ao. 1619 errichtete Hamburger Bank bestehet theils
aus einer Girobank, so eine allgemeine Casßa der Kaufleute
vorstellet, bey welcher man bis wenigstens 100 Mark durch
bloßes Abschreiben von der einen und Zuschreiben auf die andere
Rechnung empfangen und bezahlen kann; theils aus einer
Leihe-Bank, bey welcher auf ¾tel des taxirten Werthes von
Gold- und Silber-Pfändern, geringstens 10 Mck. zu 6½ pCt.
jährliche Zinsen, wenigstens auf 6 Mon. Zeit angelehnet wird.
Wechselbriefe, so in der Zeit des hiesigen Bankschlusses (so
außer Sonn- und Festtags, ultimo Decembri jedes Jahres
auf 14 Tage geschiehet) oder etliche Tage vor demselben ver-

fallen, müssen auch vor dem Bankschluß bezahlet, oder am ersten Werktage nach dem letzten Decbr. protestiret werden. Dagegen hat ein Wechsel, der während dem Bankschluß verfällt, nicht mehr Respecttage nach Wiedereröfnung derselben zu genießen, als noch übrig seyn würden, wenn dieselbe offen gewesen. Hiervon sind aber diejenigen ausgeschlossen, die am 1, 2 und 3ten Januar verfallen, denn diese müssen längstens am 3ten Werktage nach wiedereröfneter Bank bezahlet oder protestiret werden.

Hamm,

in der Preuß. Westphälischen Grafschaft Marck, rechnet gewöhnlich wie Cleve nach

Reichsthaler zu 60 Stüver à 12 Pfennige, deren Zahlwerth unter der Benennung Species der Preuß. Courent-Fuß, die Cölln. Mark fein Silber zu 14 Rthlr., ist.

Von würklichen Münzsorten sind die Preußischen die gangbarsten, Paderbornsches und Münstersches Conventions-Geld wird bey einzelnen Ausgaben denselben gleich gerechnet.

Maaße und Gewichte

Das Ellenmaaß ist die Cölln. Elle von 258 Franz. Lin. wie in Cleve.

Vom Getraidemaaß hält der Malter 12 Scheffel, 48 Spint, 336 Becher; der Scheffel ist dem Berliner gleich.

Wein wird nach dem Ohm von 120 Maaß wie in Cleve verkauft.

Vom Handelsgewicht hat das Schiffpfund 3 Centner, und der Centner wird zu 100 und zu 108 Pfund à 32 Loth gerechnet. Das Pfund von 9698 Holl. As ist circa ½ pCt. leichter denn das Berl. Pfund. Korn- und Victual-Gewicht ist 10 pCt. schwerer.

Hanau,

in der Oberrhein. Grafschaft Hanau-Münzenberg, rechnet gewöhnlich, nebst Hanau-Lichtenberg, nach

Reichsgulden zu 60 Kreuzer à 4 Pfennige, deren Zahlwerth gewöhnlich der 24 Gulden-Fuß ist.

Würkliche Silbermünzen bestehen in Conventions ganzen und ½ben Speciesthaler, nebst ganzen, ½ben und ¼tel Kopfstück und einzelne Kreuzer.

Maaße.

Der Getraide-Malter hält 5674 Franz. Cubikzoll oder 2 7/16 Berl. Scheffel circa.

Hannover,

im Chur-Braunschw. Lüneburgischen Niedersachsen, rechnet gewöhnlich nebst den Fürstenthümern Grubenhagen und Calenberg nach

Reichsthaler zu 36 Mariengroschen à 8 Pfennige.

Verhältniß sämtlicher Rechn. Münzen.

Reichsthaler.	Reichsgulden.	Mariengulden.	gute Groschen.	Mariengroschen.	Gößgen.	Mathier.	Dreyer.	Pfennige.	Heller.
1	$1\frac{1}{2}$	$1\frac{4}{5}$	24	36	48	72	96	288	576
	1	$1\frac{1}{5}$	16	24	32	48	64	192	384
		1	$13\frac{1}{3}$	20	$26\frac{2}{3}$	40	$53\frac{1}{3}$	160	320
			1	$1\frac{1}{2}$	2	3	4	12	24
				1	$1\frac{1}{3}$	2	$2\frac{2}{3}$	8	16
					1	$1\frac{1}{2}$	2	6	12
						1	$1\frac{1}{3}$	4	8
							1	3	6
								1	2

Der Zahlwerth ist entweder Cassengeld, die Cöllnische Mark fein Silber zu $12\frac{4}{9}$ Rthlr., oder Gold-Valuta, die Cölln. Mark fein Silber zu $13\frac{1}{3}$ Rthlr. gerechnet. 14 Rthlr. Cassengeld werden mit 15 Rthlr. Goldvaluta gleich gerechnet.

Würkliche Hannöversche Landesmünzen

in Golde:

Ducaten zu $2\frac{2}{3}$ rthlr. Cassengeld, und $2\frac{5}{6}$ rthlr. Goldvaluta.
Georgsd'or zu $4\frac{2}{3}$ rthlr. „ „ 5 rthlr. „
4, 2, 1fache, $\frac{1}{2}$be, $\frac{1}{4}$tel Goldgulden zu 8, 4, 2, 1 und $\frac{1}{2}$ rthlr. Cassengeld.

in Silber:

Speciesthaler zu 48 Mariengroschen Cassengeld und 53 Mgr. Goldvaluta.
Feine und grobe $\frac{2}{3}$tel, $\frac{1}{3}$tel und $\frac{1}{6}$tel rthlr. Stück zu 24, 12 und 6 Mgr. Cassengeld, oder $26\frac{2}{3}$, $13\frac{1}{3}$ u. $6\frac{2}{3}$ Mgr. Goldvaluta.
Scheidemünzen an 3, 2, $1\frac{1}{2}$ und 1 Margr. Stück.

in Kupfer:

2, $1\frac{1}{2}$ und 1 Pfennigstücke.

Von fremden Münzsorten gelten in Cassagelde:

Goldne

Franz. Schildlouisd'or bis 1784 incl. $5\frac{2}{3}$ rthlr.
Franz. alte, Span. Deutsche Pistolen $4\frac{2}{3}$ rthlr. und 5 rthlr. Goldvaluta.
Dänische 12 Mark Stück $2\frac{1}{4}$ rthlr.

Silberne

Silberne
Franz. Laubthaler bis 1784, 1 Rthlr. $13\frac{1}{2}$ Mariengroschen.
alte Louisblanc-Thaler, 1 Rthlr. 9 Margr.
Holländ. Ducatons, 1 Rthlr. $20\frac{2}{3}$ Margr.
Gulden, $17\frac{1}{4}$ Margr.

Nota. Neue Franz. Louisd'or und Laubthaler von 1784 u. 1785 sind 1786 bis auf weitere Verordnung bey Strafe der Confiscation verboten.

Maaße und Gewichte.

Von Längenmaaßen wird die Ruthe zu $2\frac{2}{3}$ Klafter, 8 Ellen, 16 Fuß, 192 Zoll, 1536 Achtel und 2304 Hannöversche Linien gerechnet.

Die Elle hält 258 Franz. Lin., und ist $14\frac{1}{10}$ pCt. kürzer denn die Berl. Elle.

Der Fuß von 12 Zoll hält 129 Franz. Lin., und 55 derselben thun 51 Rheinl. Fuß.

Von den hiesigen Policey-Meilen gehen 10,11 auf einen Mittelgrad der Erde.

Der Morgen Land hält 24653 Französ. □Fuß, oder 1,0188 Berl. kleine Morgen. Ein Vorling ist $\frac{1}{4}$ber, und ein Drohn $\frac{3}{4}$ Morgen Land.

Vom Getraidemaaß wird die Last zu 2 Wispel, 16 Malter, 96 Himten, welche man auch in $\frac{1}{4}$tel und $\frac{1}{16}$tel eintheilet, gerechnet. Der Himt enthält 1568 Franz. Cubikzoll und ist circa $75\frac{2}{5}$ pCt. kleiner als der Berl. Scheffel.

Vom Weinmaaß rechnet man 1 Fuder zu 4 Oxthoft, 6 Ahm, 15 Eymer, 24 Anker, 240 Stübgen, 480 Kannen oder Maaß, 960 Quartier, 1920 Nößel. Das Quartier hält 49 Fr. Cubikzoll und ist $18\frac{2}{3}$ pCt. kleiner denn das Berl. Quart.

Vom Biermaaß hält 1 Brau 43 Faß, 172 Tonnen, 4472 Stübgen.

Die Tonne Honig hält $25\frac{1}{2}$ Stübgen u. wieget 300 Pfund.

Vom Handelsgewicht rechnet man die Last zu 12 Schiffpfund à 20 Lispfund à 14 Pfund. Das Pfund schwer zu 3 Centner à 112 Pfund, den Stein Flachs 20, Wolle 10 Pfund.

Das Pfund von 2 Mark, 16 Unzen, 32 Loth, 128 Quent à 4 Oertgens, wieget 10127 Holl. As, und ist $3\frac{7}{8}$ pCt. schwerer denn das Berl. Pfund.

Gold- Silber- Seide- Kameelhaar-Gewicht ist die Cölln. Mark.

Das Apotheker-Gewichts-Pfund wiegt nur $\frac{3}{4}$ Pfund oder 24 Loth des gedachten Handelsgewichts, und 52 Pfund Hannöv. Apoth. Gew. beträgt 53 Pfd. Deutsch. Apotheker-Gewicht.

Von zählenden Güthern wird das Stück Leinengarn zu 10 Gebind à 90 Faden à $3\frac{1}{4}$ Ellen im Umfang oder Haspel gerechnet.

G

Havre de Grace,

in der Franz. Ob. Normandie am Ausfluß der Seine, rechnet, zahlet, und hat die ganze unter Frankreich beschriebene Münzverfassung.

Wechselarten von hier auf Amsterdam, Hamburg und London, sind ebenfalls unter Frankreich bemerket, indessen sollen die hieher gezogenen Briefe einen ganzen Monat als Respecttage zu genießen haben.

Maaße u. Gewichte.

Die Elle *Aune* hält 524 bis 528 Fr. Lin. und ist also 77¼ bis 78½ pCt. länger denn die Berl. Elle.

Der Getreide-*Boisseau* hält 2½ Pariser Boisseaux oder 1408 Fr. Cubikzoll, ist also 94½ pCt. kleiner denn der Berl. Scheffel.

Die Wein-*Barique* hält 245 Par. Pinten ob. 202½ Berl. Quart. Der *Frison* hält 2 Gallons à 4 Pariser Pinten.

Das Handels-Gewicht, Königs-Gewicht genannt; enthält im Pfunde 11003 Holländ. As und ist 12⅗ pCt. schwerer denn das Berl. Pfund. Syrup aber wird nach Franz. Mark-Gewicht gewogen, so 8 pCt. leichter denn ersteres ist.

Heidelberg,

die Hauptstadt der Churpfälzischen Lande am Rhein, im Chur-rheinischen Kreise, desgleichen Manheim, Bacherach rc. rechnen gewöhnlich nach

Reichsgulden zu 60 Kreuzer à 4 Pfennige.

Verhältniß sämtlicher hiesiger Rechnungsmünzen.

Reichs-thaler.	Reichs-gulden.	Batzen	Groschen	Albus.	Kreuzer.	Pfennige.
1	1½	22½	30.	45	90	360
	1	15	20	30	60	240
		1	1⅓	2	4	16
			1	1½	3	12
				1	2	8
					1	4

Der Zahlwerth ist der Convent. 20 und 24 fl. Fuß, die Cölln. Mark fein Silber zu 13¼ und 16 Rthlr. gerechnet.

Würkliche Landesmünzen sind n. d.	20 fl. Fuß.	24 fl. Fuß.
Goldne		
Ducaten	$4\frac{1}{6}$ rfl.	5 rfl.
Carolinen, ganze	$9\frac{1}{6}$ —	11 —
Pistolen, ganze	$7\frac{1}{2}$ —	9 —
halbe Pistolen u. Carolinen n. Verhältn.		
Silberne		
Convent. Speciesthaler	2 rfl.	$2\frac{2}{5}$ rfl.
dergl. $\frac{1}{2}$be und $\frac{1}{4}$tel nach Verhältniß.		

dergl. 20, 10 und 5 Xr. Stuck, zu 24, 12 und 6 Kreuzer des 24 fl. Fußes.

Maaße und Gewichte.

Die Elle in Manheim soll 247,3, nach andern 370,1 Fr. Lin halten, und wäre also $15\frac{1}{2}$ pCt. kleiner, oder $25\frac{3}{16}$ pCt. größer denn die Berl. Elle.

Der Fuß in Heidelberg ist $123\frac{1}{2}$ Franz. Lin. lang und $12\frac{5}{7}$ pCt. kürzer denn der Rheinl. Fuß, in Manheim soll der Fuß 128,6 Fr. Lin. halten.

Vom Getraidemaaß hat der Malter 4 Simmer, 8 Mesten, 16 Sechter, 64 Gescheid und hält 5192 Franz. Cubikzoll, ist also $89\frac{3}{4}$ pCt. größer denn der Berl. Scheffel.

Vom Weinmaaß hat 1 Fuder 10 Ahm, 120 Viertel, 480 Maaß, und das Maaß hält 116 Franz. Cubikzoll oder 2 Berl. Quart.

Vom Handelsgewicht hat der Centner 100 Pfund. Das Heidelberger Pfund wiegt 10500 und das Manheimer 10299 Holl. As., ersteres ist $7\frac{1}{16}$, das andere $5\frac{3}{8}$ pCt. schwerer denn das Berl. Pfund.

Helsingoer

oder Elsenoer, Dänische Stadt am Sunde, wo der Oresundsche Zoll von den Schiffen, so aus und nach der Ostsee gehen, für Dänemark erhoben wird, rechnet gewöhnlich nach

Reichsthaler,

die man entweder in 4 Ort à 12 Schillinge Lüb. und 24 Schillinge Dänisch, oder in 48 Schillinge Lübisch, welche man auch Stüver nennet, eintheilet.

Der Zahlwerth bey gemeinen Ausgaben ist der Dän. Courent-Fuß, die Cölln. Mark fein Silber zu $11\frac{3}{8}$ Rthlr.; bey dem Oresunder Zoll aber Sundische Species-Valuta, die Cölln. Mark fein Silber zu 9,512 Sund. Spec. gerechnet.

Zu Erleichternng der Zahlung in dieser eingebildeten Valuta hat man festgesetzet:

472 Sund-Species mit 459 würkl. Dän. Species,
100 dergl. mit 112½ Rthlr. Kronen-Valuta,
100 Rthlr. Kron. Val. mit 106¼ Rthlr. Dän. Cour.

Außerdem bezahlen einige, besonders Pommersche Seestädte, den hiesigen Zoll nach alten Engl. oder Dän. Rosenobeln, dabey derselbe zu 4 Rthlr. 36 ßl. Sund-Spec., 5 Rthlr. 16 ßl. Kronen- und 5 Rthlr. 32 ßl. Dän. Courent-Valuta angenom-men wird.

Gewöhnl, Maaße und Gewichte sind unter Kopenha-gen bemerket.

Maaße u. Gewichte,

die allhier bey Erlegung des Sunder Zolles vorkommen, sind folgende:

Bey Getraide und andern trockenen Waaren wird die hiesige Last, welche der Holländischen gleich geachtet ist, zum Grunde angenommen, u. man vergleichet darnach:

3 Last Getraide von Colberg, Rügenwalde, Stolpe, Stral-sund, Treptow und Wolgast, mit 4 Sundischen Lasten.
4 Last von Anklam, Greifswalde, Femern und Wismar, mit 5 Sund-Last.
5 Last von Heiligenhafen und Rostock mit 6 Sund-Last.
6 Last von Stettin, Schwinemünde und Warnemünde, mit 7 Sund-Last.
7 Last von Lübeck mit 8 Sund-Last.
16 Russische Cjetwer oder 14 Engl. Bolls, mit 1 Sund-Last.
Ein Cent oder 100 von 28 Muid Franz. Salz von Roche-fort, Rochelle, Insel Rhe, St. Martin mit 13 Sund-Last.
Ein dergl. von Bourdeaux, Brouage, Charente, Marennes, Oleron, Olonne, Seudres, Tramblade, mit 12 Sund-Last.
Ein dergl. von Brest, Croisic, Honfleur, Nantes, Ouessant, Rouen, Noirmoutier, St. Nazaire, St. Malo und Tre-guier, mit 13 Sund-Last.
13 Dünkirchner Raziers mit 1 Sund-Last.
10 Muids von Havre mit 12 dergl.
7 Moyos von Cadix, St. Lucar, Setubal und Lissabon mit 12 Sund-Last.
2 Moyos von Yvica, la Mata u. Alicante } mit 1 Sund-Last.
10 Salme von Cagliari und Trapani
200 Sardes d'Aurea von Sardinien mit 5 Sund-Last.
28 Moyos oder 400 Holl. Maaten mit 7 Sund-Last.
1 Engl. Chalder, 1½ Solder, 2 Weighs, 2 Tonnen, 14 Buissons, 16 Roswerts, 21 Bolls und 80 Buschels, mit 1 Sund-Last.

Bey flüssigen Waaren:

1 Tonne Franzwein mit 4 Oxthoft oder 24 Anker.
1 Pipe Span. u. Portug. Wein mit 2 Oxth. 3 Ahm oder 12 Anker.
30 Span. Arroben und ⎫
25 Portug. Almudas ⎭ für 1 ordin. Pipe.
30 Span. Arroben oder 48 Kruge Oehl für 1 ordin. Boot.
1 Franz. Poincon für 1½ Oxthoft, 2 Ahm oder 9 Anker.
1 Stück oder Oxthoft Brantewein für 6 Anker, Velten oder Viertel.
1 Tierschen oder Ahm für 4 Anker oder 20 Viertel.
1 Anker für 5 Velten oder 40 Dänische Pott.

Bey dem Gewicht ist das Dänische Pfund zum Grunde geleget, wornach man vergleichet:

1 Schiffpfund nach dem Gewicht der Ostseeischen Städte mit 300 Pfund Dän.
1 Stein nach eben dem Gewicht mit 30 Pfund.
1 Ruß. Berkowitz mit 300, und 1 Pud mit 30 Pfund.
1 Centner nach dem Gewicht der Ostseeischen Städte mit 100 Pfund.
1 Engl. Centner mit 112 Pfund.

Bey zählenden Gütern rechnet man:

1 groß Hundert zu 120. Stück.
1 Schock zu 60, 1 Zimmer zu 40, 1 Snes zu 20, 1 Wurf zu 15, 1 Decher zu 10 Stück.
80 Tall Schiffsholz von Lübeck für 17200 Stück.
1 Ballen rohe Leinwand für 10 Stück.
1 Ballen Papier für 10 Rieß.

Hessencasselsche Lande, s. Cassel.

Hessendarmstädtische Lande,

im Oberrheinischen Kreise mit der Stadt Gießen, rechnen und zahlen nach dem 24 Gulden-Fuße wie Frankfurth a. M.

Würkliche Landesmünzen sind Goldne ganze und ½be Carolinen und Silberne ganze und ½be Conventions-Spec. Thaler, ganze, ½be und ¼tel Kopf- und 1 Xr. Stück.

Gießner Maaße.

Der Fuß in Gießen von 132 Franz. Lin. ist 5⅔ pCt. kürzer als der Rheinländ.
Der Getraide-Malter hält 11520 Franz. Cub. Zoll oder 4⅓ Berl. Scheffel.

G 3

Hildesheim,

die Hauptstadt eines Niedersächsischen Bisthums gleiches Namens, rechnet und zahlet durchgängig wie Braunschweig,
s. S. 42.

Würkliche Landesmünzen sind seit 1763

Goldne

ganze und ½be Pistolen à 5 und 2½ Rthlr.

Silberne

ganze, ½be, ¼tel Conventions-Speciesthaler zu 48, 24 und 12
  Mariengroschen.
½tel und ¹⁄₁₂tel Rthlr. Stück zu 4 u. 2 gute od. 6 u. 3 Margr.
Stücke zu 2, 1½, 1 Margr. 6 und 4 Pfennigstücke.

Maaße u. Gewichte.

Von Längenmaaßen wird 1 Ruthe zu 8 Ellen, 16 Fuß,
192 Zoll à 4 Viertel gerechnet.

Die Elle hält 248⅔ Franz. Lin. und ist 19 pCt. kürzer
denn die Berl. Elle.

Der Fuß hält 124½ Franz. Lin., und ist 12 pCt. kürzer
als der Rheinländ.

Der Morgen Land hat 120 □Ruthen, die 0,9444 Berl.
kleine Morgen ausmachen.

Vom Getraidemaaß wird 1 Fuder zu 13½ Malter, 40
Schfl. 80 Himten à 3 und 4 Theile gerechnet. Der Scheffel
hält 2614 Fr. Cubikzoll, und ist 4⅞ pCt. kleiner als der Berl.

Weine werden wie in Hannover nach Fuder zu 4 Orthoft,
6 Ahm, 120 Viertel, 240 Stübgen, 960 Quartier, 1920 Oeßel
gerechnet.

Das Orthoft Trahn hat 2 Tonnen à 6 Stekannen à 16
Mengel.

Vom Handelsgewicht hat das Pfund schwer 300 Pfd.,
das Schiffpfund 20 Lispfd. à 14 Pfund oder 280 Pfd. Der
Centner 110 Pfund, die Waage Eisen 120 Pfund, der Stein
10 Pfund.

Das Pfund hält 9716 Holl. As, und ist ⅞ pCt. leichter
denn das Berl. Pfund.

Gold- und Silbergewicht ist die Cölln. Mark.

Holland, s. Amsterdam.

Holstein, s. Altona.

Irrland,

eine der Krone England zuſtändige Inſel mit der Hauptſtadt
Dublin, rechnet gewöhnlich wie England, nach
Pfunden zu 20 Schillinge à 12 Pence oder Pfennige.
Der Zahlwerth aber Irriſche Valuta iſt 8⅓ pCt. geringer
als in England, und die Cölln. Mark fein Gold ſtehet hier
auf 35¹¹⁄₁₆, fein Silber 2,₁₀₄₅ Liv. Irriſch.
Von würklichen Engliſchen Gold- und Silbermünzen
gilt die Guinee 22½, die Krone 5₇⅟₂ fl. Irriſch.
Maaße und Gewichte ſind wie in England, ſ. London.

Iſerlohn,

Fabrikſtadt der Preuß. Weſtphäliſchen Grafſchaft Marck,
rechnet gewöhnlich wie Cleve nach
Reichsthaler zu 60 Stüver à 12 Pfennige.
Der Zahlwerth aber iſt entweder Caſſengeld, darunter man
den Preuß. Courent-Fuß verſtehet, wie in Cleve; oder er iſt
ordinair Geld zum Behuf der hieſigen Fabriken, darunter
man noch alte Preuß. Kriegs-Drittel von 1759 ꝛc., die Cölln.
Mark fein Silber zu 22⅔ Rthlr. gerechnet, begreifet. 5 Rthlr.
Caſſen-Geld thun 8 Rthlr. ordin. Geld, und der Kriegs-⅓tel
gilt 5 Ggr. Preuß. Courent.
Von den würklichen Preuß. Silbermünzen gelten
ganze, ½be, ⅓tel, ¼tel, ⅛tel und ₁⁄₁₂tel Rthlr Stücke, 60, 30,
20, 15, 10, 5 Stüver Caſſa- oder 96, 48, 32, 24, 16 und 8
Stüver ordin. Geld.
Preuß. reducirte ⅓tel von 1759, 12½ Stüv. Caſſa- und
20 Stüv. ordin Geld.
Scheidemünzen ſind ganze und ½be Stüver-Stücke.

Koburg, ſ. Coburg.

Königsberg,

Königl. Preuß. Hauptſtadt in Oſtpreußen am Ausfluſſe des
Pregels ins friſche Haff, rechnet gewöhnlich, ſo wie auch
Memel in Preuß. Litthauen, Elbing in Weſtpreußen, und
überhaupt das ganze Königreich Preußen, nach
Gulden zu 30 Groſchen à 18 Pfennige Preuß.

Verhältniß sämtlicher hiesigen Rechnungsmünzen.

Rthaler.	Preuß. Gulden.	Preuß. Groschen.	Schillinge.	Preuß. Pfennige.
1	3	90	270	1620
	1	30	90	540
		1	3	18
			1	6

Der Zahlwerth ist der Preuß. Courent-Fuß, die Cölln. Mark fein Silber zu 42 Preuß. Gulden oder 14 Rthlr. gerechnet, 1 Preuß. Gulden thut 8 Ggr., und 4 gute Groschen thun 15 Preuß. Groschen.

Von denen unter Berlin gedachten würklichen Preußischen Münzsorten gelten

Goldne
Ducaten 9 fl., Friedrichsd'or 16 fl. Preuß. und darüber.

Silberne
ganze, ½be, ¼tel, ⅛tel, ⅙tel und 1/12tel Rthlr. Stücke zu 3, 1½, 1, ¾, ½, u. ¼ fl. Preuß.

Außerdem sind für Preußen besonders ausgepräget:

in Silber
Tympfe oder Achtzehner zu 18, Sechser zu 6, Dütgen zu 3, und Stücke zu 2 und 1 Gr. Preuß.

in Kupfer:
Schillinge oder Solidi zu 6 Pf. Preuß.

Von fremden Münzsorten gelten

Goldne
Holl. Rand-Ducaten 9½ fl., ordin. ohne Rand 8 1/10 fl. Preuß. Friedrichs-Louis-Carld'or rc. 15⅔ fl.
Rußische Gold-Rubel 3 fl. 3 Gr. Preuß. und darüber.

Silberne
Alberts-Kreuz-Thaler 4 fl. 14 Gr., dergl. alte 4 fl. 13 Gr., dergl. kleine 4 fl. 12 Gr. Preuß.
Ruß. Rubel neue 3 fl. 2¼ Gr., alte 3 fl. 18½ Gr. Preuß.
Alte 1/12tel nach Leipz. Fuß mit 7 pCt. Gewinn.

Königsberg wechselt u. giebt n. dem Silberpari auf
Amsterdam à 41 u. 71 Tage nach Dato *310½ Gr. für 1 Liv. vls. Holl. Cour.
Berlin à Vista *300 fl. Pr. für 100 Rthlr. Preuß. Cour.
Danzig à 2, 3 Tage Sicht 100 fl. Pr. für *133⅓ fl. Danz.
Hamburg à 3, 6, 9 Woch. nach Dato *136½ Gr. Preuß. für 1 Rthlr. Hamb. Bco.
London à 1, 2, 3 Uso *19½ fl. Preuß. für 1 Liv. Sterl.

Uso und Respecttage sind wie in Berlin.

Maaße und Gewichte

sollen verordnungsmäßig dem Berliner gleich seyn.

Die Elle ist also die Berliner, die alte Elle hält 254½ Franz. Lin.

Der Fuß ist der Rheinl., der alte Fuß hält 136⅔ Fr. Lin.

Vom Feld- oder Landmaaß rechnet man 1 Hufe zu 1½ Haken, 30 Morgen, 300 Gewende, 900 Seile oder Schnur. 9000 Ruthen à 10 Decimal und 15 gemeine Schue v. 12 Zoll.

Ein Achtel Brennholz hält gewöhnlich 3⅓ Klafter à 36 ☐Fuß oder 118 ☐Fuß. 1 Achtel Waldmaaß 12 Schu hoch und breit oder 144 ☐Schu. 1 Achtel Wiesen- oder Stapel-Maaß 8 Schu breit und 9 Schu hoch oder 72 ☐Fuß. Wassermaaß ist abgeschaft.

Getraide, Hanf, Leinsaat &c. wird nach der Last von 24 Tonnen, 56½ Ausmaaß oder neue Berl. Scheffel, 60 Einmaaß oder alte Scheffel, 240 Viertel, 960 Metzen verkauft, und soll an Rocken genau 4560 Pfund wiegen. Der neue oder sogenannte Berliner Scheffel wird nur zu 2604 Fr. Cubikzoll, also 5₁₂⁷ pCt. kleiner als der eigentliche Berl. Scheffel angegeben. Hanf- u. Leinsaat wird eigentl. nach Tonnen verkauft.

Vom Weinmaaß wird 1 Both zu 1½ Pipe, 2 Orthoft, 3 Ahm, 12 Anker, 60 Viertel od. Velten, 360 Stoof gerechnet. Der Stoof hält 72½ Franz. Cubikzoll, und ist 24₁₀⁷ pCt. größer denn das Berl. Quart.

Vom Biermaaß wird die Last zu 6 Faß, 12 Tonnen, und 1152 der gedachten Stoof ohne Hefen gerechnet. Der Stoof aber in 2 halbe und 4 Quartier vertheilet.

Vom Handelsgewicht hat 1 Schiffpfund 3 Centner, 10 große 16½ kleine Stein, 20 Lißpfund, 330 Berl. Pfund, und das Berl. Pfund von 16 Unzen, 32 Loth, 128 Quent, 512 pf. ist circa 23 pCt. größer denn das alte Königsberger Pfund.

Nota. Es ist gewöhnlich, daß wenn Bürger von Pohlen kaufen, diese erstern 4 bis 5 pCt. gut Gewicht zugestehen. Nach Schiffpfund verkauft man Pott- und Web-Asche, Eisen, Stockfisch &c.; nach großem Stein, Flachs, Hanf und Hanf-Hede, Wachs, Talich, Bley, Zinn.

Gold- und Silbergewicht ist die Cölln. Mark, u. verarbeitet Silber, mit 2 Kronen und einem Kreuz bezeichnet, hält 12 Loth fein.

Von zählenden Güthern rechnet man

1 Last Flachs oder Hanf zu 6 Schiffpfund od. 60 große Stein. 1 Last (Browoz) Spanisch od. Franz. Salz, loß aus dem Schiff zu 18 Tonnen, aus dem Speicher gepackt aber zu 16 Tonnen.

In Danzig vergleichet man 100 Königsberger Last mit 116 Last in Danzig, 103½ Last in Riga, 84 Last in Reval, 86 Last in Liebau, 103 Last in Dordrecht, 17½ Hundert in Amsterdam, 88½ Charges in Bay Bourneuf, 96 Muid in Croise, 9¼ Hundert in Seudern und St. Martens, 78 Muid in Vannes, 460 Mooy in Lissabon, 396 Mooy in St. Hubes, 150 Last in Cadix und 9578 Bussels in Liverpol. Nach Krusen gehen 5½ Last auf 1 Hundert in Amsterdam.

1 Last Span. und Franz. Salz wird auch zu 60 Centner à 100 Pfd. oder zu 6000 Pfund gerechnet.

1 Last Asche, Bier, Dorsch, Heringe, Honig, Fleisch, Meth, Pech, Theer, hat 12 Tonnen.

1 Last grüne oder schwarze Seife 3 Tonnen oder 12 Viertel.

1 Tonne Heringe 13 Wahl à 80 Stück oder 1040 Heringe.

1 Tonne Meth 4 Viertel oder 96 Stof.

1 Tonne Butter 4 Viertel oder 8 Achtel, und 1 Achtel zu 40 Pfund mit Holz, Thara 7 Pfund, also 33 Pfund Netto.

1 Zimmer Zobel oder Marder zu 40 Stück.

1 Spul Garn 2 Stück, 4 Toll, 40 Gebinde, 1600 Faden.

Von öffentlichen Handelsanstalten haben die Preußischen Banken zu Königsberg, Memel, Elbing eben die Einrichtung der Berliner Bank, von der sie abhangen.

Kopenhagen,

Königl. Dänische Hauptstadt an der Ostsee, rechnet gewöhnlich, wie ganz Dänemark und Norwegen, nach
Reichsthaler zu 6 Mark à 16 Schillinge Dänisch.

Verhältniß sämtl. Dänischen Rechnungsmünzen.

Reichs-Thaler.	Schlechte Thaler.	Mark Lüb.	Orts.	Mark Dänisch.	Stüver, Schillinge Lübisch.	Schillinge Dänisch.	Styken.	Witten.	Pfennige Dänisch.
1	1½	3	4	6	48	96	192	288	1152
	1	2	2⅔	4	32	64	128	192	768
		1	1⅓	2	16	32	64	96	384
			1	1½	12	24	48	72	288
				1	8	16	32	48	192
					1	2	4	6	24
						1	2	3	12
							1	1½	6
								1	4

Der Zahlwerth ist hier entweder würkliche Species, die Cölln. Mark fein Silber zu 9¼ Rthlr. Species, welches die Valuta der neuen Bank ist; oder Dänisch Courent, die Cölln. Mark fein Silber zu 11¼ Rthlr. (eigentl. nur 11⅛ Rthlr. Cour.) im gemeinen Handel; außerdem hat man noch Sundische Species u. Kronen-Valuta, die unter Helsingoer, und Schlesw. Hollst. Courent, das unter Altona bemerkt

ist. Es gehen auf die Cöllnische Mark fein Silber von erstem
10,70 Thaler in Kronen, und von dem andern 11½ Rthlr.
in Schlesw. Hollstein. Courent.

Würkliche Dänische National-Münzsorten sind anjetzt
in Golde:

Species-Ducaten seit 1671 haben keinen festen Werth, sondern
gelten 14½ Mark Dän. Cour. m. od. w.

Courent-Ducaten seit 1757, sind auf 2 Rthlr. oder 12 Mark
Dän. Cour. festgesetzet.

Christiansd'or seit 1775, haben keinen festen Werth, sondern
gelten 13 Mark Lüb. od. 26 Mck. Dän. und darüber.

in Silber:

Ganze und ½be Speciesthaler à 6 und 3 Mark Dän. Spec.

Schlesw. Hollstein. auf Species und Courent zugleich ausgeprägte Sorten sind unter Altona bemerket.

Courent-Sorten an 24, 16 jetzt 15, 12 jetzt 10, 8, u. 4 Dän.
Schilling-Stücke.

Scheidemünzen an 2 und 1 Schilling-Stücke, und Kupferne
ganze und ½be Dän. Schillinge.

Pappiergeld oder Münzzeichen.

Dänisch-Norwegische Species-Banco-Zettel oder Noten der
neuen Bank seit 1791, von 80, 40, 20, 8 u. 4 Rthlr. Spec.

Dänische Kopenhagner alte Banco-Zettel seit 1748, zu 100,
50, 10, 5 und 1 Rthlr. Dän. Cour., welche zu dem jedesmaligen Cours nach und nach eingelöset werden, und jetzt
37½ pCt. schlechter als Species-Banco stehen.

Schleswig-Hollsteinische neue Species-Banco-Zettel, deren
bereits unter Altona gedacht worden.

Von den ehedem ausgeprägten Kronen-Sorten, die
Cölln. Mark fein zu 10⁵⁄₁₂ Rthlr., kommen noch Stücke von 8,
6, 4, 2, 1, und ½ Mark Kron-Valuta oder 8½, 6½, 4½, 2½,
1⅞ und ⅓ Mark Dän. Cour. vor; indessen sind die von 1643
bis 1645 gemünzten 2, 1 und ½ Mark-Stücke, welche man von
ihrer Aufschrift Ebräer oder Justus Judex benennet, auf 28,
14 und 7 ßl. herabgesetzet worden; 117¼ Rthlr. in Kronen sind
mit 100 Rthlr. Spec. gleich gesetzet.

Von fremden Goldmünzen
können folgende nach Verordnung von 1761 in Königl. Cassen
und im Handel gelten:

					Lübisch Cour.		
Louisd'or ob. Pistolen	139,7	Holl. Aß schwer zu	12 Mck.	11 ßl.
Carolinen	200				15		9
Maxd'or	133				10		6
Guineen	171				15		12
Franz. Schildlouisd'or	169,8				15		7
Port. 6400 Rees-Stück	291,7				27		—
Species-Ducaten .	72,6				7		3

Kopenhagen wechselt und giebt in Dän. Courent nach dem Silber-Pari auf

Altona   * 122½ Rthlr. für 100 Schlesw. Hollst. Bco. Spec.
Amsterdam   * 116⅔ — — 100 Thlr. Holl. Cour.
Hamburg   * 123,47 — — 100 Rthlr. Hamb. Bco.
London   * 5,145 — — 1 Liv. Sterl.
Lübeck   * 100 11/16 — — 100 Rthlr. Lüb. Cour.
Paris   * 20½ ßl. Dän. — 1 Liv. tourn.

Nota. Auf Altona, Amsterdam und Hamburg wird à 14 Tage nach Sicht und 2 Mon. n. Dato, auf London und Paris à 2 Mon. Sicht und nach Dato gewechselt. Da jetzt die Wechsel mehrentheils nur mit Kopenhagner alten Banknoten bezahlet werden, deren Werth sehr herunter gekommen, so stehen die Wechsels-Course allerdings beträglich höher.

Da hier kein Uso eingerichtet ist, so wird die Zahlzeit der Wechselbriefe auf einen gewissen Tag angedeutet. Respectstage hat man hier 8 auch 10.

Maaße und Gewichte.

Die Dän. Elle, 278¼ Franz. Lin. lang, ist 6¼ pCt. kürzer als die Berl. Elle.

Von Längenmaaßen überhaupt wird die Dän. Meile zu 2400 Ruthen, 4000 Faden, 12000 Ellen und 24000 Fuß gerechnet. Der Dän. Fuß und die Ruthe ist den Rheinländ. gleich, und von den Meilen gehen 14,77 auf 1 Mittelgrad der Erde.

Vom Land- oder Feldmaaß hält die Tonne Hartkorn verschiedentlich, nachdem das Land ist, von 4½ bis zu 8,7 Berl. od. Magdeb. kleine Morgen.

Vom Getraidemaaß hat die Kornlast 22 Tonnen à 8 Scheffel à 4 Viertel. Die Tonne hält 7013 Franz. Cub. Zoll oder 2,548 Berl. Scheffel.

Mehl wird nach der Biertonne von 6624 Franz. Cub. Zoll verkauft.

Span. Salz und Steinkohlen werden nach der Last von 18 Tonnen à 8 Schipp gerechnet; die Tonne hält 8571 Franz. Cubikzoll oder 3,126 Berl. Scheffel.

Norwegisch Salz wird nach dem Gewicht verkauft; 250 Pfund. Dän. wieget die Tonne von 10 Dän. Scheffel.

Franz. Salz und Kalk wird nach der Last v. 12 Tonnen, die den Dän. Korn-Tonnen gleich sind, verkauft.

Brennholz mißet man nach Faden von 6 Fuß Länge, Breite und Höhe.

Vom Weinmaaß wird 1 Fuder zu 6 Ahm, 24 Anker, 240 Stübgen, 465 Kannen, 930 Pott, 3720 Päle gerechnet. Der Pott oder Krug hält 48,7 Franz. Cubikzoll und ist 19 1/10 pCt. kleiner denn das Berl. Quart.

Die Dän. Biertonne, wornach auch Butter, Tallich, Mehl, Seife, Fleisch, Thran 2c. verkauft werden, hält 6624 Fr. Cub. Zoll oder 114½ Berl. Quart.

Die Last Oehl, Butter, Hering und andere fette Waaren hat 12 Biertonnen.

Die Nordische Theertonne hält 5844 Franz. Cubikzoll oder 100½ Berl. Quart.

Vom Handelsgewicht wird die Last zu 16½ Schiffpfund oder 52 Centner, das Schiffpfund zu 20 Lispfund à 16 Pfund, der Centner zu 100 Pfund, der Wog od. Wagen zu 3 Bismer-Pfund à 12 gemeine Pfund gerechnet. Das Pfund v. 2 Mrk. 16 Unzen, 32 Loth, 128 Quent, 512 Ort, wieget 10388 Holl. As und ist 6⅞ pCt. schwerer denn das Berl. Pfund.

Von Gold- und Silbergewicht hat die Mark 8 Unzen, 16 Loth, 64 Quent, 256 Ort oder Pfennige und 4352 Eschen, sie soll 4888 Holl. As schwer, also ½ pCt. schwerer als dit Cölln. Mark seyn; nach Zoega hingegen wird hier die Cölln. Mark von 4864 Holl. As od. 65536 Cölln. Richtpf. gebrauchet.

Bey dem Probier-Gewicht wird die Mark in 24 Karat à 12 Grän fein Gold, und 16 Loth à 18 Grän fein Silber eingetheilet. Verarbeitetes Silber soll 13¼ Loth fein seyn.

Apotheker-Gewicht ist dem unter Berlin bemerkten gleich, im Großen aber werden Medicinal-Artikel nach Dän. Handl. Gewicht verkauft.

Bey zählenden Güthern rechnet man 1 groß Tausend zu 1⅕ kleine, 10 große und 12 kleine Hundert, 20 Schock, 30 Zimmer, 60 Suese oder Stiegen, 120 Decher, 1200 Stück. 1 Groß hält 12 Tylt à 12 Stück. 1 Oll oder Wall 80 Stück Hering oder Eyer.

Von öffentlichen Handels-Anstalten ist die seit 1791 errichtete neue Dänisch-Norwegische Species-Banko zu bemerken, deren Absicht ist: 1) die Effecten der alten Kopenhagner Courent-Banko von 1748 nach und nach einzuziehen, daß solche endlich aufhören kann; 2) Speciesmünze und obengedachte Banko-Zettel gegen Sicherheit auszuleihen und zu discontiren; 3) als eine Giro- und Affignations-Banko zu agiren; 4) Gelder in Deposito zu nehmen. Sie ist durch Subscription von 6000 Actien à 400 Rthlr. Species errichtet, und bereits in voller Activität.

Leipzig,

Dresden und überhaupt ganz Chursachsen, rechnet gewöhnlich nach

Reichsthaler zu 24 Groschen à 12 Pfennige,

Verhältniß sämtl. Churſächſiſchen Rechn. Münzen.

Neue Schock.	Spec. Thaler.	Reichs- thaler.	Meißn. Gülden.	Alte Schock.	Reichs- gulden.	Gute Gr.	Gute Pf.
1	$1\frac{7}{8}$	$2\frac{1}{2}$	$2\frac{6}{7}$	3	$3\frac{1}{4}$	60	720
	1	$1\frac{1}{3}$	$1\frac{7}{11}$	$1\frac{3}{5}$	2	32	384
		1	$1\frac{1}{7}$	$1\frac{1}{3}$	$1\frac{1}{2}$	24	288
			1	$1\frac{1}{10}$	$1\frac{7}{8}$	21	252
				1	$1\frac{1}{4}$	20	240
					1	16	192
						1	12

Der Zahlwerth iſt gewöhnlich der Convent. 20 fl. Fuß, die Cölln. Mark fein Silber zu $13\frac{1}{3}$ Rthlr.

Würkliche Landesmünzen ſind
Goldne
Ducaten zu $2\frac{5}{8}$ Rthlr.

2, 1fache und $\frac{1}{2}$be Auguſtd'or zu 10, 5 und $2\frac{1}{2}$ Rthlr.

Silberne
Ganze, $\frac{1}{2}$be, $\frac{1}{4}$tel Convent. Spec. Thlr., 32, 16 und 8 Gr. $\frac{1}{8}$tel, $\frac{1}{16}$tel, $\frac{1}{32}$tel Rthlr. Stücke zu 4, 2 und 1 Gr. Stücke zu 6, 3 und 1 Pfennige.

Kupferne
Pfennig= und $\frac{1}{2}$ Pfennig= oder Heller=Stücke.

Pappiergeld
an Caſſenbillets oder Scheinen zu 1, 2, 5, 10, 50, 100 Rthlr.

Fremde Münzſorten

ſollen verordnungsmäßig nach folgendem Gewicht und Werth umlaufen:	Gewicht		Werth in	
	Duc.	As.	Rthlr.	Gr.
In Golde				
Ducaten, Reichsgeſetzmäßige, à $23\frac{3}{8}$ Kar. f.	66		2	$20\frac{1}{4}$
dergl. Kremnitz. Flor. Gigliati, Venetian. Zecchinen	66		2	$20\frac{1}{4}$
dergl. Holländiſche	66		2	20
Souverains	198		8	9
dergl. $\frac{1}{2}$be	99		4	$4\frac{1}{2}$
Franz. alte Louisd'or	116		5	—
dergl. doppelte und $\frac{1}{2}$be nach Verhältniß.				
Span. Piſtolen	118		5	—
dergl. 4, 2fache u. $\frac{1}{2}$be n. Verhältn.				
Braunſchw. Piſtolen	116		5	—
dergl. doppelte und $\frac{1}{2}$be nach Verhältn.				
Carolinen, geſetzmäßige	150		6	6
dergl. $\frac{1}{2}$be u. $\frac{1}{4}$tel nach Verhältn.				
Maxd'or, Bayerſche	$97\frac{1}{2}$		4	4
$\frac{1}{2}$be dergl.	$48\frac{3}{4}$		2	2

Nota. Wenn an Ducaten und halben Ld'or 1 As, an den übrigen Sorten aber 2 As fehlen, ſoll jedes As mit 1 Gr. bezahlet werden; mehrerer Abgang an Gewicht iſt gar nicht erlaubt.

In Silber:	Rthlr.	Gr.
Speciesthaler alte nach d. Leipz. Fuß, von Sachs. Brandenb., Braunschw. rc.	1	$11\frac{1}{2}$
dergl. $\frac{1}{2}$be und $\frac{1}{4}$tel bis 1750, nach Verhältniß.		
dergl. $\frac{1}{6}$tel, $\frac{1}{12}$tel, $\frac{1}{24}$tel, sind dem Convent. Geld gleich gesetzt.		
Alte Kaiserthaler v. Carl VI. und vorigen Kaisern	1	10
dergl. $\frac{1}{2}$be und $\frac{1}{4}$tel nach Verhältn.		
Franz. Laubthaler à 2 Loth wenigstens	1	$12\frac{1}{2}$
dergl. $\frac{1}{2}$be à 1 Loth	—	$18\frac{1}{6}$
dergl. alte ganze und $\frac{1}{2}$be Louisblanc-Thaler sind dem Convent. Gelde gleich gesetzet.		
Conventions-Speciesthaler, gesetzmäßige . .	1	8
dergl. $\frac{1}{2}$be u. $\frac{1}{4}$tel n. Verhältn.		
dergl. Kopfstück oder 20 Xr.	—	$5\frac{1}{3}$
dergl. $\frac{1}{2}$be oder 10 Xr.	—	$2\frac{2}{3}$
Kaiserl. 17 Kreuzer-Stück	—	$4\frac{1}{2}$
Anspach. 30 Xr. von 1763.	—	8

Bey der Handlung aber coursiren gegenwärtig die Münzsorten ohngefehr zu folgenden Preisen:

1) Es gewinnen pro Cento gegen Wechselzahlung oder Conventions-Species m. od. w. Randducaten à $2\frac{3}{4}$ Rthlr., $8\frac{3}{4}$ pCt. Ducaten zu 66 As, 7 pCt. Ducaten zu $65\frac{1}{2}$ As, $6\frac{1}{2}$ pCt. Ducaten zu 65 As, 5 pCt.

2) Es verlieren pro Cento gegen gedachte Wechselzahlung m. od. w. Carolinen und Franz. Schildlouisd'or zu $6\frac{1}{3}$, und Maxd'or zu $4\frac{2}{3}$ Rthlr., 3 pCt. Franz. Laubthaler à $1\frac{7}{12}$ Rthlr., 4 pCt.

3) Es verlieren pro Cento gegen Louisd'or od. Deutsche Pistolen à 5 Rthlr. m. od. w. Sächs. Convent. Courent, $3\frac{3}{4}$ pCt. Dergl. $\frac{1}{12}$tel, $\frac{1}{6}$tel und 20 Xr. Stück, 4 pCt. Preuß. Courent, $4\frac{1}{2}$ pCt. Dergl. $\frac{1}{24}$tel und $\frac{1}{48}$tel, 5 pCt.

4) Nach dem Stück gelten in Louisd'or oder Pistolen à 5 Rthlr. m. od. w. Souverains 8 Rthlr. 19 Gr.

5) Nach der rauhen Cölln. Mark gelten in Louisd'or oder Pistolen à 5 Rthlr. m. od. w. al marco, Ducaten 198 Rthlr., dergl. Louisd'or 181 Rthlr.

6) 1 Mark fein Silber 13 Rthlr. Convent. Cour. m. o. w.

Leipzig wechselt und giebt nach dem Silber-Pari auf

Amsterdam à Uso v. 14 Tag. nach Sicht, 6 Woch. u. 2 Mon.
*$137\frac{7}{16}$ Rthlr. für 100 Thlr. Holl. Bco.
*$136\frac{1}{3}$ Rthlr. für 100 Rthlr. Holl. Cour.

Deutschland als Augsburg à Uso von 15 Tag. n. der Acceptation u. à 2 Mon., Frankfurt a. M. à Uso u. auf die Messen, Wien à Uso und 2 Mon.
*100 Rthlr. für 100 Rthlr. Convent. Cour.

Frankreich als Lion in die Payements und Paris à Uso von 2 Mon.

*75,⅕ Rthlr. für 100 Ecû von 3 Liv.

Hamburg wie Amsterdam *144,8 Rthlr. für 100 Rthlr. Hamburger Bco.

London à 2 Uso v. 2 Mon. Dato *6,268 Rthlr. für 1 Liv. Sterl.

Der Uso bedeutet 14 Tage nach der Acceptation, Respecttage sind nicht zugelassen, und auf Sicht gestellte Briefe müssen innerhalb 24 Stunden bezahlet werden.

Maaße und Gewichte.

Die Leipz. Elle von 2 Baufuß hält 250⅔ Fr. Lin., und ist 17¹⁵/₁₆ pCt. kürzer denn die Berl. Elle; indessen mißet man auch mit der Franz. Aune, davon man 48½ Lioner u. 47½ Pariser mit 100 Leipziger Ellen vergleichet; desgleichen mit der Brabauter Elle, da 19 = 23 Leipz. Ellen thun.

Die Sächsische Landruthe hält jetzt 8 Ellen od. 16 Fuß à 125,⅛ Fr. Lin., 10 Fuß betragen also 9 Rheinländ. Fuß.

Die Klafter wird zu 1½ Stab, 3 Ellen, 6 Baufuß, 12 Viertel, 60 Decimal= und 72 gemeine Zoll gerechnet.

Von den Sächsischen Policeymeilen zu 16000 Ellen gehen 12,29 auf 1 Mittelgrad der Erde.

Die Chursächs. Bergwerks-Lachter hält 3½ Leipz. Ellen.

Vom Feldmaaß hält der Acker 300 ☐Ruthen ob. 52247 Franz. ☐Fuß = 2,1593 Berl. kleine Morgen.

Der Schragen Holz hält 3 ☐Klaftern à 9 ☐Ellen.

Vom Getraidemaaß hat 1 Wispel 2 Malter, 24 Schfl. 96 Viertel, 384 Metzen, 1536 Mäßgen. Der Dresdner Scheffel, so gegenwärtig das allgemeine Maaß für ganz Chursachsen ist, hält 5361¼ Franz. Cubikzoll, und ist 95⅙ pCt. größer denn der Berl. Scheffel.

Vom Weinmaaß wird 1 Fuder zu 2½ Faß, 12 Eymer, 756 Kannen, 1512 Nößel, 6043 Quartier Leipz. Schenkmaaß gerechnet. Die Leipziger Kanne hält 60,7, die Dresdner aber 45⅝ Franz. Cubikzoll, erstere ist 4½ pCt. größer und die 2te 22⅖ pCt. kleiner denn das Berl. Quart.

Das Gebräude Bier wird in Dresden zu 24 Faß à 2 Viertel, 4 Tonnen, 7 Schock Kannen, 280 Visir= und 420 Dresdner Kannen; in Leipzig aber zu 16 Faß à 2 Viertel, 4 Tonnen, 300 Kannen Leipz. Schenkmaaß gerechnet. 1 Kufe hält 2 Faß, 1 Eymer 72 Kannen.

Vom Handels-Gewicht wird der Centner von 5 Stein à 22 Pfund zu 110 Pfund Handels-Gewicht, 102 Pfd. Fleisch-Gewicht, 114 Pfd. Berg-Gew. und 118 Pfd. Stahl-Gewicht gerechnet. Das Pfund Handels-Gewicht hält 9716 Holl. As, und ist ⅓ pCt. leichter als das Berl. Pfund.

Gold=

Gold= und Silber=Gewicht ist die Cölln. Mark. Ver=
arbeiter Silber hält 12 Loth fein, und ist mit 2 kreuzweise
gelegten Schwerdtern bezeichnet.

Bey dem Garnhandel wird 1 Stück Baum= und Schaaf=
Wollen=Garn zu 4 Strehn oder 4 Ellen um die Weise, oder
zu 12 Zahl oder Zaspel à 20 Gebind à 20 Faden. 1 Stück Lei=
nen=Garn aber zu 6 Strehn, 12 Zaspel, 240 Gebind, 4800 Fa=
den, 19200 Ellen gerechnet.

Sächsische Bleche in Fäßgen von 450 Blatten, werden
nach Garnituren gerechnet, 1 Faß Kreuz= und 2 Fäßgen Vor=
der= od. Fuderbleche machen 1 Garnitur aus.

Die Leipziger drey großen Messen,

welche allhier jährlich gehalten werden, und deren jede vierzehn
Tage währen soll, sind:

1) Die Neujahrmesse fängt den ersten Januar an, wenn
er nicht auf einen Sonntag fällt; fällt er aber auf den
Sonntag, gehet die Messe den Montag hernach an.
2) Die Oster= oder Jubilatemesse fängt den Sonntag Ju=
bilate, also 3 Wochen nach Ostern, an.
3) Die Michaelismesse fängt den Sonntag nach diesem
Feste an; fällt aber das Fest auf einen Sonntag, so ge=
het die Messe den folgenden Sonntag an.

Gedachte Messen werden den Tag wenn sie angehen, Mit=
tags 12 Uhr eingelautet, 8 Tage darauf aber, um eben diese
Zeit wieder ausgelautet. Dieses ist also die eigentliche Meß=
Zeit, die folgenden 8 Tage aber heißen die Zahlwoche, und
die mancherley Meßgeschäfte zusammen, dauern wohl an drey
Wochen.

In den ersten 4 Tagen nach Einlautung der Messe wird
die Acceptation der Wechselbriefe gesucht, dabey man in der
Neujahrsmesse längstens bis den Tag vor Auslautung derselben
warten kann; in der Oster= und Michaelismesse muß sie höch=
stens bis Freytags Vormittags vor 10 Uhr geschehen, ansonst
protestiret werden muß.

Vom Auslauten jeder Messe bis den fünften Tag hernach
ist die Zahlzeit; es müssen also die Wechselbriefe in der Neu=
jahrmesse den 12. Januar, und in der Oster= und Michaelis=
Messe den Donnerstag nach Auslautung der Messe bezahlet
werden; widrigenfalls man noch vor 10 Uhr Abends protesti=
ren lassen muß, wenn man nicht sein Recht an den Trassenten
verlieren will.

Wenn Wechsel 14 Tage oder 3 Wochen nach der Messe zu
bezahlen ausgestellet sind, muß die Verfallzeit in der Oster=
und Michaelismesse, von dem Montag nach der Zahl= oder
andern Meßwoche an, in der Neujahrsmesse aber, vom 16ten
Januar an, gerechnet werden.

H

Libau, s. Curland.
Lille, s. Ryßel.

Lingen,

Königl. Preußische Grafschaft in Westphalen, rechnet gewöhnlich nach

Gulden zu 20 Stüver à 16 Pfennige.

Der Preuß. Courent-Rthlr. wird zu 2 fl., der Lingensche Gulden aber für einen Holländischen genommen und zu 12 Gar. gerechnet; bey der Zahlung schlägt man aber den steigenden und fallenden Agio des Holl. Geldes noch zu, und hält ihn zu 13½ à 14 Ggr. Preuß. Cour., die Cölln. Mark fein Silber zu 14 Rthlr. gerechnet.

Linz, s. Wien.

Lion oder Lyon

in Frankreich, rechnet gewöhnlich wie ganz Frankreich nach
Livres zu 20 Sols à 12 Deniers tourn.

Sämtliche Franz. Rechnungs- und würkliche Münzsorten mit ihrem Zahlwerth, Wechselarten auf Amsterdam, Augsburg und Wien, Cadix und Madrid, Genua, Livorno, London, Marseille à 60 Tage nach Dato. s. unter Frankreich).

Die außer dem Payement hierher gezogenen Wechsel werden nicht acceptiret, sondern blos mit dem Worte vû und dem Datum zur Bestimmung des Verfalltags bemerket. Da diese Briefe keine Respecttage genießen, so müssen sie den Verfall-Tag bezahlet werden, oder man lässet den andern Tag Vormittag protestiren. Eben so wird es auch mit den Schuld-Scheinen gehalten, deren Werth für Waaren bestimmet ist, die ebenfalls keine Respecttage haben, und am Verfalltage bezahlet oder den Morgen darauf protestiret werden.

Span. neue Piaster werden hier nach der Franz. Brutto-Mark von 10⅝ Denier fein verkauft, und für die Mark sonst 50⅘, jetzt wohl 65½ Liv. bezahlet.

Maaße und Gewichte.

Die hiesige Elle oder *Aune* ist der Pariser gleich, wird aber von einigen 1 pCt. länger denn die Pariser Aune gehalten.

Die *Perche* hat 7½ Fuß, und der Fuß von 151½ Fr. Lin. ist 8½ pCt. länger denn der Rheinländische.

Von den Meilen *Lieues* werden 23 auf 1 Grad der Erde gerechnet.

Vom Landmaaß hält die Lioner *Becherée* 0,124 Berl. kleine Morgen.

Vom Getraidemaaß hält der seit 1773 eingeführte neue *Bichet* 1728 Franz. Cubikzoll, und ist also 58½ pCt. kleiner als der Berl. Scheffel. Der ehemalige *Asnée* hielt 9651 Fr. Cubikzoll.

Vom Weinmaaß hat die *Asnée* 88 Pots à 48 Fr. Cub. Zoll, der Pot ist also 20½ pCt. kleiner denn das Berl. Quart.

Das Handels-Gewicht hat die unter Paris bemerkte Eintheilung; man wiegt indessen mit dreyerley Pfund, als: 1) Poids de Table oder Stadt-Gewicht von 8914 Holl As; 2) Seiden-Gewicht von 9551 Holl. As, und 3) Mark-Gewicht von 10188 Holl As; das erste ist 9⅐, das 2te 2 1/13 pCt. leichter, und das 3te 4½ pCt. schwerer denn das Berl. Pfund.

Die vier Messen, so hier jährlich gehalten werden, und darinnen fast alle Waaren welche man in der Zeit auswärts expediret, einen ansehnlichen Nachlaß des Ausgangs-Rechts genießen, dauern gesetzmäßig 15 Tage; die Schweizer Kauf-leute aber, die bey dem Lioner Zollamt eingeschrieben sind, haben noch 15 Tage länger Freyheit als die Nationalen. Die Messen selbst sind:

1) La foire des Rois, die 3 Königs-Messe, fängt im Ja-nuar, den Montag nach dem 3 Königstage an.
2) La foire des Pâques, die Ostermesse, den Montag nach dem Sonntag Quasi modogeniti.
3) La foire d'Août, die Augustmesse, deren Anfang den 4ten August ist.
4) La foire de tous Saints, Allerheiligenmesse, den 3ten November.

Eine jede dieser Messen hat ihr besonder *Payement* oder Zahlungszeit, welches bis zu Ende des Monats dauert, dar-innen es anfängt, und darinne noch viele andere Zahlungen geschlossen werden; diese *Payements* sind:

1) des Rois, Königszahlung . fängt an den 1. Merz.
2) de Pâques, Osterzahlung . . . . 1. Juny.
3) d'Août, Augustzahlung . . . . 1. Septbr.
4) des Saints, Allerheiligenzahlung . . . 1. Decbr.

H 2

Die Acceptationes der Wechſelbriefe ſo in dieſen Payements zahlbar ſind, fangen den erſten Tag des Monats an, und
dauern bis zum 6ten Tage des Monats darinnen das Payement
fällt, nach dieſer Zeit können die Inhaber wegen Mangel der
Annahme den ganzen Monat durch proteſtiren laſſen. Es ſtehet
jedoch auch dem Inhaber frey, damit bis auf den letzten Tag
zu warten, um den Proteſt ſogleich wegen Mangel der Acceptation und Zahlung machen zu laſſen, ohne daß ihm dieſer Ver-
zug nachtheilig iſt, es wäre denn daß der Cedant ihn ausdrücklich beordert hätte, wegen Mangel der Annahme proteſtiren
zu laſſen.

Bey der Acceptation ſelbſt ſoll gewöhnlich ſeyn, den Namen des Inhabers der Acceptation mit beyzufügen, z. B. ac-
cepté à Mr. des Champs, wornach der Wechſel nicht weiter
verhandelt werden kann, ſondern von dem Inhaber ſelbſt ein-
gezogen werden muß.

Das Réscontriren, abrechnen, an- und überweiſen,
welches man allhier *les Viremens des parties* nennet, geſchiehet vom 16ten bis zum letzten Tage des Monats in welchem
das Payement fällt; was in dieſer Zeit nicht abgemacht wird,
muß die erſten 3 Tage des folgenden Monats, die man
le Comptant nennet, baar bezahlet werden; indeſſen iſt gewöhnlich wegen Arrangement der Scripturen, dieſes Comptant
erſt den 2ten Tag des folgenden Monats anzufangen, wornach
ſolches eigentlich 4 Tage dauert; in dieſen 3 Tagen müſſen
die acceptirten Wechſel bezahlet, oder im Gegenfall den 3ten
Tag proteſtiret werden.

Lippſtadt,

eine in der Preuß. Weſtphäliſchen Grafſchaft Marck gelegene
und dem Preuß. Hauſe mit dem Grafen von der Lippe gemein-
ſchaftlich zuſtändige Stadt, rechnet gewöhnlich nach

Reichsthaler zu 36 Mariengroſchen à 12 Pfennige;

deren Zahlwerth eigentlich Species oder der Preuß. Courent-
Fuß, die Cölln. Mark fein Silber zu 14 Rthlr. iſt. Indeſſen
rouliren hier auch außer den Preuß. Courent-Sorten, die unter
Iſerlohn gemeldeten reducirten Preuß. Kriegs-Drittel-Stücke,
u. bey einzelnen Ausgaben gelten Paterbornſche, Münſterſche,
Lippiſche und Heſſiſche Conventionsmünzen 2 gute Groſchen
für 3 Mariengroſchen, Bremer Grote aber ⅓ Margr.

Maaße u. Gewichte.

Die hieſige Elle iſt die Cölniſche von 256⅓ Franz. Lin.,
15¼ pCt. kürzer als die Berl. Elle.

Vom Getraidemaaß hält der Malter 16 Berliner, 24 Lippstädter Scheffel, 96 Spint, 384 Becher; der Lippstädter Scheffel aber $1827\frac{2}{3}$ Franz. Cubikzoll.

Der Ohm hält 108 Kannen Wein, Weinessig und Oehl-Maaß, und 100 Kannen Biermaaß. Die Wein-Kanne hält 72,7 und die Bier-Kanne $78\frac{1}{2}$ Franz. Cubikzoll, 1ste ist $25\frac{1}{8}$, die 2te $35\frac{1}{8}$ pCt. größer denn das Berl. Quart.

Vom Handelsgewicht hält der Centner 108 Pfund à 32 Loth Cöllnisch Gewicht oder 9728 Holl. As. Das Pfund ist also $\frac{1}{4}$ pCt. leichter denn das Berliner.

Lissabon

und ganz Portugal, rechnet gewöhnlich nach

Rees,

davon beym Ausdruck großer Summen die Tausende od. Millerees durch das Zeichen $ oder Ƶ die Millionen oder 1000 Millerees aber durch 1 od. 2 Punkte abgesondert werden, z. B. 98:414 @ 583 sind 98 Millionen 414 Tausend u. 583 Rees.

Verhältniß sämtlicher hiesiger Rechnungsmünzen.

Millerees.	Crusados neue	Crusados alte.	Testones	Reales	Vintems.	Rees.	Ceitis:
1	$2\frac{1}{12}$	$2\frac{1}{2}$	10	25	50	1000	6000
	1	$1\frac{1}{5}$	$4\frac{4}{5}$	12	24	480	2880
		1	4	10	20	400	2400
			1	$2\frac{1}{2}$	5	100	600
				1	2	40	240
					1	20	120
						1	6

Außerdem aber verstehet man unter 1 Million 1000 @ 000 Crusaden, und unter 1 *Conto de Rees* 1000 $ 000 Rees.

Den Zahlwerth bestimmet die Cölln. Mark fein Gold zu $113{,}777\frac{7}{9}$ Rees, fein Silber zu $8631\frac{1}{2}$ Rees.

Würkliche Portugiesische Münzsorten sind

Goldne

Alte Pistolen-Sorten vor 1722, als:

Dobraons,	ausgeprägt	zu	20000,	erhöhet	auf	24000	Rees.
$\frac{1}{2}$be dergl	„	„	10000	„	„	12000	„
$\frac{1}{5}$ od. Lisboninen	„	„	4000	„	„	4800	„
$\frac{1}{10}$tel, Moedor	„	„	2000	„	„	2400	„
$\frac{1}{20}$tel, Millerees	„	„	1000	„	„	1200	„
Crusados nuovos	„	„	400	„	„	480	„

Nach 1722 ausgeprägte neue Pistolen, oder ganze, ½be, ¼tel, ⅛tel, $\frac{1}{16}$tel und $\frac{1}{32}$tel Dobras, zu 12800, 6400, 3200, 1600, 800, 400 Rees, davon die letztern Crusados velhos genennet werden.

Silberne

Ganze, ½be, ¼tel, ⅛tel Crusados nuovos zu 480, 240, 120 und 60 Rees.

Ganze und ½be Testones zu 100 und 50 Rees.

Vintems von 20 Rees sind selten.

Kupferne

10, 5, 3 und 1½ Rees-Stücke, davon letztere selten sind.

Fremde Münzsorten sind nach Verordnung vom 20sten November 1785 insgesamt außer Umlauf gesetzet, und sollen blos als Waare angesehen und nach ihrem innern Werth angenommen werden.

Lissabon wechselt, und giebt nach dem Gold- und Silber-Pari auf

Amsterdam à 1 und 1½ Uso, 400 Rees für * pf. vls. Holl. Bco. ⊙ 50,47, ☽ 45,18.

Genua à Uso *719½ ⊙, 792⅜ ☽ Rees für 5¾ Lire fuor. Bco.

Hamburg à 1 und 1½ Uso, 400 Rees für * pf. vls. Bco. 46$\frac{2}{16}$ ⊙, 40,96 ☽.

Livorno *728 ⊙, 800½ ☽ Rees für 1 Pezze da otto.

London 30 Tage Sicht 1000 Rees für * pf. Sterl. 68⅞ ⊙, 59⅛ ☽.

Paris à 60 Tage Dato *418⅝ ⊙, 486 ☽ Rees für 3 Liv. tourn.

Spanien *2242 ⊙, 2687 ☽ Rees für 1 alte Wechs. Pistole.

Der Uso der Briefe, so von andern Orten auf Lissabon gezogen werden, ist

aus Spanien 15, London 30 Tage nach Sicht;

aus Holland und Deutschland 2, Italien u. Irrland, seit 1749, 3 Monat nach Dato;

aus Frankreich 60 Tage nach Dato.

Respecttage sind für Wechselbriefe, 1) die aus den Provinzen des Reichs oder aus den außerhalb Europa gelegenen Besitzungen desselben gezogen werden, 15 bestimmet, an deren letztem Tage die Zahlung geschehen muß.

2) Die aus andern Ländern gezogenen Briefe genießen, wenn sie acceptiret worden sind, nur 6 Respecttage. Hat man sie aber nicht acceptiret, genießen sie gar keine, sondern müssen am Verfalltage protestiret werden.

Maaße und Gewichte.

Von Längenmaaßen überhaupt wird 1 Braca zu 2 Varas, 3⅓ Covados, 10 Palmos, 80 Zoll und 969 Franz. Lin. gerechnet.

Die Elle *Vara* hält also 484½, und die *Covado* 290,7 Fr. Lin., 1ste ist 63⅞ pCt. länger, und die 2te 1⅙ pCt. kürzer denn die Berl. Elle.

Der Fuß oder Palmo hält 96,9 Franz. Lin., und ist 43 1⁷⁄₈ pCt. kürzer als der Rheinländ.

Von den Getraide- und Salz-Maaßen wird 1 Moyo zu 15 Fanegas, 60 Alqueires, 120 Meyos, 240 Quartos, 480 Selemis, 960 Mequias gerechnet; hiervon enthält der Getraide-Alqueire 681 Franz. Cubikzoll, und der Fanega ist nur ⅞ pCt. kleiner denn der Berl. Scheffel.

Der Lissabonsche Salz-Moyo enthält 40500 Franz. Cub. Zoll oder 14⅝ Berl. Scheffel circa.

Von den Wein- und Oehlmaaßen wird 1 Tonnelada zu 2 Pipas od. Botas, 52 Almudas, 104 Alqueires od. Potas, 624 Canhados, 2496 Quartilhos und 43888 Franz. Cubikzoll gerechnet. Die Canhado enthält 70⅓ Fr. Cubikzoll, und ist 21¼ pCt. größer denn das Berl. Quart.

Vom Handelsgewicht hat 1 Quintal 4 Arrobas à 32 Libras à 2 Marcas und wieget circa 125⅛, die Arroba aber 31⅜ Pfund Berl. Das Pfund wiegt 9552 Holl. As, und ist 2 1⁄12 pCt. leichter denn das Berl. Pfund.

Die Portug. Gold- Silber- u. Münzgewichts-*Marco* hält 8 Oncas, 64 Outavos, 192 Escrupulos, 4608 Granos und 4776 Holl. As. 55 Portug. Mark thun 54 Mark Cölln.

Das Probiergewicht ist die gedachte Mark zu 24 Quilates à 12 Granos fein Gold, und zu 12 Denheiros à 24 Granos fein Silber gerechnet.

Beym Jouvelengewicht wird der Quilat zu 4 Granos gerechnet, und 1135½ Quilates gehen auf die Cölln. Mark.

Von zählenden Güthern rechnet man die Tonnelada zur Fracht, für 52 Almudas flüßiger und 54 Almudas trockener Waaren, eine Last aber zu 4 Kisten Zucker, 4 Pipen Oehl, 4000 Pfund Toback, 3500 Pfund Schmack.

Livorno,

eine im Toscanischen Italien am Mittelländischen Meere gelegene Handelsstadt, rechnet, was Banquiers und Kaufleute betrift, nach

Pezzi da otto Reali zu 20 *Soldi* à 12 *Denari di Pezza*,

bey gewöhnlichen Ausgaben aber rechnet man nach

Lire zu 20 *Soldi* à 12 *Denari di Lira*.

Der Zahlwerth ist entweder *Moneta buona*, die Pezza zu 5¾ Lire, 8⅝ Paoli, 69 Crazie, 115 Soldi di Lira, 345

Quatrini, 1380 Denari di Lira, und die Cöllnische Mark fein
Silber zu 62 Lire gerechnet; oder er ist *Moneta lunga*, die
Pezza zu 6 Lire, 9 Paoli, 72 Crazie, 120 Soldi di Lira, 360
Quatrini, 1440 Denari di Lira, und die Cölln. Mark fein
Silber zu 64⅖ Lire; 24 in Moneta lunga betragen 23 in
Moneta buona, wer aber in Mon. lunga bezahlen will, muß
es ausdrücklich bestimmen, ansonst man Mon. buona begehret.

Würkliche Toscanische Gold- und Silbermünzen
sind unter Florenz angezeiget.

Von fremden Münzsorten
gelten hier außer denen bereits unter Florenz gemeldeten noch
folgende in Moneta buona:

Goldne	Lire.	Soldi.
Engl. Guineen	28	—
Savoische Zecchinen	12	13¼
Span. Goldpiaster	6	—
Türkische Zecchin Fonduc	12	6⅖
⸴ Zerimahbub	8	13⅓
⸴ Zecchin von Algier	11	—
⸴ ⸴ von Tunis	10	13¼
⸴ ⸴ von Tripoli	10	16⅔
Silberne		
Deutsche Conventions-Speciesthaler . .	6	—
Engl. Schillinge	1	5
Raguf. Thaler à 60 Para	4	5
Span. Pezet. Provinc.	1	3⅓
Toscan. Tallari von Leopold	6	—
Türkische Piaster von 60 Para	4	5
⸴ ⸴ von 40 Para	3	—
Venet. Tallari	6	—

Nota. Die Deutschen Convent. Spec. Thlr. so wie die Toscan. und
Venetian. Tallari zu 6 Lire gewinnen in Partheyen von 11
bis 18 pCt.

Livorno wechselt und giebt nach dem Silberpari, auf

Amsterdam à 2 Mon. nach Dato 1 Pezza für * 90,92 pf. Bls.
Holl. Bco.

Ancona 22 Tage nach Sicht 1 dergl. ⸴ * 88,82 Bajocchi.

Augsburg à 15 Tage n. Sicht 100 dergl. ⸴ *185½ rß. Conv.
Cour.

Bologna 3 Tage nach Sicht 1 dergl. ⸴ * 86,17 Soldi
Wechf. Geld.

Cadix u. Madrid à 2 Mon. n. Dato 100 dergl. ⸴ *119½ alte Wechf.
Piafter.

Florenz 3 Tage n. Sicht 1 Pezza für * 115 Soldi Mon. buona.
Frankreich als Paris u. Marseille à 1 Mon. nach Dato. Lyoner Payements u. auf gewisse Tage nach Dato 1 Pezza für * 98,82 Sols tourn.
Genf 1 Mon. nach Dato 100 Pezzi für * $99\frac{2}{7}$ Ecû à 3 Liv. Cour.
Genua 8 Tage n. Sicht 1 dergl. = * $116\frac{1}{8}$ Soldi fuor Bco.
Hamburg 2 Mon. n. Dato 1 dergl. = * 81,98 pf. vls. Bco.
Lissabon 3 Mon. n. Dato 1 dergl. = * $800\frac{1}{2}$ Rees.
London 3 Mon. n. Dato 1 dergl. = * 47,35 pf. Sterl.
Mailand 15 Tag. n. d. Accept. 1 dgl. = * $125\frac{5}{8}$ Soldi Cour.
Meßina u. Palermo 45 Tag. n. Dato 1 Pezza für * 11,434 Tari.
Neapel 34 Tage n. Dato 100 Pezzi für * 114,34 Duc. Regno,
Novi . . . . . . * $200\frac{1}{6}$ dergl. = 100 Scudi di marca.
Rom 21 Tag. n. Sicht * $130\frac{1}{3}$ Sold. M. b. für 1 Scudo Mon.
St. Petersburg . 100 Pezzi für * $120\frac{9}{18}$ Rubel.
Turin 15 Tage n. Sicht 1 dergl. = * 81,61 Soldi Piem.
Venedig 5 Tage n. Sicht u. 6 Respecttage 100 Pezzi für 95 7/[illegible] Duc. Bco,
Wien 15 Tage n. Sicht * 62 Soldi M. b. für 1 fl. Conv. Cour.

Der Uso der von andern Orten auf Livorno gezogenen Wechselbriefe ist:

Aus Amsterdam, Antwerpen, Cadix, Cölln, Hamburg und Madrid 2 Monat nach Dato.

Aus Bergamo, Brescia, Cremona, Mantua, Neapel, Placenza, Reggio di Modena und Venedig 20 Tage nach Dato.

Aus Bari, Lecce, Tarenta, 27 Tage nach Sicht.

Aus Bologna, Ferrara, Florenz, Lucca, Pisa, Pistoia, Sienna, 3 Tage nach Sicht.

Aus Genua, Mailand, Maßa u. Turin, 8 Tage nach Sicht.

Aus Pesaro und Rimini 10 Tage nach Sicht.

Aus Augsburg und Wien 22 Tage nach Dato.

Aus Ancona 10 Tage nach Sicht, Avignon 45 Tage nach Dato, Lyon 3 Tage nach der Acceptation, Lissabon u. London 3 Monat nach Dato, Paris à Uso von 1 Monat nach Dato, Perugia 5 Tage nach Sicht, Rom 10 Tage nach Sicht oder 15 Tage nach Dato, Sardinien 1 Monat n. Sicht, Schweizer Cantons 8 Tage nach Sicht, Sicilien 1 Monat nach Sicht oder 2 Monat nach Dato.

Respecttage sind nach den Verfalltagen nicht gewöhnlich.

Maaße und Gewichte

haben seit May 1781, die Größe und Schwere der Florentiner, und man kann daher zur Vergleichung annehmen.

100 Berliner Ellen mit $112\frac{1}{2}$ Livorner Bracci.

100 Getraide = Sacci von 3 Staja à 32 Bussoli mit $130\frac{1}{3}$ Berl. Scheffel.

1 Barillo Landwein $36\frac{1}{2}$, fremder Wein $32\frac{1}{2}$ Berl. Quart.

1 Barillo Oehl mit 71½ Berl. Pfund.
100 Pfund Berl. mit 138 Pfund in Livorno.
100 Pfund Livorn. mit 145¼ Cölln. Mark.

Insbesonder werden hier grobe Waaren gewogen nach dem Migliajo von 1000 Pfund, Centinajo von 100 Pfund, Cantaro zu Zucker von 151 Pfd., zu Mehl, Allaun, Engl. Weitzen von 150 Pfd., zu Brantwein dem Baril gleich von 120 Pfund, zu Oehl dem Baril gleich von 88 Pfund, zu Stockfisch 160 Pfd. Nach dem Pfunde aber feine Waaren, als Seide, rohe und bearbeitete Corallen, Cochenille, Nelken, Opium, Muscus, Essenzen, Safran, Muscat=Nüsse, Rhabarber, Straußfedern, Scammonien, u. s. w.

Bey Schiffsbefrachtungen werden 20 Kisten Früchte, 26 Barili Oehl, 44 Barili Wein, und 5600 Pfund Allaune für 1 Last gerechnet.

Von öffentlichen Handelsanstalten ist zu bemerken, daß die auf Silbermünze gestellten Wechsel an ihren Verfalltagen in den Comtoiren der Kaufleute, auf welche sie gezogen worden, bezahlet werden müssen; andere aber, die nicht ausdrücklich auf Silber=Geld gestellet sind, werden a la Stanza in Golde bezahlet.

Die Stanza ist ein von der hiesigen Kaufmannschaft abhängendes Institut oder eine Art von Börse, in welcher sich die Negotianten od. ihre Cassirer alle Wochen den Montag, Mittwoch und Freytag zwischen 11 und 2½ Uhr Mittags versammlen, und wo alle Wechselbriefe und andere Handels=Geschäfte, so diese oder die vorhergehende Tage verfallen sind, bezahlet werden. Diese Zahlungen sollen eigentl. in würklichen Toscanischen Zecchinen bestehen, die wenn sie nicht das gehörige Gewicht haben, einen Abzug v. 4 Soldi Moneta buona für jeden fehlenden Grano Gewicht leiden müssen. Findet man unter einer solchen Zahlung Genueser Zecchinen, wird gemeiniglich für das Stück 3½ Soldi abgezogen, um sie mit den Toscanischen auszugleichen. Findet man dagegen Venetianische Zecchinen, werden sie besonders gezählet, und bey befundenem richtigen Gewicht mit 4 bis 5 Crazie Agio das Stück vergütet. In Partheyen werden beyde Sorten en bloc gewogen und mit den Toscanischen verglichen.

Will man auf diese Art nicht in Golde sondern in Silber=Gelde bezahlen, muß man sich einen Agio von 1 bis 3 pCt. gefallen lassen, oder Goldzahlung anzuschaffen suchen. Schuldner und Gläubiger bezahlen sich auch gegenseitig durch Abrechnung, und ersparen damit die Mühe des Geldzählens.

Es ist gewöhnlich, in der Stanza Anzeigen anzuschlagen, daß diejenigen, so Inhaber gewisser Wechselbriefe sind, die derjenige auf welchen sie gezogen worden nicht bezahlen will,

sich bey N. N. melden sollen, welcher sie für Rechnung des
Traffenten oder eines Indossenten bezahlen wird.

Finden sich im Gegentheil für dergl. unbezahlte Wechsel
keine Anzeigen, so fragt der Inhaber selbst in der Stanza:
Ob jemand für Rechnung des Traffenten oder eines Indossenten bezahlen will? und wenn darauf keine Antwort erfolget,
lässet er noch denselben Verfalltag protestiren, und mit der ersten abgehenden Post die Retour machen.

Die Stanza hat einen öffentlichen Münzwieger, der so
lange da bleiben muß als Zahlungen geschehen; er wird durch
die hiesigen Negotianten (deren Deputirte auch eine jährliche
Abgabe aller für die Stanza verwandten Unkosten auf jedes
Handelshaus vertheilen und einheben) ernennet, und durch
das Gouvernement bestätiget.

Diejenigen Wechsel, die also nicht auf Silbergeld gestellet
sind, und mithin in dem ersten Tage der Stanza-Oefnung in
Golde bezahlet werden müssen, genießen 1 oder 2 Tage Auf-
schub nach dem Verfalltage, wenn sie den Dienstag, Donnerstag oder Sonnabend verfallen.

Uebrigens sind die Handels-Geschäfte, welche den Montag
geschehen, nicht eher als die Mittewoche, und die welche die
Mittewoche geschlossen werden, nicht eher als den folgenden
Montag zahlbar. Hat also ein Livoraer Kaufmann an einen
andern daselbst einen Wechsel, so auf ein Lyoner Haus gezogen, gekauft, so kann er die Zahlung dafür nach den Toscanischen Gesetzen nicht eher als den folgenden Freytag oder Montag erhalten. Wird unterdessen der Käufer des Wechsels faillit, so wird der Lyoner auf welchen der Wechsel zahlbar lautet,
nicht aber der Livorner Verkäufer desselben, wenn er nicht vor
die Operation besonders garantiret oder dell credere stehet,
mit in das Faillissement verwickelt; und von solchem Verfah-
ren geben die Livorneser Negotianten zur Ursache an: daß sie
wegen eines geringen Nutzens von ⅛tel oder ½ pCt. Provision,
nicht für die Zeit stehen könnten, die die dortigen Gesetze denjenigen zur Zahlung bestimmten, die ihre Papiere kauften.

Wechselbriefe die hier bereits acceptiret sind, müssen auch
schlechterdings bezahlet werden, wenn sich der Acceptant nicht
als Faillit erklären will. Diejenigen aber die nach der Zeit
acceptiren, in welcher der Traffent bereits faillirt hat, bezahlen nach hiesigen Gesetzen nicht, wenn sie es nicht zur Ehre
eines Indossenten mit dem gewöhnlichen Interventions-Protest
thun wollen. Auf allen Fall deponiren sie also den acceptirten
Betrag bey den Gerichten bis zu ausgemachter Sache, und
sobald erwiesen ist, daß der fremde Traffent vor der Acceptation failliret hat, erhalten sie nach den Gesetzen die deponirte
Summa alsbald wieder zurück.

Die Wechsel-Course werden am Tage des Abgangs der Posten geschlossen. Den Montag auf die Päbstliche Staaten, Neapel, Sicilien und England; die Mittewoche auf Spanien und Genua; den Freytag auf Frankreich und England.

Die hiesigen Mäckler, die sowohl Wechsel als Waaren zugleich verschließen, sind an 180 bis 200; sie treiben ihr Geschäfte frey, und gelangen mittelst einer Vorstellung an den Großherzog leicht zu ihren Posten. Die Courtage ist für Wechsel und Versicherungen $\frac{1}{2}$ pro Mille von Geber und Nehmer, für Waaren aber ist solche von jedem Artikel insonderheit durch ein Edict vom 24. Januar 1769 bestimmet.

Seide Italienische wird hier gemeiniglich in Golde mit 2 pCt. Disconto, und Levantische in Silbergeld mit 3 pCt. Disconto verkauft.

London

und ganz England nebst Schottland, rechnet gewöhnlich nach Pfund zu 20 Schilling à 12 Penze, Sterling.

Verhältniß sämtlicher Englischen Rechn. Münzen, davon aber die Marks, Angels und Nobels, als alte ehemals würkliche Münzen, jetzt wenig mehr vorkommen.

Pound.	Marks.	Angels.	Nobels.	Shellings.	Penze.	Hapenys.	Farthings.
1	$1\frac{1}{2}$	2	3	20	240	480	960
	1	$1\frac{1}{3}$	2	$13\frac{1}{3}$	160	320	640
		1	$1\frac{1}{2}$	10	120	240	480
			1	$6\frac{2}{3}$	80	160	320
				1	12	24	48
					1	2	4
						1	2

Den Zahlwerth bestimmet die Cölln. Mark fein Gold zu $652\frac{9}{10}$, fein Silber zu $42\frac{6}{11}$ ßl. Sterl.

Würkliche Englische National-Münzsorten

in Golde:

5, 2 und 1fache, $\frac{1}{2}$be und $\frac{1}{4}$tel Guineen zu 105, 42, 21, $10\frac{1}{2}$ und $5\frac{1}{4}$ ßl. Sterl.

in Silber:

Ganze und $\frac{1}{2}$be Kronen zu 5 und $2\frac{1}{2}$ ßl. Sterl.

Ganze, $\frac{1}{2}$be, $\frac{1}{3}$tel, $\frac{1}{4}$tel, $\frac{1}{6}$tel und $\frac{1}{12}$tel Schillinge zu 12, 6, 4, 3, 2 und 1 pf. Sterl.

in Kupfer:

Hapenys und Farthings zu $\frac{1}{2}$ und $\frac{1}{4}$tel pf. Sterl.

Gold und Silber wird nach der Unze verkauft, und man
bezahlet m. od. w.

Gemünztes Standard-Gold 22 Kar. fein und Gold in Barren
zu 3⅞ Liv. Sterl.
Dergl. Standard-Silber, 14 Loth 14⅔ Grän fein, und Silber
· in Barren zu 5 ßl. 3½ pf. Sterl.
Alte Piaster zu 5 ßl. 2 pf. Sterling, neue Piaster 5 ßl. 1 pf.
Sterl. halten 14½ Loth fein, und 148 Unzen sind 145 Unzen
· Engl. Standard-Silber.
Gemünzt. Portug. Gold wird nur zu 21⅔ Karat fein geachtet,
und 352 Unzen betragen 351 Unzen Standard-Gold.
  Nota. 12 Unzen Standard-Gold sind gleich 11 Unzen fein Gold,
    und 120 Unzen Standard-Silber gleich 111 Unz. f. Silber.

London wechselt und giebt nach dem Gold- und
Silber-Pari auf

Altona à 1, 1½, 2, 2½ Uso von 1 Monat
  1 Liv. Sterl. für *34,18 ☉ 34,79 ☽ ßl. vls. Glesw. Holst. Bco.
Amsterdam und Rotterdam à 2 u. 2½ Uso von 1 Mon. nach Dato
  und auf Sicht
  1 Liv. Sterl. für *36,65 ☉ 38,19 ☽ ßl. vls. Holl. Bco.
Dublin à 21 Tage nach Sicht
  100 Liv. Sterl. für *108½ Liv. Sterl. ☉ und ☽.
Frankreich, Bourdeaux, Paris à ½ und 2 Uso von 1 Monat
  nach Dato und auf Sicht
  *28⅞ ☉, 28⅔ ☽ pf. Sterl. für 1 Ecû von 3 Liv. tourn.
Genua à Uso von 3 Monat
  *49,55 ☉, 46⅘ ☽ pf. Sterl. für 1 Pez. v. 115 S. fuor Bco.
Hamburg à 1, 1½, 2 und 2½ Uso von 1 Monat
  1 Liv. Sterl. für *33,54 ☉, 34,63 ☽ ßl. vls. Hamb. Bco.
Lissabon und Porto à 30 Tage nach Sicht
  *5,789 ☉, 4,929 ☽ ßl. Sterl. für 1000 Rees.
Livorno à Uso von 3 Monat
  *50½ ☉, 47,35 ☽ pf. Sterl. für 1 Pezze da otto.
Spanien, Bilbao, Cadix, Madrid à 1½ Uso vd. 90 Tag. n. Dato
  *38,59 ☉, 39,74 ☽ pf. Sterl. für 1 alt. Wechs. Piaster.
Venedig à Uso von 3 Monat
  *50,76 ☉, 49,39 ☽ pf. Sterl. für 1 Ducati Bco.

  Der Uso ist bey Wechselbriefen aus Deutschland, Holland,
Brabant 1 Monat, aus Spanien und Portugal 2 Mon., aus
Italien 3 Monat nach Dato des Briefes.

  Briefe die auf einige Tage Sicht, auf einen gewissen
Tag, und auf 1 und mehr Uso gestellet sind, haben 3 Respect-
Tage, an dessen letztem bezahlet oder protestiret werden muß.
Fällt der 3te Respecttag auf einen Feyertag, muß man den Tag
vorher protestiren. A Vista gestellte Briefe muß man bey der
Präsentation bezahlen oder protestiren lassen.

Englische Maaße und Gewichte.

Vom Ellenmaaße hält die Yarde $405\frac{1}{2}$, die Leinwand-Ell 506,₀. und die Boy- und Frieß-Gode 311 Franz. Lin.; 1ste ist $37\frac{1}{12}$, die 2te $71\frac{1}{2}$, und die 3te $5\frac{1}{18}$ pCt. länger denn die Berl. Elle.

Der Fuß (Foot) hat $1\frac{1}{3}$ Span, 3 Hand, 4 Palm, 12 Inches, 96 Parts, 120 Linien, 1200 Theile; er hält 135 Fr. Lin., und 34 Fuß thun 33 Rheinländ. Fuß. $16\frac{1}{2}$ Engl. Fuß gehen auf 1 Pearch oder Rod, 18 Fuß auf 1 Woodland Pole, und 21 Fuß auf 1 Forest Pole.

Von den Meilen gehen auf 1 Mittelgrad der Erde $69\frac{1}{8}$ gesetzmäßige, 73 gewöhnliche Londner, 60 Seemeilen und 20 Leagues.

Vom Land- oder Feldmaaß hält der Acre von 4 Fardingdeal 38376 Franz. □Fuß, die 1,586 Berliner kleine Morgen ausmachen.

Der *Load* oder Last Planken und Dielen enthält 600 □Fuß à 1 Zoll, 400 □Fuß à $1\frac{1}{2}$ Zoll, 300 □Fuß à 2 Zoll, 200 □Fuß à 3 Zoll, 170 □Fuß à $3\frac{1}{2}$ Zoll, 240 □Fuß à $2\frac{1}{2}$ Zoll, und 150 □Fuß 4 Zöllige.

Der *Load* Schiffs-Krumholz wird zu 50 Engl. Cubik-Fuß gerechnet.

Getraide, Korn-Mehl, Salz, Steinkohlen wird nach der Last von 2 Weys oder Tuns, 10 Quarters, 20 Combs od. Cornocks, 40 Strikes, 80 Bushels, 320 Peks, 640 Gallons, 1280 Pottles, 2560 Quarts, 5120 Pints verkauft. Der Bushel enthält 1801 Franz. Cubikzoll, und ist $52\frac{7}{32}$ pCt. kleiner denn der Berl. Scheffel.

Der Bushel Landmaaß von 4 Peks, hält 5 Peks Wasser-Maaß.

Der *Winchester Bushel* zu 8 Gallons hält 1778, der Weizen-*Firlot* aber $1810\frac{1}{2}$ Französische Cubikzoll. Der *Seam* Malz hat 8 Bushels.

Steinkohlen werden auf dem Revier der Themse nach dem Score zu 21 Chaldrohs, 84 Vatts, 1176 Bushels, 5880 Peks gemessen. Der Chaldron enthält 100856 Franz. Cub. Zoll oder $36\frac{2}{3}$ Berl. Scheffel. 10 Chaldrons in London und Yarmouth thun $7\frac{1}{2}$ Chaldrons in Neucastle. Der Keel von 8 Chaldrons in Neucastle hat 6 Score oder 120 Körbe, die 20 Tuns ca. wiegen, oder $9\frac{1}{2}$ Last in Hamb. ca. betragen.

Ein Hundred Salz hat 7 Last à 18 Barrels, 1000 Bushels aus Liverpol sollen 12 Last in Danzig betragen.

Vom Wein- und Brantwein-Maaß rechnet man die Tun zu 2 Pipes oder Butts, 3 Punchions, 4 Hogheads, 6 Tierces, 8 Barrels, 14 Rundlets oder Kilderkins, 252 Gallons, 504 Pottles, 1008 Quarts, 2016 Pints.

Der *Gallon* Wein, Oehl, und Trahn-Maaß hält 191 Fr. Cubikzoll oder 3¹⁄₁₀ Berl. Quart; die Wein-Pinte aber, 23⅗ Fr. Cubikzoll, ist 143 pCt. kleiner denn das Berl. Quart; die Schottische Pinte hält 82½ Franz. Cubikzoll, und ist 41¼ pCt. größer denn das Berl. Quart.

Die Oehl-Tonne wird zu 236 Gallons gerechnet, man verkauft aber Trahn, Hanf, Raep, und Lein-Oehl zu 252 Gallons pro Tonne.

Vom Bier-Maaß wird die Ale oder weiß ungehopftes Bier die Last zu 8 Hogsheads, 12 Barrels, 24 Kilderkins, 48 Firkins, 384 Gallons, 768 Pottles, 1536 Quarts, 3072 Pints, gehopftes Bier aber die Tun zu 2 Pipes oder Butts, 4 Hogsheads, 6 Barrels, 12 Kilderkings, 24 Firkings, 216 Gallons, 432 Pottles, 864 Quarts, 1728 Pintes gerechnet. Von beiden Sorten hält der Gallon 233 Franz. Cubikzoll oder 4¹⁄₁₀ Berl. Quart, und die Pinte von 29¼ Franz. Cubikzoll ist 99½ pCt. kleiner denn das Berl. Quart. Ein Bier-Firlot soll 2641¼ Fr. Cubikzoll oder 45½ Berl. Quart halten.

Beym Handels-Gewicht wird 1 Tun zu 20 Hundret od. Centner, 80 Quarters und 2240 Pfund *Avoir du pois* Gewicht gerechnet. Dieses Pfund hält 16 Unzen, 256 Drams, 1024 Quarters und 9439 Holländ. As, ist also 3²⁄₂₇ pCt. leichter als das Berl. Pfund.

Beym Wollwiegen wird 1 Last zu 12 Saks, 24 Weys, 156 Tods, 312 Stones, 624 Cloves od. Nails und 4368 Pfd. Avoir du pois Gew. gerechnet. Das Pack Wolle ist 240 Pfd.

1 Tun oder Fudder Bley zu London und Hull hält 19½, in Rollen 20 Hundred, zu Neucastle 21, zu Stockton 22 Hundreds.

1 Seam Glas hat 24 Stone à 5 Pfund. 1 Stein Fleisch 8 Pfund. 1 Last Pulver 24 Tonnen à 100 Pfund.

Der Engl. Hundred oder Centner Avoir du pois Gew. rendiret circa 108⁸⁄₁₀ Pfund in Berl., wenn sich aber bey den aus London kommenden Gütern ein Unterschied in der Tara oder Trett findet, nur 100, 101 oder auch 111, 112 Pfund.

Das Seidengewichts-Pfund von 24 Unzen, Königs-Gewicht genannt, hält 14158 Holl. As, und ist 45½ pCt. schwerer denn das Berl. Pfund.

Gold, Silber, Geld, Jouvelen, Perlen, Brodt, Getraide und allerley Liqueurs, werden mit *Troy*-Gewicht gewogen, davon das Pfund 12 Unzen, 240 Pennyweights, 5760 Grains à 20 Mites à 24 Droits à 24 Periots à 24 Blanks oder 7766 Holl. As hält, und 119 Pfund Engl. Troy-Gewicht betragen 190 Mark Cöllnisch.

Beym Probiren wird das Trois-Pfund zu 24 Karat à 4 Grains à 4 Quarts fein Gold, und zu 12 Unzen à 20

-1

Pfenniggewicht fein Silber gerechnet. Verarbeitetes Silber hält 10½ Unzen oder 14⅔ Loth fein.

Jouvelen und Perlen werden nach Karat zu 4 Grän oder nach ganzen, ½ben, ¼tel, ⅛tel, 1/16tel, 1/32tel, 1/64tel Karat gewogen; 1127 Karat = 1 Mark Cölln.

Apotheker-Gewicht ist das Trois-Pfund von 12 Unzen, 96 Drachmas, 288 Scrupel, 5760 Grains = 7766 Holl. As.

Von zählenden Güthern kommen vor:

1 Hundert Stockfisch, Klipfisch rc. zu 124 Stück.
1 Last Hering zu 12 Faß à 10 Hundert à 120 Stück.
1 Binde zu 10 Stricke à 25 Aale.
1 Timber oder Zimmer zu 40 Stück Rauchwerk.
1 Hundert Häute zu 5 Score à 20 Stück.
1 Last gemeine Häute zu 20 Dicker à 10 Stück.
1 Dicker oder Dächer Handschuh zu 10 Paar.
1 Rolle Pergament zu 5 Dutzend à 12 Felle oder 60 Felle.
1 Ballen Pappier zu 10 Rieß à 20 Buch à 24 und 25 Bogen.

Die Anno 1694 errichtete Londner Bank ist eine allgemeine Casse des Englischen Publikums, von sehr großem Credit; Privatpersonen legen allhier freywillig Gelder ein, und nehmen sie wieder heraus, wenn es ihnen beliebet. Die Bank giebt zwar für die eingebrachten Gelder keine Zinsen, sie nimmt aber auch nichts für ihre Bewahrung, und zahlet solche auf Erfordern, entweder durch baar Geld, oder durch Ab- und Zuschreiben von des einen Rechnung auf die andere, oder am gewöhnlichsten durch Banknoten, so gleich dem baaren Gelde rouliren, und ohne die geringste Abkürzung alsbald realisiret werden, sogleich wieder zurück. Die Gelder der Bank werden dadurch genutzet, daß man sie entweder dem Staate vorstrecket, oder damit Obligationes und Wechselbriefe, die in London zahlbar, und höchstens noch 2 Monat zu laufen haben, zu einem festgesetzten Preise, ausschließungsweise discontiret, oder auch damit den Gold- und Silberhandel treibet. Der Gewinn der Bank stehet den Actionisten zu, worunter sowohl die Proprietors oder Eigenthümer zu verstehen, welche zuerst den Fond dieser Bank gemacht haben, und deshalb außer den Bank-Privilegien, noch 8 pCt. jährlicher Zinsen davon genießen, als auch den andern Creditores, so außer den vorigen nachher ihr Geld eingebracht, oder an die Bank Forderung bekommen, und ihre Casse in der Bank haben. Uebrigens werden die Actien dieser Bank wie andere Handels-Compampaquie-Actien nach Beschaffenheit der Umstände steigend und fallend verkauft, und die niedrigsten Banknoten sind von 5 Liv. Sterling.

L'Orient,

L'Orient, f. Frankreich.

Lucca,

eine kleine Italienische am Mittelländischen Meere gelegene Republik, rechnet gewöhnlich nach

Lire zu 20 Soldi à 12 Denari di Lira;

verschiedene aber führen ihre Rechnungen nach

Scudi d'oro zu 20 Soldi à 12 Denari d'oro.

Verhältniß sämtlicher hiesiger Rechnungsmünzen.

Scudi d'oro,	Lire.	Soldi d'oro.	Soldi di Lira.	Denari d'oro.	Quatrini.	Denari di Lira.
1	$7\frac{1}{2}$	20	150	240	450	1800
	1	$2\frac{2}{3}$	20	32	60	240
		1	$7\frac{1}{2}$	12	$22\frac{1}{2}$	90
			1	$1\frac{3}{5}$	3	12
				1	$1\frac{7}{8}$	$7\frac{1}{2}$
					1	4

Den Zahlwerth bestimmet die Cölln. Mark fein Silber zu 9,099 Scudi d'oro und 68½ Lire.

Würkliche Luccasche Nationalmünzen.

Goldne

Pistolen oder Doppien, 114 Grani schwer, zu 22 Lire.

Silberne

Ganze, ½be, ⅓tel, ¼tel Scudi, 540, 288, 188, 113 Grani schwer, zu $7\frac{1}{2}$, $3\frac{1}{2}$, $2\frac{1}{2}$, $1\frac{1}{2}$ Lire.

Lire, so fast ganz außer Umlauf, und davon kein Gepräge mehr zu kennen. Ganze, ½be und ⅓tel Barboni oder Grossi zu 12, 6, 3 Soldi.

Kupferne

Bolognini zu 6, Soldi zu 3, Duetti zu 2, halbe Soldi zu $1\frac{1}{4}$ Quatrini, und 1 Quatrini-Stück.

Von fremden Münzsorten gelten hier m. od. w.

In Golde:

Deutsche Ducaten	14 Lire	6 Soldi.
Franz. Schildlouisd'or	30 —	8 —
neue Louisd'or	29 —	$6\frac{2}{3}$ —
Genueser Zecchinen	14 —	8 —
Holländ. Ducaten	14 —	6 —
Päbstl. Zecchinen	14 —	6 —
neue Pistolen	20 —	18 —

J

Savoj. Zecchinen	14 Lire	8 Soldi.	
Toscanische Rusponi	44 —	—	
Zecchini Gigliati	14 —	$13\frac{1}{3}$ —	
Venet. Zecchinen	14 —	$13\frac{1}{2}$ —	

Silberne

Deutsche Conventions-Speciesthaler .	6 —	$19\frac{1}{3}$ —
Franz. Laubthaler	7 —	14 —
Päpstl. Scudi	6 —	$19\frac{1}{3}$ —
Testoni	2 —	—
Papeti	1 —	$6\frac{2}{3}$ —
Paoli	—	$13\frac{1}{3}$ —
Span. alte Piaster mit Säulen	6 —	$19\frac{1}{3}$ —
neue dergl.	6 —	17 —
Toscan. Francesconi	7 —	$6\frac{2}{3}$ —
Testoni	2 —	4 —
Lire	1 —	2 —
Paoli	—	$14\frac{2}{3}$ —

Die Römischen vor Benedict. XIV. oder 1740 geschlagene Testoni und Paoli, werden den Toscan. gleich gehalten, doppelte, $\frac{1}{2}$be, $\frac{1}{4}$tel u. s. w. der gedachten Münzsorten gelten nach Verhältniß.

Wechsel- und andere Handels-Geschäfte werden über Livorno vollzogen, deshalben auch hier der Uso und was sonst zu Wechselgeschäften gehört, wie in Livorno anzunehmen ist; man hat dabey die Livorn. Pezza zu 6 Lire $6\frac{1}{2}$ Soldi di Lucca festgesetzet, jedoch ist darunter nicht der veränderliche Agio begriffen, den die Goldmünzen gegen Silbergeld in Livorno genießen.

Die auf Lucca gezogenen Wechselbriefe werden bey Ermangelung der Landesmünzen, die überhaupt nicht häufig und zum Theil alt sind, mehrentheils durch Toscanische bezahlet, andere Sorten kann man hierbey ausschlagen.

Maaße und Gewichte.

Die Elle oder *Braccio* hält $263\frac{2}{3}$ Franz. Linien, und ist $12\frac{1}{18}$ pCt. kürzer denn die Berl. Elle.

Der Getraide-*Staja*, von 1236 Französ. Cubikzoll, ist $121\frac{1}{6}$ pCt. kleiner denn der Berl. Scheffel.

Das Oehl-Gewicht, *Coppo* von 24 Pfund Peso grosso wiegt circa $188\frac{1}{2}$ bis $192\frac{7}{15}$ Pfund Berliner. Das Pfund *Peso grosso* von 11 gewöhnl. Pfd. aber $7\frac{7}{8}$ Pfund Berl. circa.

Das Handelsgewichts-Pfund zu allen andern Waaren, womit auch Gold und Silber gewogen wird, hat 12 Unzen, 288 Denari, 6912 Grani, und soll nach einigen 6962 und andern 7030 Holl. As wiegen; es wäre also $40\frac{1}{12}$ oder $38\frac{1}{12}$ pCt.

leichter denn das Berl. Pfund, und 43⅓ oder 44₁⅓³ pCt. schwerer denn die Cölln. Mark.

Seidenwaaren werden hier so wie in Florenz nach dem Gewicht verkauft, und 888½ hiesige Bracci haben ehemals 78 Pfund 7 Unzen gewogen.

Lucern,

eine Schweitzer-Stadt und Canton, rechnet gewöhnlich nach Gulden zu 40 Schillinge oder zu 60 Kreuzer.

Verhältniß sämtlicher hiesigen Rechnungsmünzen.

Krone.	Gulden.	Pfund.	Batzen.	Schillinge	Kreuzer.	Rappen.	Angster.	Heller.
1	2	4	30	80	120	320	480	960
	1	2	15	40	60	160	240	480
		1	7½	20	30	80	120	240
			1	2⅔	4	10⅔	16	32
				1	1½	4	6	12
					1	2⅔	4	8
						1	1½	3
							1	2

Den Zahlwerth bestimmet die Cölln. Mark fein Silber zu 26,64 fl.

Würkliche Lucerner Münzsorten sind

in Golde:

2, 1fache und ½ Ducaten, den 1fachen zu 4 fl. 12 bis 13 fl.

in Silber:

Ganze, ½be und ¼tel Thaler oder Kronen, nebst alten Gulden. 10, 5 und 1 Batzen-Stück, nebst ½ben Batzen-Stücken. 10, 5 u. 1 Schilling-Stück, nebst ½ben Schillingen u. Kreuzern.

in Kupfer:

Rappen und Angster.

Gewicht.

Das Handelsgewichts-Pfund von 10391 Holländ. As ist 6⅔ pCt. schwerer denn das Berl. Pfund.

Lübeck,

eine Niedersächsische Reichs-, See- und Handelsstadt ohnweit
der Ostsee, rechnet gewöhnlich wie Hamburg nach
Mark zu 16 Schillinge à 12 Pfennige Lübisch.
Der Reichsthaler aber hat 3 Mark oder 48 Schillinge Lübisch.

Der Zahlwerth ist allhier der Lübische Courent-Fuß,
die Cölln. Mark fein Silber zu 34 Mark oder 11½ Rthlr. gerechnet.

Würkliche Münzsorten der Stadt sind
in Golde:

10, 5, 2, 1fache, ½be und ¼tel Ducaten, den 1fachen zu 14⅘
Mark circa.

in Silber:

Alte Speciesthaler nach dem Leipziger Fuß zu 3 Mark 11 ßl.
Courent ca.

Neue seit 1726 und 52 n. d. Lübischen Fuß ausgeprägte 3, 2,
und 1 Mark-Stück, 8, 4, 2 und 1 Schillingstück.
Sechslinge und Dreylinge zu 6 und 3 Pfennige.

Fremde Münzsorten

sind und coursiren auf eben die Art wie in Hamburg; die
Cölln. Mark fein Silber kostet 33½ Mark m. od. w.

Lübeck wechselt und giebt nach dem Silberpari auf
Amsterdam *116⅓ rthlr. Cour. für 100 thlr. Holl. Cour.
Hamburg *122⅔ rthlr. — — 100 rthlr. Hamb. Bco.
oder *100 rthlr. — — 100 rthlr. Hamb. Courent.

Man wechselt indessen gemeiniglich nach den Hamburger
Preisen oder Coursen, sehr selten aber geradezu nach andern
Orten, außer nach Amsterdam. Wenn aber von andern Orten
auf Lübeck trassiret wird, werden die Briefe durch die Ham-
burgische Bank zu zahlen gestellet, zu welcher Bezahlung sodann Lübeck und Hamburg die nöthige Anschaffung, nach vorgedachten Preisen machet.

Respecttage sind in Lübeck nach dem Verfalltage noch 10,
darunter Sonn- und Festtage eingeschlossen werden.

Maaße und Gewichte.

Von Längenmaaßen wird die Ruthe zu 8 Ellen, 16 Fuß
und 192 Zoll gerechnet.

Die Elle hält 255⅓ Franz. Lin. und ist 15 ¹⁰⁄₁₀ pCt. kürzer
denn die Berl. Elle.

Der Fuß hält 129 Französ. Linien, und 55 Lüb. thun 65
Rheinländ. Fuß.

Die Lübische Meile ist der Deutschen Geographischen
gleich, davon 15 auf den Grad gehen.

Land- oder Feldmaaß wird nach Lasten zu 96 Scheffel gerechnet. Der Scheffel erfordert 60 bis 80 u. mehr ☐Ruthen.

Vom Holzmaaß hat der Faden 6 Fuß 9½ Zoll Länge und Höhe.

Vom Getraidemaaß wird die Last zu 8 Drömt, 24 Tonnen, 96 Scheffel, 384 Fäßer gerechnet. Der Rocken- und Waitzen-Scheffel hält 1684 Franz. Cubikzoll und ist 62⅟₅ pCt. kleiner denn der Berl. Scheffel. Der Hafer-Scheffel aber hält 1978 Franz. Cubikzoll und ist 38⅟₂ pCt. kleiner als der Berliner.

Malz wird mit dem Rockenscheffel, aber gehäuft, gemessen, welches 16⅔ pCt. differiret. Hopfen wird nach Schiff- und Lispfund gewogen.

Von Wein- und Getränkmaaßen rechnet man 1 Fuder zu 6 Ahm, 120 Viertel, 240 Stübgen, 480 Kannen, 960 Quartier, 1920 Planken, 3840 Ort. Das Quartier hält 45⅘ Franz. Cubikzoll und ist 27⅟ pCt. kleiner denn das Berl. Quart.

Das Faß Bier hält 168 Quartier, und Brantwein wird zu 30 Viertel oder 60 Stübgen verkauft.

Das Handels-Gewicht ist dem Hamburger ganz gleich, das Pfund aber wiegt nur 10059 Holl. As, und ist 3⅞ pCt. schwerer denn das Berl. Pfund.

Gold- und Silber-Gewicht ist die Cölln. Mark; verarbeitet Silber hält 12½ Loth fein und ist mit dem doppelten Adler bezeichnet.

Die Tonne rauh Honig, Butter bucket Band, und Lüneburger Salz, desgleichen das Faß Osendmund hält 1 Schiffpfund zu 20 Lispfund à 14 Pfund oder zu 280 Pfund.

Das Schiffpfund zur Fuhre wird allhier sowohl zu 20 Lispfund à 16 Pfund, mithin zu 320 Pfund, als auch zu 23 Lispfund à 14 Pfund, folglich zu 322 Pfund gerechnet.

Das Schiffpfund Federn wird zwar ebenfalls zu 20 Lispfund à 16 Pfund oder zu 320 Pfund gerechnet; man wieget aber die Säcke mit.

Die Tonne Butter schmal Band hat 224 Pfund netto.

Die Pipe Oehl rechnet man zu 820 Pfund netto wie in Hamburg.

Von zählenden Gütern

kommen hier Riepen Schullen, Rollen Stock- oder Rundfisch und Wall vor.

Bey dem Holzhandel wird das Hundert Bretter oder Dielen zu 10 Zwolfter à 12 Stück oder 120 Stück gerechnet.

Lüneburg,

im Chur-Braunschw. Fürstenthum Lüneburg in Niedersachsen, rechnet gewöhnlich nach

Reichsthaler $\Big\{$ zu 36 Mariengroschen à 8 Pfennige, oder
$\quad\quad$ zu 24 gute Groschen à 12 Pfennige.

Verhältniß sämtl. hiesiger Rechnungsmünzen.

Reichs-thaler.	Gute Groschen.	Schwere Schillinge.	Marien-Groschen.	Leichte Schillinge.	Mathier.	Witten.	Pfennige.	Scheffe.
1	24	32	36	48	72	96	288	768
	1	1⅓	1½	2	3	4	12	32
		1	1⅛	1½	2¼	3	9	24
			1	1⅓	2	2⅔	8	21⅓
				1	1½	2	6	16
					1	1⅓	4	10⅔
						1	3	8
							1	2⅔

Der Zahlwerth dieser Rechnungsmünzen ist wie in Hannover, daselbst auch die würklichen Landesmünzsorten, Maaße und Gewichte der sämtl. Chur-Braunschw. Lande angeführet sind.

Nur in Ansehung des Lüneb. Getraide-Maaßes wird der Wispel Rocken, Weitzen, Erbsen ꝛc. zu 20 Scheffel, 40 Himten, 160 Spint gerechnet; der Himt hat aber eben die Größe wie in Hannover.

Eine Tonne Lüneburger Salz wiegt 1 Schiffpfund Salz, und hält 6 Himt.

Vom Handels-Gewicht ist 1787 das Schiffpfund zu 20 Lispfund à 16 Pfund, und

100 Pfund aus Hamburg mit 99½ $\Big\}$
100 - - Braunschweig - 95½½ $\Big\}$ Pfund in Lüneburg
100 - - Leipzig - 95⅞ $\Big\}$ gleich gesetzet
100 - - Nürnberg - 104⅝ $\Big\}$ worden.
100 - - Wien - 114½ $\Big\}$

Verarbeiter Silber hält 12 Loth fein, und ist mit einem Löwen bezeichnet.

Lüttich oder Luyck,

Verviers, Spaa, in Westphalen, desgl. Mastrich, welches Holland mit dem Hochstifte Lüttich gemeinschaftlich zuständig, rechnet gewöhnlich nach
Gulden zu 20 Stüver à 16 Pfennige;
auch wird der Stüver zu 4 Ortjes, Liards od. Aidans gerechnet.

Verhältniß sämtl. hiesiger Rechn. Münzen.

Reichsthaler.	Gulden.	Schillinge.	Stüver.	Ort.	Pfennige.
1	4	8	80	320	1280
	1	2	20	80	320
		1	10	40	160
			1	4	16
				1	4

Den Zahlwerth bestimmet die Cölln. Mark fein Silber zu 42,168 Gulden und 10,542 Reichsthaler oder Patagons.

Würkliche Landesmünzen sind
in Golde:
Ducaten zu 8½ fl. oder 17 sl., und darüber.
in Silber:
Patagons oder Thaler zu 82½ Stüver oder 8¼ fl.
Ganze und ½be Schillinge zu 10 und 5 Stüver.

Von fremden Münzsorten
sind Anno 1751 folgende nachstehendermaaßen festgesetzet:
Goldne
Brabanter Souverains . . . . 25½ fl.
Engl. Guineen und Franz. Schildlouisd'or . . . 19 —
Alte Franz. Louisd'or . . . . 15½ —
Span. Pistolen . . . . 15¼ —
Ducaten . . . . 8½ —
Silberne
Ducatons . . . . 5¼ —
Franz. Laubthaler . . . . 4¼ —
Span. Patagons und Holländ. Courentthaler 4 fl. 2½ Stüver.

Lüttich wechselt und giebt nach dem Silberpari auf
Amsterdam . . . 173 fl. . für 100 fl. Holl. Cour.
Antwerpen u. Brüssel 101⅝ Patag. für 100 thlr. Wechs. Geld.
Paris . . . . 47½ Stüv. für 1 Ecû v. 3 Liv. tourn.

Maaße und Gewichte.
Die Elle hält 244½ Franz. Lin. und ist 20⅝ pCt. kürzer
denn die Berl. Elle.
Der Fuß hält 127½ Franz. Lin. und ist 9⅝ pCt. kürzer
denn der Rheinländ.

Vom Getraidemaaß wird die Laſt zu 96 Setiers à 1509 Franz. Cubikzoll gerechnet, der Setier iſt alſo 81½ pCt. kleiner denn der Berl. Scheffel.

Das Handelsgewichts-Pfund wiegt 9884 Holländ. As und iſt 1½ pCt. leichter als das Berl. Pfund.

Luxemburg,

Deſterr. Antheils an dieſem Niederländiſchen Herzogthum, rechnet gewöhnlich wie Antwerpen nach

Gulden zu 20 Stüver à 12 Deniers oder 16 Pfennige.

Der Zahlwerth aber iſt 10 pCt. ſchlechter als Brabant. Courent, und wird durch die Cölln. Mark fein Silber zu 32,014 Gulden beſtimmet.

Der Getraide-Malter hält 9632 Franz. Cubikzoll, oder circa 3½ Berl. Scheffel.

Madrid,

die Hauptſtadt von Neucaſtilien und ganz Spanien, rechnet gewöhnlich nach der unter Spanien beſchriebenen Caſtillianiſchen Währung, in

Reales zu 34 Maravedis de Vellon,

zuweilen auch in

Reales zu 34 Maravedis de platta,

und bey dem Königl. Finanzweſen nach

Escudos zu 10 Reales de Vellon.

Es vergleichen ſich 6000 Real de Vellon mit 289 Span. Wechſ. Ducados, und 1024 Real de Vell. mit 17 alte Wechſ. Piſtolen, 68 alte Wechſ. Piaſter und 544 alte Silb. Reales.

Der Zahlwerth der Cölln. Mark fein. Silber iſt 193¼ Real de Vellon, 102⅔ Real de platta, 19 7/20 Escudos de Vellon, ſ. Spanien.

Würkliche Spaniſche Münzſorten, Wechſelarten auf Amſterdam, Genua, Liſſabon, London und Paris auf 1 und 1½ Uſo von 60 u. 90 Tage nach Dato. Uſo und Reſpecttage ſind unter Spanien bemerket.

Maaße und Gewichte

ſind die unter Spanien bemerkten Caſtillianiſchen, davon ſich eine kurze Vergleichung unter Cadix befindet.

Die Spaniſche den 2. Juny 1782 zu Madrid errichtete Nationalbank St. Carlos, enthält 150000 Actien von

1000 Reales de Vellon an Capital, Die Geschäfte dieser Bank sind folgende:

1) Man kann bey selbiger Wechselbriefe, Anweisungen und Staatspapiere gegen 4 pCt. discontiren.

2) Leistet sie alle Zahlungen auf Rechnung des Hofes gegen 1 pCt. Provision.

3) Verschaft sie die Bedürfnisse des Span. Kriegsheeres gegen 10 pCt. Provision.

4) Diese Bank giebt auch Noten aus, welche im Reiche dem baaren Gelde gleich umlaufen sollen, und davon die niedrigsten zu 200, die höchsten aber zu 1000 Reales de Vellon eingerichtet sind.

5) Das ausschließende Recht, Geld auszuführen, hat diese Bank ebenfalls gehabt; Anno 1788 aber soll die Piaster-Ausfuhre gegen 3 pCt. Zoll dem Publiko wieder seyn frey gegeben worden.

Magdeburg, wie Berlin.

Mailand oder Milano,

im Oesterreichischen Italien, rechnet gewöhnlich nach
Lire zu 20 *Soldi* à 12 *Denari*;

deren Zahlwerth bey Bestimmung einiger Wechselpreise Valuta imperiale, den Filippo zu 106 Soldi, und die Cöllnische Mark fein Silber zu 47,7 Lire imperiale gerechnet; im gemeinen Handel und Ausgaben aber Valuta corrente, den Filippo zu 150 Soldi u. die Cölln. Mark fein Silber zu 67½ Lire corr. gerechnet, ist.

Von würklichen Mailändischen Nationalmünzen sind nach dem Edict v. 25. Jan. 1786, folgende zu beygefügtem Gewicht und Werth in Courent-Valuta:

	Grani.	Lire.	Soldi.
Goldne			
Souverains nach Brabant. Fuß . .	217⅝	45	—
Pistolen neue Mailändische	123	25	3
Dergl. doppelte	246	50	6
Zecchinen Mailänd. nebst Ungarischen und			
Kaiserl. Ducaten	68¹¹⁄₂₄	15	4
Silberne			
Ducatons, 2, ½fache und ⅛be, der ½fache	624	8	12
Filippi	546	7	10
Scudi ganze und ½be, der ganze . .	453¹⁄₁₂	6	—

J 5

	Grani.	Lire.	Soldi.
Alte Lire ganze und ½be, die ganze	72	1	—
Neue ganze, ½be und ¼tel, die ganze	122⅔	1	—
Ganze und ½be Kronenthaler nach Brab. Fuß, der ganze	579⅝	7	10
Ganze und ½be Conventions-Speciesthlr. der ganze	550 5/12	6	15
2 u 1fache Parpajole Sch. Mz. die 2fache	—	—	5

Kupferne

Ganze und ½be Soldi, Quatrini und Sizaini zu 12, 6, 3 und 2 Denari.

Für jedes fehlende Gran soll bey den Ducaten 4½ und bey andern Goldsorten 4 Soldi vergütet werden, was bey erstern 3 und bey den andern 4 Grani zu leicht, darf gar nicht umlaufen.

Pappiergeld bestehet in Wiener Banknoten von 1000, 500, 100, 50, 25, 10, 5 Gulden.

Von fremden Münzsorten

werden die Goldmünzen nach dem Edict vom 25. Jan. 1786 blos als eine Handelswaare betrachtet, welche nach der hiesigen rauhen Mark in Courent folgendergestalt bezahlet werden:

	Lire.	S.
Florent. Venet. Genues. und Milan. Zecchinen	1020	2
Kaiserl. Kremnitz. Salzburg. Bayersche Ducaten und Savoysche Zecchinen	1007	14
Holl. u. Deutsche Ducaten, Röm. u. Parma Zecchinen	1000	12
Souverains, Port. Goldmünzen, Engl. Guineen, Röm. Bologn. und Genueser neue Pistolen oder Doppien	936	14
Alte Florent. Genues. u. Fränz. Pistolen, desgl. neue und alte Milanes. und Mant.	929	12
Neue Savoysche Pistolen.	926	—
Franz. und alte Savoysche und Römische, Spanische geschlagene und gerändete Pistolen nebst Gold-Piastern von Ferdinand VI.	922	10
Alte Bologn. Pistolen u. Span. Goldpiaster v. Carl III.	908	6
Neapolitanische Onzes	876	8

Die fremden Silbermünzen haben nach dem Edict vom October 1778, und April 1779 folgendes Gewicht u. Werth in Courent:

	Grani.	Lire.	Soldi.
Französische Laubthaler	578	7	11
Genues. Genovinen	752	10	7
Scudi di St. Giov. Baptista	408	5	8
Mantuan. ganze u. ½be Ducatoni, der ganze	624	8	9
Modenaer neue Scudi	558	7	2
Röm. Ducatoni vor Clem. XI.	624	8	2½
Testoni vor Clem. XI.	174	2	5

	Grani.	Lire.	Soldi.
Savoy. ganze, ½, ¼, ⅛ neue Scudi, der ganze	689	9	—
Alte Scudi	586	7	12½
Ducatoni	624	8	9
Span. alte Piaster mit Säulen u. Globen	528	6	18
neue Piaster	528	6	17
Toscan, Ducatoni	612	8	7
Livornini della Torre	532	7	—
, della Roza	510	6	12½
Tallari	552	6	13
Scudi	534	7	2
Venet. Ducatoni	620	8	8½
Giustini	546	7	7

Für jeden fehlenden Denar oder 24 Grani Gewicht, soll bey Span. Piastern 6½, bey Röm., Savoy., Genues., Franzöf., Burgund., Bolognes. und Deutschen Münzen 6½, und bey Milanesischen, Venetian., Florentin. und Mantuanischen Münzen 6½ Soldi vergütet werden; Stücke aber, so über 2 Denari zu leichte, werden ganz ausser Umlauf gesetzet.

Die Silberpreise für die Mailändische Mark fein Silber, wie solche nach gedachtem Edict von 1778 im hiesigen Münzhause bezahlet werden, sind nach Beschaffenheit des Gehalts 66, bis 66 Lire 13 Soldi Courent.

Mailand wechselt u. giebt nach dem Silberpari auf

Amsterdam . . .	* 55⅔	Soldi corr. für	1 fl. Holl. Bco.
Augsburg und Wien	* 67½	dergl. .	1 rfl. Cour.
Genua	* 86¼	dergl. .	4 Lire fuori Bco.
Livorno	*125½	dergl. .	1 Pezza da otto.
London	* 31⅔	Lire Cour.	1 Liv. Sterl.
Lyon, Payem. u. Paris	* 53⅓	Soldi imp.	1 Ecû v. 3 Liv. tourn.
Rom	*141½	Soldi corr.	1 Scudo Rom.
Venedig	* 84¼	dergl. .	1 Duc. corr.

Der Wechsel, Uso

ist nach einer Declaration der hiesigen Kaufmanns-Kammer, so durch den Senat den 10. Febr. 1762 bestätiget, und den 22. May 1762 publiciret worden, folgendergestalt bestimmet:

Für Spanien, Holland und Flandern, 2 Monat nach Dato des Briefes.

Für Deutschland, Päbstliche und Toscanische Staaten ausser Livorno, 15 Tage nach Sicht.

Für Frankreich und Savoyen, 1 Monat nach Dato.

Für Neapolis, Sicilien, 20 Tage nach Sicht.

Für Livorno, Genua, Piemont und die ganze Lombardie, 8 Tage nach Sicht.

Für die Stadt Venedig 20, andere Venetianische Oerter aber 10 Tage nach Dato.

Der Monat soll beständig zu 30 Tage gerechnet werden, und die Verfallzeit der Wechsel, à Uso oder anders bestimmet, wird vom Tage der Ausstellung des Wechsels angenommen, ohne auf die Festtage zu achten.

Nach dem Verfalltage genießen die Wechselbriefe noch drey Respecttage; indessen sind diese Respecttage nur für den Inhaber in so ferne bewilliget, daß er die Freyheit hat innerhalb derselben, wegen Mangel an Zahlung, protestiren zu lassen. Die à Vista gestellten Wechsel aber haben keine Respecttage.

Die Acceptation der Wechsel kann alle Tage im Jahre nur Sonn= und Festtags nicht geschehen, an diesen kann man auch nicht protestiren lassen.

Maaße und Gewichte.

Die Elle Braccio hält seit 1785, 260 Franz. Lin., und ist 13$\frac{11}{12}$ pCt. kürzer als die Berl. Elle.

Der Fuß hält 176 Fr. Lin. und 34 thun 43 Rheinl. Fuß.

Von den Meilen der Lombardie gehen 67$\frac{1}{2}$ auf 1 Grad der Erde.

Vom Land= od. Feldmaaß hält die Pertica von 24 Tavole oder 96 ☐Cavezzi 0,29454 Berl. kleine Morgen.

Vom Getraidemaaß wird 1 Mina zu 14 Rubbi, 28 Moggi od. Sacci, 224 Staja oder Stari und 448 Starelli à 2 Quartari gerechnet. Der Stara enthält 872 Franz. Cubikzoll und 314$\frac{3}{5}$ derselben betragen 100 Berl. Scheffel.

Die *Carga* Hafer hält 9 Staja, die *Soma* Reiß hält 12 Staja und wieget 230 Pfund peso grosso.

Vom Weinmaaß rechnet man 1 Brenta zu 3 Stara, 6 Mines, 12 Quartari, 48 Pintes, 96 Boccali. Die Pinte hält 75 Fr. Cubikzoll und ist 29$\frac{5}{8}$ pCt. größer als das Berl. Quart.

Der Oehl=*Rubbio* von 25 Pfund à 32 Unzen wiegt circa 46$\frac{2}{3}$ Pfund Berl.

Vom Handelsgewicht hält das Pfund *Peso grosso* von 4 Quart, 28 Unzen oder 15674 Holl. Aß; das Pfund *Peso sottile* aber 12 Unzen oder 6699 Holl. Aß, ersteres ist 60$\frac{1}{2}$ pCt. schwerer und zweites 45$\frac{11}{12}$ pCt. leichter denn das Berl. Pfund.

Vom Gold= Silber= und Münz=Gewicht hält die Mark 8 Unzen, 192 Denari, 4608 Grani, und wieget 4893 Holländ. Aß, ist also $\frac{1}{5}$ pCt. schwerer denn die Cölln. Mark.

Bey dem Probe=Gewicht wird die Mark zu 24 Caratts à 24 Partes fein Gold, und zu 12 Denari à 24 Grani fein Silber gerechnet.

Von öffentlichen Handelsanstalten ist zu bemerken:

1) Camera di Mercanti, eine Art von Handelsgericht.

2) *Monte di St. Therese,* ein altes Leihhaus, darinne bis zu $\frac{1}{4}$ Ballot Seide wenigstens, auf $\frac{3}{4}$tel des Werths, zu

4½ pCt. Zinſen für Landſeide und zu 5 pCt. für fremde Seide auf 1 Jahr belehnet wird.

3) *Imperiale Regia caſſa delle cedole del Banco di Vienna nella Lombardia Auſtriaca*, ein ſeit 1786 errichtetes Inſtitut, welches die Wiener Bankzettel für die ganze Oeſterr. Lombardie gegen baar Geld ausgiebt, und wieder einlöſet.

Majorca oder Mallorca,

eine Span. Inſel des Mittelländiſchen Meeres mit der Hauptſtadt Palma, rechnet gewöhnlich nach

Libras zu 10 *Reales* oder 20 *Sueldos* à 12 *Dineros.*

Verhältniß ſämtlicher Rechnungs-Münzen der Span. Majorcan. Währung.

Libra.	Reales major.	Sueldos.	Trefetas.	Dobleros.	Dineros.	Mallas.
1	10	20	40	120	240	480
	1	2	4	12	24	48
		1	2	6	12	24
			1	3	6	12
				1	2	4
					1	2

Der Zahlwerth wird durch die Cölln. Mark fein Silber zu 14²³⁄₃₃ Libras oder 145³⁄₃₃ Majorc. Reales beſtimmet.

Vergleichung der Majorcan. und Caſtillian. Rechnungs-Münzen.

Majorcan. Währung.
$\left\{\begin{array}{l}384 \text{ Major Libras mit } 85 \text{ alte Wechſelpiſtolen} \\ 96 \text{ dergleichen} = 85 \text{ alte Wechſelpiaſter} \\ 289 \text{ dergleichen} = 45 \text{ Wechſel-Ducados} \\ 24 \text{ Major Reales} = 17 \text{ alte Silber-Reales} \\ 3 \text{ dergleichen} = 4 \text{ Reales de Vellon}\end{array}\right\}$ Caſtillian. Währung.

Von den würklichen Spaniſchen Gold- und Silber-Münzen gilt die einfache Piſtole 6 Libras, der Piaſter 1½ Libra, und ſo die andern nach Verhältniß; gemeiniglich aber zahlet man noch auf die Goldſorten einen geringen Agio, z. B. auf die Piſtole 5 Dineros u. ſ. w.

Maaße u. Gewichte.

Die Elle oder *Cana* von 8 Palmos hält 795,6 Fr. Lin. oder 2,691 Berl. Ellen.

Der *Quartera* zu Getraide hält 6 Barcellas, 36 Almudas und 3637 Franz. Cubikzoll, iſt alſo 32⅔ pCt. größer denn der Berl. Scheffel.

Der Wein-*Quartera*, davon $6\frac{1}{2}$ einen Quartin u. 26 eine Carga ausmachen, enthält 196 Franz. Cubikzoll oder 3,218 Berl. Quart.

Die Oehl-*Mesura* von 4 Quartans wieget circa $34\frac{1}{20}$ Berl. Pfund. 108 Quartans sollen auf die Pipe Oehl gehen, die in Barcelona nur 107 Quartans hält.

Vom Handelsgewicht wird der Quintal zu 100 Pfund gerechnet, liefert aber dem Käufer 104 Pfd. aus. Das Pfund von 12 Majorc. und 14 Castil. Onzas wieget 8393 Holl. As, und ist $16\frac{3}{16}$ pCt. leichter denn das Berl. Pfund.

Die Last zur Schiffsfracht wird zu 4 Pipen Oehl gerechnet.

Die hiesige *Mensa* oder *Tabla numularia universal* ist eine Art von Depositen-Bank, welche Gelder ohnzinsbar annimmt.

Malaga,

im Spanischen Granada am Mittelländischen Meere, rechnet gewöhnlich nach

Reales de Vellon zu 34 *Maravedis de Vellon*

Castilian. Währung; deren Zahlwerth und Beschaffenheit unter Madrid und Spanien angeführet ist. Indessen haben die hier gewöhnlichen Castil. Rechn. Münzen folgenden Werth:

Die neue Prov. Wechs. Pistole von 4 dergleichen Wechsel-Piastern hält 60 Real. de Vellon.

100 Ducad. de Cambio oder Wechs. Ducaten betragen 2068 Reales de Vellon, oder 17 dergleichen = 12000 Maravedis de Vellon.

Der Ducado del Rey oder Ducado del Norte hält 375 Maraved. de Vellon.

Der Ducado zur Fracht hat 12 Reales de platta doble oder $22\frac{1}{2}$ Real. de Vellon.

Der Real de platta doble hat $1\frac{7}{8}$ Real de Vellon.

Der Maravedi de Vellon hat 2 Blancas, 4 Carnados oder 16 Castil. Dineros,

Würkliche Spanische Gold- Silber- und Kupfer-Münzen, Wechselarten auf Amsterdam, London und Paris à $1\frac{1}{2}$ Uso oder 3 Monat Dato, Uso und Respecttage sind unter Spanien bemerket.

Maaße und Gewichte.

Die Elle oder *Vara* hält $375\frac{7}{8}$ Fr. Lin. und ist $27\frac{3}{18}$ pCt. länger denn die Berl. Elle.

Der Getraide-*Fanega* hält 3056 Franz. Cubikzoll, und ist $11\frac{1}{2}$ pCt. größer denn der Berl. Scheffel.

Die Wein-Arroba von 794 Franz. Cubikzoll hält 13½ Berl. Quart.

Das Both Sect hält 390 bis 400 Berl. Quart.

Die Pipe Pedro Ximenis Wein von 53½ Arrob. circa hält 308 Berl. Quart.

Die Pipe Oehl von circa 35 Arrobas à 24⅝ Berl. Pfd. wiegt in Berlin 827 Pfund Netto. Das Both Oehl hält 43 Arrobas.

Vom Handels-Gewicht hält die Arroba 25 Pfund à 9592 Holländ. As, das Pfund ist also 1½ pCt. leichter als das Berliner Pfund.

Die Carga Rosinen ist 2 Körbe oder 7 Arroben.

Das Fäßgen Rosinen von 4 Arroben hält 1½ Quintal oder 7 Arroben, und wiegt circa 180 Pfund brutto in Hamburg oder 186 Pfund in Berlin circa.

Das Fäßgen von 2 Arroben hält eigentlich 3½ Arroben an Gewicht.

Bey Schiffsbefrachtungen werden für 1 Last Fracht gerechnet: 4 Bothe Sect oder Oehl; 3 dergleichen in doppelter Fastage; 4 Ballen Orange-Schalen; 5 Pipen Pedro Ximenes Wein oder Oehl; 10 Fässer Mandeln à 380 Pfd. Hamburger Gewicht circa ein jedes; 20 Kisten Citronen; 22 Fäßgen lange Mandeln oder Rosinen von 8 Arroben; 32 Fäßgen Rosinen von 6 Arroben; 44 Fäßgen Rosinen von 4 Arroben; 88 Fäßgen Rosinen von 2 Arroben; 50 Körbe Rosinen, und 160 Pott oder Töpfe Rosinen.

Malta,

eine den Johanniter-Ordens-Rittern zuständige Insel des Mittelländischen Meeres, rechnet gewöhnlich nach
Scudi zu 12 Tari à 20 Grani.

Verhältniß sämtlicher Rechnungsmünzen.

1 Onzia 2½ Scudi, 30 Tari, 60 Carlini, 600 Grani, 3600 Piccioli.

1 —	12 —	24 —	240 —	1440 —
	1 —	2 —	20 —	120 —
		1 —	10 —	60 —
			1 —	6 —

Den Zahlwerth bestimmet die Cölln. Mark fein Silber zu 23,617 Scudi. Kupfergeld wird 50 pCt. schlechter gehalten.

Würkliche jetzige Malthes. National-Münzsorten.

Goldne

2, 1fache und ½ Pistolen zu 20, 10 und 5 Scudi.

4, 2 und 1fache Zecchinen.

Silberne

Ganze und $\frac{1}{2}$be Onzen zu 2$\frac{1}{2}$ und 1$\frac{1}{4}$ Scudi.

Ganze, $\frac{1}{2}$be, $\frac{1}{3}$tel, $\frac{1}{6}$tel, $\frac{1}{12}$tel Scudi zu 12, 6, 4, 2 und 1 Tari.

Kupferne

Ganze, $\frac{1}{2}$be, $\frac{1}{4}$tel, $\frac{1}{8}$tel Tari zu 20, 10, 5 und 2$\frac{1}{2}$ Grani.

Stücke zu 1 Grano.

Maaße u. Gewichte.

Die Elle *Canne* von 8 Palmen hält 922$\frac{1}{2}$ Franz. Lin. oder 3$\frac{1}{3}$ Berl. Elle.

Der Getraide-*Salma* hält 13429 Franz. Cubikzoll oder 5,261 Berl. Scheffel.

Vom Handels-Gewicht hält

Der schwere Quintal 111 Rottoli à 2$\frac{1}{5}$ Lira.

Der leichte Quintal 100 Rottoli à 2$\frac{1}{5}$ Lira.

Die Lira oder das Pfund, welches auch zugleich als Gold- und Silber-Gewicht gebraucht und in 12 Unzen, 192 Sechszehntheile, 384 Trapesi oder 6912 Grani vertheilet wird, wiegt 6590 Holl. As, und ist 47$\frac{1}{18}$ pCt. leichter als das Berl. Pfd. und 35$\frac{1}{2}$ pCt. schwerer denn die Cölln. Mark.

Manheim, wie Heidelberg.

Mantua,

im Oesterreichischen Italien, rechnet gewöhnlich nach *Lire* zu 20 *Soldi* à 12 *Denari*;

und der Scudo hat 6 Lire. Der Zahlwerth ist allhier 3mal geringer als in Mailand, und beträgt für die Cölln. Mark fein Silber 202$\frac{1}{2}$ Lire.

Würkliche Mantuaner Nationalmünzen sind jetzt außer den bereits unter Mailand angezeigten Goldnen, Silbernen und Kupfernen Sorten, die aber hier 3mal so viel als dort gelten, folgende:

In Silber:

Ducatons, ganze und $\frac{1}{2}$be, der ganze 624 Grani schwer, zu . . . . 25 Lire 7 Soldi

Scudi bianca, 504 Grani schwer . . . 19 — 7 —

Tallari . . 432 . . . . . . 14 — 6 —

Stücke zu 3, 2 u. 1 Lire, Trajo zu $\frac{1}{2}$, und Cinquine zu $\frac{1}{4}$ Lire.

Fremde Münzsorten sind und werden auf eben die Art wie in Mailand, jedoch ebenfalls zu einem 3mal höhern Werth ausgegeben.

Wechsel-

Wechselgeschäfte werden nach den Milanesern und Venetianischen reguliret, und bey der Verfallzeit der Wechsel richtet man sich jetzt nach Venedig.

Maaße und Gewichte.

Die Elle *Braccio* hält 285,4 Franz. Lin., und ist 3,8 pCt. kürzer denn die Berl. Eäe.

Der *Cavezzo* hält 6 Bracci.

Vom Land= oder Feldmaaß hat die Doppia 2 Possessione von 35 bis 40 Biolca à 100 Tavole oder 400 □ Cavezzi. Die Biolca hält also 1,2118 Berl. kleine Morgen.

Der Getraide= oder Korn=*Staro* hält 1756 Französ. Cubikzoll, und ist 56½ pCt. kleiner denn der Berl. Scheffel.

Der Oehl=*Moggio* hält 5614 Franz. Cubikzoll und wieget circa 224½ Berl. Pfund.

Vom Handels=Gewicht hält der Rubbo 25 Pfund von 12 Unzen à 12 Denari à 24 Grani. Das Pfund wieget 6583 Holl. Aß, und ist 48½ pCt. leichter denn das Berl. Pfund.

Gold= Silber= und Münz=Gewicht ist die Mailänd. Mark.

Oeffentliche Handels=Anstalten sind:

Die hiesige jährliche Messe, so den 13. May anfängt, und sich den 25. Juny endiget.

Die *Camera di Mercanti* oder das Handels=Gericht wie in Mailand, welches alle bey Handlungsangelegenheiten vorkommende Streitigkeiten in erster Instanz aburtelt.

Marburg, wie Cassel.

Marseille,

in der Französischen Provence am Mittelländischen Meere, rechnet gewöhnlich nach

Livres zu 20 *Sols* à 12 *Deniers tournois*;

deren Zahlwerth, so wie das Verhältniß sämtl. Französ. Rechnungs= und würklichen Gold= und Silber=Münzen, Wechselarten auf Amsterdam, Cadix, Madrid, London à 60 Tage nach Dato, Genua à 30, Livorno und Neapel à 45 Tage nach Dato, Lyon in die Payements, Paris à Vista, unter Frankreich bemerket ist; jedoch hält ein hier bey dem Verkauf der Galläpfel und gesponnener Baumwolle besonders gewöhnlicher Rechnungs=*Ecû* = 64 Sols tourn.

K

In Ansehung des Uso und der Respecttage, ist noch zu bemerfen:

1) Auf Sicht gestellte Wechselbriefe müssen zwar nach ihrer Präsentation bezahlet werden, erfolget aber keine Zahlung, lässet man sie nicht eher als den 9ten oder 10ten Tag nach der Präsentation protestiren.

2) Wechselbriefe, deren bestimmter Zahltag noch abzuwarten ist, müssen acceptiret, und im Weigerungsfälle protestiret werden; eben diese werden am Verfalltage wegen Mangel der Zahlung nochmals protestiret.

3) Inhaber eines acceptirten Wechsels, kann zwar den folgenden Tag nach dem Verfalltage, die Zahlung nach der Strenge fordern; unter Kaufleuten ist indessen eingeführet, die sonst noch in Frankreich gewöhnlichen 10 Respecttage zuzugestehen.

4) Die an Ordre gestellten Waaren-Billets müssen am letzten der 10 Respecttage, die man vom folgenden Tage der Verfallzeit an rechnet, bezahlet werden, ohne daß man schuldig ist, länger zu warten; man hat indessen nach dem Verfalltage noch 3 Monat Zeit, sein Recht gerichtlich zu suchen.

Maaße und Gewichte.

Die Elle *Canne* von 8 Palmes hält 890 Franz. Lin. oder 3,016 Berl. Ellen; nach andern giebt es eine Seiden-Canne von 880, eine Tuch-Canne von 940, und eine Leinwand-Aune von 515 Franz. Lin. Länge.

Von den Provenceschen Meilen à 3000 Toisen gehen 19,025 auf 1 Grad der Erde.

Das Provenc. Land- oder Feldmaaß bestehet in dem Arpent von 1,6528 Berl. kleine Morgen, und man rechnet dabey die Perche zu 20 Fuß.

Vom Getraidemaaß wird die Charge Rocken u. Weizen zu 4 Emines oder 32 Civadiers, Hafer aber zu 6 Emines oder 48 Civadiers gerechnet. Die Emine hält 1943 Fr. Cubikzoll, und ist $4\frac{1}{12}$ pCt. kleiner denn der Berl. Scheffel.

Die Wein-*Millerole* hält 60 Pots oder 3010 Franz. Cub. Zoll = $51\frac{7}{16}$ Berl. Quart.

Die Oehl-*Millerole* von 4 Escandeaux à 12 Livres wieget $116\frac{1}{2}$ Berl. Pfund.

Eine *Millerole* zu Wein und Oehl hält nach Paucton 3053 Franz. Cubikzoll oder $52\frac{2}{3}$ Berl. Quart.

Brantwein in Fässern von 700 bis 1700 Pfund ca. wird nach dem Quintal von 100 Pfund verkauft, dabey das Holz mitgewogen wird; die *Velte* oder Viertel wird zu $20\frac{1}{2}$ à 21 Pfund gerechnet.

Vom Handels-Gewicht wird die Charge zu 3 Quintal à 100 Pfund gerechnet. Das Pfund Poids du pays oder Poids de table hat die Eintheilung des Franz. Markgewichts, wiegt aber nur 8618 Holl. Aß, iſt alſo 13¼ pCt. leichter denn des Berl. Pfund; nach Kruſe wiegt es 8359 Holl. Aß, und wäre 16¾ pCt. leichter denn das Berl. Pfund.

Gold- und Silber-Gewicht iſt das Franz. Markgewicht.

Bey Befrachtung der Schiffe wird die Laſt zu 28 Milleroles Wein und Oehl, und zu 5000 Pfund anderer Waaren gerechnet.

Maſtrich, ſ. Lüttich.

Maynz,

die Chur-Maynziſche Hauptſtadt im Churrheiniſchen Kreiſe am Rhein, rechnet und zahlet den Werth nach dem 20 und 24 Gulden-Fuße wie Frankfurth am Mayn.

Von würklichen Landesmünzen hat man außer Goldnen Reichs-Ducaten, die in Silber nach dem Conventions-Fuß ausgeprägten ganzen, ½ben und ¼tel Speciesthaler und Kopfſtück, nebſt 1 Kreuzer-Stück.

Von fremden Münzſorten ſind Franz. neue Louisd'or ſeit 1785, vor der Hand ganz außer Umlauf geſetzet. Franzöſ. ältere Laubthaler ſind auf 2 fl. 43 Xr., neuere von 1784 und 85 auf 2 fl. 42 Xr. des 24 fl. Fußes geſetzet, ½be Laubthaler aber ganz verrufen worden.

Maaße und Gewichte.

Die Elle hält 243,3 Franz. Lin., und iſt 21½ pCt. kürzer denn die Berl. Elle.

Der Fuß hält 133½ Franz. Lin., und iſt 4⅖ pCt. kürzer denn der Rheinländ. Fuß.

Der Getraide-Malter von 4 Simmer, 16 Kumpf, 64 Geſcheid, hält 4591 Franz. Cubikzoll, und iſt 67⅞ pCt. größer denn der Berl. Scheffel.

Das Getränk-Maaß hält 94 Franz. Cubikzoll, und iſt 62⅛ pCt. größer denn das Berl. Quart.

Das Handelsgewichts-Pfund von 11467½ Holländ. Aß iſt 17½ pCt. ſchwerer denn das Berl. Pfund.

Mecklenburg-Schwerin, ſ. Roſtock.

K 2

Mecklenburg-Streelitz,

in Niedersachsen, rechnet zwar ebenfalls wie Schwerin oder Rostock; der Zahlwerth aber ist der Conventions 20 fl. oder 13⅓ Rthlr. Fuß, nach welchem es auch ¹⁄₁₂ Rthlr. à 2 Ggr. oder 4 ßl. Stück; desgleichen Goldne Pistolen zu 5 Rthlr. oder 15 Mark hat ausprägen lassen.

Maaße.

Der Streelitzer Getraide-Scheffel hält 2604 Fr. Cub. Zoll, ist also 5¹⁄₁₂ pCt. kleiner als der Berl. Scheffel.

Memel, wie Königsberg.

Messina, s. Sicilien.

Meurs,

im Preußischen Westphalen, rechnet wie Cleve, und zahlet nach dem Preuß. Courent: auch wohl 25 fl. Fuß, die Cölln. Mark fein Silber zu 14 und 16⅔ Rthlr. gerechnet.

Minden und Ravensberg,

im Preuß. Westphalen, rechnet gewöhnlich wie Braunschweig nach

Reichsthaler zu 36 Mariengroschen à 8 Pfennige; der Zahlwerth aber ist der Preuß. Courent-Fuß, die Cölln. Mark fein Silber zu 14 Rthlr.

Die würklichen Landesmünzen sind unter Berlin angezeiget; außerdem sind für hiesige Lande ganze und ½be Mariengroschen als Scheidemünzen ausgepräget, davon 3 Mgr. mit 2 Ggr. gleich sind. Fremde Münzsorten werden wie zu Lippstadt angenommen.

Maaße.

Vom Ellenmaaße werden gemeiniglich 8 Mindner mit 7 Berliner Ellen gleich gerechnet, wornach die hiesige Elle 258,⁶ Franz. Lin. hält; man rechnet solche auch nur zu 256,⁶ Franz. Lin., wornach sie 15½ pCt. kürzer denn die Berl. Elle ist. Die Ravensberger Elle von 304,⁷ Franz. Linien, ist

$3\frac{1}{12}$ pCt. länger denn die Berl. Elle. Die Bielefelder Elle hält 260, und die Herforder Elle 257 Franz. Linien.

Die hiesige Banco hat die Einrichtung wie die Berliner, von der sie abhanget.

Minorca,

eine Spanische Insel des Mittelländischen Meeres, rechnet und hat die Münzverfassung wie Barcelona,

Maaße und Gewichte.

Die Elle *Canna* hält 709,6 Franz. Lin. oder $2\frac{2}{5}$ Berliner Ellen circa.

Die Wein-*Botta* von 4 Cargas, 16 Barillos, 88 Quartillos hält 438 Berl. Quart, der Quartillo aber 289 Franz. Cubikzoll oder 5 Quart Berl. circa.

Vom Handelsgewicht hat 1 Cantaro 4 Arrobas, $34\frac{2}{3}$ große und 104 kleine Pfund. Das große Pfund von 36 Unzen wieget 24912 Holländ. As oder $2\frac{5}{9}$ Pfund Berl.; das kleine Pfund, 8304 Holl. As, ist $17\frac{7}{18}$ pCt. leichter denn das Berl.

Modena,

ein Italienisches Herzogthum, darzu auch die Herzogthümer Reggio, Mirandola, Carrara, Massa, und die Fürstenthümer Novellara, Corregio Carpi gehören, rechnen gewöhnlich nach

Lire zu 20 *Soldi* à 12 *Denari*

und 1 Ducato hat 8 Lire.

Der Zahlwerth ist entweder *Valuta di Modena*, die Cölln. Mark fein Silber zu $138\frac{18}{26}$ Lire, oder *Valuta di Regio*, die Cölln. Mark fein Silber zu $208\frac{13}{16}$ Lire gerechnet; erstere Valuta ist 50 pCt. besser denn letztere.

Würkliche Modenasche National-Münzsorten.

Goldne

Doppien 35 Carat schwer gelten	51 Moden. u.	$76\frac{1}{2}$ Reggio Liren.
Scudino . . . . zu	9 „ „	$13\frac{1}{2}$ „ „

Silberne

Ducatoni	168 Carat schwer, zu	$17\frac{2}{3}$ Moden. u.	$26\frac{1}{2}$ Reggio Liren.
Scudi	$153\frac{5}{6}$ „ „ „	15 „ „	$22\frac{1}{2}$ „ „
Ducato	120 „ „ „	8 „ „	12 „ „
Neue Scudi	. . . . „	5 „ „	$7\frac{1}{2}$ „ „
Scudo mit Adler v. Rinal I,	„	$3\frac{3}{4}$ „ „	$5\frac{5}{8}$ „ „

Madona di Reggio . zu $2\frac{17}{20}$ Moden. u. $4\frac{11}{10}$ Reggio Liren,
Lire di Modena . . . . – 1 – – $1\frac{1}{2}$ – –
Lire di Reggio . . . . – $\frac{2}{3}$ – – 1 – –
Giorgini zu 5 Modenaer und $7\frac{1}{2}$ Reggio Soldi.
Murajole – 2 – – 3 – –
$\frac{1}{2}$be Ducati, 2 und 3fache neue Scudi, doppelte und $\frac{1}{2}$be Modenaer, $\frac{1}{2}$be Reggio Liren oder Capellone gelten nach Verhältniß.

Nota. Vorgedachte Grobe Gold- und Silbermünzen sind theils sehr alt, theils wegen des guten Gehalts fast ganz verschwunden, man behilft sich daher blos mit den Silb. 5 letzten Sorten Scheide- und Kupfer-Münzen, und beym großen Handel mit den fremden Münzsorten.

Kupferne

Bolognini zu 1 Moden. und $1\frac{1}{2}$ Reg. Soldi, Soldi di Reggio zu $\frac{2}{3}$ Moden. und 1 Reg. Denari, Sixaini zu 4 Moden. und 6 Reg. Denari.

Fremde Münzsorten

sollen nach dem Edict v. 3. July 1779, zu folgendem Gewicht und Werth in Modena und Reggio-Valuta umlaufen, als:

Goldne	Gewicht. Carat.	Moden. Lire.	Reggio Lire.
Bolog. neue Pistolen	29	$42\frac{1}{2}$	$63\frac{3}{4}$
– Zechinen	$18\frac{1}{2}$	$29\frac{1}{4}$	$43\frac{7}{8}$
Deutsche Souverains, Kaiserl. .	$58\frac{3}{4}$	87	$130\frac{1}{2}$
Kremnitzer Ducaten	$18\frac{1}{2}$	$29\frac{1}{2}$	$44\frac{1}{4}$
Kaiserl. und Holländ. Ducaten	$18\frac{1}{2}$	$29\frac{1}{4}$	$43\frac{7}{8}$
Diverse Ducaten	$18\frac{1}{2}$	29	$43\frac{1}{2}$
Franz. neue Schildlouisd'or . . .	$43\frac{1}{4}$	63	$94\frac{1}{2}$
Genues. neue Pistolen à 50 Lire .	$74\frac{3}{4}$	$109\frac{1}{4}$	$163\frac{7}{8}$
Zechinen	$18\frac{1}{2}$	$29\frac{1}{2}$	$44\frac{1}{4}$
Mailänd. neue Pistolen	$33\frac{3}{8}$	$49\frac{1}{2}\frac{1}{10}$	$74\frac{1}{3}$[illegible]
Zechinen	$18\frac{1}{2}$	30	45
Portug. Lisboninen à 4800 R. . .	57	$83\frac{1}{5}$	$124\frac{4}{5}$
$\frac{1}{2}$be Dobras à 6400 R. . . .	76	$111\frac{1}{2}$	$167\frac{1}{4}$
Röm. Pistolen gegenwärt. Regierung	29	$42\frac{1}{2}$	$63\frac{3}{4}$
Scudi doro oder Corsini . .	$16\frac{1}{4}$	23	$34\frac{1}{2}$
Zechinen	$18\frac{1}{2}$	$29\frac{1}{4}$	$43\frac{7}{8}$
Savoische Pistolen von 1755 . .	51	$74\frac{1}{2}$	$111\frac{3}{4}$
Zechinen	$18\frac{1}{2}$	$29\frac{1}{2}$	$44\frac{1}{4}$
Span. Pistolen mit Hammer geschlagen	$35\frac{3}{4}$	$51\frac{1}{2}$	$77\frac{1}{4}$
– gepreßte vor 1772 .	$35\frac{3}{4}$	$51\frac{9}{10}$	$77\frac{1}{2}$[illegible]
– dergl. seit 1772 . .	$35\frac{3}{4}$	$51\frac{1}{2}$	$77\frac{1}{4}$
Piaster oder Durillo von Gold	$9\frac{1}{2}$	$13\frac{1}{2}$	$20\frac{1}{4}$
Toscan. Zechinen	$18\frac{1}{2}$	30	45
Venet. Zechinen	$18\frac{1}{2}$	30	45

Silberne	Gewicht. Carat.	Möden. Lire.	Reggio Lire.
Bologn. neue Scudi von 10 Paoli	$140\frac{1}{4}$	14	21
und Testoni	42	$4\frac{1}{5}$	$6\frac{3}{10}$
Röm. Lire	28	$2\frac{4}{5}$	$4\frac{1}{5}$
Paoli	14	$1\frac{2}{5}$	$2\frac{1}{10}$
Franz. Laubthaler	156	$15\frac{13}{20}$	$23\frac{19}{40}$
Genues. Genovinen	204	$21\frac{2}{5}$	$32\frac{1}{10}$
Mailand Ducatoni	168	$17\frac{1}{2}$	$26\frac{1}{4}$
Filippi	$147\frac{3}{4}$	$15\frac{1}{2}$	$23\frac{1}{4}$
neue Scudi	$122\frac{3}{4}$	$12\frac{2}{15}$	$18\frac{1}{5}$
Röm. alte Ducatoni bis Clem. XI. incl.	168	$16\frac{1}{2}$	$24\frac{3}{4}$
Papeti	28	$2\frac{4}{5}$	$4\frac{1}{5}$
Savoysche neue Scudi seit 1755	$186\frac{1}{2}$	$18\frac{3}{5}$	$27\frac{9}{10}$
Lire	$29\frac{3}{4}$	3	$4\frac{1}{2}$
Span. Piaster mit 2 Globen u. Säulen	$143\frac{1}{2}$	$14\frac{1}{3}$	$21\frac{1}{2}$
dergl. neue mit Wappen	$143\frac{1}{4}$	$14\frac{1}{15}$	$21\frac{1}{10}$
alte Pezzettas	—	$2\frac{1}{10}$	$3\frac{3}{20}$
Toscan. Ducatoni	168	$17\frac{1}{10}$	$25\frac{13}{20}$
Francescini und Leopoldini	145	$14\frac{2}{3}$	22
Venet. Ducatoni	168	$17\frac{1}{2}$	$26\frac{1}{4}$
Giustini	$147\frac{3}{4}$	$15\frac{1}{2}$	$23\frac{1}{4}$
Ducati	120	$10\frac{9}{10}$	$16\frac{7}{20}$

$\frac{1}{2}$be, $\frac{1}{4}$tel und andere Abtheilungen dieser Münzsorten gelten nach Verhältniß.

Maaße und Gewichte.

Von Ellenmaaßen hält die Braccio di Modena 287,1, die Reggio Braccio aber $234\frac{7}{8}$ Franz. Lin.; erstere ist $2\frac{7}{8}$, und die andere $25\frac{7}{8}$ pCt. kürzer denn die Berl. Elle.

Der Moden. Fuß, davon 6 auf 1 Cavezzo gehen, hält 281,2, der Reggio Fuß aber $229\frac{1}{2}$ Franz. Lin.; ersterer ist $102\frac{1}{8}$, der andere aber $64\frac{1}{11}\frac{1}{2}$ pCt. länger als der Rheinländ.

Vom Land- oder Feldmaaß hält die Biolca 72 Tavole oder 288 □Cavezzi, die 1,6238 Berl. kl. Morgen ausmachen.

Der Getraide-Staro oder Staja hält 3541 Fr. Cubikzoll, und ist $29\frac{1}{6}$ pCt. größer denn der Berl. Scheffel.

Vom Handelsgewicht hat der Quintal 100 Pfund; das Pfund von 12 Oncia à 16 Ferlini wieget 7079 Holl. As, und ist also $37\frac{1}{4}$ pCt. leichter denn das Berl. Pfund.

Gold- Silber- und Seiden Gewicht ist nach Eintheilung und Schwere das Bologneser Pfund Gold- und Silber-Gewicht.

Die Messe zu *Reggio di Modena* ist eine der vornehmsten in Italien, so den 29. April angehet und 8 Tage dauern soll, aber wohl auf den ganzen Monat extendiret wird.

Bey Wechselgeschäften richtet man sich nach den benachbarten Orten Bologna, Mailand, Venedig 2c.

Montpellier,

desgleichen Cette in Franz. Nieder-Languedoc, rechnet, zahlet, und hat überhaupt die ganze Münzverfassung wie Frankreich.

Bey Wechselgeschäften, davon die Arten oder Preise ebenfalls unter Frankreich angezeiget sind, müssen

1) die auf Sicht gestellten Briefe gleich nach geschehener Präsentation bezahlet oder bey Ermangelung der Zahlung, noch den Präsentations-Tag protestiret werden.

2) Wechselbriefe und Billets, die einen bestimmten Zahltag erhalten, müssen den ersten Tag nach dem Verfalltage bezahlet werden.

3) Vor Ablauf des 10ten Respecttages wird wegen Mangel an Zahlung protestiret, die Respecttage selbst gehen nach dem Verfalltage des Wechsels an.

Maaße und Gewichte.

Die Elle *Canne* hält 881,4 Fr. Lin. oder 2,982 Berl. Elle.

Die *Perche* oder *Canne* von 8 Pams oder Pans à 8 Menus hält 888 Franz. Lin. oder 3,004 Berl. Ellen, der Pam aber 111 Franz. Lin.

Vom Land- oder Feldmaaß wird die Carteyrade zu 2 Septerées à 2 Cartons od. 75 Dexteres oder 22968½ □Pams gerechnet, und enthält 1,124 Berl. kleine Morgen.

Vom Getraide-Maaß hat der Setier 2 Emines, 4 Quarts, 12 Pugnerées, und hält 2576 Franz. Cubikzoll, ist also 6⅞ pCt. kleiner denn der Berl. Scheffel.

Vom Weinmaaß hat der Muid 2 Tonneaux, 18 Seriers, 32 Barals, 36 Hemines, 72 Quarts, 576 Pots oder Pichets, 1152 Feuillettes, 2304 Truchettes oder 41770 Fr. Cubikzoll = 720½ Berl. Quart.

Muscat oder *Frotignac* wird nach 1 Muid v. 3 Orthoft ca. 500 Berl. Quart verkauft.

Vin de Rhone verkauft man nach Barals, davon das Faß 5 à 5½ oder von 105 zu 115 Berl. Quart enthält.

Brantwein wird nach dem Quintal von 100 Pfund verkauft, und mit dem Gefäß gewogen. Das Faß ist gewöhnlich 1400 Pfund schwer, und hält circa 70 Viertel oder Velten à 20½ Pfund.

Das Oehlmaaß ist 1 Charge von 4 Barals, 8 Emines, 16 Quartals, 128 Pots, und der Baral Oehl wiegt circa 73 Pfund Berl.

Vom Handelsgewicht wird der Quintal zu 100, und 1 Quart zu 15 Pfund gerechnet. Das hiesige Pfund wird zu

8470 und 8343 Holl. As schwer angegeben, und würde sonach 15⅓ bis 16⅞ pCt. leichter denn das Berl. Pfund seyn.

Bey Befrachtung der Schiffe in Cette rechnet man 4 Faß Brantwein à 70 Verges, 8 Orthoft Muscat, und 7 Faß Vin de Rhone für 1 Last.

Morea, ſ. Patraſſo.

Mühlhauſen,

Niederſächſiſche Reichsſtadt in Thüringen, rechnet gewöhnlich nach

Reichsthaler zu 24 gute Groſchen à 12 Pfennige; deren Zahlwerth der Conventions-13⅓ Rthlr. Fuß iſt, ſo wie man auch nach dieſem Fuße ganze und ½be Convent. Species-Thaler nebſt Stücke zu 2 und 1 Ggr., 6 und 3 Pf. allhier gepräget hat.

Maaß.

Der Getraide-Malter von 4 Viertel hält 7567 Franz. Cubikzoll oder 2,76 Berl. Scheffel.

Mühlhauſen,

eine zur Schweiz gehörige Stadt an der Gränze vom Sundgau und Ober-Elſas, gebrauchet Franzöſiſche Münze und Währung.

München,

die Hauptſtadt der Chur-Bayerſchen Lande, rechnet und zahlet nach weißer und ſchwarzer Münze wie Regenſpurg.

Würkliche Bayerſche Landesmünzen ſind

Goldne

Ducaten,
Goldgulden,
Ganze, ½be und ¼tel Carolinen,
2, 1fache und ½be Maxd'or,
zu den bey den fremden Münzſorten bemerkten Preiſen.

K 5

Silberne

Ganze, ½be und ⅓tel Convent. Spec. Thaler zu 2⅔, 1⅓ und ⅔ fl.
Ganze, ½be und ¼tel dergl. Kopfstück zu 24, 12 und 6 Xr.
Groschen à 3 Xr., Kreuzer à 4 Pf. und Pfennige à 2 Heller.

Fremde Münzsorten

sind im Decembr. 1786 auf folgende Preise festgesetzet worden:

Goldne

Bayersche, Pfälz. Würtemberg. u. Anspach. Carolinen	11 rfl.
— ganze Marb'or	7½ —
— Pfälz. Salzburg. und Kaiserl. Ducaten	5½ —
Alle übrige Ducaten	$5\frac{1}{10}$ —
Souverainsd'or	15⅔ —
Franz. Schildlouisd'or bis 1784	11 —
neue Louisd'or seit 1785	10⅔ —

½be Carolinen und Marb'or nach Verhältniß.

Silberne

Franz. ältere Laubthaler	$2\frac{7}{10}$ —
Dergl. neuere seit 1785	2⅔ —

Nota. Diese Goldmünzen werden bey der Münchner Münze auch al Marco angenommen, und mit 270 fl. in neu gemünzten Ducaten à 5 fl. 20 Xr. bezahlet.

Bey Wechselgeschäften richtet man sich nach dem Ausburger Wechsel-Cours.

Maaße und Gewichte.

Die Münchner Elle von 354⅓ Franz. Lin. ist $19\frac{1}{10}$ pCt. größer denn die Berl. Elle.

Der Bayersche Fuß, von 128⅓ Franz. Lin., ist 8½ pCt. kleiner denn der Rheinländ.

Der Juchart Landmaaß hält 40000 Bayersche □Fuß.

Vom Getraidemaaß hat der Schaff oder Scheffel Weizen, Rocken, Gerste, 6 Metzen, und hält 11234 Franz. Cub. Zoll oder 4⅙ Berl. Scheffel circa. Der Hafer-Scheffel oder Schaff von 7 Metzen hält 13106 Franz. Cubikzoll von 4⅘ Berl. Scheffel.

Die Metze wird zu 2 Viertel, 8 Mäßel oder ⅛theil, 32 Dreyßiger und 34½ Getränkmaaße gerechnet. Verschiedene andere Bayersche Orte haben aber noch ein anderes und von diesen verschiedenes Maaß.

Das Wein- oder Getränkmaaß ist der Eymer von 60 Maaß à 4 Quartel, das Maaß hält 31⅓ Franz. Cubikzoll und ist 86⅔ pCt. kleiner denn das Berl. Quart.

Der Botzner Yen hält 72 Bayersche Maaß; der Würtemberger Eymer 4 Bayersche Eymer, der Eymer Frankenwein 68 Bayersche Maaß, der Oesterr. Eymer 52 Bayer. Maaß.

Das Faß Bier hat 25 Eymer à 64 Maaß.

Vom Handels-Gewicht hat der Centner 5 Stein à 20 Pfund oder 100 Pfund, das Pfund hält 11647 Holländ. As und ist 19 $\frac{7}{8}$ pCt. schwerer denn das Berl. Pfund.

Münster,

ein Westphälisches Hochstift und Bisthum, rechnet gewöhnlich nach

Reichsthaler zu 28 Schillinge à 12 Pfennige.

Verhältniß sämtlicher hiesigen Rechnungsmünzen.

Reichs-thaler.	Reichs-gulden.	Gla-müser.	Schil-linge.	Marien-groschen.	Pfen-nige.	Heller.
1	1$\frac{1}{2}$	8	28	36	336	672
$\frac{2}{3}$	5$\frac{1}{3}$	18$\frac{2}{3}$	24	224	448
		1	3$\frac{1}{2}$	4$\frac{1}{2}$	42	84
			1	1$\frac{2}{7}$	12	24
				$\frac{3}{4}$	9$\frac{1}{3}$	18$\frac{2}{3}$
					1	2

Der Zahlwerth wird hier nach dem Convent. 20, 24 und 25 Gulden-Fuß, die Cölln. Mark fein Silber zu 13$\frac{1}{3}$, 16 und 16$\frac{2}{3}$ Rthlr. bestimmet.

Würkliche Münzsorten des Stifts sind
Silberne
Ganze, $\frac{1}{2}$be und $\frac{1}{4}$tel Convent. Gulden, zu 24, 12 u. 6 Margr. des 20 fl. Fußes.
$\frac{1}{12}$tel und $\frac{2}{3}$ Rthlr. Stück.
Doppelte und einfache Schillinge.
Kupferne
4, 3, 2 und 1 Pfennig-Stücke.
Maaße und Gewichte.
Die Elle, von 358$\frac{2}{3}$ Franz. Lin., ist 21$\frac{1}{4}$ pCt. länger denn die Berl. Elle.
Das Pfund, von 9916 Holl. As, ist 1$\frac{7}{10}$ pCt. schwerer als das Berl. Pfund.

Nancy,

im Franz. Herzogthum Lothringen, rechnet gewöhnlich wie Frankreich nach

Livres zu 20 Sols à 12 Deniers;

der Zahlwerth aber ist Lothringer Valuta, so 29$\frac{1}{2}$ pCt.

schlechter als Franz. Tournois Valuta ist. Die Cölln. Mark fein Silber stehet also hier auf $68\frac{1}{16}$ Livres.

Von den würklichen Französischen Gold- und Silber-Münzen gilt hier

Der Louisdor von 24 Liv. tourn.	31 Livres	Lothr. Valuta.
Der Laubthaler von 6 Liv. tourn.	$7\frac{3}{4}$ Liv.	

Und die übrigen Gold- und Silber-Sorten nach Verhältniß.

Der Wechsel-Uso ist wie in Paris, Respecttage hat man aber nicht. Waaren-Billets müssen ebenfalls gleich am Verfalltage bezahlet werden.

Maaße und Gewichte.

Die Elle, von $278\frac{1}{3}$ Franz. Lin., ist $6\frac{1}{8}$ pCt. kürzer denn die Berl. Elle.

Der Fuß, davon 10 auf die *Perche* gehen, hält $129\frac{1}{3}$ Fr. Lin., und ist $7\frac{3}{4}$ pCt. kürzer als der Rheinländ. Fuß.

Der Lothringer Morgen oder Journal Land- und Feld-Maaß hält nach Paucton $1\frac{2}{3}$ Berl. kleine Morgen.

Der Getraide-*Real* hat 4 Cartes oder 8 Imals, die Carte hält 2415 Franz. Cubikzoll, und ist $13\frac{1}{2}$ pCt. kleiner denn der Berl. Scheffel.

Landwein und Brantewein wird nach einem Maaße von 85 Pfund Franz. Markgewicht verkauft, das ca. $37\frac{1}{4}$ Berl. Quart enthält.

Bourgogne und andere Weine verkauft man nach den Gefäßen, darinne sie sich befinden. Baumöhl nach dem Quintal von 100 Pfund Markgewicht.

Das Handelsgewicht bestehet theils in dem Fr. Mark-Gewichts-Pfund, so $4\frac{1}{2}$ pCt. schwerer denn das Berl. Pfd.; theils in einem Pfund 9484 Holl. As schwer, und $2\frac{1}{16}$ pCt. leichter denn das Berl. Pfund.

Nantes,

im Franz. Ober-Bretagne an der Loire, rechnet, zahlet und hat die ganze unter Frankreich gemeldete Münzverfassung. Eben daselbst sind auch die hiesigen Wechselarten, Uso und Respecttage angezeiget.

Maaße und Gewichte.

Vom Ellenmaaß gebraucht man die Pariser *Aune* von $526\frac{2}{3}$ Franz. Lin., $78\frac{1}{4}$ pCt. länger denn die Berl. Elle, und zweyerley Nantesche *Aunen* von $614\frac{2}{3}$ und 286 Franz. Lin., $107\frac{1}{12}$ pCt. länger und $3\frac{1}{4}$ pCt. kürzer denn die Berl. Elle.

Die Gaule Pflaster- u. Ackermaaß hält $7\frac{1}{2}$ Pariser Fuß.

Von Meilen Lieues de Bretagne gehen 33 auf 1 Grad.

Vom Lands oder Feldmaaß hält das Petit Journal 450, die Hommée 75, die Boißelée 60, und der Ondain 20 ☐ Gaules, oder 1,046, 0,17432, 0,13946 und 0,04648 Berl. kleine Morgen.

Die Getraide: *Tonneau* von 10 Setiers oder 160 Boißeaux hält 70016 Franz. Cubikzoll oder 25⅞ Berl. Scheffel.

Der Salz: *Muid* von 52 Quartauts hält ca. 65½ Berliner Scheffel.

Die Weins *Tonneau* hat 2 Pipes oder 4 Barriques à 120 Pots. Der Pot hält 84 Franz. Cubikzoll, und ist 44½ pCt. größer denn das Berl. Quart.

Brantwein in Gebinden von 50 bis 60 Veltes wird zu 29 Veltes oder Viertel verkauft.

Trahn aber nach 30 Veltes.

Handelsgewicht ist das Franz. Markgewicht, s. Paris.

Von zählenden Gütbern werden Schwed. und Norweg. Dielen nach 100 zu 124 Stück, Piepen: Orthost: und Tonnen: Stäbe aber nach 1000 zu 1200 bis 1275 Stück verkauft.

Narva,

eine Rußische Handelsstadt auf der Esth: und Ingermanländischen Gränze am Flusse Narowa, rechnet, zahlet und hat die ganze unter Rußland gemeldete Münzverfassung.

Der alte Reichsthaler von 64 Witten oder 80 Kopeken kommt jetzt nicht mehr vor. Der Carolin von 20 Witten oder 25 Kopeken wird zuweilen noch bey alten Stadtabgaben gebrauchet.

Mit Wechseln und Wechselarten richtet man sich nach Reval und nach St. Petersburg, überhaupt aber wird hier fast alles nach Rußischen Münzen, Maaßen und Gewichten bestimmet.

Narvaische Maaße und Gewichte.

Die Elle von 265⅓ Franz. Lin. ist 11⅞ pCt. kürzer denn die Berl. Elle.

Die Getraide: Last hat 24 Tonnen, 96 Viertel, 768 Kapp; die Tonne hält 8172 Franz. Cubikzoll oder 2,981 Berliner Scheffel.

Die Last Span. u. Franz. Salz hält 18 Tonnen à 34 Kapp.

Der Wein: und Brantwein-Orthoft hat 1½ Ahm, 6 Anker, 180 Stof, 720 Quartier. Der Stof hält 65 Franz. Cubikzoll, und ist 12⅞ pCt. größer denn das Berl. Quart.

Die Pipe Span. Wein wird zu 10, die Pipe Sect und das Both Alicant. und Portug. Wein zu 13 Anker gerechnet.

Das Bier, und Brantwein-Faß hält 128 Stof.

Vom Handelsgewicht hat das Schiffpfund 20 Lispfund à 20 Pfund; 1 Pud aber 40 Pfund von 32 Loth à 3 Solotnick; das Narvasche Pfund wieget 9738 Holl. As, und ist ¼ pCt. leichter denn das Berl. Pfund.

Naumburg,

...ne Chursächsische Handelsstadt in Thüringen, rechnet, und ba... die nehmliche Münz- Maaß- und Gewichts-Verfassung wie Leipzig.

In der hiesigen Petri-Pauli-Messe, welche den 29. Juny eingeläutet wird, u. 8 Tage dauert, wechselt es wie Leipzig.

In dieser Messe präsentiret und acceptiret man die auf gedachte Messe gezogene Wechsel bis den 2ten July Mittags 12 Uhr.

Den 3ten und 4ten July wird auf der Börse, Vormittags von 11 bis 12, und Nachmittags von 4 bis 5 Uhr, rescontriret.

Die baaren Zahlungen geschehen den 5ten July bis Mittags um 1 Uhr längstens, als solange auch die Proteste gelten, welche dann mit erster Post abgesendet werden müssen.

Assignationes aber müssen denselben Tag Abends um 8 Uhr längstens bezahlet seyn, oder man muß ebenfalls deshalb protestiren lassen, und den Protest mit erster Post absenden.

Navarra,

eine Spanische Provinz mit der Hauptstadt Pamplona, zunächst dem Franz. Unter-Navarra, rechnet gewöhnlich nach *Libras* zu 10 *Grosos* à 6 *Maravedis*, oder nach *Reales* zu 36 *Maravedis*.

Verhältniß sämtl. Rechn. Münzen Navarr. Währung.

Ducado de Navarra.	Libras.	Reales.	Tarjas.	Grosos oder Gruesos.	Ochavos.	Maravedis.	Cornados.
1	6 8/15	10 8/9	49	65 1/3	196	392	784
	1	1 2/3	7 1/2	10	30	60	120
		1	4 1/2	6	18	36	72
			1	1 1/3	4	8	16
				1	3	6	12
					1	2	4
						1	2

Mit den gewöhnlichsten Rechnungsmünzen der Castilianischen Währung vergleichen sich vorgedachte Navarrische also:

Navarrische Währung.	144 Ducados	mit	49 alte Wechsel-Pistolen	Castilianische Währung.
	3375 dergl.	mit	3332 Wechsel-Ducados	
	24 Libras	mit	5 alte Wechsel-Piaster	
	225 dergl.	mit	34 Wechsel-Ducados	
	96 dergl.	mit	5 alte Wechsel-Pistolen	
	33 dergl.	mit	5 Ducados de Platta	
	561 dergl.	mit	160 Ducados de Vellon	
	85 dergl.	mit	16 Escudos de Vellon	

Den Zahlwerth der Navarrischen Rechnungsmünzen bestimmet die Cöllnische Mark fein.Silber zu 61,68 Libras oder
102⅔ Reales de Navarra.

Von den würklichen Span. Gold- und Silbermünzen
gilt die einfache Pistole 25½ Libras, der Piaster 6⅛ Libras,
und die andern Sorten nach Verhältniß.

Neapel oder Napoli,

eine Unter-Italienische Hauptstadt und Königreich, rechnet
gewöhnlich nach

Ducati di Regno,

die entweder in 10 Carlini à 10 Grani oder sogleich in 100
Grani eingetheilet werden.

Verhältniß sämtlicher Neapol. Rechn. Münzen.

Ducato R.	Paraccas.	Tari.	Carlini.	Cinquini.	Publicas.	Grani.	Tornesi.	Quartini.	Piccioli.	Cavalli.
1	2	5	10	40	66⅔	100	200	300	600	1200
	1	2½	5	20	33⅓	50	100	150	300	600
		1	2	8	13⅓	20	40	60	120	240
			1	4	6⅔	10	20	30	60	120
				1	1⅔	2½	5	7½	15	30
					1	1½	3	4½	9	18
						1	2	3	6	12
							1	1½	3	6
								1	2	4
									1	2

Den Zahlwerth bestimmet die Cölln. Mark fein Silber in
12,588 Ducati di Regno.

Würkliche Neapol. National-Münzsorten.

Goldsorten:

6, 4 und 2fache Ducati wiegen $197\frac{1}{2}$, $131\frac{1}{4}$, $65\frac{5}{8}$ Acini, und gelten 60, 40 und 20 Neapol. Carlini oder Sicil. Tari.

Silbersorten wiegen und gelten:	Acini.	Carlini.
Ducati alte von 1683	635	$13\frac{1}{5}$
v. 1689	575	12
v. 1692, 1715, 1720	$492\frac{1}{2}$	10
neue v. 1784	$510\frac{5}{8}$	10
Dergl. ½be oder Pataccas nach Verhältniß.		
Scudi alte v. 1747, 50, 67, 72, 85, 86	570	12
neue v. 1784	$612\frac{3}{4}$	12
Dergl. ½be nach Verhältniß.		
Tari alte v. 1683	127	$2\frac{4}{5}$
v. 1689	115	$2\frac{2}{5}$
neue v. 1784 zu $98\frac{1}{2}$ Acini, auch	$95\frac{5}{8}$	2
Carlini alte v. 1683	$63\frac{1}{2}$	$1\frac{1}{10}$
v. 1689	$57\frac{1}{2}$	$1\frac{1}{5}$
neue v. 1784, zu 46, $49\frac{1}{4}$ Acini, auch	$47\frac{1}{2}$	1
Dergl. halbe v. 1784	22	$\frac{1}{2}$

Kupfermünzen:

Publicas, ganze und ½be, zu 18 und 9 Cavalli oder Calli.
Grani, ganze und ½be oder Tornese zu 12 und 6 Calli.
Quatrino zu 4, Stücke zu 3 und 1 Cavalli oder Calli.

Von fremden Münzsorten

haben in Neapolis folgende zu beygefügtem jedoch nicht festgesetztem Werth Umlauf:

In Golde:

Deutsche Ducaten, Ungar.	$25\frac{1}{2}$	Carlini.
Kaiserl.	25	—
verschiedene	25	—
Florent. Zecchinen	26	—
Franz. Louisd'or	54	—
Genues. Pistolen von 50 Lire	96	—
Zecchinen	$25\frac{1}{2}$	—
Hollånd. Ducaten	$25\frac{1}{2}$	—
Portug. ½be Dobras mit Bildniß	96	—
alte ½be Lisboninen	72	—
Römis. neue Pistolen von 30 Paoli	36	—
Zecchinen	$25\frac{1}{2}$	—
Span. Pistolen	45	—
Turiner Pistolen von 24 Lire	65	—
Venet. Zecchinen	27	—

In Silber:

Deutsche Thaler (Convent. Spec.)	12 Carlini.
Florent. 10 Pauli-Stücke	12 —
Franz. Laubthaler	13$\frac{5}{10}$ —
Genueser Genóvinen	18 —
Römische Scudi Romani	12 —
$\frac{1}{2}$be	6 —
Testoni	3$\frac{1}{2}$ —
Papeto	2$\frac{2}{2}$ —
Paoli	1$\frac{1}{2}$ —
Spanische Piaster alte	12$\frac{1}{2}$ —
dergl. Sevillani	12$\frac{1}{2}$ —
dergl. neue	12$\frac{5}{10}$ —

Neapolis wechselt und giebt nach dem Silberpari auf
Amsterdam *50,50 Grani für 1 fl. Holl. Bco.
Bari und Lecce * 100 Duc. Reg. für 100 Duc. Reg.
Cadix und Madrid *95,95 Grani für 1 Peso ant. de pl.
Genua 1 Duc. Reg. für 101$\frac{7}{13}$ Soldi fuor. Bco.
Hamburg *44$\frac{1}{2}$ Grani für 1 Mark Lüb. Bco.
Lissabon 1 Duc. Reg. für *700 Rees.
Livorno *114$\frac{1}{2}$ Duc. Reg. für 100 Pez da otto.
London 1 Duc. Reg. für 41,41 pf. Sterl.
Lyon, Marseille, Paris, *23,14 Grani für 1 Liv. tourn.
Messina und Palermo *120 Grani für 12 Tari.
Rom *129$\frac{1}{2}$ Duc. Reg. für 100 Scudi Rom.
Venedig *119$\frac{1}{2}$ Duc. Reg. für 100 Duc. Bco.
Wien *61,64 Grani für 1 rfl. Conv. Cour.

Ein Uso, nach welchem man von hier auf andere Orte
ziehet, ist auf Bari und Lecce 15 Tage, Genua 22 Tage nach
Sicht, Livorno und Rom 20 Tage n. Dato, Venedig 15 Tage
nach der Acceptation.

Der Uso der auf Neapolis gezogenen Wechselbriefe
ist von Rom, Genua, Livorno, Venedig und Sicilien 22 Tage
nach der Acceptation; von denen aus dem Königreich Neapel
anhero gezogenen aber nur 15 Tage nach der Acceptation.

Die Acceptationes geschehen den nächstfolgenden Sonnabend nach Ankunft der Post, die den Brief mitbringet, und
man kann vor diesem Tage nicht protestiren lassen.

Der Inhaber eines à Vista gestellten Wechsels ist nicht
stricte verbunden, bis zu dem Sonnabend nach Ankunft der
Post zu warten, sondern nur bis den andern Tag oder eigentlich 24 Stunden, damit der Bezogene Zeit erhalte, nach hiesiger Gewohnheit seine Dispositiones zur Zahlung mittelst der
Banken zu machen.

Die Wechsel, so nach etlichen Tagen nach Sicht oder nach
Dato zahlbar lauten, müssen den Tag ihrer Präsentation ac-

ceptiret, und gewöhnlicherweise den Verfalltag bezahlet werden, ohne den Sonnabend abzuwarten; im Gegentheil kann
man sogleich protestiren lassen.

Wechsel, die auf 2 Uso lauten, verfallen 37 Tage nach
dem Acceptationstage. Nach obiger Bemerkung scheinet zwar,
daß die Verfallzeit dieser Briefe eigentlich 44 Tage seyn sollte,
da der einfache Uso nur für 22 Tage gerechnet wird; die Ursache dieser Verschiedenheit kommt aber daher, daß eigentlich
der wahre Uso nur auf 15 Tage bestimmet ist, daß man ihn
aber nach einer durchgängig angenommenen Gewohnheit, nachmals um 7 Tage verlängert, und also auf 22 Tage gesetzet hat.

Bey den Wechseln, die auf mehr als 2 Uso gestellet sind,
werden also 22 Tage für den ersten, für die andern Uso aber
nur 15 Tage gerechnet, und solchergestalt sind die zugegebenen
7 Tage allerdings nur auf den ersten Uso anwendbar. Indessen
haben doch seit einiger Zeit verschiedene der ansehnlichsten Banquiers in Neapel angenommen, daß die andern Usos dem ersten
gleich zu 22 Tage sollten gerechnet werden; diese Annahme ist
aber nicht allgemein, sondern streitbar.

Der Inhaber eines Wechsels, so von Genua, Livorno und
Venedig hierher gezogen und den Sonnabend zahlbar ist, kann
nach Gefallen den Protest bis zum Dienstag aufschieben, wo
die Post nach diesen Orten abgehet. Dieses wird nicht für
gesetzwidrig gehalten, sondern ist blos eingeführet, um die
Sonnabends-Geschäfte zu erleichtern, an welchem Tage die
Posten nach ganz Europa abgehen; überdem ist man dabey verbunden, unterm Datum des Sonnabends das Vu des Notarius beyfügen zu lassen, und den erst am Dienstage gemachten
Protest, vom Sonnabend vorher zu datiren.

Die Acceptanten eines Wechsels können von ihrer Acceptation nicht wieder zurückstehen, sondern werden als
Schuldner einer erhaltenen Summe baar Geld angesehen.
Hiernach müssen sie ohne die geringste Ausflucht bezahlen, und
haben nicht einmal die Erleichterung, den Werth des acceptirten Briefes zu deponiren.

Maaße und Gewichte.

Die Elle *Canna* von 8 Palmi à 12 Onces hält 936,6 Fr.
Lin. oder 3,168 Berl. Ellen.

Von andern Längenmaaßen wird 1 Canna zu 8 Passi,
60 Palmi, 720 Oncas, 3600 Minuti gerechnet; dieser Palmo
hält 116½ Franz. Lin., und ist 19,¼ pCt. kürzer denn der Rheinländische Fuß.

Von den Neapolitan. Meilen gehen 57,71 auf 1 Grad
der Erde.

Vom Land- od. Feldmaaß hält die Moggia 900 □ Passi
à 7¼ Palmi, oder 1,1092 Berl. kleine Morgen; in Puglia

rechnet man 1 Caro zu 20 Verfure, 120 Catane, 1200 Paſſi, 8400 Palmi.

Der Getraide=Carro hat 36 Tomoli à 24 Maaß. Der Tomolo hält 2579 Franz. Cubikzoll und iſt 6⅞ pCt. kleiner denn der Berl. Scheffel.

Die Wein=Carro hat 2 Botti 24 Barili, 1440 Caraffe in Neapel, und 1584 Caraffe auf dem Lande. Die Wein= und Brantwein=Barile hält 2136 bis 2225 Franz. Cubikzoll, und die Caraffe von 37 Franz. Cubikzoll iſt 56⅓ pCt. kleiner denn das Berl. Quart.

Die Oehl=Salma wird theils zu 16 Staja, 256 Quarti, 1536 Miſurelle, welche 314½ Berl. Pfund ausmachen, theils zu 10 Staja à 32 Pignare, die von Neapel 358½, von Bari 322½, und von Gallipoli 300½ Berl. Pfund ausmachen, gerechnet.

Vom Handelsgewicht hat der Cantaro 100 Rotoli, die in ½be, ¼tel, ⅛tel, oder auch in 33⅓ Oncia eingetheilet werden; der Rotol wieget 2⅝ Libra oder 18545 Höll. As, und iſt 90⅛ pCt. ſchwerer denn das Berliner Pfund. 1 Staro hält 10¼ Rotoli.

Die Gold=Silber=Münz=Seiden=Lira von 12 Oncie, 360 Trapeſi, 7200 Acini, 115200 Sechzehntheile, wieget 6676 Höll. As, und iſt 37¼ pCt. ſchwerer denn die Cölln. Mark und 46⅕ pCt. leichter denn das Berl. Pfund. 3 Liras gehen auf 1 Rotol.

Die Oncie fein Gold von 24 Karat gilt 21 Ducati ca. Verarbeitet Gold von 22 Karat gilt 18, von 18 Karat 15 Ducati.

Das Pfund fein Silber von 12 Denari, de Coupella genannt, gilt 17½ Duc. circa Verarbeitet Silber hält 10 Denari, und gilt ohne Arbeitslohn 13⅓ Ducati.

In den Neapolitaniſchen ſieben Banken, 1) della Pieta, 2) di Populi, 3) di Poveri, 4) di St. Giacomo, 5) della Salvatore, 6) della Spirito Santo, und 7) di St. Eligio, werden alle Zahlungen, die nicht unter 10 Ducati ausmachen, vollzogen. Ein jeder alſo, der in dem Fall iſt, Zahlungen zu leiſten, muß ſich in einer oder mehrer dieſer Banken Credit verſchaffen, damit dergleichen Zahlungen auf eine ſichere und rechtsbeſtändige Weiſe geſchehen können.

Dieſer Credit wird dadurch erlanget, daß man entweder baar Geld, oder die Zettel einer andern Bank deponiret, dafür man zwar keine Zinſen erhält, dagegen aber auch weder beym Einbringen noch Zurücknehmen das geringſte bezahlet. Die Bank giebt für die eingebrachte Summe ein bloß gedrucktes, bezeichnetes, beſiegeltes und vom Caſſier unterſchriebenes Blatt, worauf die Anzahl der Ducati und Grani bemerket iſt, die ſie empfangen hat; ein ſolches Blatt wird Fede di Credito genannt.

Die Besitzer eines solchen Fede di Credito können ihr Geld gegen Zurückgabe des Fede di Credito nach Gefallen baar wieder zurücknehmen, sie können es aber auch statt baarem Gelde an Zahlungsstatt, mittelst eines Endossements, an denjenigen, den sie bezahlen wollen, abtreten.

Wenn man also eine Schuld bezahlen, oder ein Grundstück kaufen, oder eine Summe auf gewisse Zeit verlehnen, oder eine andere Zahlung, was es auch sey, leisten will; so ist gewöhnlich, sich dieser Fede di Credito zu bedienen, in dessen Endossement man zugleich die Ursache angiebt, weshalb die Zahlung geschehen ist. Da nun die Banken den Inhalt des Endossements auf den Büchern registriren, so giebt dieses und die Zurücknahme des Fede di Credito an die Bank, wenn sie das Geld bezahlet, einen vollkommenen Beweis für den Bezahler wegen richtig geschehener Zahlung ab.

Kaufleute und andere, die in dem Fall sind, daß sie beständig Gelder zu erhalten und wieder zurückzunehmen haben, erhalten ein größer Blatt: *Fedeone* oder *Madre fede* genannt. Hierauf bemerket die Bank einerseits die eingebrachten Summen, so wie sie eingehen; andererseits aber rechnet sie dasjenige ab, was sie wieder für den Deponenten bezahlet.

In diesem Falle geben gewöhnlich die Deponenten eine Anweisung oder Ordre auf die Bank, z. B. die und die Bank zahle an den und den, wegen der und der Ursache; die Bank zeichnet, paraphriret und registriret diese Anweisungen, und giebt sie nebst dem *Madre fede* an den Eigenthümer zurück, welcher sodann damit an denjenigen, an dessen Ordre er sie gestellet hat, Zahlung leistet. Diese Anweisungen werden *Polizze notate fede* benennet, und sind nur in der Stadt Neapolis in Umlauf; da hingegen die Fede di Credito fast im ganzen Königreiche gangbar sind.

Zuweilen verlangen die Banken auch, daß die Unterzeichnung der Fede di Credito oder Notate fede durch einen Notar authentisirt werde, welches gewöhnlich in den Fällen geschiehet, wenn das Endossement zum Vortheil einer Frau oder eines andern gemacht worden, der noch ein gewisses Versprechen erfüllen soll. Eben so ist es, wenn ein Fede di Credito oder Notate fede zur Completirung einer Zahlung bestimmt ist, welche ein solcher erhalten soll, mit dem schon außer der Bank Abrechnungen vorgegangen sind.

Diese Vorsicht nehmen die Banken deshalben, damit sie vermeiden wollen, daß diejenigen, welche Polizzes notate fede unter gewissen Bedingungen erhalten, ihre Unterschrift nicht abläugnen sollen, damit sie die Bedingungen nicht erfüllen dürfen. Von diesen Formalien sind aber die vollkommen bekannten Unterschriften der vornehmsten Banquiers und Kaufleute frey.

Die hiesigen Banken haben verschiedene Bediente oder Officianten, die allein von der Bank bezahlet werden, und nichts von denjenigen, die mit den Banken zu thun haben, für ihre Arbeit verlangen dürfen.

Die Banken della Pietà und di Poveri haben außerdem ein besonderes Mont- oder Leih-Haus, welches von verschiedenen Officianten der Banken besorget wird.

Gedachte Monts sind bestimmt, mancherley Effekten und Waaren von denjenigen anzunehmen, die sich in der Nothwendigkeit befinden, darauf Geld zu leihen. Dergleichen Sachen werden also von dem Taxator des Monts gewürdiget, und der Mont bezahlt an den Eigner nach der Taxe die Hälfte oder ⅔tel des Werths; Gold und Silber aber wird nach der Unze oder nach den Pfunden mehr oder weniger beliehen.

Der Mont della Pietà nimmt von den Anlehnen, die unter 10 Ducaten ausmachen, keine Zinsen, so wie auch der Mont di Poveri von den Anlehnen keine nimmt, die unter 5 Ducati betragen; was über diese Summen gehet, wird von dem 7ten Tage an, da das Anlehn geschehen, mit 6 pCt. verzinset.

Die Monts geben für die eingebrachten Pfänder eine Bescheinigung, Cartella genannt, darin der Tag der Verpfändung, die darauf geliehene Summe, die Nummer des Registers und Orts, wo sich das Pfand befindet, nebst dem Siegel und der Unterschrift zweyer Officianten des Monts, namentlich des Credenziere und des Guardaroba, befindlich ist.

Wenn man die in ein solches Mont eingebrachten und beliehenen Effekten und Waaren wieder zurücknehmen will, muß man nicht allein die Cartella, sondern auch ein Verzeichniß der deponirten Pfandschaften übergeben. Der Mont nimmt diese Vorsicht, um den etwa gestohlnen oder verlohrnen Cartellas, die von andern, als dem Eigenthümer, präsentiret werden möchten, zuvorzukommen, da es sich ereignen kann, daß weil das Mont nur ½ oder ⅔tel des Werths beleihet, diesen Bescheinigungen nachgetrachtet wird, um den ganzen Werth zu erlangen.

Wer in ein solches Mont Pfandschaften eingebracht und die Cartella verlohren oder verleget hat, muß hinlängliche Caution machen, ansonst er die deponirten Effecten nicht wieder zurück erhalten kann.

Die Monts behalten die eingebrachten Pfänder 2 Jahre, wenn solche nicht von der Art sind, daß sie sich binnen dieser Zeit verringern. In diesem Falle bestimmt das Leihhaus die Zeit, wie lange sie ohnverringert im Depot bleiben können; nach der Zeit werden solche öffentlich verkauft, der Mont nimmt von dem daraus Gelösten das vorgeschossene Capital

und Zinsen vom 7ten Tage nach der Einbringung, und der
Rest verbleibt zur Disposition des Eigenthümers, wenn er
seine Cartella überreichet.

Gedachte beide Monts nehmen Kleinigkeiten bis zum
Werth von 2 Carlini an, die fünf andern Banken lehnen zwar
auch auf Gold, Silber und Juwelen, aber nicht unter 10 Ducati, und außerdem lassen sie sich auch die angelehnte Summe
ganz verzinsen, anstatt daß die ersten beiden Monts nur Zinsen
von den über 10 und 5 Ducaten steigenden Summen nehmen.

Eine jede Bank hat einen verordneten Minister und sechs
Gouverneurs oder Directeurs, welche aus 2 Adlichen, 2 Ad-
vocaten und 2 Kaufleuten bestehen, die alle 2 Jahre erneuert
werden und keinen bestimmten Gehalt bekommen, indessen erhalten sie von den Banken willkührliche Gratificationen.

Da diese Banken von denen bey ihnen deponirten Geldern
keine Zinsen bezahlen, andererseits aber von den ausgelehnten
Geldern 6 pCt. Zinsen erhalten; so ist begreiflich, daß durch
den jährlichen Gewinn Capitalia entstehen, davon ein Theil
zu jährlichen geheimen Ausgaben an Arme, ein anderer zu
Heyraths-Ausstattungen, und ein dritter zu andern milden
Stiftungen und Bedürfnissen verwendet wird.

Die vornehmsten Messen,

die im Königreiche Neapolis gehalten werden, sind:

zu Salerno, fängt an den 21. Sept., endigt sich den 8. Octob.
zu d'Averse, ⸱ ⸱ ⸱ 15. April, ⸱ ⸱ ⸱ 4. May.
zu Foggia, ⸱ ⸱ ⸱ 8 May, ⸱ ⸱ nach 1 Monat.
zu Gravina, ⸱ ⸱ ⸱ 6. April, ⸱ ⸱ den 20. April.

Neufchatel oder Neuenburg

und Vallangin, Preuß. Fürstenthümer der Schweiz, rechnen
wie Bern, gewöhnlich aber nach

Livres zu 20 Sols à 12 Deniers tourn. de Neufchatel,

und bey Kleinigkeiten nach

Livres zu 12 Sols oder Gros à 12 Deniers foibles.

Verhältniß dieser Rechnungsmünzen.

Livres		Sols		Deniers	
tournois.	foibles.	tournois.	foibles.	tournois.	foibles.
1	$2\frac{1}{2}$	20	30	240	360
	1	8	12	96	144
		1	$1\frac{1}{2}$	12	18
			1	8	12
				$\frac{2}{3}$	$1\frac{1}{2}$

Den Zahlwerth bestimmet die Cölln. Mark fein Silber zu 23,677 Bern. fl., $35\frac{1}{10}$ Livres tourn. de Neuschatel, und $88\frac{11}{24}$ Livr. foibles.

Die hier gangbaren Münzsorten sind

in Golde:

Franz. neue Louisd'or 16 Livres.

Ducaten $7\frac{2}{3}$ Livres.

in Silber:

Franz. Laubthaler 4 Liv.

Preuß. Cour. Rthlr. werden zu 3 Liv. tourn. de Neuschatel angenommen, und dazu noch 16 pCt. Agio geschlagen, so daß 300 Liv. tourn. für 116 Rthlr. Preuß. Cour. und 375 Liv. foibl. für 58 Rthlr. Preuß. Cour. gerechnet werden.

7 Liv. tourn. de Neusch. rechnet man für 10 Liv. tourn. de France, und reduciret nachmals die Franz. Livres nach dem jedesmaligen Berl. Cours.

Ganze und ½be Batzen zu 2 und 1 Sols tournois de Neusch. und

Kreuzer von Neuschatel, Bern, Solothurn und Freyburg.

Maaße und Gewichte.

Die Elle *Aune* hält circa 500 Fr. Lin., und ist $69\frac{1}{8}$ pCt. länger als die Berl. Elle.

Der Fuß von 133 Franz. Lin. ist $4\frac{1}{3}$ pCt. kürzer als der Rheinländische Fuß.

Das Getraidemaaß soll dem Berner gleich seyn.

Der Wein=*Muid* hat 5 Gerle, 12 Seriers, 192 Pots, das Pot hält $75\frac{1}{2}$ Franz. Cubikzoll, und ist $29\frac{7}{8}$ pCt. größer denn das Berl. Quart.

Vom Handelsgewichts=Pfund gebrauchet man *Poids de Fer* von 10825 Holl. As zu groben Waaren, und *Poids de Marc* von 10188 Holländ. As zu feinen Waaren; erstes ist $11\frac{1}{32}$, und das andere $4\frac{1}{2}$ pCt. schwerer denn das Berl. Pfund.

Nizza,

im Königl. Sardin. Ober=Italien, rechnet, zahlet, und hält die unter Turin gemeldete Münzverfassung.

Maaße und Gewichte.

Die Elle *Raso* hält 243,8 Franz. Lin., und ist $21\frac{1}{2}$ pCt. kürzer als die Berl. Elle.

Der Fuß *Palmo* hält 117,8 Fr. Lin., und ist $18\frac{1}{3}$ pCt. kürzer als der Rheinl. Fuß.

Der Getraide-*Sacco* hat 3 Staja oder Stari und 48 Mensinali, der Stajo enthält 1942 Franz. Cubikzoll, und ist 41½ pCt. kleiner als der Berl. Scheffel. Nach andern hat man einen Getraide-Setier von 2016 Franz. Cubikzoll, der 36 pCt. kleiner denn der Berl. Scheffel ist

Der Oehl-*Rubbio* von 25 Pfund Nizz. kommt mit 16½½ Pfund Berl. überein.

Das Handels-Gewichts-Pfund von 6453 Holländ. Aß ist 51⅓ pCt. leichter denn das Berl. Pfund.

Nördlingen,

eine Schwäbische Reichsstadt, rechnet gewöhnlich nach
Reichsgulden zu 60 Kreuzer à 4 Pfennige;
deren Werth nach dem Convent. 24 fl. Fuß bezahlet wird.

Maaße u. Gewichte.

Die Elle von 270,7 Franz. Lin. ist 9⅞ pCt. kürzer denn die Berl. Elle.

Vom Getraidemaaß hat der Malter überhaupt 2 Scheffel. Der Scheffel Korn und Kern hält aber 8 Viertel oder 32 Metzen. Der Scheffel Gerste 13 Viertel oder 52 Metzen. Der Scheffel Dinkel und auch der Hafer-Scheffel 19½ Viertel oder 78 Metzen. Der Inhalt dieser 4 verschiedenen Malter ist aber 9866½, 15565, 22142½ und 23120 Französische Cubikzoll oder 3,592, 5,6773, 8,077 und 8,422 Berl. Scheffel.

Vom Weinmaaß halten 4 hiesige Eymer 1⅛ Würtemberger Eymer.

Das Handelsgewichts-Pfund von 10200 Holländ. Aß ist 4⅞ pCt. schwerer als das Berl. Pfund.

Norwegen wie Dänemark.

Nordamerikanische Staaten,

oder die seit 1783 von England abgekommenen 13 Nordamerikanische Provinzen: Connecticut, Delaware, Georgien, Marieland, Massachusets, Neuhampshire, Neujersey, Neuyork, Nordcarolina, Pensylvanien, Rhodeisland, Südcarolina und Virginien, rechnen gewöhnlich wie England nach
Pound zu 20 *Shelling* à 12 *Pence Courent.*

Der Zahlwerth aber ist geringer als in England, und beträgt:

1) In Südcarolina u. Georgien $3\frac{1}{2}\frac{5}{7}$ pCt. oder 28 hiesige Liv. = 27 Liv. Sterl.

2) In Neuhampshiere, Massachusets, Rhode-Island, Connecticut und Virginien $33\frac{1}{3}$ pCt. oder 4 hiesige Liv. = 3 Liv. Sterl.

3) In Pensylvanien, Neujersey, Delaware, Marieland, $66\frac{2}{3}$ pCt. oder 5 hiesige Liv. = 3 Liv. Sterl.

4) In Neuyork und Nordcarolina $77\frac{7}{9}$ pCt. oder 16 hiesige Liv. = 9 Liv. Sterl.

Ueberdem gebrauchet man auch den *Dollar*, welcher eigentlich den Spanischen Piaster vorstellen soll, und sonst in 90 und 96 Theile, jetzt aber mehrentheils in 100 *Cents* eingetheilet wird. Dieser Dollar gilt $4\frac{1}{2}$ Engl. ßl. Sterl, $4\frac{2}{3}$ ßl. in den zwey Provinzen (1), 6 ßl. in den fünf Prov. (2), $7\frac{1}{2}$ ßl. in den vier Prov. (3), und 8 ßl. in den zwey Prov. (4).

Die würklichen neuen National-Münzsorten sollen bestehen in:

Goldnen

Adler oder Engel, ganze und ½be, zu 10 und 5 Dollars.

Silbernen

Dollar oder Unités, ganze und ½be, zu 10 und 5 Dimes.
Dimes, 2 und 1fache, zu 20 und 10 Cents.

Kupfernen

Cents zu 10 Milles.
Milles, davon 10 auf 1 Cent, 100 auf 1 Dimen und 1000 auf den Dollar gehen.

Pappier-Münzen

sind die *Dollars*-Zettul, welche während des Krieges mit England in großem Mißcredit und Unwerth standen, gegenwärtig aber nach und nach wieder realisiret werden, und in besserm Werth sind.

Von fremden Münzsorten sind festgesetzet:

1) In dem Staat von Connecticut zu Boston, November 1784.

Goldne

Engl. vollwichtige Guinée 28 ßl. Cour.
Dergl. geringere nach Verhältniß.
Franz. neue Pistolen $27\frac{2}{3}$ ßl. Cour.
Portug. Johannes à 6400 Rees $4\frac{4}{5}$ Liv. Cour.
Moid'or 36 ßl. Cour.
Span. Doublone $4\frac{2}{3}$ Liv. Cour.

Silberne

Engl. und Franz. Kronen $6\frac{2}{3}$ ßl. Cour.
 Dergl. geringere Sorten nach Verhältniß.
Span. Piaster oder Dollar 6 ßl. Cour.
Engl. 3 Farthings für 1 Pfennig. Cour.

Uebrigens soll alles Gold, das bey der Cassa dieses Staats, bey Abgaben und Taxen entrichtet wird, nach dem Gewicht, die Unze Gold zu 5 Liv. $6\frac{2}{3}$ ßl. Cour. angenommen werden.

2) Bey der Bank in Neuyorck, 1787, nach folgendem Gewicht und Werth in Dollar:

	pf. Gew.	Dollar.
Portug. Johannes oder $\frac{1}{2}$te Dobra . .	18	16
Dergl. $\frac{1}{4}$te oder $\frac{1}{4}$tel dito . .	9	8
Span. Dublun oder Doblon	17	15
Dergl. Doppel-Pistolen	$8\frac{1}{2}$	$7\frac{5}{8}$
Englische Guinée	$5\frac{1}{4}$	$4\frac{2}{3}$
Dergl. halbe	$2\frac{5}{8}$	$2\frac{1}{3}$
Franz. Guinée oder Louisd'or . . .	$5\frac{1}{8}$	$4\frac{10}{18}$
Portugiesische Moid'ore	$6\frac{3}{4}$	6
Carolinen	$6\frac{1}{5}$	$4\frac{4}{5}$
Zecchinen	$2\frac{5}{24}$	$1\frac{15}{16}$

Jedes Grän Uebergewicht wird mit 3 Pence vergütet, und für jedes Grän Untergewicht wird 4 Pence abgezogen.

In Ansehung der Wechselgeschäfte werden alle Wechselbriefe auf Großbrittannien, Neuyork und Pensylvanien, mit 30 Tage Sicht gezogen; selten über einige andere Provinzen oder Westindische Inseln. Die Wechselbriefe, welche mit Protest zurückkommen, laufen auch hier auf Kosten des Trassenten, und werden

in Nordcarolina	mit 15 pCt.	Rückwechsel	und	10 pCt. Zinsen
in Südcarolina	, 10 pCt.	dergl.	,	8 pCt. dergl.
in Georgien	, 15 pCt.	dergl.	,	8 pCt. dergl.
in beiden Floridas	, 15 pCt.	dergl.	,	8 pCt. dergl.

berechnet.

Baltimore in Marieland wechselt auf London und giebt nach dem Silberpari auf 60 und 90 Tage *$166\frac{2}{3}$ Liv. Cour. für 100 Liv. Sterl.

Philadelphia in Pensylvanien wechselt auf folgende Oerter, und giebt nach dem Silberpari auf
 Frankreich *$6\frac{2}{3}\frac{1}{3}$ ßl. Cour. für 5 Liv. tourn.
 Holland *2,91 ßl. Cour. für 1 fl. Holl. Cour.
 London à 30 und 60 Tage nach Sicht *$166\frac{2}{3}$ Liv. Cour. für 100 Liv. Sterl.

Maaße und Gewichte

dieser Staaten sind den Englischen gleich.

Nach dem Engl. Bushel von 8 Gallons wird Getraide, Leinsaat, Salz, aus Frankreich, Spanien, Portugal und Liverpool erhandelt.

Nach der Tun erhandelt man Potasche, nach Gallons, davon 2 beynahe 1 Velte aus Bourdeaux betragen, allerley Oehle; nach Barrels von 32 Gallons Engl. Bier; nach Barrels von 220 Pfund Netto, Rindfleisch; nach Barrels von 196 Pfd. allerhand Mehl.

Nach dem Engl. Quintal von 112 Pfund, welcher 91 Fr. und Holländ. Pfunden gleich seyn soll, wird Caroliner Reiß; nach dem Quintal von 100 Pfund, aber Tobak vom James Revier, Rappahannock, Marieland und Carolina; und nach Pfunden, Caffe, St. Domingo Indigo, feine Gewürze u. s. w. behandelt.

Von öffentlichen Handels-Anstalten.

Die Neuyorker Bank ist, außer Sonn- und Festtags und den 4. July, alle Tage des Jahres offen, und die zu den Geschäften bestimmte Stunden sind von 10 bis 1 Uhr Vormittags, und 3 bis 5 Uhr Nachmittags. Discontirt wird am Dienstag und Donnerstag jeder Woche, und die zum Discontiren offerirten Wechsel müssen Montags und Mittwochs Morgens bey der Bank unter einem versiegelten Umschlag und Adresse an den Cassierer abgeliefert werden. Man discontirt anjetzt (1787) zu 7 pCt., und kein Disconto gilt länger als 30 Tage. Keine Anweisung oder Wechsel wird discontiret, um einen vorigen zu bezahlen; man hat 3 Frist- oder Respect-Tage bey allen Wechseln und Assignationen, also auch beym Disconto.

Das Geld, das der Bank anvertrauet ist, kann nach Gefallen, frey von allen Abgaben, wieder herausgenommen werden; keine Assignation wird aber bezahlet, welche die Rechnungsbilanz übersteiget. Wechsel oder Assignationen, die man der Bank einliefert, werden zum Acceptiren präsentiret, und das Geld frey von Abgaben eingehoben; wenn aber keine Bezahlung oder gar Protest erfolget, so muß der, welcher den Wechsel eingeliefert hat, für die Kosten der Nichtbezahlung und des Protestes stehen. Bezahlung, die bey der Bank geschiehet, muß sogleich untersucht werden, weil kein nachher bemerkter Mangel vergütet wird.

In Südcarolina hat der Staat neue Bankzettel von 10, 3, 2, 1 Pfund, 5 und 2½ Schilling ausgefertiget, welche vom 1sten May 1786 an, 5 Jahre lang gelten, alsdann aber wieder eingelöset werden sollen. Wer sie von der Regierung gegen baar Geld nimmt, erhält bis zur Wiedereinlösung 7 pCt. Zinsen.

Nove oder Novi,

eine Genuesische Stadt in Italien, die blos wegen der vier Genueser Messen, die bald allhier, bald in Rapallo, bald in Sestri del Levante, bald in Santa Margaritta im Genueser Gebiete gehalten werden, bekannt ist, rechnet während dieser Messen nach

Scudi d'oro marche zu 20 *Soldi* à 12 *Denari.*

250 Scudi di marche betragen 2907 Lire fuori Banco Mon. buono, s. Genua.

Die Genueser Messen wechseln in *Scudi d'oro marche* nach dem Silberpari, mit folgenden Orten, und

geben	empfangen dafür m. od. w.	in
1 Scudo	$181\frac{1}{8}$ Pf. vls Bco.	Amsterdam
100 Scudi	$176\frac{15}{18}$ Scudi Moneta	Ancona
1 Scudo	$185\frac{2}{3}$ Pf. vls Wechs. Geld	Antwerpen
100 Scudi	$195\frac{1}{18}$ Thlr. Giro	Augsburg
1 Scudo	66,84 Sueldos	Barcelona
100 Scudi	$263\frac{7}{18}$ Scudi à 7 Lire	Bergamo
100 Scudi	$208\frac{1}{8}$ Scudi di Cambio	Bologna
1 Scudo	$175\frac{9}{18}$ Xr Giro	Botzen
1 Scudo	649^{1} Maraved. Silber	Cadix
100 Scudi	$153\frac{7}{12}$ Scudi d'oro	Florenz
1 Scudo	222,9 Xr. Cour.	Frankfurt
100 Scudi	$122\frac{3}{4}$ Scudi d'argento	Genua
1 Scudo	$164\frac{1}{4}$ Pf. vls Banco	Hamburg
100 Scudi	$333\frac{15}{18}$ Ecû	Lion
100 Scudi	$200\frac{1}{4}$ Pezze da otto	Livorno
1 Scudo	$94\frac{7}{8}$ Pf. Sterl.	London
100 Scudi	$168\frac{15}{18}$ Scudi d'oro à $7\frac{1}{2}$ Lire	Lucca
1 Scudo	$177\frac{1}{4}$ Soldi imper.	Mailand
100 Scudi	$229\frac{1}{18}$ Ducati di Regno	Neapel a)
100 Scudi	$247\frac{8}{9}$ Thlr. Cour.	Nürnberg
100 Scudi	$116\frac{1}{8}$ Scudi di Stampa d'oro	Rom
1 Scudo	$272\frac{5}{18}$ Xr. Species	St. Gallen
1 Scudo	$45\frac{4}{9}$ Carlini	Sicilien b)
1 Scudo	$649\frac{1}{4}$ Maraved. Silber	Spanien c)
100 Scudi	$192\frac{1}{15}$ Ducaten Banco	Venedig
100 Scudi	$247\frac{8}{9}$ Thlr. Cour.	Wien

Nota. a) Desgleichen Bari und Lecce. b) Nehmlich Messina und Palerma. c) Nehmlich Sevilla nnd Medina del Campo.

Der Uso ist nach Verordnung der Republik bey Briefen

nach Genua, Mailand und Bergamo, 20 Tage Dato:
nach Florenz, Bologna, Lucca, Rom, Venedig, 25 Tage;

nach Napoli, Valenza, Barcelona und Saragossa, 30 Tage;
nach Antwerpen, Cölln, Lecce und Bari, 35 Tage;
nach Palerma, Messina, Alcala, 45 Tage;
nach Lissabon und Sevilien, 2 Monat nach Dato, den Datum
   mit darunter begriffen.

Respecttage sind hier nicht verordnet.

Die vier hiesigen Messen sind seit 1621:

1) *La Fiera d'Apparitione*, Erscheinungs-Messe, darinne die Acceptationen den 1sten und die Handlungen den 3ten
Februar ihren Anfang nehmen.

2) *La Fiera di Pasqua*, Oster-Messe, in welchen die
Acceptationen den 2ten und die Handlungen den 4ten May
anfangen.

3) *La Fiera d'Agosto*, August-Messe, in selbiger fangen die Acceptationen den 1sten, und die Handlungen den 3ten
August an.

4) *La Fiera di Santi*, Allerheiligen-Messe, in dieser
fangen die Acceptationen den 2ten, die Handlungen aber den
4ten November an.

Treffen aber gedachte Acceptations- und Handelstage auf
verordnete Feyertage, werden sie auf den nächstfolgenden Werkeltag verleget.

Jede Messe dauert von dem bestimmten ersten Acceptations-Tage an noch 8 bis 10 Tage.

Die in hiesigen Messen gezogenen Wechselbriefe dürfen
höchstens nur ein Endossement haben, ansonst sie nicht bezahlet, sondern protestiret werden.

Nürnberg,

eine freye Reichs- und Handelsstadt in Franken, rechnet gewöhnlich nach

Reichsgulden zu 60 Kreuzer à 4 Pfennige.

Verhältniß sämtlicher hiesiger Rechnungsmünzen.

Spec. Thaler	Reichs-Thaler.	Gul-den.	Kopf-stücke.	Ba-tzen.	Kaisgr. oder Schillinge.	Kreu-zer.	Pfen-nige.
1	1¼	2	6	30	40	120	480
	1	1½	4½	22½	30	90	360
		1	3	15	20	60	240
			1	5	6⅔	20	80
				1	1⅓	4	16
					1	3	12
						1	4

Der Zahlwerth ist 1) Courent oder Bank-Valuta nach dem Convent. 20 fl. Fuß, die Cölln. Mark fein Silber zu 13¼ Rthlr., darinne die Wechsel bezahlet werden; 2) Münze, oder *Moneta bianca*, der 24 fl. Fuß, die Cölln. Mark fein Silber zu 16 Rthlr., als eigentliche Waaren-Zahlung.

Würkliche Münzsorten der Stadt sind
in Golde:
Ducaten und Goldgulden.

in Silber:
Ganze, ½be, ¼tel Convent. Speciesthaler, zu 2, 1 und ½ fl. Courent, und 2¼, 1½ und ¾ fl. Münze.
Ganze, ½be, ¼tel Kopfstück, zu 20, 10, 5 Xr. Cour., oder 24, 12, 6 Xr. Münze.
3 und 1 Kreuzer-Stück.

Von fremden Münzsorten
galten im Juny 1790, in Münze:
Goldne

Souverraind'or	15 fl.	56 Xr.
Carolinen	11 —	30 —
Mixd'or 1½ Stück	11 —	26 —
Franz. Schildlouisd'or	11 —	16 —
alte Louisd'or à 5 Rthlr. . . .	9 —	17 —
Span. Doppien	9 —	6 —
Ducaten, Kaiserl. und Kremnitzer . . .	5 —	23 —
Holländische . . .	5 —	19 —

Franz. neue Louisd'or seit 1785, sind durch eine Fränk. Kreis-Verordnung auf 10 fl. gesetzet worden; indessen gelten diese Goldmünzen jetzt durchgängig mehr.
Silberne
Franz. Laubthaler gelten 2¾ fl., und Niederländ. Kronen oder Kreuzthaler sind im April 1792 auf 2⅔ fl. gesetzet worden.

Gegen Courent-Valuta werden Ducaten 6¼, Franz. alte Louisd'or 3 , Carolinen 5½, und Franz. Schildlouisd'or 3 pCt. besser gehalten.

Nürnberg wechselt und giebt nach dem Silberpari auf Amsterdam à Uso von 14 Tage nach Sicht *137⅞ rthlr. Cour. für 100 thlr. Holl. Bco., und *136½ rthlr. Cour. für 100 thlr. Holl. Courent.
Augsburg à Uso von 15 Tage nach der Acceptation. desgl.
Frankfurt a. M. wie Amsterdam und auf die Messen. desgl.
Leipziger Messen, Prag und Wien *100 rthlr. Cour. für 100 rthlr. Cour.
Hamburg wie Amsterdam *144½ rthlr. Cour. für 100 rthlr. Hamb. Bco.

Lion auf die Payements und Paris à Uso von 30 Tage nach Dato *75⅓ rthlr. Cour. für 100 Ecû von 3 Liv. tourn. Venedig à Uso von 15 Tage nach der Acceptation *100¼ rsl. für 500 Lire piccol.

Der Uso der auf Nürnberg gezogenen Wechsel ist 15 Tage, Doppio Uso 30, für ½ben Uso 8, und 1½ Uso 23 Tage nach der Acceptation, Sonn, Fest und Bankschluß-Tage einbegriffen.

6 Respecttage sind für Briefe, die nicht unter ½ Uso lauten, verordnet; Wechselbriefe aber, die vor den jährlichen 2 Bankschließungen verfallen, müssen entweder den Tag vor dem Schluß abgeschrieben oder protestiret werden, die Respecttage mögen verflossen seyn oder nicht. Eine gleiche Bewandniß in Ansehung der Respecttage hat es auch alle übrige Zeiten, da man nicht in der Bank schreibet. Die Briefe, die auf Sicht lauten, müssen binnen 24 Stunden bezahlet oder protestiret werden.

Maaße und Gewichte.

Die Elle von 292⅔ Franz. Lin. ist 1¼ pCt. kürzer denn die Berl. Elle.

Der Fuß von 12 Zoll, davon 12 auf 1 kleine und 16 auf 1 große Ruthe gehen, hält 134,7 Franz. Lin., und 31 Nürnb. Fuß thun 30 Rheinl. Fuß.

Das Land oder Feld-Wald-Wiesen-Maaß ist der Morgen oder 1 Tagewerk von 200 ☐Ruthen oder 1,8516 Berl. kleine Morgen.

Das Getraide-Maaß in glatt und rauher Frucht ist dem unter Anspach beschriebenen vollkommen gleich; außerdem rechnet man noch allhier 1 Malter zu 8 Metzen, 32 Diethaufen, 64 Diethäuflein, 128 Maaß, und der Simra Hirse in Bälgen soll 26, ohne Bälge aber 16 Metzen halten. Nach Krusen hält die hiesige Getraide-Simra 16775 Franz. Cub. Zoll oder 6⅓ Berl. Scheffel circa.

Vom Weinmaaß hat 1 Fuder 12 Eimer, 384 Viertel, 768 Maaß, 1536 Seidel Visir-Maaß, und 12½ Eimer à 32 Viertel à 2 Maaß à 2 Seidel Schenk-Maaß. Das Visir-Maaß hält 53, und das Schenk-Maaß 50 Franz. Cubikzoll; 1stes ist also 9²⁄₁₆, und das 2te 16 pCt. kleiner denn das Berliner Quart.

1 Tonne Honig hält 198, 1 Amer Honig aber 128 Seidel.

Vom Handels-Gewicht hat das Schiffpfund 300, der Centner aber 100 Pfund von 2 Mark oder 32 Loth. Das Pfund hält 10608 Holl. As, und ist 8½? pCt. schwerer denn das Berl. Pfund.

Gold-Silber- und Geld-Gewicht ist die Mark von 2 Viertung, 8 Unzen, 16 Loth, 64 Quent, 256 pf., 4110 Ducaten-As und 4972 Holl. As, also 2⅔ pCt. ſchwerer denn die Cölln. Mark.

Von zählenden Gütern wird 1 Schober zu 60, 1 Schöberlein zu 10 Büſchel Stroh, 1 Pfund Krautsköpfe oder Nüße zu 240 Stück gerechnet.

Die Anno 1621 allhier errichtete *Giro-Banco* nimt jetzt Gold- und Silber-Münze nach dem Convent. Courent- oder 20 fl. Fuß an, und ſchreibt ſolche den Einbringern auf ihre Rechnung zu gute. Der Einbringer diſponiret darüber, indem er ſolche entweder baar wieder zurücknimt, oder an andere davon anweiſet und von einer Rechnung auf die andere übertragen läſſet. Dieſes Ab- und Zuſchreiben geſchiehet ſo eher, da alle Wechſel und Anweiſungen von 50 fl. und alle Waarenpoſten, die nicht unter 200 fl. betragen, durch die Banco bey 10 pCt. Strafe bezahlet werden ſollen. Außer den gewöhnlichen ½jährigen Bankſchließungen zu Ende Aprilis und Octobris auf 10, 12 bis 14 Tage, iſt die Bank auch Sonn- und Feſttags geſchloſſen.

Oldenburg

und Delmenhorſt, zwey Weſtphäliſche dem Fürſtbiſchof von Lübeck unter dem Namen eines Herzogthums zuſtändige Grafſchaften, rechnen gewöhnlich nach

Reichsthaler zu 72 Groot à 5 Schwaar; und bey Kleinigkeiten nach

Reichsthaler zu 48 Schilling oder 54 Stüver à 4 Ortjes.

Verhältniß dieſer Rechnungsmünzen.

Rthaler.	Schilling.	Stüver.	Groot.	Ortjes.	Schwaar.
1	48	54	72	216	360
	1	1⅛	1½	4½	7½
		1	1⅓	4	6⅔
			1	3	5
				1	1⅔

Der Zahlwerth iſt 1) bey Landesherrſchaftl. Abgaben der Leipziger Fuß, die Cölln. Mark fein Silber zu 12 Rthlr.; 2) im Großhandel nach Gold oder dem Convent. Cour. Fuß, die Cölln. Mark fein Silber zu 13⅓ Rthlr; 3) im Kleinhandel nach einem 14½ Rthlr. Fuß, und 4) Scheidemünzen ſind nach einem 15 Rthlr. Fuß ausgeprägt.

Würkliche Landesmünzen in Silber ſind Neue ⅛tel u. ¼tel Stück zu 48 u. 24 Groot n. d. 12 Rthlr. Fuß. 12 und 6 Groot Stück, nach dem Convent. 13⅓ Rthlr. Fuß.

4 und

4 und 3 Groot Stück, nach dem $14\frac{2}{3}$ Rthlr. Fuße.
2, $1\frac{1}{2}$, 1 und $\frac{1}{2}$ Groot Stück, nach dem 15 Rthlr. Fuß, als Scheidemünze.

Hiervon vergleichet man hier 100 Rthlr. neue Zwey- und Eindrittel mit 107 bis $111\frac{1}{4}$ Rthlr. Gold oder grob Cour. und mit 125 bis 130 Rthlr. klein Courent; 100 Rthlr. Gold oder grob Cour. mit $113\frac{1}{2}$ bis $116\frac{2}{3}$ Rthlr. klein Courent.

Von fremden Münzsorten gelten

Goldne

Holl. Rand-Ducaten 2 Rthlr. 60 bis 62 Groot in Gold oder grob Cour. und 3 Rthlr. 18 bis 24 Groot in klein Courent.
Französ. und Deutsche Pistolen zu 5 Rthlr. werden der hiesigen Gold-Valuta oder dem groben Courent gleich gehalten.

Silberne

Bremer Groote sind der Gold-Valuta oder dem groben Cour. gleich.

Maaße und Gewichte.

Die Elle ist der Bremer gleich, also $15\frac{1}{4}$ pCt. kleiner als die Berl. Elle.

Der Fuß von 12 Zoll, davon 20 auf die Ruthe gehen, hält $131\frac{2}{3}$ Franz. Lin., und 18 Fuß betragen 17 Rheinl. Fuß.

Von den Meilen gehen $11\frac{1}{7}$ auf 1 Grad der Erde.

Vom Land- oder Feld-Maaß hat 1 Juck alt Maaß 400 □Fuß, 20 Fuß auf die Ruthe. 1 Juck neu Maaß 324 □Fuß, 18 Fuß auf die Ruthe. Der Morgen hält 6 Hunde, 18 Scheffel Hafersaat oder 356 Ruthen alt Maaß.

Vom Getraide-Maaß hat 1 Last 12 Molt, 18 Tonnen, 144 Scheffel, 4000 Pfund; 130 Oldenburger Scheffel à 16 Kannen Biermaaß, und 144 Delmenhorster Scheffel à 18 Kannen gehen auf die Bremer Last. Der Oldenburger Scheffel würde also 1103, und der Delmenhorster Scheffel 996 Franz. Cubikzoll enthalten; 1ster aber $148\frac{1}{2}$, und der 2te $175\frac{1}{4}$ pCt. kleiner denn der Berl. Scheffel seyn.

Vom Weinmaaß in Oldenburg hält die Kanne zu Brantwein, Weinessig und andern feinen Dingen circa 74 Französ. Cubikzoll, und ist also $27\frac{7}{12}$ pCt. größer denn das Berliner Quart; übrigens rechnet man 1 Oxthoft zu $1\frac{1}{2}$ Ohm, 6 Anker, 156 Kannen, 240 Quartier, 624 Orths.

Die Bierkanne in Oldenburg, womit auch Korn, Grütze, Salz und Milch gemessen wird, hält circa 69 Franz. Cubikzoll und ist $18\frac{7}{8}$ pCt. größer denn das Berl. Quart; übrigens wird die Biertonne zu 4 Henkemanns oder 112 bis 116 Kannen, der Henkemann aber zu 28 Kannen gerechnet. Die Delmenhorster Kanne hält circa $55\frac{1}{4}$ Franz. Cubikzoll, und ist $4\frac{3}{4}$ pCt. kleiner denn das Berl. Quart.

M

Vom Handels-Gewicht rechnet man 1 Pfund schwer zu 300 Pfund, 1 Schiffpfund zu 29 Lispfund à 10 Pfund, oder zu 290 Pfund; 1 Centner zu 100, 1 Flachs-Stein zu 20, 1 Feder-Stein zu 10 Pfund; 1 Pfund zu 32 Loth à 4 Quent à 4 Pfennige à 16 hiesige As, ist von Oldenburg dem Hamburger, von Delmenhorst aber dem Bremer gleich; mithin $3\frac{3}{5}$ und $6\frac{7}{16}$ pCt. schwerer denn das Berl. Pfund.

Osnabrück,

ein Westphälisches Hochstift und Bisthum, rechnet gewöhnlich nach

Reichsthaler { zu 21 Schillinge à 12 Pfennige, oder
zu 36 Mariengroschen à 7 Pfennige.

Verhältniß sämtl. hiesiger Rechn. Münzen.

Reichsthaler.	Reichsgulden.	Schillinge.	Mariengroschen.	Matthier	Pfennige.	Heller.
1	$1\frac{1}{2}$	21	36	72	252	504
	1	14	24	48	168	336
		1	$1\frac{5}{7}$	$3\frac{3}{7}$	12	24
			1	2	7	14
				1	$2\frac{1}{2}$	7
					1	2

Der Zahlwerth ist allhier der Convent. Cour. Fuß, die Cölln. Mark fein Silber zu $13\frac{1}{3}$ Rthlr. gerechnet. Louisd'or à 5 Rthlr. ist hiesige Wechselzahlung.

Würkliche Silbermünzen des Stifts sind

Ganze, $\frac{1}{2}$be und $\frac{1}{4}$tel Speciesthaler.
6, 4, 3, 2, $1\frac{1}{2}$ und 1 Mariengroschen Stück.
Ganze und $\frac{1}{2}$be Schillinge.
18, 9, 5, 4 und 3 Pfennig Stück.
Gößgen zu $5\frac{1}{4}$ Pfennig.

In Kupfer

5, 4, 3, $1\frac{1}{2}$ und 1 Pfennig Stück der Stadt Osnabrück.

Osnabrück wechselt u. giebt n. d. Silberpari auf
Amsterdam *$136\frac{3}{4}$ Rthlr. für 100 Thlr. Holl. Cour.
Hamburg *$144\frac{4}{5}$ Rthlr. für 100 Rthlr. Hamb. Bco.

Maaße und Gewichte.

Vom Ellen-Maaß hält die große Elle zu Leinewand 266,7, die kleine Elle aber $258\frac{3}{5}$ Franz. Linien; die erste ist $10\frac{13}{16}$, die andere $14\frac{5}{16}$ pCt. kürzer als die Berl. Elle.

Der Fuß hält $123\frac{4}{5}$ Franz. Lin., und 9 derselben sind 8 Rheinländer Fuß.

Vom Getraide-Maaß wird die Last zu $1\frac{7}{18}$ Fuder, $8\frac{1}{2}$ Malter, 100 Scheffel, 400 Viertel, 1600 Becher gerechnet. Der Scheffel hält 1447 Franz. Cubikzoll, und ist $89\frac{7}{18}$ pCt. kleiner denn der Berl. Scheffel.

Der Ringel oder Korb Kohlen hält $\frac{1}{2}$ Scheffel.

Vom Wein-Maaß hat 1 Fuder 6 Ahm, 168 Viertel, 672 Kannen, 2688 Ort, 10752 Helfgen. Die Kanne, von $61\frac{1}{2}$ Franz. Cubikzoll, ist 6 pCt. grösser denn das Berl. Quart.

Die Tonne Bier hält 27 Viertel oder 108 Kannen.

Vom Handels-Gewicht hat 1 Pfund schwer 300 Pfund, 1 Waage Eisen 120 Pfund, 1 Centner 108 Pfund und 1 Stein 10 Pfund. Das Pfund von 32 Loth à 4 Quent à 4 pf. hält 10280 Holländ. As, und ist $5\frac{7}{18}$ pCt. schwerer denn das Berliner Pfund.

Gold- und Silber-Gewicht ist die Cölln. Mark.

Oviedo,

im Spanischen Astürien, rechnet gewöhnlich nach

Reales zu 34 *Maravedis de Vellon*, Castil. Währung;

deren Zahlwerth, so wie überhaupt die ganze Münzverfassung unter Madrid und Spanien bemerket ist.

Asturische Maaße und Gewichte.

Die Elle *Vara* hält $387\frac{1}{2}$ Franz. Lin. und ist $31\frac{7}{18}$ pCt. grösser denn die Berl. Elle.

Der Getraide-*Fanega* von 3841 Franz. Cubikzoll, ist $40\frac{7}{18}$ pCt. grösser denn der Berl. Scheffel.

Die Wein-*Cantare* von 926 Franz. Cubikzoll hält $15\frac{7}{18}$ Berl. Quart.

Vom Handels-Gewicht hält das große Pfund 14388 Holl. As, und ist $47\frac{7}{18}$ pCt. schwerer denn das Berl. Pfund; das kleine Pfund aber von 9592 Holl. As ist $1\frac{7}{8}$ pCt leichter als das Berl. Pfund.

Padoua,

im Venetianischen Italien, rechnet gewöhnlich nach

Lire zu 20 *Soldi* à 12 *Denari*, *Piccoli Valuta*;

deren Zahlwerth, so wie die ganze Münz- und Wechsel-Verfassung unter Venedig beschrieben ist.

Maaße und Gewichte.

Vom Ellen-Maaß hält die Seiden-*Braccio* 284$\frac{2}{3}$ Franz. Lin., und ist 3$\frac{1}{18}$ pCt. kleiner als die Berl. Elle. Die Leinen- und Wollen-*Braccio* von 301$\frac{2}{5}$ Franz. Lin. ist 1$\frac{1}{8}$ pCt. länger denn die Berl. Elle.

Der Fuß, davon 6 auf 1 Cavezzo gehen, hält 189,9 Fr. Lin., und ist 36$\frac{1}{2}$ pCt. länger als der Rheinländ. Fuß. Die Quarta der Pferdehändler 720 Franz. Lin.

Der *Campo* Land- od. Feldmaaß von 840 Tavole oder □Cavezzi hält 2,1712 Berl. kleine Morgen.

Das Handelsgewichts-Pfund, *Peso grosso*, wieget 8989$\frac{1}{2}$ Holl. As, und ist 1$\frac{5}{18}$ pCt. schwerer als das Berliner Pfund. *Peso sottile* wieget 6385$\frac{1}{2}$ Holl. As, und ist 52$\frac{1}{14}$ pCt. leichter als das Berl. Pfund. Beide Pfunde werden in 12 Unzen, $\frac{1}{2}$be, $\frac{1}{4}$tel u. s. w. eingetheilet.

Gold- und Silber-Gewicht ist das Venetianische.

Palermo, s. Sicilien.

Paris,

die Hauptstadt von ganz Frankreich, rechnet gewöhnlich nach *Livres* zu 20 *Sols* à 12 *Deniers tourn.*

Der Wechsel-Ecu hat 3 Livres, und die sämtl. Franz. Rechn. Münzen mit ihrem Zahlwerth, würklichen Münzsorten, und Wechselarten auf Amsterdam, Cadix, Madrid, Genua, Hamburg, Livorno, London à 60 Tage nach Dato, Uso und Respecttage sind unter Frankreich angegeben.

Nota. Die à Vista gestellten Briefe müssen bey der Präsentation, oder längstens 24 Stunden nachher bezahlet werden.

Die auf einen bestimmten Tag gezogenen, müssen bey der Präsentation acceptiret, und den bestimmten Tag bezahlet werden, oder man lässet beide protestiren.

Der Acceptations-Tag der auf gewisse Tage gestellten Wechsel wird eben so wenig gerechnet, als derjenigen, welche einige Tage nach Dato gestellt worden sind.

Wenn der letzte Respecttag auf einen Sonn- oder Festtag fällt, muß man den Tag vorher protestiren lassen, und, wenn verschiedene Festtage vorhergehen, muß man den Tag vor dem ersten Festtage protestiren.

Billets für Waaren-Zahlung genießen nach ihrem Verfalltag noch einen Monat Respiro.

Pariser Maaße und Gewichte.

Von Längen-Maaßen überhaupt rechnet man auf 1 Grad des Meridians 2$\frac{1}{2}$ Tage-Reisen, 20 Stunden od. See-Meilen, 25 Lieues oder gemeine Meilen, und 57075 Toises des Chatelets oder der Academie.

Eine Ruthe oder Perche Royale hält 3⅔ Toises du Cha-
let, 22 Fuß oder Pieds du Roy.

Ein Fuß hält 12 Zoll oder Pouces à 12 Linien à 10 und
à 12 Theile der Linien; 57 Franz. Fuß betragen 59 Rheins-
länder Fuß.

Die Pariser Elle oder *Aune* zu allen Waaren ohne Unterschied hält 526⅔ Franz. Lin., und ist 78½ pCt. länger denn
die Berl. Elle.

Vom Lands- oder Feld-Maaß hält der *Arpent Royal*
oder *legal* 100 □Perches à 22 Fuß oder 48400 Franz. □Fuß,
die 2 Berl. oder Magdeb. kleine Morgen ausmachen.

Von den Maaßen zu Getraide und Salz rechnet man
1 Muid oder Tonne u zu 12 Setier, 24 Mines, 48 Minots,
Bey Getraide, Hülsenfrüchten und Kalk, außer Hafer,
hält der Muid 144 Boisseaux à 16 Litrons; bey Hafer 288
Boisseaux à 4 Picotins; bey Salz 192 Boisseaux à 6 Metures
oder 16 Litrons; bey Holzkohlen für die Bürgerschaft 80,
für Kaufleute 64 Boisseaux; bey Stein- oder Erdkohlen
90, und bey Gyps 72 Boisseaux.

Der *Boisseau* hält 640 Franz. Cubikzoll, und 425½ derselben sind 100 Berl. Scheffel.

Vom Brennholz wird die Corde (Faden) Brennholz
zu 8 Fuß lang, 4 Fuß hoch und 3½ Fuß Klobenlänge, Reiß-
Holz aber zu 2 Fuß lang und 17 bis 18 Zoll Bündelgröße
gerechnet. 1 Voie oder Fuder Brennholz hält 56 Fr. Cub.
Fuß, und der Bucher oder Haufen 6 Fuß Höhe und 3 1/12 Fuß
Länge.

Von Wein-Maaßen hat der Muid 2 Feuillettes, 3 Tiercons, 4 Quartauts 8 Franz. Cubikfuß, 36 Veltes, Verges
oder Setiers und 288 Pintes. Der Muid Wein f r le lie (auf
der Mutter) wird zu 14185 Fr. Cubikzoll = 244½ Berliner
Quart, Klinkschon oder abgeklärt aber zu 13613 Franz. Cab.
Zoll = 234⅔ Berl. Quart. gerechnet.

Der Quart oder Pot hat 2 Pintes, 4 Setiers, 8 Chopi-
nes, 16 Possons, 64 Roquilles, 96 Franz. Cubikzoll. Die
Pariser Pinte hält also 48 Franz. Cubikzoll, und ist 20⅓ pCt.
kleiner denn das Berl. Quart.

Der Poinçon Brantwein wird zu 27 Veltes oder Setiers
= 178½ Berl. Quart gerechnet.

Vom Handels-Gewicht wird 1 Millier zu 3⅓ Charges
à 3 Quintal à 100 Pfund Mark-Gewicht gerechnet.

Das Pfund Mark-Gewicht theilet man in 16 Unzen
à 8 Gros à 3 Deniers à 24 Grains; es wieget 10188. Holländ.
As, und ist 4½ pCt. schwerer denn das Berl. Pfund.

Das Pfund Seiden-Gewicht hält nur 15 Unzen Mark-
Gewicht oder 9551½ Holl. As, ist also 2 1/12 pCt. leichter denn
das Berl. Pfund.

M 3

Das Apotheker- nnd Medicinal-Gewicht ist gegenwärtig das erstgedachte Pfund Mark-Gewicht, welches in 16
Unzen à 8 Drachmen à 3 Scrupel à 24 Grän vertheilet wird.

Gold- Silber- und Münz-Gewicht ist das ½be Pfund
Mark-Gewicht oder die Mark von 8 Unzen, 64 Gros, 192
Deniers, 4608 Grain und 5094 Holl. As, 4½ pCt. schwerer
als die Cölln. Mark.

Das Probier-Gewicht ist gedachte Mark zu 24 Karat
à 32 Theile à 144 Primen fein Gold, und zu 12 Deniers à 24
Grain fein Silber gerechnet.

Jouvelen und Perlen werden nach der Unze von 144
Carats à 4 Grain Mark-Gewicht gewogen, und der Carat, so
auch in ½, ¼, ⅛ u. s. w. vertheilet wird, wieget 4,42 Holl. As.

Parma,

ein Italienisches Herzogthum, welches nebst Piacenza und
Guastalla dem Span. Infanten zuständig, rechnet gewöhnlich nach

Lire zu 20 Soldi à 12 Denari;

deren Zahlwerth durch die Cölln. Mark fein Silber zu 210⅓
Lire bestimmet wird; außerdem giebt es noch eine besondere
Valuta abusiva, die gewöhnlich schlechter als der gesetzmäßige
Zahlwerth, überdem aber auch sehr veränderlich ist, und dar-
inne jede Zahlung, welche nicht an öffentliche oder herrschaft-
liche Cassen geschiehet, entrichtet wird.

Würkliche National-Münzsorten

sind und haben nach dem Edict vom März 1785 folgendes
Parm. Gewicht und Werth;

	Gew.	Parmaer	
	Grani.	Lire.	Soldi.
Goldne			
Alte Doppien oder Pistolen	128	72	12
Dergl. 2fache	256	145	4
Neue vor Octbr. 1785	147	93	10
nach Octbr. 1785	140	90	—
Dergl. 3 und 8fache nach Verhältniß.			
Zecchinen	68	45	—
Silberne			
Ducati	504	21	—
½be	252	10	10
¼tel	72	3	—
⅛tel	36	1	10
Scudi alte von Ranuco II. . . .	336	8	8
Testone dergl.	168	6	6

	Parmaer	
	Lire.	Soldi.

Scheidemünzen in Silber:

	Lire.	Soldi.
Lire Piacenza, 2fache	2	8
½be (Boutalla)	—	12
¼tel (mez. Boutalla)	—	6
Lire Parma, 2fache (Quarantana) . .	2	—
1fache, ½be, ¼tel, nach Verhältniß.		

Kupferne
2 und 1fache Sesini zu 1 und ½ Soldi oder 12 und 6 Denari.

Fremde Münzsorten

sollen nach dem Edict v. März 1780 folgendes Parmaer Gewicht und Werth haben, dabey zugleich der abusive Werth, wie er 1787 gestanden, beygefüget ist.

	Gewicht. Gram.	gesetzm. Lire.	abusiv. Lire.
Bologn. ☉ alte Dopp. oder Pistolen	130	$72\frac{2}{5}$	—
neue von Pius VI.	—	—	66
Zecchinen	—	—	$45\frac{1}{2}$
Deut. ☉ Ducaten	68	$42\frac{1}{2}$	45
☽ Convent. Specthaler, Bayer.	—	—	21
Flor. ☉ Dopp. od. Pistolen . . .	132	75	—
Zecchinen	68	$43\frac{1}{3}$	$45\frac{1}{2}$
☽ Ducatoni	624	24	—
Livorn. della Torre . . .	532	20	—
della Rosa . . .	510	19	—
Francesconi à 10 P.	—	—	$22\frac{1}{2}$
Franz. ☉ Louisd'or, alte . . .	132	$76\frac{1}{20}$	77
mit 4 Wappen	240	$135\frac{3}{5}$	136
mit Malthes. Kreuz und dopp. L.	192	$108\frac{3}{5}$	110
mit 2 Schilden	160	95	100
mit der Sonne	160	90	92
Mirliton	128	$72\frac{2}{5}$	75
neue	—	—	96
☽ Ecü mit 3 Kronen . . .	600	$23\frac{1}{4}$	$24\frac{1}{4}$
Laubthaler	578	$23\frac{1}{3}$	24
Louisblanc	532	$20\frac{1}{3}$	20
Poupons, 10 auf 1 Mark . .	478	18	18
Argentina 19½ auf 1 Mark .	234	$8\frac{2}{5}$	8
Gennes. ☉ alte Dopp. oder Pistolen	132	75	77
neue von 50 Lire	—	—	164
Zecchinen	68	$43\frac{3}{16}$	$44\frac{1}{2}$
☽ Genovinen	752	$30\frac{2}{10}$	32
Scudi di Giov. Bapt. . . .	408	$15\frac{1}{4}$	16
Lire mit der Empfängniß . .	—	$3\frac{1}{5}$	—
Giorgini	—	—	$4\frac{1}{5}$
½be	—	—	$2\frac{1}{16}$
Madonine, 2fache	—	—	$6\frac{1}{2}$
1fache, ½be, ¼tel nach Verhältn.			

	Gewicht. Grani.	gesetzm. Lire.	abusiv. Lire.
Holländ. ☉ Ducaten	—	$42\frac{1}{2}$	45
Mailänd. ☉ alte Dopp. od. Pistolen	130	$72\frac{3}{5}$	77
neue dergl, ...	—	—	$75\frac{3}{4}$
Souverains	—	—	$136\frac{1}{2}$
Zecchinen	—	—	$45\frac{1}{4}$
☽ Ducatoni	624	$24\frac{3}{5}$	26
Filippi	546	22	$22\frac{1}{2}$
Scudi	—	—	$18\frac{1}{2}$
½ber	—	—	$9\frac{1}{4}$
Lire	—	—	$3\frac{3}{16}$
½be und ¼tel nach Verhältniß.			
3 Kronenthaler	—	—	$25\frac{5}{16}$
Mant. ☉ Dopp, od. Pistolen . .	130	$72\frac{3}{5}$	—
☽ Ducatoni	624	24	25
Tallero	432	13	$13\frac{1}{4}$
½be und ¼tel nach Verhältniß.			
Moden. ☉ Dopp. od. Pistolen . .	130	$72\frac{3}{5}$	—
Pisaische dergl.	130	$72\frac{3}{5}$	—
Portug. ☉ Moed'or	562	324	340
Lisboninen	210	120	125
½be, ¼tel ꝛc. nach Verhältniß.			
Römische mit Ausschluß der Sorten nach Clem. XI.			
☉ Dopp. oder Pistolen	130	$72\frac{3}{5}$	—
neue von Pius VI.	—	—	66
Zecchinen	66	$42\frac{1}{2}$	$45\frac{1}{4}$
☽ Ducatoni	624	24	—
Testoni	174	$6\frac{3}{5}$	—
Dergl. alte und neue	168	$6\frac{3}{10}$	$6\frac{1}{4}$
Paoli	58	$2\frac{2}{5}$	—
Dergl. alte und neue	58	$2\frac{1}{5}$	$2\frac{3}{10}$
Scudi Romani	—	—	21
Savoy. ☉ Dopp. oder Pistol. . .	130	$72\frac{3}{5}$	77
Dergl. von 1755	—	—	116
Dergl. von 1785	—	—	99
Zecchinen	—	—	$44\frac{1}{2}$
☽ Scudi alte	528	18	24
neue	586	$22\frac{1}{2}$	27
Lire alte	116	$4\frac{1}{5}$	$4\frac{1}{5}$
Span. ☉ Pistolen	132	$76\frac{1}{20}$	78
☽ Piaster mit Bildn.	528	20	—
mit Säulen	—	—	$21\frac{1}{2}$
Sevillanen v. 1718 ausgeschlossen.			
Pezettas Provinc.	—	—	4
Alle dgl. ½be, ¼tel ꝛc. n. Verhältn.			

	Gewicht. Grani.	geſetzm. Lire.	abuſiv. Lire.
Venet. ☉ Dopp. ob. Piſtol. . . .	132	75	—
Zecchinen . . . ; . .	68	43⅛	46
☽ Ducatoni	625	24⅘	—
Giuſtini	546	22	22
Ducati	446	16⅞	16½
Scudi della Croze	—	—	25

Jeder fehlende Grano bey Goldſorten muß mit 12 bis 13½ Soldi Parm. und Guaſtall. oder 10 bis 11¼ Soldi Piacenz., und bey Silberſorten jeder fehlende Denar à 24 Grani, mit 19 bis 19½ Soldi Parm. und Guaſtalla, und 15½ bis 16¼ Soldi Piacenza vergütet werden,

Parma wechſelt blos auf Frankreich und giebt nach dem Silber-Parj * 3,254 Lire für 1 Livre tourn. de France.

Die hier acceptirten und ſelbſt proteſtirten Wechſelbriefe geben weder Action noch Vorrecht gegen den Schuldner, wenn ſie nicht mit einem ſogenannten Inſtrumento in forma di Camera verſehen ſind, ſondern zeigen eine bloße Forderung an.

Inhaber der Wechſelbriefe ſind hier nicht gehalten, bey der Verfallzeit proteſtiren zu laſſen, wenn ſie nicht ausdrückliche Ordre ihrer Cedanden haben; man läſſet vielmehr dergl. Wechſel ſo zurückgehen wie ſie gekommen ſind.

Maaße und Gewichte.

Vom Ellenmaaß hält die Seiden-Braccio 263½ Franz. Lin., und iſt 12,¹₀ pCt. kürzer als die Berl. Elle. Die Wollen-Baumwollen- und Leinen-Braccio aber von 285½ Fr. Lin. iſt 3,⅝ pCt. kürzer als die Berl. Elle.

Die Pertica Landmaaß von 6 Bracci di legno à 12 Oncas, 144 Pointes oder 1728 Atomi, hält 1442, und die Braccio di legno 240½ Franz. Lin.

Die Biolca Land- oder Feldmaaß von 6 Stari, 72 Tavolle, 288 ☐ Perticas, hält 1,1924 Berl. kleine Morgen.

Der Getraide-Stajo oder Staro von 16 Quarraroles hält 2592 Franz. Cubikzoll, und iſt 5½ pCt. kleiner denn der Berl. Scheffel.

Vom Handels-Gewicht hat der Rubbo 25 Lira oder Pfund von 12 Oncas, 288 Denari, 6912 Grani. Das Pfund wieget 6794 Holl. As, und iſt 43½ pCt. leichter als das Berliner Pfund.

Gold- Silber- und Münz-Gewicht in Parma, Piacenza und Guaſtalla, iſt die Mailändiſche Mark.

Patras oder Patrasso,

im Türkischen Morea, rechnet, zahlet, und hat die unter Constantinopel angezeigte Münzverfassung.

Maaße und Gewichte.

Vom Ellenmaaße hält die Wollen- und Leinen-*Pik* 304,1, die Seiden-*Pik* aber $281\frac{3}{5}$ Franz. Lin.; erstere ist $2\frac{7}{8}$ pCt. länger, die andere $4\frac{1}{2}$ pCt. kürzer als die Berl. Elle.

Der Getraide-*Staro* hält 4140, ein Bachel aber 1509 Franz. Cubikzoll; 1ster ist 51 pCt. größer und der 2te $81\frac{2}{3}$ pCt. kleiner als der Berl. Scheffel.

Vom Handels-Gewicht hat der Quintal 44 Okas, 132 Pfund à 12 Ounces von $11\frac{1}{4}$ Dramms; das Pfund wieget 8316 Holl. As, und ist $17\frac{1}{4}$ pCt. leichter als das Berl. Pfd.

Das Seiden-Gewichts-Pfund von 15 Ounces wieget 10395 Holl. As, und ist $6\frac{3}{8}$ pCt. schwerer als das Berl. Pfd.

Der Sack Corinthen wieget gemeiniglich 140 Pfund, und rendiret circa auf $118\frac{7}{8}$ Pfund Berliner.

Pernau,

ein Russischer Handels-Ort in Liefland an der Ostsee, rechnet, zahlet, und hat jetzt fast die ganze unter Rußland gemeldete Münz-Verfassung.

Von den ältern Rechnungsmünzen kommen zuweilen noch vor:

Thaler Pernauisch zu 64 und 60 Witten oder zu 80 und 75 Kopeken.

Thaler Alberts von 80 Witten oder 100 Kopeken stellen hier Russische Rubel vor.

Lettische Mark von 2 Witten und Alberts-Groschen, davon man 90 auf 1 Rubel rechnet.

Maaße und Gewichte

sind jetzt mehrentheils die unter Rußland gemeldten; von den ältern kommen vor:

Die Elle von $243\frac{3}{5}$ Französ. Lin., ist $21\frac{7}{8}$ pCt. kürzer denn die Berl. Elle.

1 Faden oder Klafter hält 3 Ellen oder 6 Fuß; 1 Aeusser-Faden 7 Fuß.

Die Getraide-Last hat 24 Tonnen à 2 Loof, der Loof hält 3172 Franz. Cubikzoll und ist $15\frac{1}{8}$ pCt größer als der Berl. Scheffel; übrigens werden auf den Loof 3 gehäufte oder 4 gestrichene Kulmet gerechnet.

1 Last Leinsaamen hat 12 Tonnen à 1½ Loof ob. 21 Loof.

1 Last Salz hat 18 Tonnen, davon 16 auf die Lübecker Last Salz gehen.

Das Wein, Brantwein, und Bier-Maaß ist wie zu Narva, 20 hiesige Stoof rechnet man auf den gehäuften und 25 auf den gestrichenen Kulmet.

Vom Handels-Gewicht hat das Schiffpfund 20 Lispfd. à 20 Pfund oder 400 Pfund. Der Centner 120 Pfund. Das Pfund von 16 Unzen à 2 Loth à 4 Quent wieget 8670 Holl. Aß, und ist 12½¼ pCt. leichter als das Berl. Pfund.

Piacenza,

Ein Italienisches Herzogthum, welches nebst Parma und Gua-stalla dem Spanischen Infanten gehöret, rechnet gewöhn-lich nach

Lire zu 20 *Soldi* à 12 *Denari*;

deren Zahlwerth 20 pCt. besser als in Parma ist, und durch die Cöllnische Mark fein Silber zu 175½ Lire bestimmet wird. Uebrigens ist hier gleichfalls wie zu Parma eine besondere *Valuta abusiva* gewöhnlich, die man veränderlich noch 2½ bis 7½ pCt. schlechter als den gedachten gesetzmäßigen Zahlwerth annehmen kann. Gesetzmäßig aber betragen 5 Lire aus Pia-cenza 6 Lire in Parma, und 4 Piacenz. Liren 5 Guastall. Liren.

Würckliche Goldne und Silberne Landes-münzen sind unter Parma beschrieben, gelten aber nach Maaßgabe des hie-sigen Zahlwerths 20 pCt. weniger als in Parma. Eben so viel weniger gelten ohngefehr auch die daselbst aufgeführten fremden Gold- und Silber-Münzen.

Piacenza wechselt und giebt nach d. Silberpari auf
Frankreich *3,295 Lire für 1 Livre tourn.
Mailand *52 Soldi für 1 Lire Cour.

Maaße und Gewichte.

Die Elle *Braccio* von 303½ Franz. Lin. ist 2⅔ pCt. län-ger als die Berl. Elle.

Der *Cavezzo* ein Feldmaaß von 6 Fuß hält 1249⅔ Fr. Lin.

Vom Land- oder Feldmaaß wird die *Pertica* zu 24 To-vole oder 96 □ Cavezzi gerechnet, und hält 0,2988 Berliner kleine Morgen.

Vom Handels-Gewicht hat der Rubbo 25 Lira oder Pfund. Das Pfund von 12 Oncas, 288 Denari, 6912 Grani, wieget 6616½ Holländ. Aß, und ist 47½ pCt. leichter als das Berliner Pfund.

Gold- und Silber-Gewicht f. unter Parma.

Pohlen, s. Warschau.

Porto, s. Lissabon.

Prag,

eine Oesterreichische Haubtstadt des Königreichs Böhmen, rechnet gewöhnlich nebst ganz Böhmen und Mähren, nach

Reichsgulden zu 60 Kreuzer à 4 Pfennige;

deren Zahlwerth der Conventions- 20 Gulden-Fuß wie in Wien ist.

Verhältniß sämtl. hiesiger Rechn. Münzen.

Schock Böhmische Grosch.	Reichsthaler.	Schock.	Reichsgulden	Böhmen.	weisse Grosch.	Kreuzer.	Gröschel.	weisse Pfennige.	Pfennige.
1	2	$2\frac{4}{7}$	3	60	$77\frac{1}{7}$	180	240	540	720
	1	$1\frac{2}{7}$	$1\frac{1}{2}$	30	$38\frac{4}{7}$	90	120	270	360
		1	$1\frac{1}{6}$	$23\frac{1}{3}$	30	70	$93\frac{1}{3}$	210	280
			1	20	$25\frac{5}{7}$	60	80	180	240
				1	$1\frac{2}{7}$	3	4	9	12
					1	$2\frac{1}{3}$	$3\frac{1}{9}$	7	$9\frac{1}{3}$
						1	$1\frac{1}{3}$	3	4
							1	$2\frac{1}{4}$	3
								1	$1\frac{1}{3}$

Würkliche Landes- und fremde Münzsorten, Wechselarten auf Amsterdam in Bco. à 4, in Courent 6 Wochen, Augsburg à Uso von 9 Wochen, Hamburg 6 Wochen, London und Paris 2 Mon. und Wien, Uso und Respecttage sind unter Wien bemerket.

Verarbeitet Silber hält 12 Loth fein.

Maaße und Gewichte

sind jetzt wie in Wien. Von den vormaligen aber hält

Die alte Böhmische Elle 263,1, die Mährische $350\frac{2}{3}$ Franz. Lin., 1ste ist $12\frac{1}{4}$ pCt. kürzer, die 2te $18\frac{9}{10}$ pCt. länger als die Berl. Elle.

Der alte Böhm. Fuß $131\frac{2}{3}$, der Mährische $131\frac{1}{3}$ Fr. Lin., 1ster ist $5\frac{3}{8}$, der 2te $6\frac{1}{18}$ pCt. kürzer als der Rheinl. Fuß.

Der alte Böhmische Getraide-Strich von 4 Viertel, 16 Maaßel, 192 Seidel, hält 4718 Franz. Cubikzoll, und ist $72\frac{1}{8}$ pCt. größer denn der Berl. Scheffel

Die alte Mährische Metze hält 3559 Franz. Cubikzoll, und ist $29\frac{13}{18}$ pCt. größer denn der Berl. Scheffel.

Das alte Böhmische Getränkmaaß ist das Wein-Faß von 4 Eymer, 128 Pint, 512 Seidel; die Pinte enthält $96\frac{1}{4}$ Franz. Cubikzoll, und ist $57\frac{3}{4}$ pCt. größer als das Berl. Quart.

Das alte Mährische Getränkmaaß hält 53,9 Franz. Cubikzoll, und ist $13\frac{3}{18}$ pCt. kleiner denn das Berl. Quart.

Vom Handelsgewicht, hat 1 Centner 6 Stein à 20 Pfd. oder 120 Pfund à 32 Loth.

Das alte Böhmische Pfund hält 10697, das Mährische 11646 Holl. As; erstes ist $9\frac{11}{16}$, das andere $19\frac{7}{18}$ pCt. schwerer denn das Berl. Pfund.

Ragusa,

eine kleine Republik in Dalmatien an der Türkischen Gränze, rechnet gewöhnlich nach

Ducati zu 40 *Grosseti* à 6 *Soldi*;

und der Vislino oder Thaler hat $1\frac{1}{2}$ Ducati, 60 Grosseti, 360 Soldi.

Der Zahlwerth wird durch die Cölln. Mark fein Silber zu $21\frac{3}{4}$ Ducati oder $14\frac{1}{2}$ Vislini bestimmt.

Würkliche Raguser Nationalmünzen sind

Silberne

Vislini, Ragusine oder Tallai zu 60 Grosseti, steigen zuweilen auf 64 bis 66 Grosseti.
Ducati, so sehr alt und selten, zu 40 Grosseti.
Stücke zu 36, 18, 12, 3 und 1 Grosseti, davon man die 12 Grosseti-Stücke Pepero nennet.

Kupferne

Soldi-Stücke.

Maaße und Gewichte.

Die Elle von $227\frac{1}{2}$ Franz. Lin., ist $29\frac{1}{8}$ pCt. kürzer als die Berliner Elle.

Das Pfund von 7560 Holl. As, ist $28\frac{1}{2}$ pCt. leichter als das Berliner Pfund.

Ravensberg wie Minden.

Regenspurg,

Reichsstadt des Bayerschen Kreises an der Donau, rechnet gewöhnlich nach

Reichsgulden zu 60 Kreuzer à 4 Pfennige;

deren Zahlwerth der 24 Gulden-Fuß, die Cölln. Mark fein Silber zu 16 Rthlr. ist

Die sämtlichen Rechnungsmünzen werden sowohl hier als in Bayern, im Handel und Wandel nach weißer. als der gewöhnlichsten, und bey Grundzinsen, Strafgeldern ꝛc. nach schwarzer Münze oder Währung bemerket.

Verhältniß der Rechnungsmünzen weißer Münze.

Rthlr.	Reichsgulden.	Batzen.	Kaisergroschen.	Landmünzen	Albus.	Kreuzer.	Pfennige.	Heller.
1	$1\frac{1}{2}$	$22\frac{1}{2}$	30	36	45	90	360	720
	1	15	20	24	30	60	240	480
		1	$1\frac{1}{3}$	$1\frac{3}{5}$	2	4	16	32
			1	$1\frac{1}{5}$	$1\frac{1}{2}$	3	12	24
				1	$1\frac{1}{4}$	$2\frac{1}{2}$	10	20
					1	2	8	16
						1	4	8
							1	2

Verhältniß der Rechnungsmünzen schwarzer Münze.

Pfund Regenspurger.	Pfund Heller.	Schwarze Schillinge.	Schwarze Groschen.	Regenspurger.	Schwarze Pfennige.	Schwarze Heller.	Werth in weißer Münze.
1	$5\frac{1}{8}$	41	164	492	1230	2460	$5\frac{6}{7}$ Rfl.
	1	8	32	96	240	480	$1\frac{1}{7}$ —
		1	4	12	30	60	$8\frac{4}{7}$ Xr.
			1	3	$7\frac{1}{2}$	15	$2\frac{1}{7}$ —
				1	$2\frac{1}{2}$	5	$\frac{5}{7}$ —
					1	2	$\frac{2}{7}$ —
						1	$\frac{1}{7}$ —

und hiernach beträgt der Gulden von 60 Xr. weißer Münze 7 Schillinge, oder 28 Groschen, oder 84 Regenspurger in schwarzer Münze.

Würkliche Münzsorten der Stadt sind

Goldne

Ducaten zu 5 Rfl. 14 Xr., nach Verordnung von 1784.

Silberne

Ganze, $\frac{1}{2}$be u. $\frac{1}{4}$tel Convent. Speciesthaler, zu $2\frac{2}{5}$, $1\frac{1}{5}$ u. $\frac{3}{5}$ Rfl.
Ganze und $\frac{1}{2}$be Kopfstücke, zu 24 und 12 Xr.

Fremde Münzsorten

coursiren auf die Art wie in München.

Maaße u. Gewichte.

Die Elle von 359½ Franz. Lin. ist 21⅔ pCt. länger denn die Berliner Elle

Der Getraide-Schaff von 4 Meeß hält 52922 Franz. Cubikzoll oder 19,¼ Berl. Scheffel. Das Korn-Meeß hält 4 Vierling oder 8 Metzen; das Hafer-Meeß aber 7 Vierling oder 14 Metzen.

Mehl wird nach Strichen gemessen, die den Korn- und Weitzen-Metzen gleich sind.

Salz wird nach Pfundensalz zu 8 Schilling à 30 Scheiben gerechnet, und die Scheibe soll 1¼ Centner wiegen, 11 oder eigentlich 1 1000 Scheiben aber sollen auf 1 Zug Salz gehen.

Vom Weinmaaß hält der große Eimer 32 Viertel oder 88 Köpfel; der Berg-Eimer aber nur 68 Köpfel. Der Köpfel oder Köpffen von 2 Seidel hält 65 Franz. Cubikzoll, und ist 12⅙ pCt. größer denn das Berl. Quart.

Der Bier-Eimer hält 64 Köpfel oder 128 Seidel.

Vom Handels-Gewicht hat der Centner 100 Pfund à 11826 Holl. Aß, das Pfund ist also 21⅞ pCt. schwerer als das Berl. Pfund.

Das Gold- u. Silbergewicht ist die Mark von 16 Loth à 4 Quent à 4 pf., welche 5120 Holl. Aß schwer und also der Holl. Trois-Mark gleich ist.

Reggio di Modena, s. Modena.

Reval,

Rußische Hauptstadt von Ehstland an der Ostsee, rechnet, zahlet, und hat jetzt die ganze unter Rußland gedachte Münz-Verfassung.

Von den ehemaligen hiesigen Rechnungsmünzen kommt zuweilen noch vor:

Der Reichsthaler von 64 Witten oder 80 Kopeken.

Der Schwedische Carolin von 20 Witten oder 25 Kopeken bey alten Stadt-Abgaben.

Die Witten ob. Weißen, eine alte Silbermünze zu 1¼ Kopeken.

Reval wechselt und giebt nach dem Silberpari auf

Amsterdam	*133⅓	Kopeken für 1 Thlr. Holl. Cour.
Hamburg	*141,₁₇	dergl. für 1 Rthlr. Hamb. Bco.
London	* 6,₁₁₁	Rubel für 1 Liv. Sterl.
Lübeck	*114⅔	Kopeken für 1 Rthlr. Lüb. Cour.

Die Zeit wird allhier wie in ganz Rußland nach dem alten oder Julianischen Kalender gerechnet.

Maaße und Gewichte.

Die Elle von $235\frac{2}{3}$ Franz. Lin., ist $25\frac{5}{8}$ pCt. kürzer als die Berl.-Elle.

1 Faden oder Klafter hat 3 Ellen, 6 Fuß oder 72 Zoll.

Die Getraide-Last hat 24 Tonnen, 72 Lof, 216 Kulmet, 2592 Stof. Der Lof enthält 1988 Französ. Cubikzoll, und ist $37\frac{9}{10}$ pCt. kleiner denn der Berl. Scheffel.

Die Last Salz hat 12 Tonnen Lüneburger und 18 Tonnnn Seesalz; die Tonne wieget 22 Lispfund und hält 4 Lof, davon 3 gestrichen und 1 gehäufet ist.

Die Last Leinsaamen und Kalk hat 12 Tonnen à 3 Lof oder 36 Lof.

Die Last Heringe 12 Tonnen oder 48 Viertel.

Das Bier- und Brantwein-Faß hat 128 bis 130 Stof, der Stof hält 60 Franz. Cubikzoll, und ist $3\frac{7}{16}$ pCt. größer denn das Berl. Quart.

1 Orthoft Wein hat $1\frac{1}{2}$ Ahm, 6 Anker, 180 Stof, 720 Quartier.

Der Oehl-Stof wieget $2\frac{1}{3}$ Pfund Revalsch.

Vom Handels-Gewicht hat 1 Schiffpfund 20 Lispfund à 20 Pfund, 1 Tonne hat 2 Centner von 120 Pfund. Das Pfund von 32 Loth à 4 Quent wieget 8960 Holl. As, und ist $8\frac{3}{8}$ pCt. leichter als das Berl. Pfund.

Riga,

eine Rußische Hauptstadt von Liefland an der Düna ohnweit der Ostsee, rechnet gewöhnlich nach

Thaler Alberts u. Courent, zu 90 Groschen Alb. u. Cour.

Verhältniß sämtl. hiesiger Rechn. Münzen.

Thaler Alb.	Thaler Cour.	Gulden Alb.	Ort.	Mark Rigisch	Mark Ferding	Ferding	Groschen Alb.	Groschen Cour.
1	$1\frac{1}{3}$	3	4	15	40	80	90	120
	1	$2\frac{1}{4}$	3	$11\frac{1}{4}$	30	60	$67\frac{1}{2}$	90
		1	$1\frac{1}{3}$	5	$13\frac{1}{3}$	$26\frac{2}{3}$	30	40
			1	$3\frac{3}{4}$	10	20	$22\frac{1}{2}$	30
				1	$2\frac{2}{3}$	$5\frac{1}{3}$	6	8
					1	2	$2\frac{1}{4}$	3
						1	$1\frac{1}{8}$	$1\frac{1}{2}$
							1.	$1\frac{1}{3}$

Der Zahlwerth ist im großen Handel Albertus-Geld, die Cölln. Mark fein Silber zu $9\frac{1}{3}$ Thaler Alberts; im Klein-Handel

Handel aber Courent, so gesetzmäßig 33⅓ pCt. schlechter, die Cölln. Mark fein Silber zu 12⅔ Thaler Courent. Außerdem gebraucht man auch Rußische Valuta, die Cölln. Mark fein Silber zu 13 Silber⸗ und 20½ Kupfer⸗Rubel gerechnet.

Würkliche Silberne Nationalmünzen

sind zwar Anno 1757, an ganzen, ½ben und ¼tel Livonesen zu 96, 48 und 24 Kopeken, desgleichen 4 und 2 Kopeken⸗Stücken ausgeprägt worden, kommen aber bis auf die 2 letzten Sorten fast gar nicht mehr vor; u. man behilft sich blos mit folgenden

Fremden Münzsorten, als:

Holl. neue Rand⸗Ducaten gelten eigentlich 2 Thlr. Alb., werden aber jetzt noch mit 6 Gr. Alberts über diesen Werth bezahlet.

Holl. Courent oder die eigentlichen Rigischen Alberts⸗ Thaler von 9 Quent Rigisch, sind zwar auf 40 Mark oder 80 Ferdings festgesetzet, gelten jetzt aber 149 bis 156 Silber⸗ und 185½ bis 196 Bco. Noten oder Kupfer⸗Kopeken.

Fünter, d. i. 5 Ferdings⸗Stücke oder alte 7/12 Rthlr. und 2 Ggr. Stück, 16 auf den Albertsthaler gerechnet, verlieren 1½ bis 2½ pCt. ca. gegen Albertsthaler.

Mark Ferdings⸗Stücke in Silber und größtentheils krumm gebogen, zu 2 Ferding.

Ferdinge sind alte Pohln. Preuß. Curländ. Schwedische, Rigische, Revalsche Silbermünzen od. Witten, so bey kleinen Ausgaben zu 1½ Kopeken gerechnet werden.

Rußische Gold⸗ und Silber⸗Münzen nebst Banknoten oder Assignationen, so wie sie unter Rußland vorkommen.

Riga wechselt und giebt nach dem Silberpari auf

Amsterdam à 36 und 65 Tage nach Dato 100 Thlr. Alberts für *101,⅘ Thlr. Holl. Cour.
Hamburg eben so *104⅓ Thlr. Alb. für 100 Rthlr. Hamb. Bco.
London à 3 Mon. *406½ Albgr. für 1 Liv. Sterl.
Dahin nach dem Goldpari aber 377½ Albertsgroschen.

Die Zeit wird wie in ganz Rußland nach dem alten oder Julianischen Kalender gerechnet.

Maaße und Gewichte.

Die Elle von 243 Franz. Lin. ist 21⅔ pCt. kürzer denn die Berliner Elle.

Der Fuß von 12 Zoll, davon 6 auf 1 Faden oder Klafter, und 7 auf 1 Aeusser⸗Faden gehen, hält 121½ Franz. Lin., und ist 14½ pCt. kürzer als der Rheinl. Fuß.

Vom Getraide⸗Maaß hat die Last Rocken 45, Weitzen und Gerste 48, und Malz, Erbsen und Hafer 60 Lof; 2 Lof gehen auf 1 Tonne und 3 Lof auf den Ruß. Czetwer. Das Lof von 6 Kulmet in Riga zu 20 gehäufte und 15 gestrichene

N

Stof, hält 3285 Franz. Cubikzoll, und ist 191½ pCt. größer denn der Berl. Scheffel.

1 Last Salz Portug. und Französisch hält 18, Lüneburger aber 12 Tonnen.

1 Last Leinsaat, Wedasche, Heringe, Ther, Bier, 12 Tonnen.

Vom Getränkmaaß überhaupt, wird 1 Fuder zu 6 Ahm, 24 Anker, 72 Ruß. Weddra, 120 Viertel, 720 Stof gerechnet. Der Stof enthält 61 Franz. Cubikzoll, und ist 5½ pCt. größer denn das Berl. Quart.

1 Both Span. Sekt hält 360, 1 Pipe Span. und 1 Stück Piccard. Wein 270, 1 Oxhoft Franz. Wein oder Brantwein 180, 1 Faß von 2 Anthal Ungar-Wein 120, 1 Tiercon Wein und Essig 120, 1 Faß Brantwein 120 Stof.

Vom Handels-Gewicht hat 1 Last 12 Schiffpfund, 48 Lof, 240 Lispfund à 20 Pfund. Das Pfund, davon die Mark auch als Silber-Gewicht gebrauchet wird, hat 2 Mark, 16 Unzen, 32 Loth à 4 Quent, und wieget 8701, die Mark aber 4351 Holl. As; das Pfund ist also 12,₇ pCt. leichter als das Berl. Pfund, und die Mark 11¾ pCt. leichter als die Cöllnische Mark.

Von zählenden Güthern wird 1 groß Hundert zu 24 kleine Hundert, 48 Schock, 2880 Stück, 1 Band zu 30 Stück gerechnet.

Rochelle,

im Französ. Aunis am Ocean, rechnet, zahlet, und hat die ganze unter Frankreich gemeldete Münz- und Wechsel-Verfassung.

Maaße und Gewichte.

Die Elle oder *Aune* ist der Pariser gleich.

Die Getraide-*Tonneau* hält ca. 25½ Berl. Scheffel; der *Boisseau* aber, davon 42 auf die Tonneau gehen sollen, wird zu 1658 Franz. Cubikzoll, also 65½ pCt. kleiner als der Berl. Scheffel angegeben. Einen andern *Boisseau* giebt Paucton 6624 Franz. Cubikzoll, also 141⅞ pCt. größer denn den Berl. Scheffel an.

Das Hundert Salz auf dem Revier von Ceubres ohnweit Rochelle geladen, wird in 28 Muids à 24 Boisseaux vertheilet, und liefert 12½ Last in Hamburg.

Der *Muid* Steinkohlen von 80 Bailles beträgt circa 5¼ Hamburger Last.

Die *Pochée* Leinsaat wieget 160 Pfund Fr. Markgewicht.

Die *Tonneau* Wein hat 4 Bariques, und die Barique oder das Oxthoft hält 8405 Franz. Cubikzoll oder 145 Berl. Quart circa.

Brantewein, welcher von Rochelle in Gebinden von ca. 60 Viertel, von Jarnac in Fässern von 480 Parifer Pinten ca. und von Cognac an der Charente in Gebinden von 60 bis 64, zuweilen auch 90 bis 92 Parifer Setiers ist, wird nach 27 Veltes oder Viertel à 350 Franz. Cubikzoll, die 5¾ Berl. Quart ausmachen, verkauft.

Das Gewicht ist allhier das Franz. Markgewicht.

Rom,

die Hauptstadt des Kirchenstaats im Päbstlichen Italien, rechnet gewöhnlich nach

Scudi Romani oder *Moneta* zu 100 *Bajocchi.*

Verhältniß sämtlicher Römischen Rechnungsmünzen.

Scudo.	Testoni.	Papeti.	Paoli.	Bajocchi.	Quatrini.
1	3⅓	5	10	100	500
	1	1½	3	30	150
		1	2	20	100
			1	10	50
				1	5

Außer diesen Rechn. Münzen gebrauchet man noch insbesondere.

1) Den *Ducato di Camern* von 16 Paoli bey der Päbstl. Schatzkammer.

2) Den *Scudo di Stampa d'oro* oder *Scudo d'oro stampé* gilt eigentlich nur 15 Paoli oder 750 Quatrini, wird aber von einem Remittenten, der in Rom Florent. Mailänd. und Venetianische Briefe kauft, mit 761½ Quatrini bezahlet; dagegen der Inhaber eines solchen Briefes vom Acceptanten gewöhnlich 762½ Quatrini erhält, und folchergestalt vergleichen sich 1000 Scudi d'oro stampe à 761½ Quatrini mit 1523 Scudi Rom., und 40 Scudi d'oro stampa à 762½ Quatrini mit 61 Scudi Rom.

Den Zahlwerth dieser Römischen Rechnungsmünzen bestimmet die Cöllnische Mark fein Silber zu 9,524 Scudi Rom. oder 952⅖ Bajocchi.

Würkliche Päbstl. und Röm. Nationalmünzen sind, wiegen und gelten nach dem Edict vom December 1786 gegenwärtig:

Goldne	wiegen Grani	gelten Bajocchi.
Neue Dopp. ob. Pistolen v. Rom u. Bologna	111⅔	315
Zecchinen seit Clem. XIII. dergl.	69¾	215
2fache und ½be beider Sorten nach Verhältn.		

Silberne

	wiegen Grani.	gelten Bajocchi.
Scudi von Rom und Bologna	545¼	100
½be dergleichen	272⅝	50
Testoni	163¹⅜	30
Papeti	109¹⁄₁₆	20
Paoli	54¹¹⁄₂₀	10

½be und ¼tel Paoli oder Grossi und ½be nach Verhältniß.

Silberne Scheide-Münzen.

2 und 1fache Carlini Romani zu 15 und 7½ Bajocchi.
4, 2 und 1fache Bajocchi-Stück.

Kupferne

2, 1fache und ½be Bajocchi zu 10, 5 und 2½ Quatrini.
Quatrini-Stück.

Alle alte und vor 1757 geschlagene päbstl. Münzsorten
sind außer Umlauf gesetzt und nach den Münzhäusern verwie-
sen, allwo das Pfund von

24 Karat fein Gold mit 211 Scudi 51,97 Bajocchi
12 Denar fein Silber mit 13 : 62,91 :

bezahlet werden soll.

Päppler-Geld.

Alle Zahlungen, die nicht unter 5 Scudi Romani sind,
geschehen durch *Cedolas* oder Creditzettel der *Banco del Spirito Santa* oder des Leihhauses *Monte de' Pietà*, welche in
Rom, dem baaren Gelde gleich, Umlauf haben, da es niemand
erlaubt ist, solche in Zahlung auszuschlagen. Diese Zettel sind
vom Cassirer und Buchhalter gedachter Anstalten unterschrieben und brauchen nicht indossirt zu werden. Die kleinsten derselben, von 5, 10 und 20 Scudi sind sehr gesucht, die größern
aber weit weniger, weil, jemehr solche der Summa nach enthalten, je ungeschickter sie zu Abthuung ungleicher Summen
sind, bey welchen man, was unter 5 Scudi ist, mit klingender Münze bezahlen muß.

Fremden, die hieher kommen, ohne mit hiesiger Verfassung bekannt zu seyn, ist es sehr auffallend, wenn sie mit ihrem guten Wechsel od. Creditbriefe zu einem hiesigen Banquier
gehen, und dagegen baar Geld haben wollen, an dessen statt
aber gedachte Zettel erhalten, auf welche sie, wenn sie die
nöthigsten Ausgaben mit baarem Gelde bestreiten wollen, 2,
3 bis 4 pCt. verlieren müssen. Solchergestalt kann man hier
nur von den unumgänglich nöthigen baaren Geldern Gebrauch
machen, wenn man nicht seinen Verlust vergrößern will, und
muß den Rest seiner Zettel blos anwenden, um Wechsel auf
andere Orte zu kaufen, dahin man zu gehen gedenket.

Die hiesigen Einwohner hingegen, welche Besitzer von
solchen Zetteln sind, haben das Recht, nach einer der gedach-

ten Banken zu gehen, und sie gegen klingende Münze auszuwechseln. Außer der vielen Zeit aber, die sie darüber verlieren, erhalten sie da doch nur höchstens 5 pCt. oder den zwanzigsten Theil an baarem Gelde, und das übrige wieder in Zetteln von kleinern Summen. Wer dergleichen Zettel ganz mit baarem Gelde realisirt haben will, muß mit einer besondern Ordre des Schatzmeisters vom Monte de Pieta, oder vom Commendanten für die Banco del Spirito Santo versehen seyn; dergleichen Befehle werden aber so leicht nicht ausgewürket.

Fremde Münzsorten

sollen nach dem Edict vom 6ten May 1786 folgendes Gewicht und Werth haben:

	Gewicht. Grani.	Werth. Bajocchi.
Goldne		
Deutsche und Holländ. Ducaten	71	213
Florent. Zechinen	71	217
Franz. Schildlouisd'or vor Octbr. 1785 .	166	459¾
neue Louisd'or seit 1785	155½	431
Genues. neue Pistolen à 50 Lire . . .	287	806
Mail. Zechinen seit 1778	71	217
Pistolen seit 1778	128	357
Souverains seit 1786	226¼	635⅝
Portug. Lisbonninen	292	820
Savoj. Pistol. à 24 Lire vor 1786 . .	196	544
Dergl. neue seit 1786	185¼	516
Span. Pistol. seit 1772	137	381
Piaster oder Durillos	36½	100
Venet. Zechinen	71	217½
Wien. Ducaten von Kremnitz . . .	71	215
Souverains	226¼	635⅝
Silberne		
Bayersche und Deutsche Convent. Specthlr.	576	95
Franz. Laubthaler vor 1785	599	108
Dergl. von 1785	596	106
Mail. Scudi seit 1778	471	83
neue 3 Kronen-Thaler	602	104
Savoj. neue Scudi	716	128
Span. Piaster seit 1772	—	100
Toscan. Franceschini und Leopoldini .	557	100
Tallari mit 2 Adler	576	95
Venet. Ducati von 8 Lire	261	75

2, 3, 4fache, ½be und ¼tel dieser Gold- und Silber-Münzen, wenn sie verhältnißmäßg Gewicht haben, gelten auch verhältnißmäßig, doch sind die halben Convent. Species hievon ausgeschlossen.

Jede Goldmünze, die nicht über 1 Grano zu leicht ist, passiret im Umlauf ohne Abzug, was über 1 Grano zu leicht, verlieret 2, und was 2 Grani zu leicht, verlieret 3 Grani und s. w., und man ziehet bey Zecchinen 15 und bey Pistolen 1½ Quatrini für den Grano ab; Zecchinen aber, die 4 Grani und Pistolen, die 6 Grani zu leicht sind, sollen gar keinen Umlauf haben, sondern nach den Münzhäusern gebracht und daselbst verwechselt werden.

Ohnerachtet Genueser, Milaneser und Turiner Münzen im Tarif aufgeführet worden, siehet man sie hier doch selten, dagegen finden sich die im Tarif nicht aufgeführten Neapolit. Münzsorten häufig, und man bezahlet für die Onza 24 Paoli, für den Scudo von 12 Carlin 96 Bajocchi m. ob. w., und so die andern nach Verhältniß; überhaupt aber sind die fremden Münzsorten, ohnerachtet des Tarifs, so wie sie gesucht werden, steigend und fallend.

Rom wechselt und giebt nach dem Silberpari auf
Amsterdam *39 Bajocchi für 1 fl. Holl. Bco.
Ancona *100 Scudi Rom. für 100 Scudi Rom.
Bologna *102½ dergl. für 100 Scud. Wechs. Geld.
Florenz *75,64 Scudi d'oro stampa für 100 Scudi d'oro à 7½ Lire.
Genua 1 Scudo Rom. für *131½ Soldi fuori Bco.
Livorno *88,12 Bajocchi für 1 Pezza da otto reali.
Mailand *76,69 Scudi d'oro stampa für 100 Scudi imper.
Neapel 100 Scudi Rom. für *129½ Ducat. Regno.
Paris, Marseille 1 Scudo Rom. für *111⅓ Sols tourn.
Venedig *60,44 Scudi d'oro stampa für 100 Duc. Banco.

In Ansehung des Wechsel-Uso ist es schon über Ein Jahrhundert gewöhnlich gewesen, daß die aus dem Kirchenstaate als auch von auswärts à Uso gezogenen Wechselbriefe, außer der zu 15 Tage gerechneten Zeit des Uso, noch eine Woche Respiro oder Respecttage genossen. Da indessen diese Gewohnheit von einigen angefochten wurde und eine gerichtliche Sentenz veranlassete, die dieser Gewohnheit entgegen war; so verursachte dieses einen 4jährigen Prozeß, welcher durch eine andere Sentenz vom 3. Septmbr. 1779, zur Bestätigung der angeführten Gewohnheit, folgendergestalt entschieden ward.

Da zwischen den hiesigen Kaufleuten und Banquiers oftmals Streitigkeiten wegen Acceptation und Verfallzeit der sowohl aus dem Kirchenstaate als aus der Fremde auf Rom gezogenen Wechselbriefe vorgefallen, so wird festgesetzet:

Daß alle auf Uso gestellte Wechsel, welche mit der ersten oder Montagspost ankommen, die Mittewoche, wo die Post abgehet, müssen acceptiret werden.

Die, welche mit der zweiten oder Donnerstagspost anlangen, müssen den Sonnabend, wo die Post wieder abgehet, acceptiret werden, wenn auch die Posten später als gedachte Tage, wegen des schlechten Weges, ankommen sollten.

Diejenigen Briefe, so mit der Neapolitanischen oder Sicilianischen, Aquilaschen und Malthefer Post anlangen, sollen den Freytag acceptiret werden.

Andere Wechselbriefe, so aus fremden Orten außer dem Kirchenstaate kommen, sollen insgesamt Sonnabends acceptiret werden, wenn auch die Post von einem oder dem andern dieser Orte die Woche zweymal in Rom ankommt.

Die auf Uso gestellten Wechsel, welche bereits verschiedene Wechselplätze durchlaufen haben, ehe sie nach Rom gekommen, und also vom alten Dato sind, sollen, wenn sie Montags, Dienstags oder Mittwochs ankommen, die Mittwoche, und wenn sie die übrigen Tage der Woche ankommen, denn Sonnabend acceptiret werden, dadurch also der eingeführte Mißbrauch aufgehoben wird, Wechsel den Tag zu acceptiren, wo man die Briefe auf der Post ausgiebt.

Was die auf gewisse Tage Sicht gestellten Wechsel betrift, müssen sie bey der Präsentation acceptiret werden; der Acceptationstag wird aber nicht gerechnet, sondern der Verfalltag wird vom Tage nach der Acception an bestimmt.

Da der Römische Uso auf 15 Tage und eine Woche *Respiro* bestimmet ist, so folget daraus, daß die auf Uso gezogenen Briefe, so den Freytag acceptiret sind, in 21 Tagen bezahlet werden müssen, und eben dieses hat auch statt, wenn sie den Sonnabend acceptiret worden. Im Gegentheil genießen diejenigen, welche man die Mittewoche acceptiret hat, nicht die ganze Woche Respiro, sondern müssen in 18 Tagen nach dem Acceptationstage bezahlet oder protestiret werden.

Solchergestalt sind hiesige Banquiers nicht verbunden, die auf Uso gestellten und von ihnen acceptirten Wechsel vor der 3ten Woche zu bezahlen, ob sie sich gleich nicht der Respiro-Woche bedienen.

Die auf Uso gestellten Briefe, welche nicht acceptiret worden, müssen den Freytag oder Sonnabend vor ihrem Verfalltag gegen die Person, auf welche sie gezogen sind, wegen Mangel an Acceptation protestiret werden, und wenn diese etwa die Acceptation deshalb aufgeschoben hat, um in der folgenden Woche sogleich zu bezahlen, muß man noch einen zweiten Protest wegen Mangel an Zahlung machen lassen, und die Retourrechnung dem Trassenten oder einem der Indossenten, wie man es gut findet, zufertigen.

Wenn die auf Uso gestellten Wechsel auf Fremde gezogen werden, indessen aber in Rom zahlbar sind, müssen solche zum Notar gebracht werden, damit er sein *Visa* darauf setze, welches ihm statt der Acceptation dienet; und wenn sie nicht bey

der Verfallzeit bezahlet werden, lässet man protestiren, nämlich während der 21 Tage, wenn das Visa ist den Sonnabend,
und während 18 Tagen, wenn das Visa den Mittwochen da-
tiret worden. Eben dieses gilt auch bey den Briefen, so aus
Neapel, Sicilien, Malta und Aquila sind gezogen worden;
welche, wenn der Notar sein Visa den Freytag darauf bemerket hat, so muß der Protest wegen Mangel an Zahlung in der
Zeit von 21 Tagen geschehen.

Der Wechselcours wird hier gewöhnlich Freytags Abends
an einem gewissen Ort, *la Sapienza* genannt, geschlossen,
allwo sich die Banquiers oder ihre vornehmsten Agenten mit
den Mäcklern versammlen, und solchen nach der Vielheit oder
Wenigkeit der Briefe, für die ganze Woche und bis künftigen
Freytag verabreden.

Die Wechselcourse auf Amsterdam, Paris und Genua
hingegen, werden Sonnabends Morgens blos auf den Comtoiren der Banquiers geschlossen, und diese lassen sie durch
ihre Agenten den andern Kaufleuten bekannt machen.

Maaße u. Gewichte.

Die Elle oder *Canne* für alle Ellenwaaren von 8 Palmi
hält 887,2 Franz. Lin. oder ca. 3 Berl. Ellen, und der Palmo
von 110,9 Franz. Lin. ist 166½ pCt. kürzer denn die Berl. Elle.

Die Bau-*Canna* hält 10 Palmi à 99 Franz. Lin., der Fuß
aber soll 130⅔ Franz. Lin. halten, und 16 derselben 15 Rheinl.
Fuß thun.

Von den Römischen neuen Meilen von 764 Toisen gehen 74,7 ca. auf 1 Grad der Erde.

Vom Land- oder Feldmaaß hat 1 Rubbio 4 Quarta,
7 Pezzi, 16 Scorzi, 32 Quartucci, 112 □ Catene. Die
Pezza von 16 □ Catene hält 1,024 Berl. kleine Morgen.

Vom Getraide-Maaß hat der Rubbio 23 Scorzi, und
hält gewöhnlich 13472 Franz. Cubikzoll oder 4,917, bey Hafer
aber nur 12411 Franz. Cubikzoll oder 4,527 Berl. Scheffel;
sowohl der Rubbio als Scorze wird in ½be, ¼tel, ⅛tel ꝛc.
vertheilet.

Vom Weinmaaß wird 1 Botta zu 3 Brente oder 9 Barili
gerechnet. Die Barile hält 4½ Rubbi. 32 Boccali, 128 Fogliettes 512 Cartocci. oder 2294½ Franz. Cubikzoll = 39⅞ Berl.
Quart. Der Bocal hält ca. 71½ Franz. Cubikzoll, und ist
23⅛ pCt. größer als das Berl. Quart.

Die Oehl-*Barille* hält 28 Bocali von 4 Fogliettes oder
16 Cartocci, der Bocal hält 95½ Franz. Cubikzoll, also 64⅔
pCt. mehr als das Berl. Quart.

Vom Handelsgewicht wird 1 Cantaro grosso zu 10 Cantaro sottile, 100 Decinas und 1000 Liras gerechnet; außerdem sollen auch Quintale von 100, 160 u. 250 Pfd. vorkommen.

Die *Lira* oder das Pfund, welches auch zugleich als
Gold-Silber- und Münz-Gewicht gebrauchet wird, hat
12 Oncie, 288 Denari 6912 Grani. und wieget 7060 Holl.
As, ist also 38⅛ pCt. leichter als das Berl. Pfund, und
45¾ pCt. schwerer als die Cölln. Mark. Verarbeitet Silber
hält 14 Loth fein.

Nota. Alle Kaufmannswaaren, die in Rom verkauft und auf der
Waage gewogen werden, geben 4 pCt. gut Gewicht, von
welchen der Käufer wieder 2 pCt. an die Kammer abgeben
muß. Leder soll man mit leichtem Gewicht wiegen.

Rostock,

eine Mecklenburg-Schwerinsche Handelsstadt an der Ostsee,
rechnet gewöhnlich nach

Reichsthaler zu 48 Schillinge à 12 Pfennige,

oder nach

Mark zu 16 Schillinge à 12 Pfennige.

Verhältniß sämtlicher hiesiger Rechnungsmünzen.

Rthlr.	Mecklenb. Gulden.	Mark.	Ggr.	Schillinge.	Witten.	Pfennige.
1	2	3½	24	48	192	576
	1	1½	12	24	96	288
		1	8	16	64	192
			1	2	8	24
				1	4	12
					1	3

Der Zahlwerth ist der Lübische Courent-Fuß, die Cölln.
Mark fein Silber zu 11¼ Rthlr. oder 34 Mark gerechnet.

Würkl. Herzogl. Schwerinsche Landesmünzen sind
in Silber:

2, 1fache, ½be, ¼tel und ⅛tel Mark-Stück à 32, 16. 8, 4 und
2 ßl. Lübisch, seit 1763.
12 Schillings-Stück seit 1774, und 1 Schillings-Stück.
⅛tel nach dem Leipz. Fuß zum Behuf der Hamb. Handlung,
seit 1789.

in Kupfer:
6 und 3 Pfennig-Stücke.

Von fremden Münzsorten coursiren
in Golde:

Ducaten, das Stück à 2¾ Rthlr., mit circa 8 pCt. Verlust
gegen Courent, oder das Stück 7 Mck. 10 ßl. Cour. m. od. w.
Pistolen à 5 Rthlr. mit ca. 11 pCt. Verlust gegen Cour. oder
das Stück 13½ Mark Cour. m. od. w.

in Silber:

½tel Stück nach dem Leipziger Fuß à 2 Mark mit circa 6 pCt.
Verluſt gegen Cour. oder 1 Stück zu 30 fl. Cour. m. ob. w.

Maaße und Gewichte.

Die Elle von 2 Fuß hält 256⅔ Franz. Cubikzoll, und iſt
der Bremer Elle gleich.

Der Faden Brennholz hält 8 Fuß Länge und 8¼ Fuß
Höhe.

Die Getraide-Laſt hat 8 Drömt à 12 Scheffel, und der
Scheffel wird 1789 und 2140 Franz. Cubikzoll angegeben, iſt
alſo 53½ oder nur 28¼ pCt. kleiner als der Berl. Scheffel.

Flüßiger Dinge Maaße ſollen dem in Hamburg gleich
ſeyn.

Vom Handels-Gewicht hat 1 Schiffpfund 20 Lispfund
à 16 Pfund oder 320 Pfund; bey Bley und Eiſen aber nur
280 Pfund. Der Stein zu Flachs hat 20, zu Wölle und Federn aber nur 10 Pfund. Das Pfund von 10634 Holl. As
iſt 9½ pCt. ſchwerer als das Berl. Pfund.

Gold- und Silber-Gewicht iſt die Cölln. Mark.

Rotterdam,

eine Südholländiſche Handelsſtadt an der Maaß, rechnet
gewöhnlich nach

Gulden zu 20 Stüver à 2 Groot;

deren Zahlwerth in Courent, nebſt der ganzen Hollän-
diſchen Münzverfaſſung unter Amſterdam angezeiget iſt.

Von fremden Münzſorten gelten hier m. ob. w.
Engl. Guineen 11½ fl., ganze und ½be Kronen 56 u. 28 Stüv.,
ganze und ½be Schillinge 11 und 5½ Stüver Cour.

Rotterdam wechſelt auf Amſterdam, Frankreich, England, Brabant und Flandern wie Amſterdam in Courent.

Die hieher gezogenen Wechſelbriefe, deren Uſo 30 und
der doppelte 60 Tage iſt, ſind zwar gemeiniglich in Banco
zahlbar geſtellet, man erhält aber die Zahlung dem ohnerachtet in Courent mit Vergütigung der Agio.

Fremde Wechſel müſſen incl. der Sonn- und Feſttage
längſtens den 6ten Tag nach dem Verfalltage proteſtiret
werden, es wäre denn, daß die Bank geſchloſſen, in welchem
Fall man den 2ten oder 3ten Tag nach der Oefnung proteſtiren
läſſet, wenn auch der 6te Reſpecttag verlaufen iſt. Briefe
auf Sicht geſtellet, haben keine Reſpecttage, ſondern müſſen
bey der Präſentation bezahlet werden.

Maaße und Gewichte.

Die Elle hält, der Amsterdamer gleich, 306 Fr. Lin.

Der Fuß von $138\frac{1}{2}$ Franz. Lin. ist $\frac{1}{2}$ pCt. kürzer als der Rheinländer circa.

Die Getraide-Last hat 29 Sakken à 3 Achtendeelen. Der *Hoedt* aber $10\frac{2}{3}$ Sack. Der Sack von 5030 Franz. Cub. Zoll ist $83\frac{1}{2}$ pCt. größer denn der Berl. Scheffel.

Das *Hondert* See-Salz hat 404 Maaten wie in Amsterdam.

Der *Hoedt* Steinkohlen hat 21 Kilderkins, davon 120 auf 1 Hundred in Kidwelly gehen.

Der Wein- oder Getränk-Stoop hält 129 Franz. Cub. Zoll oder 2,224 Berl. Quart.

Brantwein wird nach 30 Viertel, Baumöhl aber nach der Tonne von 340 Stoopen à 5 Pfund leicht Gewicht, oder $1705\frac{1}{5}$ Pfund in Berl. ca. verkauft.

Vom Handelsgewichte ist das schwere Pfund dem Amsterdamer von 10280 Holl. As gleich; das leichte Pfund aber zu Waaren bey Kleinigkeiten hält 9754 Holl. As, und ist fast dem Berl. Pfund gleich.

Die allhier Ao. 1635 errichtete *Banco* nimt Gold-Ruyders von 14 und 7 fl., Ducatons zu 63 Stüver, 3, 2, $1\frac{1}{2}$ und 1 fl. Stück; nebst $\frac{1}{3}$tel der Summa in $5\frac{1}{2}$ Stüver-Stück, aber keine Seeländ. Thaler und Schillinge als Banko-Geld an; und erlaubet Kaufleuten 2 Rechnungen in Banco- und Courent-Valuta zu haben, wenn sie sich deshalben über den Banco-Agio verstehen.

Rouen

in der Franz. Normandie, an der in den Canal gehenden Seine, rechnet, zahlet, und hat die ganze unter Frankreich beschriebene Münz- und Wechsel-Verfassung.

Maaße und Gewichte.

Vom Ellen-Maaß hat die Tuch- und Seiden-*Aune* 512,1, die Leinwand-*Aune* aber 619 Franz. Lin.; erstere ist $74\frac{9}{16}$, die 2te $109\frac{1}{2}$ pCt. länger denn die Berl. Elle.

Der Fuß soll dem Pariser von 144 Franz. Linien gleich, nach andern aber nur 120 Franz. Lin. halten und $15\frac{11}{12}$ pCt. kürzer als der Rheinländ. seyn.

Vom Getraide-Maaß hat 1 Muid 12 Setiers, 24 Mines, 96 Boisseaux. Der Boisseau hält $1124\frac{1}{2}$ Franz. Cubikzoll und ist $143\frac{13}{16}$ pCt. kleiner denn der Berl. Scheffel.

Die Wein-*Barique* hält 10714 Fr. Cubikzoll oder $184\frac{3}{8}$ Berl. Quart circa.

Die Brantwein-*Barique* von 120 Pots hält 9855 Fr.
Cubikzoll, circa 170 Berl. Quart; der *Pot* hält hiernach 82,
nach andern aber 96 Franz. Cubikzoll.

Vom Handels-Gewicht hält 1 Quintal 100 Pfund Vicomté; und 106 Pfund Franz. Mark-Gewicht; bey Span.
Wolle aber 108 Pfund Mark-Gewicht.

Das Pfund *Vicomté*-Gewicht hält 10748 bis 10800
Holl. As, und ist also 10½ bis 10⅘ pCt. schwerer als das Berl.
Pfund. Das Mark-Gewicht ist nur 4½ pCt. schwerer als das
Berliner Pfund.

Rußland

und die drey vornehmsten Handelsstädte desselben, St. Petersburg, Moscau, Archangel, rechnen gewöhnlich nach
Rubel zu 100 Kopeken.

Verhältniß sämtl. Rußischer Rechnungsmünzen.

Rubel.	Griwen.	Altins.	Kopeken.	Denuschken.	Poluschken.
1	10	33⅓	100	200	400
	1	3⅓	10	20	40
		1	3	6	12
			1	2	4
				1	2

Den Zahlwerth bestimmet die Cölln. Mark fein Silber
zu 13 Rubel Silbermünze und circa zu 20⅔ Rubel in Kupfer-
Münze oder Banco-Noten.

Würkliche Rußische Nationalmünzen.
Goldne
Ganze und ½be Imperialen zu 10 und 5 Rubel.
2 und 1fache Species-Ducaten zu 4½ und 2½ Rubel.
Andreas-Ducaten zu 2 Rubel, kommen selten vor.
2, 1fache, ½be und ½tel Rubel, die nicht häufig.
Silberne
Ganze, ½be und ½tel Rubel, zu 100, 50 und 25 Kopeken.
20, 15 und 10, und wenig 5 Kopeken-Stücken.
3, 2 und 1 Kopeken-Stück, kommen jetzt nicht mehr vor.
Kupferne
10, 5, 2, 1, ½b· und ½tel Kopeken-Stück.
Pappier-Geld
bestehet in Banco-Assignationen oder Anweisungen auf
100, 50, 25 Rubel in weißem Pappier, auf 10 Rubel in
rothem, und 5 Rubel in blauem Pappier, welche auf Erfordern von den verschiedenen Rußischen Banken sogleich mit
Kupfergelde realisiret werden.

Von fremden Münzsorten gelten m. od. w.

Holl. Rand-Ducaten zu 270 Kopeken.

Holl. Courent- oder Alberts-Thaler eigentl. das Ruß. Pfund von 14 Stück zu 19 Rubel 46 Kopeken oder 1 Stück zu 139 Kopeken.

Dän. Spec. Thlr. werden seit 1781 im Zoll den Holländischen gleich geachtet.

Archangel, Moscau und St. Petersburg wechseln und geben nach dem Silberpari auf

Amsterdam à 65 Tage nach Dato 1 Rubel ☽ für *37½ Stüv. Holl. Cour.

Hamburg 1 Rubel ☽ für *34 ßl. Lüb. Bco.

London 1 Rubel ☉ für 39,27 pf. Sterl.

In Kupfer-Geld ist der Pari auf Amsterdam 23½ Stüv. auf Hamburg 21,⅛ ßl., und auf London 24¼ pf. Sterl.

Die Wechsel so auf Rußland gezogen werden, und mehrentheils auf eine gewisse Anzahl Tage nach Dato zu bezahlen gestellet sind, genießen 10 Respecttage. Diejenigen, welche man anf Sicht gestellet hat, nur 3 Respecttage. Die, so man nur auf ein oder etliche Tage Sicht stellet, gar keine. Wechsel aber, so nach Verlauf des Zahlungs-Termins erhalten und präsentiret werden, haben ebenfalls 10 Respecttage.

Zu den Respecttagen gehören alle Sonn- und Festtage, nebst dem Tage, an welchem die Zahlung fällig ist; in welchen Tagen wegen Nichtbezahlung kein Wechsel protestiret werden kann. Am letzten Respecttage aber muß man die Zahlung des Morgens fordern, und im Weigerungsfall noch vor Sonnen-Untergang, im Nothfall auch wohl noch den folgenden Tag protestiren lassen.

Uebrigens bedienet man sich noch in allen Rußischen Staaten des alten oder Julianischen Calenders, und rechnet demnach die Zeit 11 Tage später, als nach dem neuen oder verbesserten Calender.

Rußische Maaße und Gewichte.

Die Elle Arschine von 315½ Franz. Lin., ist 6⅞ pCt. kürzer denn die Berl. Elle; in Petersburg wird sie oft zu 8 pCt. Differenz angenommen.

Das Fußmaaß ist der Engl. Fuß von 135 Franz. Lin., 3½ pCt. kürzer als der Rheinländer Fuß von 139½ Franz. Lin., der ebenfalls hier gewöhnlich ist.

Die Sasche hält 7 Engl. oder 6⅔ Rheinl. Fuß.

Die Werst oder Rußische Meile hält 500 Saschen, 1500 Arschinen, 24000 Werschock und 3500 Engl. od. 3400 Rheinl. Fuß; 104¼ Werst ca. gehen auf 1 Grad, und die Deutsche Meile rechnet man zu 7 Werst.

Vom Land= oder Feldmaaß hält die *Desaetine* 3200 ☐Saschen, die 4,537 Berl. kleine Morgen betragen.

Vom Getraide=Maaß hat 1 Tschetwert 2 Osmin, 4 Pajock, 8 Tschetwerik, 64 Garnetz; er wird zu 9808 und 9658 Franz. Cubikzoll angegeben, und hält sonach 3,578 oder 3,528 Berl. Scheffel.

Der Ahyl oder Sack hat 10 Tschetwerik und wiegt an grobem Mehl 9⁷⁄₁₀, an Rocken aber 8, 9 bis 10 Pud.

Von Maaßen zu flüßigen Waaren hat der *Wedro* od. Eimer 4 Tschetwerki à 2 Osmuschki. Der Osmuschka oder Kruschka hält 80 Franz. Cubikzoll, und ist 37½ pCt. größer denn das Berl. Quart.

Der Wein=Anker hält 40 Pariser Pinten oder 33⁷⁄₁₀ Berliner Quart.

Das *Sarokowaja Botschka* od. Faß von 40 Wedro Brantwein, Lein= und Hanf=Oehl, nach welchen diese Waaren verkauft werden, hält 441¼ Berl. Quart.

Vom Handels=Gewicht hat 1 Berkowetz 10 Pud oder 400 Pfund, und das Pud hält 34²⁴⁄₃₀ Berl. Pfund.

Das Pfund von 32 Loth à 3 Solotnik, welches zugleich auch als Gold= Silber= und Münz=Gewicht dienet, hält 8512 Holl. As, und ist 14⁶⁄₁₀ pCt. leichter als das Berl. Pfd. und 75 pCt. schwerer als die Cölln. Mark.

Bey der Gold= und Silber=Probe wird der Solotnick, davon 96 auf das Pfund gehen, annoch in 96 Theile getheilet,

Von zählenden Güthern rechnet man bey Befrachtung der Schiffe auf eine Brutto Last:

120 Pud Pottasche, Talch, Schweinsborsten, Hanf= und Leinöhl, getheertes Tauwerk; Eisen und Caviar.

100 Pud Wachs, Seife, Californium und Haarpuhs.

88 Pud Juchten nach Italien; 80 Pud Cabelgarn, Anies und Kümmel, 70 Pud Elendhäute.

60 Pud Hausblase, Rußisch Garn, Flachs, Hanf, Pferde=Mähnen und Schwänze.

6 Fässer Weed Asche, 60 Rollen Juchten, 120 Stück gesalzne und trockne Häute, 400 Stück Bockfelle und große Matten, 600 Stück kleine oder Sackmatten, 6 Pack oder 500 Arschinen Lacken und Boy, 6 Pack oder Tonnen Pelterehen und 16 Tschetwert Rocken oder Leinsaamen.

Die Rußischen Banken, welche nicht allein in Archangel, Moscau und St. Petersburg, sondern überhaupt jetzt in allen Gouvernements angeleget sind, haben mit der Handlung keine besondere Verbindung, sondern beschäftigen sich mit Einnahme und Ausgabe der Banco=Assignationen, deren Werth in Kupfer=Münze bey diesen Banken vorhanden ist, und mit Anlehnen auf gewisse Effecten.

Eine neuere Reichs-Leihebank seit 1786 nimmt Gelder gegen 4½ pCt. Zinsen an, lehnet Gelder gegen Sicherheit zu 5 pCt. Zinsen aus, discontiret Wechsel zu 6 pCt. Zinsen, und versichert Häuser und Fabriken für 1½ pCt. Prämie.

Ryssel oder Lille,

in Franz. Flandern, rechnet, zahlet, und hat eben die Münz-Verfassung wie Dünkirchen; nur der Gulden wird hier durchgängig zu 25 Sols gerechnet.

Ryssel wechselt und giebt nach dem Silberpari auf

Amsterdam *175¾ fl. für 100 fl. Holl. Bco. oder *174⅔ fl. für 100 fl. Holl. Cour.

Antwerpen und Brüssel *170½ fl. für 100 fl. Wechs. Geld, oder *146½ fl. für 100 fl. Brab. Cour.

London *66,7⁸ ßl. vls. für 1 Liv. Sterl.

Paris *96 pf. vls. für 1 Ecû von 3 Liv. tourn.

Der Uso der Wechselbriefe und Schuldscheine wird hier nach den gewöhnlichen oder laufenden Monaten gerechnet; außerdem haben solche nach der Verfallzeit noch 6 Respecttage, an dessen letztem man protestiren lassen muß. Dieser Respecttage genießen auch die nach Sicht gestellten Wechselbriefe, nicht aber diejenigen, die auf eine bestimmte Sicht bezahlet werden sollen. Billets für erhaltene Waaren ausgestellet, haben 10 Respecttage.

Maaße und Gewichte.

Die Elle von 308⅓ Franz. Lin. ist 4¼ pCt. kürzer denn die Berl. Elle.

Vom Getraide-Maaß wird der *Raziere* überhaupt in ½be, ⅓tel, ¼tel vertheilet. Der *Raziere* Weizen und Roßken hält 3584 Franz. Cubikzoll, und ist 30⅗ pCt. größer denn der Berl. Scheffel. Der *Raziere de Mars* zu Hafer und Bohnen hält 3405 Franz. Cubikzoll, ist also 24,⅓ pCt. größer denn der Berl. Scheffel.

Der *Lot* oder *Pot* zu flüßigen Dingen hält 115,7 Franz. Cubikzoll, und ist 99½ pCt. größer denn das Berl. Quart.

Wein wird nach den Landes-Gebinden verkauft daher er kommt, und man rechnet die Piece Bourgogner Wein zu 110, Champagner Wein zu 100, und 1 Bourdeauxer Oxhoft zu 105 Lots circa.

Brantwein wird nach dem Lot zu 5 Pfund leicht Gewicht verkauft.

Oehl aus der Provence, aus Spanien, Italien, nach der Pipe von 206 Lots. Lein-Hanf-Camillen- und dergl. Oehle, Kohl- und Rübesaat, nach der Tonne von 30 Lots oder 120 Pfund.

Vom Handelsgewicht hält das Pfund Stadt- oder leicht Gewicht 8899 Holl. As, und ist 9⅖ pCt. leichter als das Berl. Pfund. Das Pfund schwer Gewicht zu Seide, Conchenille ꝛc. hält 9609 Holl. As, und ist 1⅞ pCt. leichter denn das Berl. Pfund.

Sächsische Fürstenthümer

Gotha und Altenburg, Weimar und Eisenach, rechnen und zahlen wie Leipzig nach

Reichsthaler zu 24 Groschen à 12 Pfennige.

Würkliche Landes-Conventions-Silbermünzen sind Ganze, ½be und ¼tel Speciesthaler. 4, 2, 1 gute Groschen und 6 Pfennig-Stücke.

Maaße und Gewichte.

Die Gothaische Elle ist der Leipziger gleich.

Der Fuß von 12 Zoll à 10 Lin. hält 127½ Franz. Linien, und ist 9¼ pCt. kürzer denn der Rheinländ. 12, 13, 14, 16, 18 bis 20 Fuß werden auf die Goth. Ruthe gerechnet.

Der Getraide-Malter hat 2 Scheffel, 4 Viertel, 16 Metzen, 64 Mäßgen. Der Goth. Scheffel hält 4417, der Altenburger 7089, der Eisenacher 4912 und der Weimarsche 4490 Franz. Cubikzoll; der 1ste ist also 61½, der 2te 58⅗, der 3te 79⅛, der 4te 64⅔ pCt. größer denn der Berl. Scheffel.

Die Gothaische Holz-Klafter hält 6 Fuß Höhe und Länge, und 3 Fuß Tiefe.

Der Malter Kohlholz 3⅓ Fuß Höhe, Länge und Tiefe, und 48 Malter gehen auf 25 Klafter.

Der Kohlen-Stutz hält 6 Goth. Viertel, und der Berg-Scheffel Steinkohlen 2920 Cubikzoll.

Das Fuder Wein hat 12 Eimer, 480 Kannen, 960 Maaß, 1920 Nößel. Die Kanne hält 85⅖ Franz. Cubikzoll, und ist 50⅘ pCt. größer denn das Berl. Quart.

Die Bier-Last hat 12 Tonnen oder 288 Stübgen à 2 Kannen.

Das Goth. Handelsgewichts-Pfund wieget 9707 Holl. As, und ist ⅞ pCt. leichter als das Berl. Pfund.

Sachsen-

Sachsen-Lauenburg,

ein Braunschweig-Lüneburgsches Herzogthum in Niedersachsen, rechnet und zahlet wie Lübeck.

Würkliche Landes-Silber-Münzen sind seit 1738 ebenfalls nach dem Lübischen Courent-Fuß ausgepräget, und gelten nebst den Hannöverschen nach dem Leipziger Fuß ausgeprägten $\frac{2}{3}$tel, $\frac{1}{3}$tel und $\frac{1}{6}$tel Stücken.

Von fremden Münzsorten coursiren hier Hamburger, Lübecker, Mecklenburg-Schwerinsche und grobe Dänisch-Hollsteinsche alte Courent-Sorten aller Art gleich den Landes-Münzen; Dänische 2, 1 und $\frac{1}{2}$ ßl. Stücke nebst den neuen Schlesw. Hollstein. Species und Courent- desgleichen Scheidemünz-Sorten sind verboten.

Maaß.

Der Getraide-Sack hält hier 8624 Französ. Cubikzoll oder $3\frac{7}{16}$ Berl. Scheffel.

Saltzburg,

ein Erzstift des Bayerschen Kreises, rechnet gewöhnlich nach

Reichsgulden zu 60 Kreuzer à 4 Pfennige;

deren Zahlwerth der 24 fl. Fuß, die Cölln. Mark fein Silber zu 16 Rthlr. gerechnet, ist.

Würkliche Salzburgische Münzsorten sind

in Golde:

Ducaten zu 5 rfl. 20 Xr.

in Silber:

Ganze, $\frac{1}{2}$be und $\frac{1}{4}$tel Convent. Speciesthalar, zu $2\frac{2}{3}$, $1\frac{1}{3}$ und $\frac{2}{3}$ rfl., dergl. ganze, $\frac{1}{2}$be und $\frac{1}{4}$tel Kopfstück à 24, 12 und 6 Xr. nebst 17 Xr. Stück.

Von fremden Münzsorten

sind unterm 3ten May 1786 folgende bestimmet:

Goldne

Kaiserl. Königl. vollwichtige Ducaten zu $5\frac{1}{3}$ rfl.

Franz. Schildlouisd'or bis 1784. 11 rfl.

Neue Franz. Louisd'or seit 1785 und 86, nebst Ital. u. Span. Goldsorten sind ganz außer Cours gesetzet; und für jedes fehlende Grän der Ducaten muß 5 Xr., der Ld'or. 4 Xr. vergütet werden.

Silberne

Franz. Laubthaler bis 1784, zu $2\frac{7}{8}$ rthl.; neuere von 1784 und 85 sind außer Umlauf gesetzt.

Maaße und Gewichte.

Die Seiden-Elle von 355,9 Franz. Lin. ist $20\frac{3}{8}$ pCt. größer denn die Berl. Elle.

Die Leinen-Elle von $445\frac{2}{3}$ Franz. Lin. ist $50\frac{1}{3}$ pCt. größer denn die Berl. Elle.

Das Handelsgewichts-Pfund von 11652 Holl. As ist $19\frac{1}{2}$ pCt. schwerer denn das Berl. Pfund.

St. Ander oder Santander,

im Spanischen Biscaya, rechnet und zahlet wie Bilbao, hat auch überhaupt die ganze unter Spanien gemeldete Castilianische Münz-Maaß-und Gewichts-Verfassung, nur

Der Getraide-*Fanega* soll 2776 Franz. Cubikzoll enthalten, und also $1\frac{1}{4}$ pCt. größer denn der Berl. Scheffel seyn.

St. Gallen

in der Schweiz, rechnet gewöhnlich nach

Gulden zu 60 Kreuzer à 4 Pfennige oder à 8 Heller.

Verhältniß hiesiger Rechnungsmünzen.

Gulden.	Schillinge.	Batzen.	Kreuzer.	Pfennige.	Heller.
1	10	15	60	240	480
	1	$1\frac{1}{2}$	6	24	48
		1	4	16	32
			1	4	8
				1	2

Der Zahlwerth ist eigentlich der Deutsche 24 fl. Fuß, indessen verursachen die allhier durchgängig gewöhnlichen Französischen Laubthaler zu $2\frac{1}{4}$ fl. einen $24\frac{4}{13}$ fl. Fuß.

Würkliche St. Galler Münzsorten sind

Goldne

Doppelte und einfache Ducaten zu 10 und 5 fl.

Silberne

Ganze und halbe Thaler zu $2\frac{2}{3}$ und $1\frac{1}{3}$ fl.

30, 20, 15, 12, 10, 6, 4, 2, 1 Kreuzer-Stück und Pfennige.

Von fremden Münzsorten gelten m. od. w.

In Golde:

Franz. Schildlouisd'or von 1785, zu 11 fl.
Franz. alte Louisd'or oder Pistolen 9 fl.
Ducaten 5 fl. und darüber.

In Silber:

Franz. Laub- Feder- oder Kronen-Thaler zu 2¾ fl.
Conventions-Species-Thaler zu 2⅔ fl.

St. Gallen wechselt und giebt nach dem Silberpari auf
Amsterdam à 2 und 3 Monat noch Dato *151 Kreuzer für 1 Thlr. Holl. Bco.
Augsburg à Uso. Botzen auf die Messen. Wien à Uso *122$\frac{1}{12}$ fl. für 100 fl. Convent. Cour.
Frankfurt a. M. Messen *100$\frac{2}{11}$ Schildlouisd'or für 100 Carolinen à 9⅓ fl.
Frankreich à 2 Uso *100 Liv. in Laubthaler à 6 Liv. für 100 Liv. tourn.
Genua à 1 Mon. Dato *23⅔ Xr. für 1 Lire fuor Bco.
London à 2 und 3 Mon. n. Dato *11,48 fl. für 1 Liv. Sterl.
Mailand 1 Mon. Dato *21$\frac{7}{8}$ Xr. für 1 Lire Cour.

Der Uso ist wie zu Augsburg 15 Tage; Respecttage hat man hier nicht, denn die Briefe sollen binnen 24 Stunden bezahlet werden.

Maaße und Gewichte.

Vom Ellenmaaß hält die Wollen-Elle 273,1, die Leinwand-Elle aber 355⅔ Franz. Lin.; erstere ist 8¼ pCt. kürzer, die zweyte 20½ pCt. länger denn die Berl. Elle.

Der Schneller bey Baumwollen Moußelin-Garn wird zu 1000 Faden von 4 bis 5 Schu Länge um die Haspel gerechnet.

Vom Getraide- Salz- und Obst-Maaß hat
1 Malter Korn 8 Viertel à 4 Vierling oder 16 Mäßlein.
1 dergl. ungedroschen Korn oder Fasen, Gerste und Haser hat 4 Mütte oder 16 Viertel.
1 Ledi Obst hält 4 große oder 8 Korn-Viertel.

Vom Weinmaaß hat 1 Fuder 7½ Saum oder 30 Eymer. 1 Eymer hat 4 Viertel, 32 lautere, 36 trübe oder Ausschenk-Maaß à 4 Schoppen. Die Größe dieser Getraide- und Wein-Maaße ist aber unbekannt.

Vom Handels-Gewicht hat der Centner 100 Pfund von 16 Unzen oder 32 Loth. Das schwere Pfund von 12164 Holl. As ist 24½ pCt. schwerer als das Berl. Pfund. Das leichte Pfund von 9678 Holl. As ist ¼ pCt. leichter als das Berl.

Vom Gold- und Silber-Gewicht hält die Mark 8 Unzen, 16 Loth, 64 Quent oder 256 pf. Beym Probiren wird die Mark Gold zu 24 Karat, 96 Gran und 288 Grän, fein Silber aber wie beym Gewicht zu fein gerechnet.

St. Hubes, wie Lissabon.

St. Malo

im Französ. Bretagne am Canal, rechnet, zahlet, und hat die ganze unter Frankreich gemeldete Münz- und Wechsel-Verfassung.

Maaße und Gewichte.

Die St. Malo *Aune* oder Elle, von 597½ Franz. Linien, ist 102 pCt. länger als die Berl. Elle.

Die Leinwand-*Aune* von 376,₂ Franz. Lin. ist 27,₁₆⁵ pCt. länger denn die Berl. Elle.

Die Tuch-*Aune* von 277;₂ Franz. Lin. ist 6⅚ pCt. kürzer als die Berl. Elle.

Die Getraide-*Tonneau* wird zu 72960, und zu 69720 Franz. Cubikzoll Inhalt angegeben, und würde also 26⅝ oder 25₁₈⁷ Berl. Scheffel enthalten.

Das Handels-Gewicht ist das Franz. Mark-Gewicht.

St. Petersburg, s. Rußland.

St. Remo, wie Genua.

St. Sebastian

im Span. Guipuzcoa am Biscayschen Meerbusen, rechnet, zahlet, und hat die ganze unter Bilbao und Spanien angezeigte Münz-Verfassung.

Maaße und Gewichte.

Der hiesige Getraide-*Fanega* ist der Castilianische, siehe Spanien.

Vom Handels-Gewicht hat der Quintal 100 Pfund von 10188 Holl. As, das Pfund ist also 4½ pCt. schwerer denn das Berl. Pfund.

Sardinien,

eine Insel des Mittelländischen Meeres, von welcher ihr Besitzer, der Herzog von Savoyen und Piemont, den Königl. Titel führt, rechnet gewöhnlich nebst der Hauptstadt **Cagliari**, nach

Lire zu 20 *Soldi* à 12 *Denari de Sardegna.*

Verhältniß sämtlicher Sardinischen Rechn. Münzen.

1 Scudo	$2\frac{1}{2}$ Lire,	10 Reales,	50 Soldi,	300 Cagliarese,	600 Denari.
	1 —	4 —	20 —	120 —	240 —
		1 —	5 —	30 —	60 —
			1 —	6 —	12 —
				1 —	2 —.

Den Zahlwerth bestimmet die Cölln. Mark fein Silber zu $27\frac{5}{9}$ Lire di Sard.

Würkliche Sardin. National-Münzsorten

nach ihrem bestimmten Turiner Gewicht und Sardin. Werth vom 13. July 1773.

	Gewicht.	Werth Sardin.	
	Grani.	Lire.	Soldi.
Goldne			
Carlini	$300\frac{5}{6}$	25	—
½ de	$150\frac{5}{12}$	12	10
Doppietta	$60\frac{1}{6}$	5	—
Silberne			
Scudi	442	2	10

½ de und ¼ tel nach Verhälniß.

Scheide-Münzen; ganze und ½ de Reale zu 5 und $2\frac{1}{2}$ Soldi, 1 Soldi-Stück.

Kupferne

½ de Soldi zu 3 Cagliarese oder 6 Denari, Cagliarese zu 2 Denari und 1 Denari-Stück.

Von fremden Münzsorten gelten

Goldne

Savoy. Doppien	15	Lire	$3\frac{1}{3}$	Soldi.
Portug. Moed'or	22	—	10	—
Franz. Schildlouisd'or	12	—	10	—
alte Louisd'or	10	—	10	—
Span. Pistolen	10	—	10	—
Venet. Zechinen	5	—	$19\frac{5}{6}$	—
Päbstl. dergl.	5	—	$17\frac{1}{6}$	—
Kremnitz. Ducaten	5	—	$18\frac{1}{2}$	—
Holländ. Ducaten	5	—	$17\frac{5}{8}$	—

Silberne

Savoy. Scudi	3 Lire	$15\frac{1}{3}$	Soldi.
Franz. Laubthaler	3 —	$1\frac{5}{6}$	—
Span. Piaster seit 1772	2 —	17	—
Venet. und Mail. Ducatoni	3 —	$10\frac{1}{2}$	—
Livorn. Pezzi	2 —	$11\frac{1}{2}$	—
Röm. Scudi	2 —	17	—
3 Paoli-Stück	—	$17\frac{5}{6}$	—
Piemont. Lire	—	$12\frac{1}{2}$	—
Franz. Livre tourn.	—	$10\frac{1}{2}$	—
Genues. Lire	—	$8\frac{5}{6}$	—

Nota. Die Abtheilungen der Savoy. Münzen nach Verhältniß.

Maaße und Gewichte

Die Elle *Raso* von $243\frac{1}{2}$ Franz. Lin. ist $21\frac{1}{2}$ pCt. kürzer denn die Berl. Elle.

Der *Palmo* von 110,1 Franz. Lin. ist $26\frac{3}{8}$ pCt. kürzer als der Rheinländ. Fuß.

Vom Getraide-Maaß hat 1 Restiere 3 Starelli oder 48 Imburi. Der Starello hält 2471 Franz. Cubikzoll, und ist $10\frac{1}{2}\frac{}{}$ pCt. kleiner denn der Berl. Scheffel.

Vom Handels-Gewicht 1 Cantarello 100 Lira à 8343 Holl. As schwer, die Lira oder das Pfund ist also $16\frac{7}{8}$ pCt. leichter denn das Berl. Pfund.

Schlesien Preuß. Antheils, s. Breßlau.

Schlesien Oesterr. Antheils

mit den Fürstenthümere Troppau, Teschen u. Jägerndorf, rechnet, zahlet, und hat die ganze unter Prag und Wien gemeldete Münz-Verfassung.

Allhier sowohl als in Böhmen und Mähren können Königl. Preuß. Münzen im Handel und Wandel, nicht aber bey Kaiserl. Cassen, zu folgendem Werth gelten und umlaufen, als: ganze Rthlr. zu 82, $\frac{1}{2}$be zu 40, $\frac{1}{3}$tel zu 26, $\frac{1}{4}$tel zu 20, $\frac{1}{6}$tel zu 11, und $\frac{1}{12}$tel zu 5 Xr. Preuß. Scheide-Münzen aber bleiben gänzlich außer Cours gesetzet.

Maaße und Gewichte.

Die Elle von $256\frac{2}{3}$ Franz. Lin. ist $15\frac{7}{16}$ pCt. kürzer denn die Berl. Elle.

Der Fuß von 128,8 Franz. Lin. ist $8\frac{7}{12}$ pCt. kürzer denn der Rheinländ. Fuß.

Der Getraide-Scheffel von 3850 Franz. Cubikzoll ist 40⅞ pCt. größer denn der Berl. Scheffel.

Das Getränk-Quart von 35⅗ Franz. Cubikzoll ist 72⅛ pCt. kleiner denn das Berl. Quart.

Das Gewichts-Pfund von 11019 Holl. As ist 13 pCt. schwerer denn das Berl. Pfund.

Schottland wie England, s. London.

Schweden

und besonders dessen Handelsstädte Stockholm und Gothenburg, rechnen verordnungsmäßig seit 1777, nach

Reichsthaler Species,

die in 48 Schillinge Species à 12 Rundstück, Oere oder Pfennige getheilet werden.

Verhältniß sämtl. Schwedischen Rechn. Münzen.

Reichsthaler Species.	Daler Silbermünze.	Daler Kupfermünze.	Mark Silbermünze.	Schillinge Species.	Mark Kupfermünze.	Oere Silbermünze.	Oere Kupfermünze.	Oertlein Silbermünze.	Oertlein Kupfermünze.	Pfennige.
1	6	18	24	48	72	192	576	768	2304	4608
1	3	4	8	12	32	96	128	384	768
	1	1⅓	2⅔	4	10⅔	32	42⅔	128	256
		1	2	3	8	24	32	96	192
			1	1½	4	12	16	48	96
				1	2⅔	8	10⅔	32	64
					1	3	4	12	24
						1	1⅓	4	8
							1	3	6
								1	2

Nota. Die Oere in Silbermünze, nennet man auch Stüver oder Witten, und die Oere in Kupfermünze, Rundstück.

Den Zahlwerth bestimmet die Cöllnische Mark fein Silber zu 9,0920 Reichsthaler Species.

Würkliche Schwed. National-Münzen seit 1777.	Werth		
	Schill. Spec.	Daler Silb. Mz.	Kupf. Mz.
In Golde:			
Ducaten	94	$11\frac{1}{4}$	$35\frac{1}{4}$
In Silber:			
Species-Reichsthaler ganze .	48	6	18
$\frac{2}{3}$tel Spec.	32	4	12
$\frac{1}{3}$tel Spec.	16	2	6
$\frac{1}{6}$tel Spec.	8	1	3
$\frac{1}{12}$tel Spec.	4	$\frac{1}{2}$	$1\frac{1}{2}$
$\frac{1}{24}$tel Spec.	2	$\frac{1}{4}$	$\frac{3}{4}$

In Kupfer:

2 und 1fache Slanten à 6 und 3 Rundstück nebst ganze und $\frac{1}{2}$be Rundstück.

Pappier-Geld

bestehet seit 1777 in neuen Banco-Transport-Zetteln, darinne neue Species-Reichsthaler zu 18 Daler Kupfer-Münze verschrieben sind.

Von fremden Münzsorten sind

Holländ. vollwichtige Rand-Ducaten den Schwed. gleich auf 94 sl. Species gesetzt worden.

Stockholm und Gothenburg wechseln und geben nach dem Silber-Pari auf

Amsterdam à 35, 40, 65, 70 Tage nach Dato * 45 sl. Spec. für 1 Thlr. Holländ. Bco., und * 44$\frac{1}{2}$ sl. Spec. für 1 Thlr. Holl. Cour.

Cadix und Spanien * 46,½½ sl. Spec. für 1 Duc, Cambio.

Frankreich * 24$\frac{7}{12}$ sl. Spec. für 1 Ecû von 3 Liv. tourn.

Hamburg à 37, 65 Tage oder 1, 2 Mon. nach Dato * 47$\frac{2}{3}$ sl. Spec. für 1 Rthlr. Hamb. Bco.

Kopenhagen 100 Thlr. Spec. für * 125$\frac{1}{2}$ Thlr. Dän. Cour.

Lissabon * 20,22 sl. Spec. für 1 Crusade von 400 Rees.

Livorno * 40,42 sl. Spec. für 1 Pezze da otto.

London à 45 und 70 Tage nach Dato * 4,275 Rthlr. Spec. für 1 Liv. Sterl.

Stralsund 100 Rthlr. Spec. für * 136$\frac{1}{12}$ Rthlr. Pomm. Cour.

Der Uso in Schweden bedeutet insgemein 1 Monat nach Sicht, und Wechselbriefe, so nicht auf Sicht oder nach 2 und 3 Tagen nach der Präsentation zu bezahlen gestellet sind, genießen nach dem Verfalltage noch sechs Respecttage, darunter Sonn- und Festtage mit begriffen sind.

Fällt der letzte Respecttag auf einen Festtag, so muß man den Tag vorher bezahlen oder protestiren lassen, und dieses gilt auch von Wechseln, so erst nach dem Verfalltage ankommen,

und ebenfalls nicht mehr Respecttage genießen, als von dem
eigentlichen Verfalltage an gerechnet noch mangeln.

Die in der Mitte eines Monats zu bezahlen gestellten
Wechsel, werden beständig den 15ten desselben Monats verfallen geachtet; jedoch kommen ihnen die Respecttage zu gute.
Wechsel auf Sicht oder nach 2 und 3 Tage nach der Präsentation zahlbar gestellt, müssen in 24 Stunden bezahlet oder
protestiret werden.

Maaße und Gewichte.

Die Elle von 263½ Franz. Lin., ist 12⁵⁄₁₈ pCt. kürzer als
die Berl. Elle.

Der Fuß von 12 Zoll à 10 und 12 Lin. hält 131½ Franz.
Lin., und 74 Schwed. Fuß thun 70 Rheinl. Fuß; 2 Fuß gehen auf 1 Elle, 6 Fuß auf 1 Faden und 16 Fuß auf 1 Ruthe.

Von den Schwed. Meilen à 2250 Ruthen, gehen 10½ auf
1 Grad des Aequators.

Von dem Feldmaaß hält 1 Tonne Landes- oder Aussaat
14000 □Ellen oder 1,911 Berl. kleine Morgen.

Vom Getraide-Maaß hat 1 Tonne 2 Spann, 4 Halb-
Spann, 8 Viertel, 32 Kappor, 56 Kannen, 112 Stoop, 448
Quarter, 1792 Ort, und enthält eigentlich 7386 Franz. Cub.
Zoll oder 2,694 Berl. Scheffel; da aber alles loß gemessen und
abgestrichen, nachmals aber fürs Aufhäufen und Rütteln ein
gewisses Zumaaß bey jedem Artikel gegeben wird, so rechnet
man hiernach: 1 Tonne Rocken, Weitzen, Gerste, Hafer, Erbsen
8310 Franz. Cubikzoll oder 3,011 Berliner Scheffel. 1 Tonne
Malz 8771 Franz. Cubikzoll oder 3,199 Berl. Schfl. 1 Tonne
Salz und Kalk 7848 Franz. Cubikzoll oder 2,863 Berl. Schfl.
Den Kappor zu 231 und 1 Kanne zu 132 Franz. Cubikzoll.

Vom Weinmaaß wird 1 Fuder zu 2 Pipen, 4 Orthoft,
6 Ahm, 12 Eimer, 24 Anker, 360 Kannen gerechnet. Die
Kanne hält 132 Franz. Cubikzoll oder 2,2750 Berl. Quart.
Der Stoop aber als die Häfte der Kanne hält 66 Franz. Cub.
Zoll, und ist 13½ pCt. größer denn das Berl. Quart.

Die Tonne flüßiger Waaren, womit auch Mehl, Fleisch,
Fische gemessen werden, hat 48 Kannen, 96 Stoop, 384 Quar-
tier, 1536 Jungfern, und enthält 6336 Franz. Cubikzoll. Die
Theer- und Pech-Tonne kann 1 Stoop kleiner seyn.

Vom Handels-Gewichte rechnet man:

1 Schiffpfund Victual-Gewicht zu 20 Lispfund à 20
Pfund oder zu 400 Pfund Victual- oder Schaal-Gewicht.
Das Schaal-Pfund von 32 Loth à 4 Quent à 69½ As wieget
8848 Holl. As, und ist 10⁴⁄₅ pCt. leichter als das Berl. Pfd.

1 Schiffpfund Stapelstädter, Eisen- oder Ausschif-
fungs-Gewicht zu 20 Markpfund à 20 Mark oder zu 400

Mark, die 330 Pfund Victual-Gewicht enthalten. Die Mark dieses Stapelstädter oder Eisen-Gewichts wieget 7078 Holl. As, und ist 37½ pCt. leichter als das Berl. Pfund.

1 Centner hat 120, 1 Wage Zinn 165, 1 Stein Wolle 32 Pfund.

1 Mark Bergwerksgewicht wieget 7822 Holl. As, und ist 24⅓ pCt. leichter als das Berl. Pfund.

1 Mark Landstädter Gewicht wieget 7450 Holl. As, und ist 30⅖ pCt. leichter als das Berl. Pfund.

Vom Gold- und Silber-Gewicht hält 1 Mark 16 Loth, 64 Quentln, 4384 Schwed. oder Holl. As und 59068⅞ Cölln. Richtpf., ist also beynahe 11 pCt. leichter als die Cölln. Mark.

Vom Probier-Gewicht wird 1 Mark zu 24 Karat à 12 Grän fein Gold, und zu 16 Loth à 18 Grän fein Silber gerechnet.

Verarbeitetes Ducaten-Gold hält 23½; Pistolen-Gold 20, und Kronen-Gold 18 Karat, Goldschläger Waare aber 23 1/12 Karat fein mit 1 Grän Remedium.

Verarbeiter Silber 13, und Drathzieher- und Schläger-Arbeit 15⅜ Loth fein mit 2 Grän Remedium.

Zinn-Arbeit 4mal gestempet hält 96, 3mal gestempelt 82 Theile, und die Bezeichnung der verarbeiteten Metalle ist drey Kronen nebst einem Buchstaben des Alphabets, der alle Jahre verändert wird und von 1759 angehet.

Das Schwed. Apothekergewichts-Pfund wieget 7416 Schwed. oder Holländ. As, und ist ½ pCt. leichter als das gewöhnliche Deutsche Apotheker-Pfund.

Bey zählenden Gütern rechnet man:
Die Last Pech, Pottasche, Lüneburger Salz und fremdes Bier zu 12 Tonnen.
Die Last Theer und Nordländ. Thran hat 13 Tonnen.
Die Last Span. und Franz. Salz hat 18 Tonnen.
Die Last Fische hat 12 gepackte Tonnen à 1000 Stück Heringe, oder 10000 Stück Bücklinge.
Die Last Flachs, Hanf, Tauwerk, Talg und Hopfen 6 Schiffpfund à 20 Lispfund.
Die Wahl 20 Kast à 4 Stücke.

Die Anno 1657 errichtete Schwed. Reichswechselbank bestehet theils in einer Girobank, bey welcher alle Wechsel, die nicht unter 100 Rthlr., mittelst Ab- und Zuschreiben von einer Rechnung auf die andere bezahlet werden sollten; theils in einer Leihebank, die gegen 4 pCt. Zinsen auf verarbeitetes Gold und Silber auslehnet. Seit 1777 giebt sie die oben-gedachten neuen Banco-Transport-Zettel auf Speciesthaler aus, welche mit klingender Münze (die aber jetzt in Schweden selten ist) wieder realisiret werden sollen.

Seit dem 1. Oct. 1789 hat das Schwed. Staatscomtoir eine Anleihe von 10000 seiner Obligationen, jede zu 100 Rthlr. eröfnet, die in Zeit von 10 Jahren mit einer nach und nach steigenden Interesse von $5\frac{1}{2}$ bis $7\frac{1}{2}$ pCt. nach Verlauf dieser Jahre in Banco, so wie das Capital, wieder abgetragen werden soll.

Schweiß.

Von der Schweiß oder den verschiedenen Ständen der Eidgenossenschaft sind bereits Stadt und Canton Basel, Bern, Genf, Lucern, Neufchatel, St. Gallen, Zürch und Zurzach in besondern Rubriken abgehandelt. Unter dieser Rubrik Schweiß soll also nur die Münzverfassung der übrigen zur Eidgenossenschaft gehörigen Cantons und Oerter angezeiget werden.

1) Im Canton und Ort Appenzell, der Landvoigtey Rheinthal am Rhein, dem Canton und Ort Schafhausen, der Landvoigtey Sorgans am Rhein, Thurgau am Bodensee, und der Grafschaft Toggenburg, rechnet man gewöhnlich nach

Gulden zu 60 Kreuzer;

deren Zahlwerth eigentlich der Deutsche 24 Gulden-Fuß seyn sollte, da aber der Laubthaler, als die gewöhnlichste Münzsorte in der ganzen Schweiß, hier $2\frac{3}{4}$ fl. gilt, so veranlasset dieses einen $24\frac{1}{24}$ fl. Fuß.

2) Im Hochstift oder Bisthum Basel, der Stadt Biel am Bieler See, den Cantons und Oertern Freyburg und Solothurn, und dem Walliser Lande, rechnet man wieder gewöhnlich nach

Gulden zu 60 Kreuzer à 8 Heller;

deren Zahlwerth nach Maaßgabe des Laubthalers, der hier $2\frac{3}{4}$ fl. gilt, durch die Cölln. Mark fein Silber zu 23,60 fl. bestimmet wird.

Die sämtlichen Rechnungsmünzen sind in der Tabelle von Bern enthalten; und besondere Rechnungsmünzen sind in Freyburg u. dem Walliser Lande, der Florin bon von 5, und der Florin petit von 4 Baßen.

Würkliche Münzsorten dieser Orte sind:

In Biel, alte Bischöfl. Baselsche Scheidemünzen an $7\frac{1}{2}$, 5, und $2\frac{1}{2}$ Sols-Stücke, Baßen zu $1\frac{3}{5}$ Sols, 2 Rappen oder 4 Deniers-Stücke.

In Freyburg, alte Ducaten zu 75, und Thaler zu 42 Baßen nebst 10, 5, und $2\frac{1}{2}$ Baßen-Stück, neuere Scheidemünzen an ganzen und $\frac{1}{2}$ ben Baßen, ganzen und $\frac{1}{2}$ ben Kreuzern.

In Solothurn, silberne 10, 5 und $2\frac{1}{2}$ Batzen-Stück zu 40, 20 und 10 Kreuzer, ganze und $\frac{1}{2}$be Batzen zu 4 und 2 Xr. nebst ganzen und $\frac{1}{2}$ben Kreuzer-Stücken.

Im Walliser Lande, 12, 6, 3, 2 und 1 Kreuzer-Stücke als Scheide-Münze.

3) In Bündten oder dem Graubündter Lande rechnet man gewöhnlich nach

Gulden zu 15 Batzen oder 70 Bluzger;

deren Zahlwerth nach Maaßgabe des Laubthalers, der hier $3\frac{5}{9}$ fl. gilt, durch die Cölln. Mark fein Silber zu $29\frac{28}{35}$ fl. bestimmet wird.

Das Verhältniß sämtl. Rechn. Münzen ist:

Reichs-Gulden.	Schweitz. Gulden.	Schweitz. Batzen.	Reichs-Kreuzer.	Schweitz. Kreuzer.	Bluzger.
1	$1\frac{2}{7}$	$19\frac{2}{7}$	60	$77\frac{1}{7}$	90
	1	15	$46\frac{2}{3}$	60	70
		1	$3\frac{1}{3}$	4	$4\frac{2}{3}$
			1	$1\frac{1}{5}$	$1\frac{2}{5}$
				1	$1\frac{1}{6}$

Man rechnet indessen aber auch den Batzen zu 5 Bluzger, 2 Batzen für 9, und 3 Batzen für 14 Bluzger.

4) Im Canton und Ort Glarus rechnet man gewöhnlich nach

Gulden zu 40 Schillinge oder zu 60 Kreuzer;

deren Zahlwerth nach Maaßgabe des Franz. Laubthalers, der hier $2\frac{5}{8}$ fl. gilt, durch die Cölln. Mark fein Silber zu 23,11 fl. bestimmet wird; man nennet den hiesigen Gulden auch Münz-Gulden.

5) In Mühlhausen, einer an der Gränze von Sundgau und Ober-Elsas gelegenen Stadt, gebrauchet man Französische Münze und Währung, rechnet also nach

Livres zu 20 *Sols* à 12 *Deniers tourn.*

deren Zahlwerth durch die Cöllnische Mark fein Silber zu $53\frac{11}{40}$ Livres bestimmet wird, s. Frankreich.

6) In den Cantons und Orten Schweitz, Unterwalden, Uri und Zug, rechnet man gewöhnlich nach

Gulden zu 40 Schillinge oder zu 60 Kreuzer;

deren Zahlwerth nach Maaßgabe des Franz. Laubthalers, der in den drey ersten Orten $3\frac{1}{3}$ fl. gilt, durch die Cölln. Mark fein Silber zu $28\frac{41}{48}$ fl. bestimmet wird.

In Zug gilt der gedachte Laubthaler nur $3\frac{1}{9}$ fl.; der Zahlwerth der Cölln. Mark fein Silber ist hier also $27\frac{3}{4}$ fl.

Die sämtlichen Rechnungsmünzen gedachter 4 Orte sind in der Tabelle von Lucern enthalten.

Würkliche Münzsorten dieser Orte sind:

Im Canton Schweitz, goldne Ducaten und kupferne Rappen und Angster.

In Unterwalden, silberne Scheidemünzen zu 5 Batzen oder 20 Xr., und ½be Batzen zu 2 Xr.

In Zug, Scheidemünzen, silberne Schillings-Stücke, und kupferne Rappen und Angster.

Sevilla, wie Cadix.

Sicilien,

eine zum Königreich Neapolis gehörige Insel des Mittelländischen Meeres, mit den Handelsstädten Meßina u. Palermo, rechnet gewöhnlich nach

Onze zu 30 *Tari* à 20 *Grani.*

Verhältniß sämtl. Sicilian. Rechnungsmünzen, davon 2 Sicil. Tari, Carlini, Grani und Piccioli nur 1 Neapol. Taro, Carlino, Grano und Picciolo ausmachen.

Onza.	Scudi.	Florini.	Tari.	Carlini.	Ponti.	Grani.	Piccioli.
1	2½	5	30	60	450	600	3600
	1	2	12	24	180	240	1440
		1	6	12	90	120	720
			1	2	15	20	120
				1	7½	10	60
					1	1½	8
						1	6

Den Zahlwerth bestimmet die Cölln. Mark fein Silber zu 4,1094 Onze und zu 10,278 Scudi.

Würkliche Sicilian. National-Münzen sind

Goldne

2, 1fache und ½be Onzie, wiegen 200, 100 und 50 Neapol. Acini, gelten 6, 3 und 1½ Duc. Reg. oder 60, 30 und 15 Sicil. Tari.

Silber-Sorten wiegen und gelten:	Acini.	Tari.
Onzie zu 3 Ducati	$1530\frac{7}{8}$	30
Scudi von 1731 und 1735	623	12
dergl. ½be, ⅓, ¼, ⅙, $\frac{1}{12}$tel nach Verhältn.		
Scudi seit 1785	$612\frac{3}{4}$	12
dergl. ½be, ⅓, ¼, ⅙tel nach Verhältniß.		
Tari oder $\frac{1}{12}$tel Scudi	$51\frac{1}{16}$	1
Carlini	$25\frac{3}{4}$	—½

Kupferne doppelte, 1fache und ½be Grani-Stück.

Fremde Münzsorten, so umlaufen, sind unter Neapel bemerket, und gelten hier eben so viel Tari als sie dort Carlini gelten.

Wechsel werden mehrentheils nur von Messina und Palermo auf folgende Orte gezogen, und man giebt nach dem Silber-Pari auf

Genua   *11¼ Tari für 1 Pez. von 5½ Lire fuor Bco.
Livorno *11,₄₂ Tari für 1 Pezze da otto reali.
London *57,₀₅ Tari für 1 Livre Sterl.
Neapel 100 Scudi für *120 Duc. di Regno.
Rom   *12,₉₄ Tari für 1 Scudo Rom.
Venedig *7₁₀ Tari für 1 Duc. Piccol.

Man ziehet von hier aus auf Livorno und Genua à Uso von 1 Monat nach der Acceptation oder auf 2 Mon. nach Dato und auf gewisse Tage nach Sicht oder nach Dato, auf London 3 Monat oder 90 Tage nach Dato, auf Neapel, Rom, Venedig à 8 oder 15 Tage nach Sicht.

Der Uso der hieher gezogenen Briefe ist von ganz Neapel, Ancona, Rom, Venedig, 21 Tage nach Sicht. Von dem übrigen Italien, 15 Tage nach Sicht. Von Frankreich 30 Tage nach Dato. Von Amsterdam, Antwerpen, Hamburg, Portugal und Spanien, 2 Monat Dato. Von England 3 Monat nach Dato.

Respecttage sind hier nicht zugelassen, indem alle Briefe an ihrem Verfalltage, und die auf Sicht gestellten bey der Präsentation bezahlet werden müssen.

Sicilianische Maaße und Gewichte.

Vom Ellenmaaß hat die Canne 8 Palmi, und hält in Messina 936½ Franz. Lin. oder 3,₁₆₂ Berl. Ellen, in Palermo aber 861 Franz. Lin. oder 2,₉₁₆ Berl. Ellen.

Der Sicil. Fuß hält 107,₂ Franz. Lin., und ist 29⅔ pCt. kleiner denn der Rheinländ. Fuß.

Vom Getraide-Maaß hat der *Salma grossa* zu Hülsenfrüchten 16 Tomoli à 4 Quarri, und hält 17360 Franz. Cub. Zoll oder 6,₁₃₂ Berl. Scheffel. 1 *Salma generale* aber von 16 Tomoli à 4 bis 6 Modilli 13950 Franz. Cubikzoll oder 5,₀₈₈ Berl. Scheffel.

Vom Weinmaaß hat die Tonna 12 Salme zu 8 Quartari oder 12 Quartuci. Die Messiner *Salma* hält 4416 Franz. Cubikzoll oder 76½ Berl. Quart. Die Syracuser *Salma* aber 3925 Franz. Cubikzoll oder 67⅔ Berl. Quart.

Oehl wird in Messina nach dem Caffiso von 12½ Rotoli oder 24₁₇ Berl. Pfund, in Palermo aber nach dem Cantaro von 186½ Pfund Berl. verkauft.

Vom Handels-Gewicht wird der *Cantaro grosso* zu 100 Rotoli von 33 Unzen oder zu 110 Rotoli von 30 Unzen und zu 275 Libras v. 12 Unzen, der *Cantaro sottile* aber zu 100 Rotoli von 30 Unzen oder zu 250 Pfund von 12 Unzen gerechnet.

Der *Rotolo* von 33 Unzen hält 18176, der *Rotolo* von 36 Unzen hält 16524, und die Libra von 12 Oncie à 30 Trapesi hält 6610 Holl. As. Der 1ste Rotolo ist $86\frac{7}{8}$ pCt., der 2te $69\frac{1}{2}$ pCt. schwerer, und die Libra oder das Pfund ist $47\frac{1}{2}$ pCt. leichter als das Berl. Pfund, eben dieses Pfund ist $35\frac{1}{10}$ pCt. schwerer denn die Cölln. Mark.

Gold- und Silber-Gewicht s. unter Neapel.

Soest,

in der Preuß. Westphälischen Grafschaft Marck, rechnet und zahlet auf eben die Art wie Cleve.

Von fremden Münzsorten gelten

Paderbornsche und Münstersche Convent. $\frac{7}{10}$tel bey einzelnen Ausgaben, den Preuß. gleich, 5 Stüv. Cassa- und 6 Stüv. Frankfurter Geld.

Franz. alte Louisd'or und Pistolen gelten $6\frac{1}{4}$ Rthlr. Frankf. Geld und darüber.

Holl. Geld kommt zu Zeiten vor, und der Gulden wird mit 40 Stüv. Frankf. Geld bezahlet.

An Scheidemünzen rouliren Cölln. und Ostfriesische Stüver, desgl. kupferne Jülich- und Bergsche $\frac{1}{2}$be Stüver, nebst Füchsen zu $\frac{1}{4}$ Stüver.

Maaße und Gewichte.

Die Elle ist die Cöllnische wie in Cleve, davon 8 = 7 Berl. Ellen.

Vom Getraide-Maaß hat der jetzige neue Malter 12 Berl. Scheffel. Der alte Malter hat 12 Müdde, 24 Schfl. 96 Spint, 384 Becher, und kommt ebenfalls vor; man muß dahero jedesmal im Großen das Getraidemaaß entweder nach Berliner Scheffel oder neu Maaß, oder nach Müdde bestimmen, davon man 12 auf 13 Berliner Scheffel rechnet, ansonst man mit Berl. Scheffeln zufrieden seyn muß. Im Kleinen hingegen gebraucht man gemeiniglich nur den $\frac{1}{2}$ben Müdd, oder den alten Soesischen Scheffel, welcher eigentlich 1485 Fr. Cubikzoll, so wie der Müdd 2970 Franz. Cubikzoll hält.

Getränk-Maaß hat die Eintheilung und Größe wie in Cleve und Hamm.

Gewicht zum Handel als Fleisch ist ebenfalls wie in Cleve.

Das Königreich Spanien

rechnet eigentlich nach Acht verschiedenen Münzwährungen, nämlich der Castilianischen, Mexicanischen, Catalonischen, Majorcanischen, Valenzianischen, Arragonischen, Navarrischen und Canarischen.

Die Castilianische, als die Hauptwährung, ist die gangbarste, und enthält:

1) Die gewöhnlichsten Castll. Rechn. Münzen, wornach man gemeiniglich in Spanien rechnet, nämlich

Reales de Vellon zu 34 *Maravedis de Vellon,* und nach dem

Reales de platta antigua zu 24 *Maravedis de platta antigua;* verschiedene Kaufleute führen aber auch Buch und Rechnung allein nach *Maravedis,* welche sie, wie die Portugiesen ihre Rees in Tausend und Millionen abtheilen, im Zählen aber 1 Quento Maravedis, für 1 Million annehmen. Das Verhältniß der sämtl. gewöhnlichsten Castilianischen Rechn. Münzen ist:

Real de pl. antigua.	Reales de Vellon.	Quartos.	Ochavos.	Maravedis de pl. antig.	Maravedis de Vellon	Dineros Castilian.
1	$1\frac{15}{17}$	16	32	34	64	640
	1	$8\frac{1}{2}$	17	$18\frac{1}{16}$	34	340
		1	2	$2\frac{1}{8}$	4	40
			1	$1\frac{1}{8}$	2	20
				1	$1\frac{15}{17}$	$18\frac{14}{17}$
					1	10

und hiernach kann man beständig 17 Reales oder Maravedis de platta mit 32 Reales oder Maravedis de Vellon vergleichen.

2) Die alten Wechselmünzen der Castil. Währung werden bey dem ausländischen Handel, besonders aber zu Bestimmung der Wechselpreise gebraucht, deshalben sie für Spanien allgemein sind. Sie werden gemeiniglich und insgesamt in 20 Sueldos à 12 Dineros vertheilet, und bestehen in dem

Ducado di Cambio oder Wechsel-Ducaten von 375 Maravedis de platta. antig.

Doblon de platta antigua od. alte Wechs. Pistole von 32 Real. de pl. antig.

Peso de platta antigua oder alte Wechsel-Piaster von 8 dergl.

3) Die neuen oder Provinzial-Rechnungsmünzen Castil. Währung, sind bey dem Einländischen Handel, zum Theil auch in Malaga gebräuchlich. Sie enthalten den

Doblon de platta nueva od. provincial v. 60 Real. de Vellon.

Peso de platta nueva oder provincial von 15 dergl.

Real

Real de platta nueva oder provincial von 2 Reales de Vellon, oder 34 Maravedis de platta nuevas.

Ducado de platta zu 11 Real de platta antig. oder 704 Maravedis de Vellon.

Ducado de Vellon zu 11 Real de Vellon oder 374 Maravedí. de Vellon.

4) Die nur bey gewissen Gelegenheiten vorkommenden Castil. Rechnungsmünzen sind:

Der Ducado de oro von 45½ Real de Vellon.

Der Fracht-Ducado zu 12 Real de pl. antig. in Cadix, und 22½ Real de Vellon in Malaga.

Der Escudo al Sol zu 32 Real de Vellon.

Der Escudo de oro zu 40 Real de Vellon.

Der Escudo de Vellon zu 10 Real de Vellon.

Der Real de platta coriente zu 612 Castil. Dineros in Bilbao.

Der daselbst gewöhnl. Real de platta von 512 Castil. Dineros.

Der Blanca in Malaga von ½ Maravedis de Vellon.

Der Cornado daselbst von ¼ dergl.

Der Doblon de oro de Cabeza zu 14 Real 9 Marav. de Vellon.

Der Ducado de platta nueva zu 16½ Real de Vellon.

Der Zahlwerth dieser Castilianischen Rechn. Münzen ist für die Cölln. Mark fein Silber 193½ Real. de Vellon, 102½ Real. de platta antigua, 9,52 Ducad. de Cambio, 12,55 Pesos, und 3,2112 Doblones de platta antiguo.

2) Die Mexicanische Währung ist nicht allein im Spanischen Amerika gewöhnlich, sondern auch die Spanischen würklichen Münzsorten werden nach selbiger ausgepräget und gestempelt. Z. B. 8 Real auf 1 Span. Piaster, darunter man Mexican. Reales zu verstehen hat. Ihr Verhältniß ist:

1 Peso	8 Reales,	128 Quartos,	272 Maraved. Mexican.
1	— 16	— 34	—
	1	— 2⅛	—

und der Zahlwerth ist für die Cölln. Mark f. Silber 9⅔ Pesos oder 77½ Reales Mexican.

3) Die Catalonische Währung ist unter Barcelona beschrieben.

4) Die Majorcanische Währung unter Majorca.

5) Die Valenzianische Währung unter Valenzia und Alicante.

6) Die Arragonische Währung unter Arragonien.

7) Die Navarrische Währung unter Navarra.

P

8) Die Canarifche Währnng, welche in den Span.
Afrikanifchen Infeln Canaria, Ferro, Fuerteventura, Gomera,
Lancerota und Palma gebräuchlich, beftehet in

1 Pefo Cour. 8 Real de platta, 10 Real. Cour. 80 Quart Cour.

$$1 \overline{\qquad} 1\tfrac{1}{4} \overline{\qquad} 10 \overline{\qquad}$$
$$1 \overline{\qquad} 8 \overline{\qquad}$$

deren Zahlwerth durch die Cölln. Mark fein Silber zu 12$\frac{7}{8}$
Pefos oder 128$\frac{1}{2}$ Reales Cour. beftimmet wird.

Tafel zur Ueberficht der fämtlichen Spanifchen Rechn.
Münzen aller 8 Währungen, in welcher die Gröſſe
oder der Werth einer jeden, zu Vergleichung derfelben
und der würklichen Spanifchen Münzen in Caftilian.
Dineros, als der kleinſten Span. Rechnungsmünze, in
der Linie bemerket ift.

Spanifche Rechnungsmünzen.	Caftilian. Dineros.
1) Caftilianifche Währung.	
Der *Doblon de platta antigua* oder die alte Wech-felpiftole von 60$\frac{1}{7}$ Reales de Vellon . . .	20480
Der *Doblon de platta nueva* oder die neue Pro-vinzial-Rechn. Piftole von 60 Reales de Vellon	20400
Der *Ducado de oro* von 45$\frac{1}{2}$ Reales de Vellon .	15555
Der *Efcudo de oro* von 40 Reales de Vellon	13600
Der *Efcudo al Sol* von 32 Reales de Vellon .	10880
Der *Fracht-Ducado* von 12 alten Silberrealen .	7650
Der *Ducado de Cambio* oder Wechselducat von 375 alten Silb. Maravedis; 17 Stück thun 120000 Dineros, 1 Stück aber . . .	7058$\frac{13}{17}$
Der *Ducado de platta* oder Silberducat von 374 alten Silb. Maravedis	7040
Der *Ducado de platta doble* in Malaga von 703$\frac{1}{8}$ Maravedis de Vellon, davon 4 Stück 28125 Di-neros thun, und 1 Stück	7031$\frac{1}{4}$
Oder auch 100 *Ducados* für 2068 Reales, kommen 35156 Dineros auf 5 Ducados, und 1 Ducado enthält alsdann	7031$\frac{1}{5}$
Der *Ducado de platta nueva* von 16$\frac{1}{2}$ Reales de Vellon, oder	5610
Der *Pefo de platta antigua* oder der alte Wechsel-piafter von 15$\frac{1}{17}$ Reales de Vellon	5120
Der *Pefo de platta nueva* oder der neue Provin-zialpiafter von 15 Reales de Vellon . . .	5100
Der *Doblon de oro de Cabeza* von 14$\frac{1}{4}$ Reales de Vellon, oder	4850
Der *Ducado del Rey* oder *del Norte* in Malaga zu 11$\frac{1}{4}$ Reales de Vellon	2750

Spanisch-Castilianische Währung.

	Castilian. Dineros.
Der *Ducado de Vellon* oder sogenannte Kupferducat zu 11 Reales de Vellon	3740
Der *Escudo de Vellon* von 10 Reales de Vellon	3400
Der alte *Sueldo* zur alten Wechselpistole à 12 Dineros	1024
Der neue *Sueldo* zur Provinz. Rechn. Pistole à 12 Dineros	1020
Der *Real de platta nueva* oder Prov. Silberreal von 34 neuen oder Provinzial-Silber-Maravedis oder 17 Quartos	680
Der *Real de platta antigua* ob. der alte Silberreal von 34 alten Silb. Maravedis oder 16 Quartos	640
Der *Real de platta doble* in Mallaga von 17 Reales de Vellon, davon 2 Reales 1275 Dineros machen. 1 Real aber	637½
Der *Real de platta Corriente* in Bilbao zur Wolle	612
Der *Real de platta* zur Wolle ebendaselbst	512
Der *Sueldo* zum Wechselducaten à 12 Dineros, davon 17 Sueldos 6100 Dineros machen. 1 Sueldo aber	352 1⅛
Der *Sueldo* zum *Ducado de platta* à 12 Dineros	352
Der *Real de Vellon* oder sogenannte Kupferreal von 34 Maravedis de Vellon oder 8½ Quartos	340
Der *Sueldo* zum alten Wechselpiaster à 12 Dineros	256
Der neue *Sueldo* zum neuen oder Provinzial-Rechn. Piaster à 12 Dineros	255
Der *Sueldo* zum *Ducado de Vellon* v. 12 Dineros	187
Der *Dinero* zur alten Wechsel-Pistole, davon 3 Dineros 256 Castilian. machen; 1 Dinero aber	85⅓
Der *Dinero* zur neuen od. Prov. Rechn. Pistole	85
Der *Quarto* von 4 Maravedis de Vellon	40
Der *Dinero* zum Wechselducaten, davon 17 Dineros 500 Castilianische betragen, und 1 Dinero	29 7⁄17
Der *Dinero* zum Silberducaten, davon 3 Dineros 88 Castilian. betragen, 1 Dinero aber	29⅓
Der *Dinero* zum alten Wechselpiaster, davon 3 Stück 64 Castilianische Dineros betragen, 1 Dinero aber	21⅓
Der *Dinero* zum neuen oder Prov. Rechnungs-Piaster, davon 4 Stück 85 Castil. Dineros thun, 1 Dinero aber	21¼
Der *Ochavo* von 2 Maravedis de Vellon	20
Der neue oder Provinzial-Silber-*Maravedi* von 2 Maravedis de Vellon	20

Spanisch-Castilianische Währung.

Der alte Silber-*Maravedi*, davon 17 auf 320 Castilian. Dineros gehen; auf 1 Stück aber ．．　18$\frac{14}{17}$

Der *Dinero* zum *Ducado de Vellon*, davon 12 auf 187 Castil. Dineros gehen; auf 1 Stück aber．　15$\frac{7}{12}$

Der *Maravedi de Vellon* ．．．．．．．．　10

Die *Blanca* zu Malaga ．．．．．．．．　5

Der *Cornado* daselbst, davon 2 Stück auf 5 Castil. Dineros gehen, und auf 1 Stück ．．．．．　2$\frac{1}{2}$

Der Castilianische *Dinero*, von ．．．．．．　1

2) Mexicanische Währung.

Der *Peso de platta* von 8 Real de platta od. würkliche Piaster ．．．．．．．．　6800

Der *Real de platta* von 16 Quartos oder 34 Maravedis de platta, oder der würkliche $\frac{1}{8}$tel Piaster　850

Der *Quarto* oder $\frac{1}{2}$tel Real, davon 8 St. 425 Castilian. Dineros betragen, und 1 Stück ．．．　53$\frac{1}{8}$

Der *Maravedi de platta* ．．．．．．．．　25

3) Catalonische Währung.

Die *Libra* von 20 Sueldos à 12 Dineros, davon 7 Libras 25600 Castil. Diner. betragen; 1 Libra aber　3657$\frac{1}{7}$

Der Silberreal von 3 Sueldos, davon 7 Catalon. Silberreale 3840 Dineros betragen; 1 Real aber　548$\frac{4}{7}$

Der *Real de Ardites* von 2 Sueldos, davon 7 Reales 2560 Castil. Dineros betragen; 1 Real aber．　365$\frac{5}{7}$

Der *Sueldo* von 12 Dineros, davon 7 Sueldos 1280 Castil. Dineros betragen; 1 Sueldo aber ．．　182$\frac{6}{7}$

Der *Dinero* von 2 Mallas, davon 21 Stück 320 Castilianische betragen; 1 Catal. Dinero aber．　15$\frac{5}{21}$

Der *Malla*, davon 21 Stück 160 Dineros betragen; 1 Malla aber ．．．．．．．．．．．．　7$\frac{13}{21}$

4) Majorcanische Währung.

Die *Libra* von 10 Reales, 20 Sueldos à 12 Dineros, davon 3 Libras = 13600 Castilianische Dineros, 1 Libra aber ．．．．．．．．．．．．　4533$\frac{1}{3}$

Der *Real de majorc.* von 2 Sueldos, davon 3 Reales sich mit 1360 Castilian. Dineros vergleichen; 1 Real aber ．．．．．．．．．．．．　453$\frac{1}{3}$

Der *Sueldo de majorc.* von 2 Tresetas, davon 3 Sueldos = 680 Castil. Dineros; 1 Sueldo aber　226$\frac{2}{3}$

Die *Treseta* von 3 Dobleres, davon 3 Tresetas = 340 Castilian. Dineros; 1 Treseta aber ．．．　113$\frac{1}{3}$

Der *Doblero* von 2 Dineros, davon 9 Dobleros sich mit 340 Castilianische Dineros vergleichen; 1 Doblero aber ．．．．．．．．．．．．．　37$\frac{7}{9}$

Spanisch-Majoreanische Währung.	Castilian. Dineros.
Der *Dinero majorc.* von 2 Mallas, davon 9 Dineros = 170 Castil. Dineros; 1 Dinero aber .	$18\frac{8}{9}$
Der *Malla*, davon 9 Mallas = 85 Castil. Dineros, 1 Malla aber	$9\frac{4}{9}$
5) Valenzianische Währung.	
Ducado in Alicante von 11 neuen Silberrealen	5632
Die *Libra* von 20 Sueldos à 12 Dineros ist	
a) gewöhnlich dem Castilian. alten Wechsel-Piaster gleich von	5120
b) bey Zoll- und Kronrechnungen, dem Castil. neuen Rechnungspiaster gleich von	5100
Der *Real de platta antigua* von $2\frac{1}{2}$ Sueldos, ist dem Castil. alten Silberreal gleich, und beträgt	640
Der *Real de platta nueva* von 2 Sueldos, ist dem Bilbaoschen Real de platta zur Wolle, s. Castil. Währung, gleich, und hält	512
Der Valenzianische *Real de platta* v. $1\frac{1}{2}$ Sueldos	384
Der *Sueldo* von 12 Dineros, ist dem Castil. Sueldo zum alten Wechselpiaster gleich, und hält . .	256
Der *Dinero* ist wieder dem Castil. Dinero zum alten Wechselpiaster gleich, und hält	$21\frac{1}{3}$
6) Arragonische Währung.	
Die *Libra Jaquesa* von 20 Sueldos à 16 Dineros	6400
Der *Real* von 2 Sueldos, ist der Castilian. alte Silber-Real von	640
Der *Sueldo* von 16 Dineros	320
Der *Dinero* ist der Castil. Ochavo oder neue Provinz. Silber-Maravedi von	20
7) Navarrische Währung.	
Der Navarr. *Ducado* von $6\frac{8}{15}$ Libras, davon 9 Ducados 62720 Castilianische Dineros betragen, 1 Ducado aber	$6968\frac{8}{9}$
Die Navarr. *Libra* von 10 Grossos à 6 Maravedis oder à 12 Cornados, davon 3 Libras 3200 Cast. Dineros betragen, 1 Libra aber	$1066\frac{2}{3}$
Der Navarr. *Real* von 6 Grossos ist mit dem Castilian. alten Silber-Real gleich, und beträget	640
Der *Targa* von 4 Ochavos, davon 9 Tarjas 1280 Castil. Dineros betragen, 1 Tarja aber . . .	$142\frac{2}{9}$
Der *Grosso* oder *Gruesco* von 3 Ochavos, davon 3 Grossos 320 Castil. Dineros machen, 1 Grosso aber	$106\frac{2}{3}$
Der *Ochavo* von 4 Cornados, davon 9 Navarr. Ochavos 320 Cast. Dineros thun, 1 Ochavo aber	$35\frac{5}{9}$

	Castilian. Dineros.
Spanisch-Navarrische Währung.	
Der *Navarr. Maravedi* von 2 Cornados, davon 9 Maravedis 160 Castil. Dineros betragen, 1 Maravedi aber	17¼
Der *Cornado* in Navarra, davon 9 Cornados 80 Castil. Dineros thun, 1 Cornado aber . . .	8⅘
8) Canarische Währung.	
Der *Peso corriente* von 8 Real de platta, ist dem alten Wechselpiaster gleich von	5120
Der *Real de platta* von 1½ Courent-Real ist dem alten Silber-Real gleich von	640
Der *Courent-Real* von 8 Quartos corrientes kommt mit dem Valenzianischen neuen Silber-Real überein, und beträgt	512
Der *Quarto* Courent enthält	64

Die würklich geprägten Spanischen Münzsorten mit ihrem Werth in Castilian. alten Silber-Reales und Reales de Vellon, sind folgende. Zur Vergleichung derselben mit den andern Spanischen Währungen, ist ihre Größe oder Werth in Castil. Dineros, in der letzten Linie angemerket.

In Golde:	de platt.		de Vellon		Castilian. Dineros.
	Real.	Quart.	Real.	Mar.	
Der Doblon de a ocho oder Medalla Quadrupel oder d. 4fache Pistole v. 8 Escudos de oro od. 16 Piaster	170	—	320	—	108,800
Der Doblon de a quarto, medio Medalla, Doppel-Pistole von 4 Escud. oder 8 Piaster	85	—	160	—	54,400
Der Doblon de oro od. die einfache Pistole oder Doppie von 2 Escudos oder 4 Piaster	42	8	80	—	27,200
Der medio Doblon oder Escudo de oro, efetivo, oder die ½be Pistole von von 1 Escud. od. 2 Piaster	21	4	40	—	13,600
Der Escudilo oder Pesoduro de oro, medio Escudo de oro, Coronilla Durillo von 1 Piaster . . .	10	10	20	—	6,800

In Silber:	de platt. Real.	de platt. Quart.	de Vellon Real.	de Vellon Mar.	Castilian. Dineros
Der Peso duro, fuerte, Escudo de platta, Piaster oder Spanische Thaler . .	10	10	20	—	6,800
Der ½be oder Escudo de Vellon	5	5	10	—	3400
Der ¼tel oder Peseta Mexicana	2	10½	5	—	1700
Der ⅕tel oder Peseta provincial	2	2	4	—	1360
Der ⅛tel oder Real de platta Mexicana	1	5¼	2	17	850
Der 1/10tel oder Real de platta provincial . . .	1	1	2	—	680
Der 1/16tel oder ½be Mexicanische Silber-Real .	—	10⅝	1	8½	425
Der 1/20tel oder Real de Vellon	—	8½	1	—	340
In Kupfer:					
Der Doppel-Quarto			—	8	80
Der einfache —			—	4	40
Der Ochavo oder jetzige neue Maravedi de platta			—	2	20
Der Maravedi de Vellon			—	1	10

Spanische Wechselarten od. Preise n. d. Silberpari.

Cadix und Madrid giebt	empfängt	zu oder in
1 Wechs. Ducat. von 375 Mar. pl,	*104,1 pf. vls. Bco.	Amsterdam
40 Real de platta nuev.	*25,8/15 Lire fuor Bco,	Genua
*118 Wechs. Piaster	100 Pez. à 5¾ L. fuor Bco	Genua
1 Wechs. Duc.	*94,25 pf. vls. Bco.	Hamburg
1 Wechs. Pistole	*2687 Rees	Lissabon
*119⅙ Wechs. Piaster	100 Pezzi da otto	Livorno
1 Wechs. Piaster	*39¾ pf. Sterl.	London
*283½ Marav. de platta	1 Duc. di Regno	Neapel
1 Wechs. Pistole	16,585 Liv, tourn.	Paris
1 Wechs. Piaster	82,95 Sols tourn.	Paris
*338 Marav. de pl.	1 Ducat, Bco.	Venedig

Der Goldpari ist auf Amsterd. 97½, Genua 23,8 u. 128⅗, Hamb. 89¼, Lissabon 2242, Livorno 129⅞, London 38⅗, Neapel 297 3/20, Paris 16,068 u. 80,31, und Venedig 357⅘.

Nota. Von Cadix aus ziehet man auf alle vorgedachte Orte, ausser Amsterdam, à 90 Tage nach Dato.

Der Uso der auf Spanien gezogenen Wechselbriefe ist 60 Tage nach Dato, bey Franz. Briefen aber nur 1 Monat. Für die innerhalb Spanien ausgestellten Wechsel hat man 8, und für die ausserhalb Spanien vollzogenen 14 Respecttage. Die à Vista gestellten Wechsel müssen bey der Präsentation bezahlet oder protestiret werden. Nichtacceptirte Wechsel haben ebenfalls keine Respecttage, sondern müssen protestiret und bis zur Verfallzeit aufgehoben werden, alsdann sie, falls noch bezahlet wird, die Respecttage genießen. Cadix hat nur 6 Respecttage.

Spanische Maaße und Gewichte.

Von Längenmaaßen überhaupt werden seit 1766 auf einen Grad der Erde $16\frac{2}{3}$ Reise-Meilen, 20 gemeine Meilen oder Stunden, $26\frac{2}{3}$ gesetzmäßige Meilen, 80 Migerios oder Milliaires, $2666\frac{2}{3}$ Cordeles, $66666\frac{2}{3}$ Orgyes und 80000 Passos oder Geom. Schritt gerechnet.

Der *Estado*, *Braza* oder *Toesa* hält $1\frac{1}{3}$ Passos, 2 Varras, 4 Codos, 6 Pies, 8 große und 24 kleine Palmos, 72 Pulgados, 96 Dedos, 1152 Lineas.

Die Castilian. Elle *Vara* hält 375,9 Franz. Lin., und ist $27\frac{1}{16}$ pCt. kürzer als die Berl. Elle.

Der *Pies* oder Spanische Schu hält 125,1 Franz. Lin. und ist 11 pCt. kürzer als der Rheinländer. Der Codo hält 187,0, der große Palmo 93,97, der kleine 31,32, der Passo 626,0, der Estado $751\frac{1}{3}$ Franz. Lin.

Vom Land- und Feld-Maaß hält der Fanega 4900 □Varas = 1,144 Berl. kleine Morgen, und 1 Zugada oder Yugada hält $41\frac{2}{3}$ Fanegas; man hat auch Fanegas von 500, und Aranzadas von 400 □Estadales.

Der Castilian. Getraide-*Cahiz* von 12 Fanegas, 144 Celemines oder Almudes und 576 Quartillos, hält 2881 Fr. Cubikzoll, und ist $5\frac{1}{8}$ pCt. größer denn der Berl. Scheffel.

Die Salz-Last hat 4 Cahizes, und man rechnet 100 Last aus Cadix für 77 Last Salz in Danzig.

Der Castil. Wein- Branntwein- Honig- rc. *Cantaro* wird auch Arroba maior genannt, und in 8 Acumbres oder 32 Quartillos vertheilet, er hält 794 Franz. Cubikzoll oder $13\frac{11}{16}$ Berl. Quart circa.

Die Oehl-*Arroba menor* wiegt 25 Pfund Castilian., und hält 620 Franz. Cubikzoll, also $24\frac{5}{6}$ Pfund Berl.

Der *Moya* Wein hält 16, die Pipa 27 und die Botta 30 Cantaro, oder 219, $369\frac{1}{2}$, $410\frac{2}{3}$ Berl. Quart; letztere beide 828 und 924 Berl. Pfund Oehl circa.

Vom Castil. Handels-Gewicht wird der Quintal macho zu 150 Libras oder Pfund, der gewöhnliche Quintal aber zu

4 Arrobas oder 100 Libras à 2 Marcos gerechnet. Das Pfund wieget 9592 Holl. As und ist 1⅔ pCt. leichter denn das Berl. Pfund. Die Arroba hält 24⅔, und der gewöhnliche Quintal 98⅔ Berl. Pfund.

Gold- und Silber-Gewicht ist die Castil. Mark von 8 Oncas, 64 Ochavos, 128 Adarmes, 384 Tomines, 4608 Granos; sie wieget 4796 Holl. As, und ist 1½ pCt. leichter denn die Cölln. Mark.

Das Probier-Gewicht ist die gedachte Mark von 24 Karat à 4 Gran fein Gold, und von 12 Dineros à 24 Granos fein Silber. Der Gran fein Gold Probier-Gewicht hält 48, fein Silber 16 Grani ordin. Gold- und Silber-Gewicht.

Das Jouvelen- und Perlen-Gewicht ist die Castilian. Onca von 140 Quilates à 4 Granos. Der Quilat oder Karat wieget 4,28 Holl. As.

Das jetzige Medicinal- und Apotheker-Gewicht ist die Castilianische Mark von 8 Oncas, 64 Drachmas, 192 Escrupulos, 384 Oboles, 1152 Caracteres, 4608 Granos, davon 28 Unz. mit 27 Unzen Deutschem Apothek. Gew. gleich sind.

Von zählenden Güthern rechnet man 1 Millar zu 1000 Piezas, 1 Gruessa zu 12 Dozenas à 12 Piezas.

Stettin

in Preuß. Vor-Pommern, mit den Städten Anklam, Demmin, Schwinamünde, desgleichen Hinter-Pommern mit den Städten Colberg, Stolpe, Stargard, rechnen, zahlen, und haben die ganze unter Berlin gemeldete Münz-Verfassung.

Wechsel-Arten auf Amsterdam, Hamburg, Dänemark à 3, 4, 6, 8 Wochen, auf Bourdeaux und London à 2 Mon. sind wie in Berlin; sonst ist eigentlich der Uso auf England und Frankreich 1 Monat, auf Amsterdam 6 und auf Hamburg 4 Wochen. Insbesondere wechselt man hier auf Kopenhagen, und giebt nach d. Silber-Pari *123,5₃ Rthlr. Preuß. Cour. für 100 Thlr. Dän. Cour.

Maaße und Gewichte

in Pommern sind gegenwärtig dem Berliner gleich. Insbesondere kommt noch vor:

1) Bey dem Land- oder Feldmaaße, die Häger- oder Vlämische Hufe zu 1½ Tripelhufen, 2 Landhufen, 3 Priester-Hufen, 4 Haacken oder Wendische Hufen und 60 Morgen à 300 Pomm. und 440 Rheinl. □Ruthen.

P 5

2) Der Getraide-Winspel wird zuweilen zu 26, 27 bis 28 Berl. Scheffel bedungen; 1 Last Getraide hält 72, 1 Tonne Getraide 2½ Berl. Scheffel. 1 Sieb = ⅓tel Scheffel.

3) Brennholz wird nach Faden zu 7 Fuß Höhe und Breite gerechnet.

4) Wein wird nach der Landesfastagie verkauft, und 1 Oxhoft zu 1½ Ahm, 3 Eimer, 6 Anker à 30 Quart Berl. Wistermaaß gerechnet. Gemeiniglich enthält der Oxhoft weißer Franzwein, Medoc und Muscat 180 Berl. Quart; Cahors, Hochländer und Bergerac 160 bis 165, das Stück Piccardan 1½ Oxhoft oder 270 Berliner Quart, das Stück Tavel und Roquemaure 212 à 215 Berl. Quart.

5) Beym Gewicht rechnet man die Bürde Stahl zu 3 Centner, den Lägel Steuermärk. Stahl zu 140 bis 150, einländischen zu 100 Pfund,

6) Grüne oder schwarze Oehlseife wird nach Tonnen zu 4 Viertel verkauft, das Viertel wieget frisch aus der Siederey genommen 70 Pfund Netto.

7) Von zählenden Güthern rechnet man außer den in der Einleitung und besonders zu dem Holzhandel unter 0, 1, 2, 3, 4 gedachten, noch in Pommern:

Das Stroh zu 6 Wall à 80 Schock oder zu 480 Schock.

Den Moller zu 30 Stück.

Den Fimm zu 100 Schöse oder Bund Deckstroh à 1 Fuß dick: 1 Bund wird auf 1 ☐Fuß Dach bestimmt.

Die Last ungehöhete Heringe 13 Tonnen; gehöhete aber, oder vollgemachte, 12 Tonnen.

Den Soller Schleifsteine zu 80 Stück.

Den Chalter Steinkohlen zu 18 Tonnen à 3 Scheffel.

Die Recke Leinwand zu 16 Ellen.

Das Stück Garn zu 20 Fitzen à 40 Faden zu 3 auch 4 Ellen.

8) Schiffe werden mehrentheils nach Holländ. Lasten, davon 5 auf 4 Stettiner Lasten gehen, befrachtet. Auf diese Holländ. Last rechnet man: 4000 Pfund bey Eisen und andern schweren Güthern; 2000 Pfund bey Hanf, Hanfheeden, und andern leichten Güthern; desgleichen 56½ Scheffel Getraide, 13 Tonnen Heringe, 8 Oxhoft Wein, 5 Schock Piren, 7 Schock Oxhoft, 12 Schock Oxhoft-Bodenstäbe, 9 Schock Tonnen, oder 14 Schock Tonnen-Bodenstäbe, 1½ Schock Franz. Holz, 2½ Schock Klappholz, 65 Cubikfuß Eichen-Schiffsholz oder Planken, oder 70 Cubikfuß Fichtne Balken, 350 Stück große und 400 Stück kleine Candiskisten.

Auch nach *Mille* oder Großtausende werden Schiffe befrachtet, und 5 Schock Franz. Holz, 10 Schock Klappholz, 20 Schock Pipenstäbe, 30 Schock Oxhoftstäbe, 40 Schock Tonnenstäbe, 60 Schock Bodenstäbe, 260 Cubikfuß Eichen-

Schiffsholz und Planken, oder 280 Cubikfuß Fichtne Balken auf ein *Mille* gerechnet.

Wenn man das Schiffpfund zu Wasser bedinget, wird es gemeiniglich zu 400 Pfund Schwedisch gerechnet.

Das hiesige Banco Comtoir hat die Einrichtung der Berliner Bank, von der es abhänget.

Stockholm, f. Schweden.

Stralsund,

die Hauptstadt des Schwedischen Vor-Pommerns, desgleichen Wolgast, Greifswalde und die Insel Rügen, rechnen gewöhnlich nach
Reichsthaler zu 48 Schillinge à 12 Pfennige.
Städtische Departements und Gerichte aber rechnen nach
Gulden zu 24 Schillinge à 12 Pfennige.

Verhältniß sämtl. Schwed. Pomm. Rechnungsmünzen.

Thaler.	Pommersl. Gulden.	Sundisch. Mark.	Gute Groschen.	Schillinge.	Sechslinge.	Dittten.	Pfennige.
1	2	6	24	48	96	192	576
	1	3	12	24	48	96	288
		1	4	8	16	32	96
			1	2	4	8	24
				1	2	4	12
					1	2	6
						1	3

Nota. Die Rechnung nach Sundischen Mark zu 16 Sundische Schillinge, jetzt Sechslinge, ist alt und nicht mehr gewöhnlich.

Der Zahlwerth ist Courent, darunter man die hier mehrentheils nur vorkommenden $\frac{1}{15}$ Rthlr. verstehet, davon die Cölln. Mark fein Silber zu $12\frac{2}{3}$ Rthlr. ausgebracht ist.

Würkliche Schwed. Pomm. Münzsorten sind
Goldne
Ducaten, so lange nicht mehr ausgepräget worden.
Silberne
seit 1763, nach dem Leipziger Fuß ausgeprägte
2 und 1 Drittel-Stücke zu 32 und 16 ßl.
2 und 1 gute Groschen-Stück zu 4 und 2 fl.
Schillinge, Sechslinge und Witten, zu 12, 6 und 3 pf.
Kupferne Witten.
Von diesen Sorten sind aber die 2 und 1 Drittel-Stücke fast gänzlich verschwunden.

Von fremden Münzsorten coursiren

in Golde:

Pistolen-Sorten, das Stück zu $4\frac{2}{3}$ Rthlr. gelten wohl $4\frac{3}{4}$ Rthlr. und darüber, werden aber oftmals zu 5 Rthlr. gerechnet, und mit einigen pCenten Verlust gegen $\frac{1}{12}$tel verwechselt.

Ducaten, meistens Holländ., sollten eigentlich $2\frac{2}{3}$ Rthlr. gelten, werden aber zu $2\frac{3}{4}$ Rthlr. und darüber angenommen.

in Silber:

Braunschw. Lüneb. Sächsische und Brandenb. 2 und 1 Drittel, sollten eigentlich 32 und 16 ßl. gelten, werden aber einzeln zu 33 und $16\frac{1}{2}$ ßl. angenommen. In Summen gewinnen sie 3 pCt. gegen $\frac{1}{12}$tel oder hiesiges Courent, dazu man sie auch seit 1777 bey öffentlichen Cassen annimmt.

Schwedische ältere 10 und 5 Oe., d. i. 4 und 2 gGroschen-Stück oder sogenannte Piecen zu 8 und 4 ßl. couliren hier am meisten, und machen nebst den hiesigen 2 Gr. Stücken das jetzige eigentliche Courent aus.

Stralsund wechselt und giebt in Courent nach dem Silberpari auf

Amsterdam * $127\frac{9}{16}$ Rthlr. für 100 Thlr. Holländ. Bco. oder * $126\frac{1}{4}$ Rthlr. für 100 Thlr. Holl. Cour.

Hamburg à 65 Tage nach Dato * $134\frac{2}{3}$ Rthlr. für 100 Rthlr. Hamb. Bco.

Stockholm * $136\frac{1}{12}$ Rthlr. für 100 Speciesrthlr.

Maaße und Gewichte

sind vorschriftlich den Lübischen od. Lübeckschen gleich, als:

Die Elle von 258 Franz. Lin. ist $14\frac{2}{18}$ pCt. kürzer denn die Berliner Elle.

Der Fuß, davon 16 auf 1 Ruthe gehen, hält 129 Franz. Lin., und ist $7\frac{1}{3}\frac{2}{3}$ pCt. kürzer denn der Rheinländ. Fuß.

Vom Land- oder Feldmaaß hat 1 Hägerhufe 60 und 1 Haackenhufe 30 Morgen à 300 □Ruthen.

Vom Getraidemaaß hat 1 Last 8 Drömt, 32 Tonnen, 96 Scheffel, 384 Fehrt oder Viertel, 1536 Metzen, und der Scheffel ist dem Lübeckschen gleich.

Vom Weinmaaß hat 1 Orthoft $1\frac{1}{2}$ Ohm, 6 Anker, 108 Kannen, 216 Pott, 86[illegible]l; das Pott ist dem Lübeckschen Quartier gleich.

Die Tonne Bier hält 192 Potts.

Vom Handelsgewicht hat 1 Schiffpfund 20 Lispfund oder 280 Pfund, 1 Centner 112 Pfund, 1 Stein Wolle 10 Pfund, 1 schwerer Stein 21 Pfund nach der Licent-Taxe. Das Pfund ist dem Lübecker Pfunde vollkommen gleich. Höcker und Schlächter aber wiegen hier mit Cölnischem Gewichte.

1 schwere Schiffs-Last beträgt 4000 Pfund.

Von zählenden Gütern kommen außer denen in der Einleitung bemerkten, Decher, Mandeln, Stiegen, Zimmer, Schock, Wall, Großhundert, auch Lasten Butter, gesotten Salz und Fleisch à 12 Tonnen, Boysalz à 18 Tonnen, ungebähte Heringe à 13, gebähete zu 12 Tonnen, und Zwölfter à 12 Stück vor.

Straßburg,

Französische Hauptstadt im Elsaß ohnweit dem Rhein, rechnet gewöhnlich nach

Livres zu 20 Sols à 12 Deniers tournois;

zuweilen auch nach der ehemaligen Deutschen Währung,
den Thaler (Ecû) zu 90 Kreuzer à 4 Pfennige, oder
den Gulden (florin) zu 60 Kreuzer à 4 Pfennige.

Stadt-Aemter aber rechnen entweder noch nach
Pfunden zu 20 Schilling oder Escalins à 4 Sols, oder nach
Gulden zu 10 Schilling à 24 Pfennige.

Verhältniß sämtlicher hiesiger Rechnungsmünzen.

Pfund.	Thaler, Ecû.	Gulden, Florin.	Livre tournois.	Schilling, Escaling.	Batzen.	Sols tournois.	Kreuzer.	Pfennige.	Deniers tourn.
1	1⅓	2	4	20	30	80	120	480	960
	1	1½	3	15	22½	60	90	360	720
		1	2	10	15	40	60	240	480
			1	5	7½	20	30	120	240
				1	1½	4	6	24	48
					1	2⅔	4	16	32
						1	1½	6	12
							1	4	8
								1	2

Der Zahlwerth ist wie in Frankreich, die Cölln. Mark fein Silber zu 53,275 Liv. tourn. gerechnet, die andern Sorten nach Verhältniß. Für Auswärtige rechnet man auch nach dem Deutschen 24 Gulden-Fuße.

Von den würklichen Franz. Gold- und Silbermünzen gilt hier eigentlich:

Der neue Louisd'or von 24 Liv., 15 fl.
Der Laubthaler von 6 Liv., 3 fl.
Das 30 Sols-Stück, 7½ fl.
Das 24 Sols-Stück, 6 fl.

Das 15 Sols-Stück, 3¼ fl.
Das 12 Sols-Stück, 3 fl.
Das 6 Sols-Stück, 1½ fl.
Das 2 Sols-Stück, ½ fl. u. s. w.

Für Auswärtige aber lässet man gelten, und berechnet sich:

Den Franz. Schild- und neuen Louisd'or, nebst Deutschen Carolinen, zu 24 Liv. und 11 fl.

Den Franz. alten Louisd'or nebst der Span. Pistole zu 18 1/13 Liv. tourn. und 8⅞ bis 9 fl.

Den Souverain zu 32 1/13 Liv. oder 15 fl.

Den Ducaten zu 10 9/16 Liv. oder 5 fl.

Den Franz. Livre zu 27½ Xr. des 24 fl. Fußes.

Straßburg wechselt und giebt nach dem Silberpari auf

Amsterdam à 1 Monat *182½ Ecû für 100 Thlr. Holl. Cour.

Frankfurt a. M. auf die Messen und kurze Sicht *100 Laub-thaler für 100 Laubthaler à 2⅔ rfl. in Frankfurt.

London *25 5/16 Liv. tourn. für 1 Liv. Sterl.

Lyon auf die Payements, Paris à 3 Uso und kurze Sicht *100 Liv. tourn. für 100 Liv. tourn.

Wien *133 1/8 Ecû für 100 Rthlr. Conv. Cour.

Der Uso zu Bezahlung aller hieher gezogenen Wechsel-briefe ist 30 Tage; außerdem hat man noch incl. der Sonn- u. Festtage 10 Respecttage, an dessen letztem, wenn es kein Feyertag, protestiret werden muß.

Maaße und Gewichte.

Vom Ellen-Maaß gebrauchet man hier 1) die Straß-burger Elle von 238½ Franz. Lin., 23⅞ pCt. kürzer denn die Berl.; 2) die Pariser *Aune* von 526⅔ Franz. Lin.; und 3) die Brabanter Elle von 306 Franz. Lin.

Vom Fuß-Maaß hat 1) der Stadt-Fuß von 12 Zoll 128,3, und 2) der Land-Schu 130,9 Fr. Lin.; 100 Stadtfuß betragen 98 Landschu, und 64 Stadtfuß = 59 Rheinl. Fuß. 10 Fuß gehen auf die Ruthe.

Vom Land- oder Feldmaaß hat der Morgen Ackerland 24000 Stadt-□Fuß oder 0,7671 Berl. kleine Morgen.

Getraide wird entweder nach Sester (Setier) von 4 Vier-ling (Quarts) à 4 Mäßel gemessen, oder nach Sac von 6 Bois-feaux à 4 Quarts à 4 Mäßel.

Der Sac von 6 Stadtsester hält 5543 Franz. Cubikzoll, und ist 102,7 pCt. größer als der Berl. Scheffel. Der Stadt-Sester hält 923⅔, und der Landsester 952½ Franz. Cubikzoll.

Vom Weinmaaß hat 1 Fuder 24 Ohm, 1 Ohm aber 24 große und 30 kleine Maaß, 96 große und 120 kleine Schoppen, er hält 48,42 Pariser Pinten oder 40½ Berl. Quart circa.

Vom Handels-Gewicht wird 1 Quintal zu 100 Pfund Franz. Mark-Gewicht und beynahe zu 104 Pfund Straßburg. Gewicht gerechnet.

Das Pfund Franz. Mark-Gewicht von 10188 Holl. As, ist 4½ pCt. schwerer als das Berl. Pfund. Das Straßburger Pfund von 2 Mark oder 16 Unzen, so nur bey Kleinigkeiten bis zu 26 Pfund gebraucht wird, hält 15⅗ Unzen Markgewicht oder 9811 Holl. As, und ist ⅘ pCt. schwerer als das Berl. Pfd.

Verarbeitet Silber soll hier 13 Loth fein halten.

Stuttgard, s. Würtemberg.

Tecklenburg,

Preußische Grafschaft in Westphalen, rechnet gewöhnlich nach

Reichsthaler zu 21 Schillinge à 12 Pfennige;

deren Zahlwerth nach dem Preuß. Courent-Fuß die Cölln. Mark fein Silber zu 14 Rthlr. bestimmet wird. 7 Schill. betragen 8 Ggr., und 2 Ggr. 21 Tecklenburger Pfennige.

Von Maaßen werden 100 Legge-Ellen, wornach man sowohl hier als in ganz Westphalen die Leinwand rechnet, mit 175 Brabanter Ellen verglichen.

Toulon,

eine Französ. Seestadt in der Provence am Mittelländischen Meere, rechnet, zahlet, und hat die ganze unter Frankreich gemeldete Münz- und Wechsel-Verfassung.

Maaße und Gewichte.

Die Elle, *Canne*, von 856,1 Franz. Lin. hält 2,806 Berliner Ellen.

Die Getraide-*Charge* hat 3 Setiers, 4½ Emines, und hält 23206 Franz. Cubikzoll oder 8 1/12 Berl. Scheffel.

Die Wein-*Millerolle* von 4 E[l]candeaux hält 3220 Fr. Cub. Zoll oder 55½ Berl. Quart.

Die Oehl-*Millerolle* von 120 Hamb. Pfund hält 124 1/2 Berliner Pfund.

Das Handelsgewichts-Pfund wird zu 8930 und 9701 Holl. As schwer angegeben, und würde also 9 1/7 oder nur ¼ pCt. leichter als das Berl. Pfund seyn.

Trier,

desgleichen Coblenz, Selters, und überhaupt das ganze im Chur-Rhein-Kreise gelegene Churfürstliche Erzstift, rechnet gewöhnlich nach

Reichsthaler zu 54 Petermängen.

Verhältniß sämtlicher hiesigen Rechnungsmünzen.

1 Rthlr. hat 1½ RGulden, 18 große 54 kleine Peterm. 90 Xr.

1	—	12	— 36	— —	60 —
	1	— 3	—	—	5 —
		1	—	—	1½ —

Der Zahlwerth ist allhier der 24, mehrentheils aber der 25 fl. Fuß, die Cölln. Mark fein Silber zu 16 und 16⅔ Rthlr. gerechnet.

Würkliche Chur-Triersche Silbermünzen sind:

Ganze, ½be und ¼tel Convent. Speciesthaler, zu 72, 36 und 18 Peterm. des 20 fl. Fußes, und 90, 45 und 22½ Peterm. des 25 fl. Fußes.

Ganze, ½be und ¼tel Convent. Kopf- oder 20, 10 und 5 Xr. Stück, zu 12, 6 und 3 Peterm. des 20, und 15, 7½ und 3¾ Peterm. des 25 fl. Fußes.

½tel Rthlr. zu 9 Petermängen nach dem 25 fl. Fuß.

Maaße.

Die Triersche und Coblenzer Elle von 247⅔ Franz. Lin. ist 19½ pCt. kürzer als die Berl. Elle.

Der Coblenzer Getraide-Malter von 8048 Franz. Cub. Zoll hält 2,9356 Berl. Scheffel.

Triest,

eine zum Oesterreichschen Littorale oder Küstenländern am Adriatischen Meere gelegene Handelsstadt, rechnet

1) was große Handelshäuser betrift, nach
Reichsgulden zu 60 Kreuzer à 4 Pfennige;

deren Zahlwerth Wiener Courent, oder der 20 fl. Fuß, ist.

2) Krämer hingegen rechnen größtentheils nach
Lire zu 20 Soldi à 12 Denari;

deren Zahlwerth entweder Corrente, die Cölln. Mark fein Silber zu 105⅔ Lire, oder aber Valuta di Piazza, die Cölln. Mark fein Silber zu 108¼ Lire gerechnet, ist.

Es

Es vergleichen ſich alſo in ganzen Zahlen 17 Gulden Wien. Courent, mit 90 Lire Cour. und 92 Lire di Piazza.

Außerdem rechnet man 1 Ducato zu 6 Lire; 68 Crazie oder Kreuzer und 120 Soldi.

Von Oeſterreichſchen unter Wien bemerkten Silber-Münzen gilt das 17 Kreuzer-Stück 30, und das 7 Xr. Stück 12 Soldi Cour.

Für Trieſt ſind aber beſonders ausgemünzet Kupferne 3, 2 und 1 Soldi-Stück.

Von fremden Münzſorten rechnet man:

Den Venet. Zecchin. von 22 Lire pic oli beſtändig für 4½ rſl. Wien. Cour. oder 23 Lire di Piazza, er genießet in-deſſen noch ein Agio von ca. 4 pCt. bey Wechſeln auf Venedig.

Kaiſerliche Ducaten werden zu gleichem Werth gerechnet, wenn man ſie bey Wechſeln auf Wien anwendet.

Nota. Gemeiniglich werden Baumöhl, Mandeln, Reiß, Roſinen, Sicilianiſche Weinbeeren, Feigen, Orſoi und Tramſeide, ge-meiner und Türkiſcher Weizen, außier nach Liren, hingegen Pantiſche Corinthen nach Zecchinen, Türkiſch Garn nach Kaiſergroſchen, und die übrigen Artikel nach Gulden und Kreuzer verkauft.

Trieſt wechſelt und giebt nach dem Silberpari auf Venedig * 19⅞ rſl. Wien. Cour. für 100 Duc. B o. à 9½ Lire. Wien à 1 und 2 Uſo und 2 Mon. *100 rſl. Wien. Cour. für 100 rſl. Conv. Cour.

In andern Wechſelfällen richtet man ſich nach Wien.

Da Trieſt kein eigentlicher Wechſelplatz iſt, ſo wird auf dieſen Ort wenig gezogen, die Zahlungen geſchehen vielmehr in Wien und Venedig, allwo ſolche Briefe mit dem Domicilio verſehen, nach Trieſt zur Acceptation geſendet werden müſſen. Fremde Wechſel, ſo hier verhandelt werden ſollen, ſendet man dieſerhalb nach Wien oder Venedig.

Der Uſo der hierher gezogenen Briefe iſt 14 Tage nach der Acceptation wie in Wien.

Maaße und Gewichte.

Vom Ellen-Maaß hält die Wollen-Elle 299½, die Seiden-Elle aber 284 Franz. Lin.; erſtere iſt 1½ pCt. länger, und die andere 4½ pCt. kürzer denn die Berl. Elle.

Der Getraide-Staro von 3 Poloniki hält 3735 Franz. Cubikzoll, und iſt 36½ pCt. größer denn der Berl. Scheffel.

Die Wein-Orne hält 36 Bocali, und der Boccal von 92 Franz. Cubikzoll iſt 58½ pCt. größer denn das Berl. Quart.

Die Oehl-Orne von 106 à 7 Wien. Pfund, hält circa 127 Berl. Pfund, ſonſt aber 3310 Franz. Cubikzoll. Krämer können das Oehl nach Venet. Peſo groſſo Gewicht verkaufen.

Das Handels-Gewicht zum Einkauf der Waaren ist das Venetianische; was man aber nach Deutschland versendet, wird mit Wiener Gewicht gewogen. 17 Pfund Triester betragen 20 Pfund Venetische Peso grosso, und 7 Pfd. Triest. thun 13 Pfund Venet. Peso sottile Gewicht.

Turin,

Königl. Sardinische Hauptstadt des Italienischen Fürstenthums Piemont, rechnet gewöhnlich nebst Savoyen nach

Lire zu 20 *Soldi* à 12 *Denari Piem.*

Verhältniß sämtl. Piem. und Savoy. Rechn. Münzen.

1 Scudo	6 Lire,	120 Soldi,	480 Quatrini,	1440 Denari.
	1 —	20 —	80 —	240 —
		1 —	4 —	12 —
			1 —	3 —

Den Zahlwerth bestimmet die Cölln. Mark f. Silber zu 44 Lire.

Würkliche Piem. und Savoy. Nationalmünzen haben gegenwärtig folgenden Gehalt, Gewicht und Werth:

	Gewicht. Grani.	Werth. Lire.
Goldne, seit 1786, zu $21\frac{1}{4}$ Karat fein		
Doppien à 5 Pistolen	$854\frac{1}{6}$	120
à $2\frac{1}{2}$ dergl.	$427\frac{1}{12}$	60
à 1 dergl.	$170\frac{5}{6}$	24
à $\frac{1}{2}$ dergl.	$85\frac{5}{12}$	12
à $\frac{1}{4}$ dergl.	$42\frac{17}{24}$	6
Silberne, seit 1755, zu $10\frac{5}{8}$ Den. fein		
Scudi ganze	$658\frac{23}{24}$	6
$\frac{1}{2}$be	$329\frac{23}{48}$	3
$\frac{1}{4}$tel	$164\frac{71}{96}$	$1\frac{1}{2}$
$\frac{1}{8}$tel	$82\frac{71}{192}$	$\frac{3}{4}$

Scheidemünzen in Silber, Stücke zu $7\frac{1}{2}$ und $2\frac{1}{2}$ Soldi.

Kupferne ganze und $\frac{1}{2}$be Soldi, Quatrini oder Picaillons.

Pappier-Geld.

Biglietti delle regie finanze oder *della reggia Cassa*, sind Zettel von 100 und von 50 Lire, die in verschiedenen Zahlungen als baar Geld angenommen werden.

Fremde Münzsorten

sind Ao. 1786 auf folgend. Tur. Gewicht und Werth gesetzet:

Goldne	Gewicht. Grani.	Werth Lire.	Soldi.
Oesterreich. und Cöllnische Ducaten	65	9	$16\frac{1}{2}$
Kremnitz. und Ungar. dergl. . . .	65	9	17
Franz. Schildlouisd'or	143	19	$11\frac{1}{2}$
Genues. Dopp. oder Pistolen . .	126	17	9
Zecchinen	65	9	$18\frac{1}{6}$
Holl. Ducaten	65	9	16
Mail. neue Dopp. oder Pistolen .	$118\frac{1}{24}$	16	7
Zecchinen	$65\frac{7}{24}$	9	$18\frac{2}{3}$
Portug. alte Doppie	201	28	1
neue dergl.	536	74	$16\frac{1}{6}$
$\frac{1}{2}$be und $\frac{1}{4}$tel nach Verhältniß.			
Span. 4fache Doppien seit 1772 .	504	69	$2\frac{1}{2}$
2, 1fache, $\frac{1}{2}$be nach Verhältn.			
Dopp. bis 1772, gerānd. . .	126	17	9
Toscan. Zecchinen	65	9	$18\frac{2}{3}$
Venet. dergl.	65	9	19
Silberne			
Franz. alte Ecû	502	4	$10\frac{1}{12}$
dergl. del Popone, 10 auf 1 Mck.	454	4	$1\frac{5}{12}$
dergl. mit 3 Kronen und 3 Lilien	568	5	2
Laubthaler mit 3 Lilien . .	550	4	$18\frac{1}{4}$
Genues. Crosazzo oder Scudo . .	720	6	$16\frac{1}{6}$
Scudo di Giov. Bapt. . . .	389	3	$10\frac{2}{3}$
Mail. Ducatoni	596	5	12
Filippo	524	4	$18\frac{5}{6}$
Scudo	$433\frac{1}{2}$	3	$16\frac{5}{6}$
$\frac{1}{2}$be	$216\frac{3}{4}$	1	$18\frac{1}{4}$
Span. Piaster od. Stück v. 8ten, alte	504	4	10
dergl. neue	504	4	$9\frac{1}{6}$
$\frac{1}{2}$be d. Sorten nach Verhältniß.			
Toscan. Franceschini und Leopoldini	511	4	$12\frac{1}{2}$
Venet. Ducatoni	596	5	12
Giustina oder Filippo . . .	524	4	$18\frac{1}{2}$

1) Die doppelten, 3fachen, 4fachen, $\frac{1}{2}$den und $\frac{1}{4}$tel dieser Gold- und Silbermünzen, welche hier nicht erwähnet worden, gelten nach Verhältniß, wenn sie ihr gehörig Gewicht nach Proportion haben; jedoch sind hiervon die $\frac{1}{2}$ben und $\frac{1}{4}$tel Zecchinen und Ducaten ausgeschlossen.

2) Alle Goldsorten, deren Werth unter 10 Lire ist, müssen das angegebene Gewicht genau haben; die von 10 Lire und darüber passiren mit 1 Grano Untergewicht höchstens.

3) Die Silbersorten passiren mit einem Untergewicht
von 4 Grani, wenn es Croisat, Ducatons, Felippi und Giustini sind;
von 3 Grani, wenn es Scudi von 6 Lire, Spanische und
  Toscanische Piaster sind;
von 2 Grani, wenn es halbe der gedachten Sorten sind.

4) Münzsorten, die im vorgedachten Tarif nicht befindlich, desgleichen auch diejenigen, welche zerbrochen, verbli-
chen, gelöthet, oder sonst mangelhaft sind, dürfen weder in
Zahlung angenommen noch ausgeführet werden, man muß sie
bey Strafe der Confiscation in der Münze verwechseln.

Die Unze fein Gold zu 24 Karat, ist auf 87½ Lire festgesetzet worden.

Turin wechselt nach dem Silber-Pari, und

giebt	empfängt	zu oder in
* 36,1 Soldi	1 fl. Holl. Banco	Amsterdam.
* 44 —	1 Rfl. Cour.	Augsburg.
* 81⅞ —	1 Ecû von 3 Liv. Cour.	Genf.
*189,7 —	1 Zecchin	Genua.
* 81,6 —	1 Pezza da otto	Livorno.
*413⅔ —	1 Liv. Sterl.	London.
* 49¼ —	1 Ecû von 3 Liv. tourn.	Lion ins Payement.
* 97½ —	1 Filippo	Mailand.
* 49½ —	1 Ecû von 3 Liv. tourn.	Marseille.
* 49½ —	1 dergleichen	Paris.
* 92⅔ —	1 Scudo Rom.	Rom.
* 55 —	1 Duc. Piccol.	Venedig baar
* 44 —	1 Rfl. Cour.	Wien.

Der Uso ist bey Wechselbriefen aus Frankreich 1 Monat
nach Dato, aus England 3 Mon., aus Holland, Brabant,
Hamburg, Bremen, Spanien, Portugal, 2 Mon. n. Dato,
aus Rom, Ancona, Neapel, Sicilien, 21 Tage nach Sicht,
aus Bergamo, Bologna, Venedig, Toscana, 15 Tage nach
Sicht, aus Genua und Mailand 8 Tage n. Sicht, aus Wien
Augsburg und ganz Deutschland 15 Tage nach Sicht.

Für die Briefe von Handelsorten fängt die Verfallzeit
von dem Präsentationstage an, und endiget sich mit den Tagen die gewöhnlicherweise verlaufen, um die Briefe zurück-
zusenden, und von dem Ort wo der Wechsel ausgestellet worden, wieder Antwort zu erhalten. Aus diesem Grunde rechnet man gemeiniglich den Uso der Briefe von Genf, Mailand, Genua, Venedig, Florenz, Livorno und Rom, für 8
Tage nach Sicht; von Augsburg, Deutschland und Wien
für 15 Tage nach Sicht.

Die Präsentation der Wechselbriefe, in welchen die Verfallzeit festgesetzet ist, muß nicht über 2 Monat nach ihrem Dato verweilen; eben dieses soll auch mit Einforderung der Zahlung für diejenigen Briefe beobachtet werden, die auf Sicht zu bezahlen lauten, ansonst es angesehen wird, als wenn man die nöthige Verschag nicht angewendet habe.

Der Tag nach dem Dato der Briefe wird für einen Tag von der Verfallzeit angesehen.

Die Frist von 5 Respecttagen ist für den Inhaber eines Briefes dergestalt willkührlich, daß derselbe entweder am Verfalltage protestiren lassen, oder den Protest noch bis auf den 5ten Tag nach demselben aussetzen kann. Die Festtage werden unter dieser Frist mitgezählet, wenn aber der 5te Tag ein Festtag ist, muß der Protest bis auf den ersten Werkeltag verschoben werden. Die Wechsel auf Sicht haben nicht mehr Respecttage als Wechsel so auf einen bestimmten Tag lauten.

Eine unter Kaufleuten eingeführte Gewohnheit, die sich aber auch nicht jeder gefallen lassen muß, soll seyn: daß Wechsel, so am Donnerstag, Freytag oder Sonnabend geschlossen worden, den Montag darauf, und die so am Montage, Dienstage und Mittewoche erhandelt, den Donnerstag hernach bezahlet werden.

Umständlichere Nachricht von alle dem ist in meinem allgemeinen Contotisten S. 380 — 383 enthalten.

Maaße und Gewichte.

Die Elle *Raso* von 267⅔ Franz. Lin. ist 10⅞ pCt. kürzer als die Berl. Elle.

Der *Trabucco* von 6 Liprandische Fuß à 12 Onces, 144 Points, 1728 Atomes oder 227,7 Franz. Linien, hält 1366¼ Franz. Lin.

Der gewöhnliche Fuß von 8 Onces aber 151⅓ Fr. Lin.

Von den Piemont. Meilen sollen 48 auch 50 auf 1 Grad der Erde gehen.

Vom Land- oder Feldmaaß hält 1 Giornata 100 Tavole oder 400 ☐Trabucci ⚌ 1,428 Berl. kleine Morgen.

Vom Getraide-Maaß wird 1 Saccho zu 3 Staja, 6 Mine, 48 Copelli, aber auch zu 5 Emines, 10 Quartieri und 40 Coupes gerechnet; er hält 5795 Franz. Cubikzoll oder 2,111 Berl. Scheffel.

Der Wein-*Carro* hat 10 Brenta, und 1 Brenta wird zu 6 Rubbi, 36 Pintes, 72 Boccali und 140 Quartini gerechnet. Die Pinte wird zu 79 und 69 Franz. Cubikzoll Inhalt angegeben, und ist demnach 36⅓ oder 19 pCt. circa größer denn das Berl. Quart.

Der Oehl-*Rubbo* zu 25 Pfund Gew. beträgt 19⅔ Berliner Pfund.

Q 3

Vom Handels-Gewicht hat 1 Rubbo 25 Llra. Die
Llra oder das Pfund von 12 Oncie, 96 Outtavas, 288 Denari,
hält 7680 Holl. As, und ist 26⅖ pCt. leichter denn das Berliner Pfund.

Vom Gold- und Silber-Gewicht hat 1 Marca 8 Oncie, 192 Denari, 4608 Grani à 24 Granottini, und ist der
Holl. Trois-Mark gleich 5120 Holl. As, also 5¼ pCt. schwerer
denn die Cölln. Mark.

Vom Probier-Gewicht wird die Oncie zu 24 Carati
à 24 Grani fein Gold, und zu 12 Denari à 24 Grani fein
Silber gerechnet.

Das Apotheker- und Medicinal-Gewichts-Pfund
hält 12 Unzen, 96 Drachmen, 288 Scrupel, 5760 Grani, und
6400 Holl. As; ist also 16⅟₈ pCt. leichter als das gewöhnliche
Deutsche Apotheker-Pfund.

Die vornehmsten Piemontesischen Messen werden im
Frühjahr und Herbst zu Alexandria gehalten. Die erste fängt
den 24. April, und die andere den 8ten October an, u. beide
sollen 12 Tage, ohne die Freyheitstage vor und nach jeder
Messe, dauern.

Ulm,

eine Schwäbische Reichsstadt an der Donau, rechnet gewöhnlich nach

AGulden zu 60 Kreuzer à 4 Pfennige oder à 8 Heller.

Das Verhältniß sämtlicher Rechnungsmünzen ist wie zu
Augsburg; insbesondere werden noch 2 Heller auf 1 Pfennig gerechnet.

Außerdem rechnet man noch bey einigen Geschäften, besonders aber dem Landes-Weinhandel nach

Gulden.	Pfundheller.	Batzen.	Schillinge.	Kreuzer.	Pfennige.	Heller.
1	1	15	35	60	210	420
	1	8⅔	20	34⅔	120	240
		1	2⅓	4	14	28
			1	1⁵⁄₇	6	12
				1	3½	7
					1	2

8 solcher Gulden vergleichen sich mit 7 Reichsgulden.

Der Zahlwerth ist der 24 Gulden-Fuß.

Von würklichen Ulmer Conventions-Münzen sind nur
5 und 1 Kreuzer-Stück bekannt.

Von fremden Münzsorten

sind u. d. allhier im May 1786 gehaltenen Kreisconvent festgesetzt:

Goldne

Franz. Schildlouisd'or bis 1785 zu . . . . 11 rsl.
neue Louisd'or seit 1785 zu . . . . 10⅔ —

Silberne

Franz. Laubthaler bis 1784 zu . . . . 2¼ —
dergl. seit 1784 zu . . . . 2⅔ —
dergl. ½be von Ludwig XV. sind ganz außer Cours gesetzet.

Maaße und Gewichte.

Die Elle von 252 Franz. Lin., ist 17 ¹⁄₁₀ pCt kürzer denn die Berliner Elle.

Der Fuß oder Schu von 12 Zoll à 12 Scrupel hält 128,1 Fr. Lin., und 38 Ulmer Schu. thun 35 Rheinl. Fuß.

Vom Getraide-Maaß hat der Imi 4 Mittlen, 24 Metzen, 96 Vierthelen; der Mittle enthält 2896 Franz. Cub. Zoll und ist 5⅗ pCt. größer denn der Berl. Scheffel.

Vom Wein-Maaß hat 1 Fuder 12 Eymer, der Visier-Eymer hält 120, der Schenk-Eymer aber 135 Maaß.

Vom Handels-Gewicht hat der Centner 100 Pfund von 9754 Holl. Aß, das Pfund ist also nur ¹⁄₁₀ pCt. schwerer als das Berl. Pfund.

Von zählenden Gütern rechnet man 1 Faß Golschen zu 30 Stück, 1 Golsch zu 72 Ellen Tuchmaaß.

1 Pfund Schineisen hat 240 Schin.

Ungarn,

ein zum Kaiserlichen oder Oesterreichschen Staaten gehöriges Königreich, rechnet und hat das ganze unter Wien gemeldete Verhältniß der Rechn. Münzen nebst ihrem Zahlwerth.

Insbesondere wird noch 1 Ungar. Gulden zu 52½ Xr., 1 Szostak zu 6 Xr., 1 Polturak zu 1½ Xr., und der Kreuzer zu 1⅓ Nieder-Ungar. und 2 Ober-Ungar. Groschen gerechnet.

Würkliche Ungar. National-Münzen sind

in Golde:

Kremnitzer Ducaten zu 4½ rsl., welche die Könige stehend zwischen den Buchstaben K — B, anderer seits das Marienbild vorstellen.

Königl. Ducaten zu 4½ rsl. mit dem Ungar. Wappen.

in Silber:

Conventionsmünzen, desgl. Scheide- und Kupfermünzen, so wie sie unter Wien angezeiget sind.

Maaße und Gewichte
sind gegenwärtig den unter Wien angezeigten Oesterreichschen
gleich. Insbesondere kommen noch vor:

Der Wein-Eymer hält in Nieder-Ungarn 2868 Fr. Cub.
Zoll od. 49,⁷₁₀ Berl. Quart; in Ober-Ungarn aber 3824 Franz.
Cubikzoll oder 65¹⁵₁₈ Berliner Quart, der letzte wird auch zu
3696 Franz. Cubikzoll oder 63¹ Berl. Quart angegeben.

Der Anthal Tokayer Wein hält 2548 Franz. Cubikzoll
oder 43¹⁵₁₈ Berl. Quart.

Das Oka-Gewicht, welches noch hin und wieder im Gebrauch, wird zu 2½ Pfund Wiener gerechnet.

Valenzia

in der Spanischen Provinz gleiches Namens, am Mittelländischen Meere, rechnet gewöhnlich nach

Libras zu 20 Sueldos à 12 Dineros, oder auch nach

Reales de platta nuevas zu 24 Dineros Valenz. Währung.

Verhältniß sämtl. hiesiger Rechnungsmünzen.

Libra oder Peso.	Reales de platta			Sueldos.	Dineros.
	antiguas.	nuevas.	valenzia.		
1	8	10	13¹⁄₃	20	240
	1	1¼	1⅔	2½	30
		1	1⅓	2	24
			1	1½	18
				1	12

Nota. Bey Zoll- und Kronrechnungen wird die Libra, welche gewöhnlich 512 Maravedis de Vellon gilt, nur zu 510 Maraved.
oder 15 Real de Vellon berechnet.

Vergleichung der Valenz. Rechs. Münzen, mit den
gewöhnlichsten der Span. Castil. Währung.

4 Libras	=	1 alte Wechs. Pistole	
375 dergl.	=	272 allgem. Wechs. Ducados	
5 neue Reale	=	4 alte Silb. Reale	
5 Valenz. Reale	=	3 dergleichen	
85 Sueldos	=	64 Reales de Vellon	

Der Zahlwerth der Cölln. Mark fein Silber ist 12¹⁷₂₀ Libras oder 128½ neue Silb. Reale.

Vergleichung der würklichen Span. Münzen mit den Valenz. Rechn. Münzen

48 ⊙ einfache Pistolen und 192 D ganze Piaster sind gleich mit 255 Libras 2040 alte Silb. Reale, 2550 neue Silb. Reale oder 3400 Valenz. Reale.

4fache, doppelte, ½be und ¼tel Pistolen
½be, ¼tel, ⅕tel, ⅛tel, $\frac{1}{10}$tel, $\frac{1}{16}$tel, $\frac{1}{20}$tel Piaster } nach Verhältniß.

Wechselarten, Uso und Respecttage s. unter Spanien; letztere sind 1768 auf 8 Tage wenn sie im Reiche, und auf 14 Tage, wenn sie von außen auf Valenzia gezogen worden, gesetzt.

Maaße und Gewichte.

Längen-Maaße Cuerda von 20 Brazas oder 45 Varas à 4 Palmos. Die Elle oder Vara von 407⅓ Franz. Lin. ist 37¾ pCt. länger als die Berliner.

Feld-Maaß Yugada von 6 Cahizades, 36 Fanegades, 7200 □Brazas à 81 □Palmos.

Körper-Maaße zu Getraide, Cahiz von 12 Barsellas, 48 Celemines, 192 Quarterons, hält 10077 Franz. Cub. Zoll oder 3⅔ Berl. Scheffel circa.

Zu flüßigen Waaren, Wein-Carga von 15 Arrobas oder Cantaros. Die *Arroba* von 4 Acumbres hält 573 Franz. Cubikzoll oder 9⅞ Berl. Quart.

Oehl-Carga von 12 Arrobas oder Cantaros, welcher letzterer 36 Pfund von 12 Valenz. Unzen oder 27½ Berl. Pfund circa wieget.

Handelsgewicht. Die Carga oder Carica hat 3 Quintal. Der Quintal hat 4 Arrobas, 96 große und 144 kl. Pfund, und soll 106½ Pfund Berl. wiegen.

Die Arrobe soll 24 große Pfund zu 18 Unzen, oder 36 kleine Pfund zu 12 Unzen, das ist 26⅝ Berl. Pfund, wiegen.

Das große Pfund soll 10791 und das kleine Pfund 7194 Holl. As wiegen; ersteres also 10¾ pCt. schwerer, und letzteres 35⅞ pCt. leichter als das Berl. Pfund seyn.

Nach andern hält die gewöhnliche Arroba zu Zucker, Gewürz, Tobak und andern Waaren, 30 Pfund zu 12 Unzen, das ist 24 Pfund zu 15 Unzen = 22½ Pfund Berliner circa. Außerdem hat man noch Arroben zu Victualien von 32 und 36 Pfund à 12 Unzen; diese Unze soll 618 Holl. As wiegen, und 15⅞ derselben gehen auf das Berl. Pfund. Das Valenz. Pfund von 12 Unzen hält aber 7426 Holländ. As, und wäre 31$\frac{5}{16}$ pCt. leichter als das Berliner.

Gold- und Silber-Gewicht in Valenzia ist die Mark von 8 Oncas, 32 Quartos, 128 Adarmes, 4608 Granos, 4951 Holl. As schwer, und ist 1$\frac{1}{10}$ pCt. leichter als die Cölln. Mark.

Venedig,

die Hauptstadt der Ober-Italien. Republik gleiches Namens, rechnet gewöhnlich nach

Lire zu 20 Soldi oder Marchetti à 12 Denari piccoli; fast alle Banquiers und ansehnliche Kaufleute aber führen ihre Rechnungen nach

Ducati zu 24 Grossi à 12 Grossetti oder Denari ducati.

Verhältniß dieser Rechnungsmünzen.

Ducato.	Lire.	Grossi.	Marchetti oder Soldi.	Grossetti ob. Denari.	Denari di Lira.
1	$6\frac{1}{5}$	24	124	288	1488
	1	$3\frac{31}{31}$	20	$46\frac{14}{31}$	240
		1	$5\frac{1}{6}$	12	62
			1	$2\frac{10}{31}$	12
				1	$5\frac{1}{6}$

Der Zahlwerth ist entweder Banco, darinne der Rechn. Ducat zu $9\frac{2}{5}$ Lire Cour. festgesetzet ist, und die Cölln. Mark fein Silber auf $10\frac{1}{4}$ Ducati Banco und $64\frac{1}{3}$ Lire Bco. stehet; oder er ist Piccola-Courent (Moneta piccola corrente) darinne der Rechn. Ducat zu $6\frac{2}{5}$ Lire Cour. festgesetzet ist, und die Cölln. Mark fein Silber auf 16 Ducat piccol. und $99\frac{1}{2}$ Lire piccol. stehet.

31 Ducati oder Lire Bco. $=$ 48 Ducati ob. Lire piccoli.

Nach Banco-Valuta werden Wechsel geschlossen, nach Piccola-Valuta, die gegenwärtig oft nur unter dem Namen Courent vorkommt, werden Waaren erhandelt, und andere Dinge bezahlet.

Sonst hatte man noch eine besondere Courent-Valuta, zwischen Banco- u. Piccolo Zahlung, welche 20 pCt. geringer als Banco und 29 pCt. besser als Piccolo war; darinne also die Cöllnische Mark fein Silber einen Werth von $12\frac{2}{3}$ Duc. oder $76\frac{2}{3}$ Lire Courent hatte; dieselbe kommt aber gegenwärtig bey der Handlung nicht mehr vor.

Würkliche Venetianische Münzsorten mit ihrem Gewicht u. Werth in Piccolo-Gelde.	Gewicht. Caráti.	Werth. Lire.
Goldne Zecchini	$16\frac{80}{91}$	22
Ducato d'oro	$10\frac{1}{2}$	14
Doppia oder Pistole	$32\frac{2}{3}$	38
Silberne Scudi della Croze	$153\frac{1}{2}$	$12\frac{2}{5}$
Ducatone oder Giustina	135	11
Ducati Veneta	110	8
Ofella	$47\frac{1}{2}$	$3\frac{1}{16}$
Tallero	130	10

Die mehrfachen, ½ben und ¼tel Zecchinen, die ½ben, ¼tel und ⅛tel Scudi della Croze, Giustini und Taleri, die ½ben und ¼tel Ducati Vener. wiegen und gelten nach Verhältniß. Goldne Ducati d'oro und Doppien sind selten.

Scheidemünzen in Silber:

Ganze, ½be, ¼tel und ⅛tel Lirazze zu 1½ Lire, 15, 10, und 5 Soldi.

in Kupfer:

Ganze, ½be und ¼tel Soldi, Bigattini, Bessino und Bessono genannt.

Fremde Münzsorten

sind nach dem Edict vom 3. Juny 1786 auf folgendes Gewicht und Werth in Courent oder Piccol. Valuta gesetzt:

Goldne	Gewicht. Carati.	Werth. Lire.
Zecchinen Florent. oder Gigliati . . .	$16\frac{80}{91}$	$21\frac{1}{2}$
Dergl. Röm. Savoy. Mail, Genues. . .	$16\frac{50}{91}$	21
Ducaten, Kremniß. Kaiserl. Deutsche, Holl.	$16\frac{45}{91}$	21
Portug. Dobras à 6400 Rees	$68\frac{2}{3}$	80
Lisbon. à 4800 Rees	52	60
Kaiserl. Souverains	$53\frac{7}{18}$	$62\frac{1}{2}$
Mail. dergl. neue seit 1786	$53\frac{1}{2}$	$61\frac{1}{2}$
Span. alte Pistolen	$32\frac{1}{2}$	$37\frac{1}{2}$
neue dergl.	$32\frac{2}{3}$	37
Durillos	$8\frac{2}{3}$	$9\frac{7}{8}$
Franz. alte Louisd'or	$32\frac{2}{3}$	$37\frac{1}{2}$
Mirlitons	$31\frac{1}{4}$	$35\frac{1}{2}$
Louisd'or mit Malthes. Kreuz . . .	$46\frac{1}{2}$	53
Somen-Louisd'or	$39\frac{1}{4}$	$44\frac{2}{3}$
Louisd'or mit 4 Wappen	$58\frac{1}{12}$	$66\frac{2}{3}$
Schildlouisd'or	$39\frac{1}{4}$	$44\frac{2}{3}$
neue Louisd'or seit 1785	37	$41\frac{6}{10}$
Louisd'or mit 2 L.	$46\frac{1}{2}$	$53\frac{1}{2}$
Genuef. Pistolen bis 1719	$32\frac{2}{3}$	$37\frac{1}{2}$
Dergl. nach 1719	$32\frac{2}{3}$	37
Ital. Pistol. v. Rom, Bologna, Savoyen, Florenz, Mailand, Mant., Parma und Modena bis ohngefähr 1730	$32\frac{2}{3}$	37
Savoy. Pistolen vor Decbr. 1785 . . .	$46\frac{2}{3}$	53
Dergl. neue seit 1786	$44\frac{5}{6}$	$50\frac{1}{10}$
Neapol. Onzes	$32\frac{2}{3}$	36

Nota. Für jeden fehlenden Grano, deren 4 auf den Carat gehen, wird bey den drey Zecchinen oder Ducaten 6 Soldi abgezogen, und bey den übrigen Sorten wird jeder Grano Unter- od. Uebergewicht mit 5 Soldi vergütet.

Silbersorten:	Gewicht. Carati.	Werth. Lire.
Mail. Filippi	135	11
Scudi ganze	113	$8\frac{4}{5}$
½be	$56\frac{1}{2}$	$4\frac{2}{5}$
3 Kronen-Thaler	$142\frac{1}{2}$	$10\frac{9}{10}$
dergl. ½be	$71\frac{1}{4}$	$5\frac{9}{20}$
Gennes. Scudi oder Genovinen	186	$14\frac{1}{2}$
dergl. di Giov. Baptista	98	$7\frac{4}{5}$
dergl. ½be	49	$3\frac{9}{10}$
Röm. Scudi oder Piaster bis Clem. IX, 1721	153	12
Span. Piaster, alte, mit Säulen	131	$10\frac{3}{4}$
dergl. neue mit Bildniß	131	$10\frac{1}{10}$
Franz. Laubthaler	141	$11\frac{1}{4}$
Argentina v. 1713, 19³ Stck. 1 Fr. Mck.	58	$4\frac{1}{5}$
Deutsche u. Bayerische Convent. Spec. Thlr.	136	10

Nota. Alle kleinere Theile dieser Silbersorten sind ausgeschlossen.

Die Gold- und Silber-Preise sind

1) im Münzhause der Republik, 1 Mark fein Gold $67\frac{1}{2}$ Zecchinen, fein Silber $99\frac{1}{4}$ Lire piccol. und überdem noch eine Kleinigkeit für Unkosten beym Einbringen.

2) In der Stadt gilt die Unze Gold 184, Silber $12\frac{2}{3}$ Lire piccol.

3) Verarbeitetes Gold und Silber, Saggio od. Sazza
1 Mark Gold zu 1044 Carati oder $21\frac{3}{4}$ Karat fein, die Unze zu 170 Lire.
1 Mark Silber zu 1024 Carati oder $14\frac{2}{9}$ Loth fein, die Unze 11 Lire, jedoch beides ohne Arbeitslohn.

Venedig wechselt und giebt *in Banco* nach dem Silber-Pari auf

Amsterdam à Uso von 2 Monat nach Dato 1 Duc. Bco. für *94,11 pf. vls. Holl. Bco.
Antwerpen desgl. 1 Duc. Bco. für *96,52 pf. vls. Wechs. Geld.
Augsburg à 14 Tage nach Sicht 100 Duc. Bco. für *101,55 Rthlr. Giro.
Botzner Messen *$126\frac{1}{2}$ Soldi Bco. für 93 Xr. Giro oder 500 Lire piccoli für *$100\frac{1}{3}$ rfl. Meß-Valuta.
[F]lorenz à 15 Tage nach Sicht 100 Duc. Bco. für *79,96 Scudi d'oro.
[Ge]nua desgl. *$94\frac{3}{4}$ Soldi Bco. für 1 Scudi di Cambio.
[Ham]burg à Uso von 2 Mon. nach Dato 1 Duc. Bco. für *$85\frac{1}{4}$ [pf.] vls. Bco.
[Livorn]o à 15 Tag. nach Sicht 100 Duc. Bco. für *104,9 Pezzi [da O]tto.
[London à] Uso von 3 Mon. nach Dato 1 Duc. Bco. für *49,10 [St]erl.

Lyon auf die Payem. und Paris à Uso *58,22 Duc. Bco. für
300 Liv. tourn.

Mailand à 20 Tage nach Dato *157,22 Soldi Bco. für 117
Soldi imperial.

Neapel à 15 Tage n. Sicht 100 Duc. Bco. für *119½ Duc. Regno.

Rom à Uso von 10 Tage nach Sicht 100 Duc. Bco. für
*60,42 Scudi d'oro stampe.

Wien à 14 Tag Sicht 100 Duc. Bco. für *193,45 rfl. Cour.

Der Uso der auf Venedig gezogenen Wechselbriefe ist
aus Holland, Brabant, Hamburg, Spanien 2 Monate nach
Dato; aus Lissabon und London 3 Mon. n. Dato; aus Mai-
land, Bergamo, Cremona, Reggio, Brescia, Ceneda, Comi-
gliano, Este, Lodi, Mantua, Modena, Vicenza, Verona,
Udine 20 Tage nach Dato; aus Padua, Parma, Piacenza,
Ostia, 20 Tage nach Sicht; aus Deutschland, Turin, Genf,
Genua, Neapel, Sicilien, der Schweiz, Nocera, Navarra,
Otranto, Rovcredo, Lanciano, 15 Tage nach Sicht; aus
Rom, Ancona, Foligno, Fano, 10 Tage nach Sicht; aus
Florenz, Livorno, Bologna, Ferrara, Lucca, Pisa, Siena
5 Tage nach Sicht.

Respecttage haben die Wechselbriefe nach dem Verfalltage noch sechse, und wenn am 6ten Tage nicht bezahlt wird,
lässet man protestiren.

Alle Wechsel, die nicht aus den benachbarten Orten, Ferrara, Triest, Mantua und Trente gezogen sind, müssen durch
die Bank bezahlet werden, und wenn auch diese aus benachbarten Orten gezogenen über 300 Cour. Ducati betragen, müssen sie ebenfalls durch die Bank gehen.

Die Wechsel werden hier gewöhnlich am Tage des Abgangs der Post acceptiret, welche solche mitgebracht hat.
Sonst müssen sie bey der Präsentation acceptiret, oder nach
Gesetz und angenommener Gewohnheit des Orts protestiret
werden, wenn sie wegen zurückgebliebener Posten, oder aus
andern vorkommenden Ursachen später als gewöhnl. ankommen.

Man rechnet den Verfalltag der à Uso zahlbaren Wechsel,
so wie diejenigen, so auf gewisse Monate oder Tage nach
Dato zahlbar gestellet sind. Der Verfalltag der auf gewisse
Tage nach Sicht gestellten Briefe wird von dem Präsentationstage an gerechnet, und diejenigen, so auf einen gewissen Tag
gezogen sind, verfallen denselben Tag.

Die 6 Respecttage, welche sowohl für die eine als andere
Art Briefe sind, werden von dem Tage nach dem Verfalltage
an gerechnet, und die Fest- auch Bankschluß-Tage sind unter
diesen 6 Tagen nicht begriffen.

Es kommen zuweilen Tratten vor, bey welchen entweder
die Respecttage ausgeschlossen sind, oder die nach Belieben

bezahlet werden sollen, oder auch die vor dem Bank-Schluß, ja selbst den Tag des Bankoschlusses zahlbar gestellet sind, in diesen Fällen müssen die erstern bey ihrer Präsentation durch die Bank bezahlet werden, und die andern am Tage des Bankoschlusses, oder man lässet nach der zum Gesetz geword-nen Gewohnheit des Orts, sogleich protestiren.

Die Wechsel-Course werden den Freytag jeder Woche, wenn solches kein Festtag, auf dem *Rialto* geschlossen, wo sich die Banquiers, Kaufleute und Mäckler versammeln, um solche bis zu dem künftigen Freytag festzusetzen.

Wechsel-Courtage wird von 100 Ducati Bco. mit 4 Lire piccoli, abseiten des Gebers und Nehmers der Briefe bezahlet. Die Waaren-Courtage ist 1 bis 2 pCt. nach Beschaffenheit der Artikel.

Wechsel-Proteste kosten gewöhnlich 7½ Lire piccoli; bey den Briefen, die weiter als von Mailand anhero gezogen sind, werden sie aber gemeiniglich mit 1 Duc. Bco. oder 9½ Lire piccoli von den Banquiers in Rechnung gebracht.

Nach Krusen geschehen alle Wechsel-Proteste durch die Fanti oder Diener des Commerz-Collegii, die hernach die Wechsel so sie protestiret haben, in ein öffentliches Buch ver-zeichnen, darinne jeder Kaufmann freye Einsicht hat. Da-durch werden nicht allein viele Wechsel, welche sonst protestiret zurückgehen würden, sopra protesto zu Ehren des Ausstellers oder eines Indossenten noch acceptiret und bezahlet, sondern es wird auch das Mißtrauen und Unvermögen entdecket, wel-ches hiesige Kaufleute gegen Auswärtige und unter sich selbst haben.

Da die auf Ordre in Banco zahlbar lautende Wechsel all-hier nicht acceptiret werden sollen; so muß man dergl. Briefe entweder sogleich an den Präsentanten zur Zahlung stellen, oder an denjenigen, der das Geld haben soll, Vollmacht sen-den, ansonst selbiger kein Recht hat, es zu fordern. In Cou-rent zahlbare Wechsel hingegen soll man endossiren, und wegen Mangel an Acceptation und Zahlung protestiren lassen können.

Venetianische Maaße und Gewichte.

Vom Ellen-Maaß hält die Seiden-*Braccio* 28⅜, die Wollen-Leinen- und Baumwollen-*Braccio* aber 30⅔ Fr. Lin., die erste ist 4¹⁄₁₆ pCt. kürzer, die andere 2⅖ pCt. länger als die Berl. Elle.

Der Fuß, davon 5 auf 1 Passo gehen, hält 153,7 Franz. Lin., und ist 10¾ pCt. kürzer als der Rheinländ. Fuß.

Von den Venet. Meilen, zu 941½ Toisen, gehen 60,62 auf 1 Grad der Erde.

Vom Land- od. Feldmaaß hält der □Passo v. 25 □Fuß, 90000 □Passi sind mit 1176 Berl. kleine Morgen gleich.

Vom Getraide-Maaß hat 1 Sacco $1\frac{1}{2}$ Stari, 6 Quarti, 4 Quartieri oder Quartaroli, und enthält $6425\frac{3}{5}$ Franz. Cub. Zoll oder 2[illegible] Berl. Scheffel circa.

Mehl wird nach Stari von 4 Quarti à 33 schwere Pfund verkauft.

Vom Weinmaaß hat 1 Amphora 4 Bigoncie. Die Bigoncie Zoll-Wein hat 4 Quarti, 16 Sechie, 64 Pfund, 256 Anghistare. Die Bigoncie Keller-Wein aber wird zu 2 Mastelli, 14 Sechie und 56 Pfund gerechnet. 1 Bigoncie hält [illegible] Franz. Cubikzoll oder $137\frac{5}{8}$ Berl. Quart.

Die *Bigoncie* Brantwein wird zu $3\frac{1}{2}$ Quartie, 14 Sechie und 56 Pfund gerechnet.

Oehl wird nach 1 *Migliajo* von 40 Miri verkauft. Als Gewicht beträgt er 1000 Pfund Peso grosso oder $1019\frac{1}{4}$ Berl. Pfund. Als Maaß aber 31840 Franz. Cubikzoll oder 1210 Pfund Peso grosso = $1233\frac{1}{4}$ Pfund Berliner. Der Miro Oehl hält 796 Franz. Cubikzoll oder 31 Berl. Pfund circa.

Vom Handels-Gewicht wird der Migliaro zu 40 Miri à 25 Liras oder zu 1000 Pfund Peso grosso gerechnet, und 1 Carico soll 4 Quintal à 100 Pfund, also 400 Pfund Peso sottile enthalten.

Das Pfund *Peso grosso* hat 12 Oncie und 2304 Carati, es wieget 9938 Holl. As, und ist $1\frac{1}{16}$ pCt. schwerer als das Berl. Pfund.

Das Pfund *Peso sottile* hat 12 Oncia und 1452 Carati, es wieget 6265 Holl. As, und ist $55\frac{1}{8}$ pCt. leichter als das Berl. Pfund. Bey Drougerey-Waaren, roher Seide, Wachs, Seife 2c. wird es in $\frac{1}{2}$be, $\frac{1}{4}$tel und Unzen vertheilet. Die Unze zu Näh-Seide wird in 6 Sazzi und diese in $\frac{1}{2}$be und $\frac{1}{4}$tel vertheilet.

Nach *Peso grosso* werden verkauft: Asche zur Seife, Buchet, Blech, Capern in Salz, Castanien, Caviar, Corduan, Eisen, Elfenbein, Federn zu Betten, Feigen, Irios, Juchten, Käse, Kreide, Kupfer, Fleisch, Flachs, Fische, Formento, Gallus, Garn, Glockenspeise, Grippola, Guadana für Färber, Hanf, Honig, Johannisbrodt, Schweinsborsten, Seile, Senf-Mehl, Schafwolle, Schwefel, Kupferdrath, Lignum Sanctum, Messing und dergl. Drath, Oehl, Ochsenhäute, Buxholz, Rossa, Rosinen, Stahl, geschabter Tafelmessing, Terra Resa und Terra Nera, Veilwurz, Vogelleim, Weinbeeren und Zinn.

Nach *Peso sottile* werden verkauft: Alaun, Anis, Arsenicum, Aurum pigmentum, Baumwolle, Bleyweiß, Borax, Brasilienholz, Calmus, Capern, Spanisch Wachs, Coriander, Datteln, Fallopoli, Fenchel, Filoselli, Goffer, Galgant, Grana, Gummi, Hausblase, Indigo, Ingber, Kümmel, Luna di Feza, Madaselle, Mandeln, Mithridat, Muscaten-Nüsse, Myrrhen, Petroleum, Pfeffer, Pulver, Quecksilber, Reis, Reißbley,

Röthel, Salmiak, Salpeter, Seide, Seife, Sennesblätter, Sublot, Epe er von, Terra verde. Theriak, Tragant, Waid, Garn, Walleer, Weixeldürre, Weihrauch, Wurmsaamen, Zibeben, Zimmt, Zinnober, Zittwer, Zucker.

Dem Gold- und Silber-Gewicht wird 1 Marco zu 8 Oncie. 32 Quarti, 192 Denari, 1152 Carati, 4608 Grani gerechnet, und wieget 4965,⅓ Holländ. As, ist also 2,½ pCt. schwerer als die Cölln. Mark.

Das Probier-Gewicht für Gold und Silber ist die Mark zu 1152 Karat.

Gesponnen Gold und Silber wird mit Pfund von 12 Unzen à 6 Sozzi à 22 Carati à 4 Grani gewogen.

Vom Apotheker-Gewicht wird die Unze in 8 Drachmas à 3 Scrupel getheilet.

Die Venediger Giro-Bank wird für die erste gehalten, die man in Europa errichtet hat. Man setzt ihren Ursprung ins 12te Jahrhundert, eigentlich aber bekam sie erst im Jahr 1587 ihre jetzige feste Einrichtung. Die hiesige Kaufmann-schaft schoß nehmlich unter der Garantie des Staats eine Summe zusammen, welche auf 5 Millionen Ducaten ange-geben wird; einem jeden wurde sein Antheil auf den Büchern gut geschrieben, und man machte unter sich aus, daß in Zu-kunft die Zahlungen gegen einander durch Ab- und Zuschreiben in den Büchern geleistet werden sollten, welches alles die Re-gierung bestätigte. Anfänglich wurde festgesetzt, daß Nie-mand baare Gelder aus der Bank ziehen sollte, sondern daß dasselbe blos in den Büchern an einen andern übertragen wer-den könnte; in der Folge aber stellete die Regierung zu meh-rerer Befestigung des Banko-Credits einem jeden frey, sein Geld in würklicher Münze wieder aus der Bank zu ziehen, und errichtete des Endes eine eigene Casse.

Die hiesige Bank führet ihre Rechnungen nach besondern Lire grossi zu 20 Soldi grossi à 12 Denari grossi, und der Werth einer solchen Lira grossa ist auf 10 Ducati oder 62 Lire Banco und auf 96 Lire piccoli bestimmet, wornach der Soldo grosso 12 gemeine Banco grossi beträget, und der De-naro grosso mit dem gemeinen Banco grosso gleich ist. Will man also zum Beyspiel 1234 Ducati 5 grossi Banco bey der Bank abschreiben lassen, muß man die Anweisung auf 123 Lire 8 Soldi 5 Denari grossi stellen, und so vergleichen sich mithin

1	Lira grossa	mit	12 Duc. Cour.
10	dergl.	:	744 Lire Cour.
11	dergl.	:	48 Zecchinen.
31	dergl.	:	480 Duc. piccoli.

Die Münzsorten so die hiesige Bank annimmt, be-stehen blos in Venetianischen goldnen Zecchinen und Silber-Ducaten,

Ducaten, die man auch wieder zurückerhält, wenn man sich einen geringen Agio gefallen lässet.

Wer sein Geld bey dieser Bank beleget, erhält zwar keine Zinsen davon, die Bank nimmt aber auch weder etwas vor das was sie baar wieder zurückbezahlet, als für den Transport desselben von einer Rechnung auf die andere, überdem können dergleichen bey der Bank stehende Gelder unter keinem Vorwand sequestriret werden; stirbt aber ein Deponent ohne Kinder, so ziehet die Regierung von der zu gute habenden Summe gewisse pCte ab. Uebrigens erhält jeder Deponent, durch bloße Vorzeigung seines, wegen des eingebrachten Geldes von der Bank erhaltenen Recipisses (Fede di Credito genannt) sein Geld wieder.

Alle Wechselbriefe, welche in Banco-Valuta zu bezahlen gestellet sind, müssen besonders wenn sie die Summe von 300 Ducati übersteigen, auch in Banco bezahlet werden. Eben so muß auch die Zahlung für eingekauftes Oehl, Seide, Coffee, Rosinen, rohe und gesponnene Wolle, und alle von Westen kommende Handelswaaren gleichfalls durch die Bank geschehen.

Dagegen ist es aber nach Krusen gleichgültig, die auf Moneta corrente, als auch Ducati, Lire corr. Zecchini, Filippi und andere Münzsorten ausgestellte Wechsel, nicht weniger andere als obengedachte Waaren, baar zu bezahlen, oder solche durch die Bank berichtigen zu lassen, wenn sich der Gläubiger mit dem Schuldner der Banco-Agio wegen vergleichet, und solchergestalt geschehen hier überhaupt, und mehrentheils nur baare Zahlungen an Fremde so baar Geld haben müssen, oder bey dem Verkauf der Waaren in kleinen Posten, deren Belauf nicht 300 Ducaten übersteiget.

Die Sperrungen und Wiedereröfnungen dieser Bank sind durch ein Decret des Senats vom 20ten Febr. 1738, also geordnet:

Sie wird geschlossen	und	wieder geöfnet
1) den Sonnabend vor dem Palm-Sonntage		den Montag nach der Oster-Octava,
2) den 23ten Juny		den 2ten Montag im July,
3) den 23ten Septbr.		den 2ten Montag im October,
4) den 23ten Decbr.		den 2ten Montag im Januar.

Ferner wird sie außerordentlich geschlossen

5) an allen geordneten Festtagen, wenn es nicht Festtage des Herzogl. Pallasts sind;

6) alle Freytage, ausgenommen die, so in einer Woche fallen, wo bereits ein Festtag gewesen ist, auch nach Krusen nicht in den Freytagen, die im März fallen;

7) nach Krusen auch zur Carnevals-Zeit auf 8 bis 10 Tage.

R

Die erſten 4 Banko-Schließungen ſind blos deshalben verordnet, damit die Bank ihre Scripturen in Ordnung bringen, und den Abſchluß ihrer Bücher machen kann.

Während den Banko-Schließungen iſt gewöhnlich, daß die Kaufleute ſelbſt unter einander, auf eben die Art wie bey der Bank, zu- und abrechnen, und dieſe Handlung wird *per contenta* benennet.

Verden, ſ. Bremen.

Verona,

im Venetian. Italien, rechnet und zahlet wie Bergamo.

Gemeiniglich werden hier 5 Liren für 1 Reichsgulden des 20 Gulden-Fußes angenommen, wornach die Cölln. Mark fein Silber 100 Liren enthält.

Würkliche Münzſorten haben den gewöhnlichen Werth wie in Bergamo, und bey Wechſelgeſchäften richtet man ſich nach Venedig.

Maaße und Gewichte.

Vom Ellen-Maaß hält die Seiden-*Braccio* 287,5, die Wollen-*Braccio* 291,5 Franz. Lin.; die erſte iſt 2⅝, und die andere 1⅞ pCt. kürzer als die Berl. Elle.

Der Fuß, davon 6 auf 1 Cavezzo gehen, hält 151 Franz. Lin., und iſt 8,⅞ pCt. länger als der Rheinl. Fuß.

Vom Land- oder Feldmaaß hält der Campo 24 Vaneza, 720 Tavole od. □Pertica = 1,1778 Berl. kleine Morgen.

Der Getraide-*Minello* hält 1859 Franz. Cubikzoll, und iſt 47½ pCt. kleiner denn der Berl. Scheffel.

Vom Wein-Maaß hält 1 Brenta 16 Baſſe oder 3650 Fr. Cubikzoll = 62½ Berl. Quart, nach andern wird ſie 3822 Franz. Cubikzoll = 65⅝ Berl. Quart angegeben.

Der Oehl-*Migliajo* von 40 Miri hält 1210 Pfund Peſo groſſo in Venedig und 1738 Pfund Peſo ſottile in Verona an Gewicht, als Maaß wird er zu 139 Baſſe und der Miro zu 3½ Baſſe gerechnet.

Das Handels-Gewicht beſtehet in zweyerley Pfunden von 12 Oncie à 16 Mezettes, nämlich:

Die *Lira peſo groſſo* zu groben Waaren hält 9988 Holl. Aß, und iſt 2⅞ pCt. ſchwerer als das Berl. Pfund.

Die *Lira peſo ſottile* zu feinen Waaren hält 6296 Holl. Aß, und iſt 54½ pCt. leichter als das Berl. Pfund.

Gold- und Silber-Gewicht iſt die Venet. Marco,

Voigtland

in Chursachsen, besonders aber der Gräflich-Reußische Antheil mit den Orten Gera, Greitz, Schleitz, Lobenstein und Ebersdorf, rechnet gewöhnlich nach

Reichsthaler zu 24 gute Groschen à 12 Pfennige, auch nach
Meißnische Gulden zu 21 gute Groschen à 12 Pfennige.

Der Zahlwerth aber ist ein 22 Gulden-Fuß, die Cölln. Mark fein Silber zu $14\frac{2}{3}$ Rthlr.

Von den würklich Gräfl. Reußischen Convent. Münzen sollen eigentlich gelten:

Ganze, $\frac{1}{2}$be, $\frac{1}{4}$tel Speciesthaler, $35\frac{1}{5}$, $17\frac{3}{5}$ u. $8\frac{4}{5}$ Ggr., und 4, 2 und 1 Ggr. Stück, $4\frac{2}{5}$, $2\frac{1}{5}$, $1\frac{1}{10}$ Gr. nach dem 22 fl. Fuß.

Von fremden Münzsorten gilt die Pistole oder das 5 Rthlr. Stück, $5\frac{1}{2}$ Rthlr. nach dem 22 fl. Fuß.

Maaß.

Die Gräfl. Reußische Elle, wornach in Schlaitz die zu Markte kommenden Krämer verkaufen müssen, habe 250 Fr. Lin. lang befunden; sie kommt also mit der Leipziger Elle beynahe überein, und ist $18\frac{1}{4}$ pCt. kürzer denn die Berl. Elle.

Die Gerasche Elle soll $247\frac{3}{4}$ Franz. Linien halten, und wäre also $19\frac{3}{8}$ pCt. kürzer denn die Berl. Elle.

Waldeck,

eine Grafschaft des Oberrheinschen Kreises, rechnet gewöhnlich wie Frankfurt am Mayn, nach

Reichsgulden zu 60 Kreuzer à 4 Pfennige;

deren Zahlwerth der 24 Gulden-Fuß ist.

Würkliche Landesmünzen sind

Goldne ganze und $\frac{1}{2}$be Carolinen, zu 11 und $5\frac{1}{2}$ rfl.

In Silber sind nur Convent. 10 Kreuzer-Stücke bekannt.

Warschau,

die Hauptstadt von Pohlen, rechnet gewöhnlich nach

Gulden zu 30 Groschen à 18 Pfennige.

Verhältniß sämtl. Pohlnischen Rechn. Münzen.

Ducat.	Thaler.	Gulden	Szostack.	Groschen	Schillinge	Pfennige.
1	3	18	90	540	1620	9720
	1	6	30	180	540	3240
		1	5	30	90	540
			1	6	18	108
				1	3	18
					1	6

Den Zahlwerth bestimmet die Cölln. Mark fein Silber zu $83\frac{1}{2}$ Pohln. Gulden.

Würkliche Pohln. neue National-Münzen sind seit 1787.

Goldn. Ducaten zu 18 fl.

Silb. ganze, $\frac{1}{2}$be, $\frac{1}{3}$tel Speciesthaler, zu 8, 4 und 2 fl.
ganze u. $\frac{1}{3}$tel Pohln. Gulden, zu 30 u. 10 Gr Pohln.

Von fremden Münzsorten

galten vor einiger Zeit im Handel zu Warschau m. od. w.

⊙	Holländ. Rand- und andere wichtige Ducaten	18 fl. Pohln.
	Kaiserl. Souverains	54 — —
	Span. Pistolen.	38 — —
	Rußische Imperialen alte	82 — —
	neue	65 — —
☽	Rußische alte Rubel	$7\frac{1}{3}$ — —
	neue dergl.	$6\frac{1}{2}$ — —

Preuß. Courent, wird dem jetzigen Pohln. Courent meist gleich gerechnet; seit kurzem ist aber ein neuer sehr umständlicher Münztarif bekannt gemacht worden, den ich aller angewandten Mühe ohnerachtet, noch nicht habe erlangen können.

Warschau wechselt und giebt nach dem Silberpari auf

Amsterdam	1 Ducat	für	*$105\frac{1}{13}$ Stüv. Holl. Cour
Hamburg	1 dergl.	für	6 Mark Bco. mit *1 pCt. Gewinn.
London	*39' fl.	für	1 Liv. Sterl.
Paris	1 Ducat	für	*$229\frac{1}{4}$ Sols tourn.
Wien	1 dergl.	für	*4,11 rfl. Cour.

Man ziehet von hier auf Amsterdam und Hamburg à 71 Tage Dato, auf Paris 3 Monat, Wien 2 Mon. Dato; und die Wechselzahlung soll eigentl. Holl. Rand-Ducaten seyn.

Maaße und Gewichte, die seit dem 1. Oct. 1765 im ganzen Reiche gleich seyn sollen, sind:

Die Elle von $273\frac{1}{2}$ Fr. Lin. ist $8\frac{1}{15}$ pCt. kürzer als die Berliner.
Der Fuß v. 158 Fr. Lin. ist $13\frac{9}{18}$ pCt. länger als der Rheinl.
Von Pohln. Meilen rechnet man 20 auf 1 Grad.

Die Getraide-Last hat 60 Korzec der Korzec enthält 2578 Franz. Cubikzoll, und ist $6\frac{1}{5}$ pCt, kleiner als der Berl. Scheffel. Er hält in Warschau 32, in Cracau 16, in Sendomir 24 und in Lublin 28 Garniec.

Mehl u. Grütze wird nach Garniec zu 4 Quart verkauft.

Der Wein- und Getränk-*Garniec* oder *Garniz* von 4 Quart oder 8 Pfund hält $80\frac{1}{4}$ Fr. Cubikzoll, und ist $38\frac{4}{5}$ pCt. größer als das Berl. Quart. 1 Oxthoft hält 60, 1 Tierçon 40 Garnitzen.

Vom Handels-Gewicht wird der Centner zu 5 Stein à 32 Pfund oder zu 160 Pfund gerechnet. Das Pfund von 32 Loth à $1\frac{1}{2}$ Skoyciec ist $8450\frac{1}{2}$ Holländ. As schwer, und $15\frac{5}{8}$ pCt. leichter als das Berl. Pfund.

Gold= und Silber=Gewicht ist beym Münzwesen die Cölln. Mark, davon 6 für 7 Warschauer Goldschmidts=Mark gerechnet werden.

Wesel, s. Cleve.

Wien,

Oesterreichische Haupt= und Kaiserl. Königl. Residenz=Stadt an einem Arm der Donau, rechnet gewöhnlich nebst Linz und ganz Oesterreich nach

Reichsgulden zu 60 Kreuzer à 4 Pfennige.

Verhältniß sämtlicher hiesigen Rechn. Münzen.

Spec. Thaler	Rthlr.	Reichs= Gulden	Schil= linge.	Kaiser= Groschen	Kreu= zer.	Grö= schel.	Pfen= nige.	Heller.
1	1⅓	2	16	40	120	160	480	960
	1	1½	12	30	90	120	360	720
		1	8	20	60	80	240	480
			1	2½	7½	10	30	60
				1	3	4	12	24
					1	1⅓	4	8
						1	3	6
							1	2

Auch wird der Reichsthaler zu 60, und der Reichsgulden zu 40 Polturaken à 1½ Kreuzer gerechnet.

Der Zahlwerth ist der Conventions= 20 Gulden=Fuß, die Cölln. Mark fein Silber zu 13⅓ Rthlr. gerechnet.

Würkliche Kaiserl. und Königl. Münzsorten sind Goldne Ducaten zu 4½ rfl.

Doppelte und 1fache Souverainb'or zu 13⅓ und 6⅔ rfl. Silberne nach dem Convent. Fuß ausgeprägte Ganze, ½be und ¼tel Speciesthlr. zu 2, 1 und ½ rfl. Ganze und ½be Kopfstück zu 20 und 10 Xr. 17, 15, 7, 5, 3 und 1 Xr. Stück.

Polturaken zu 1½, und Gröschel zu ⅔ Xr. als Scheide=Münze. Kupferne Polturak à 1½ Xr., Gröschel à ⅔ Xr., nebst ganzen, ½ben und ¼tel Xr. Stücken.

Pappier=Geld, bestehet in Wienee Bankzettel zu 5, 10, 25, 50, 100, 500 und 1000 rfl. Cour.

Fremde Münzsorten in Golde werden nach Verordn. vom 12. Jan. 1786 als eine Waare angesehen, davon die feine Wiener Mark von 24 Karat von den Münzämtern und andern die zur Einlösung angesetzet sind, mit 359½ rfl. ohne Abzug bezahlet werden soll. Eben diese Einlöser sollen folgende Goldsorten den Besitzern

R 3

berfelben, wenn fie das vorgefchriebene Gewicht haben beygefügtermaßen das Stück bezahlen:

	Gew. Ducat	Werth rfl.	Xr.
Zecchinen Mailänd. f. 1783, Florent. Gigliati und Venetian.	1	4	26½
Ducaten, Pfälz. Bayerfche, Salzburger	1	4	24
Dergl. Holl. Raud- und vollwichtige	1	4	26
Dergl. ordinaire	1	4	23
Doppien Mail. 2fache feit 1783	3½	14	39
1fache feit 1783	1¾	7	19½
Franz. Schildlouisd'or bis incl. 1784	2½	9	22
neue Louisdor feit 1785	2 1/10	8	47
Souverains, Niederl. 2fache	—	13	20
1fache	—	6	40

Für jedes fehlende Mändel Gewichts-Grän, davon 60 auf 1 Ducat-Gewicht gehen, muß bey Ducaten 4 Xr., und bey den andern Goldforten 3½ Xr. abgezogen werden.

Silberforten follen nach Verordnung vom 1ten Septbr. 1783 folgenden Werth haben:

	rfl.	Xr.
Alte Deutfche Spec. Rthlr.	2	—
Preuß. Cour. Rthlr. von 1750	1	25
½be dergl.	—	40
Niederl. ganze Ducatons	2	32
Kronenthaler ganze	2	16
Kreuzthaler oder Patagon ganze	2	—
½be	1	—
Tofcan. ganze Piafter	2	28
ganze Livorninen	2	4
Mail. Filippi	2	12
Mant. ganze Thaler	1	54
½be	—	57
Franz. alte Louisbl. Thaler	2	—
Palm-Kron- und Laubthaler	2	14
Span. Stück von 8ten, Matten oder Mexicanen	2	4
Venet. Scudi della Croce	2	28
Giuftini	2	12
Ducati	1	33
Genuef. Scudi d'argenti oder Genovinen	2	58
Päbftl. Piafter ob. Scudi Rom. bis incl. Innoc. XII.	2	26
Holländ. Thaler	2	—
Ruß. ganze Rubel	1	41
½be	—	50
Pohln. neue 2 fl. Stück	—	27½
1 fl. Stück	—	13½

Die ½ben u. ¼tel diefer Silberforten gelten nach Verhältniß.

Die Wiener Mark von 16 Loth à 18 Grän fein Silber gilt 24 rfl. m. od. w.

Wien wechselt und giebt nach dem Silberpari auf
Amsterdam à 6 Woch. und 2 Mon. nach Dato * $137\frac{7}{18}$ Rthlr. Cour. für 100 Thlr. Holl. Bco.
Augsburg à 4 Wochen * 100 rfl. für 100 rfl. Courent
Brüssel * $80\frac{7}{16}$ rfl. für 100 fl. Wechs. Geld.
Constantinopel à 31 Tage Sicht * 76,27 rfl. für 100 Piaster
Genua à 4 Wochen 1 rfl. für * 62,62 Soldi Cour.
Hamburg wie Amsterd. * $144\frac{4}{5}$ Rthlr. Cour. für 100 Rthlr. Bco.
Livorno à 4 Wochen 1 rfl. für * 62 Soldi Mon. buon.
London à 6 Wochen * 9,402 rfl. für 1 Liv. Sterl.
Mailand à 4 Wochen 1 rfl. für * $67\frac{1}{2}$ Soldi Cour.
Paris à 6, 7, 8 Wochen * 22,52 Xr. Cour. für 1 Liv. tourn.
Prag à Uso * 100 rfl. für 100 rfl. Cour.
Venedig à 4 Woch. * 128,97 Rthlr. Cour. für 100 Duc. Bco.

Der Uso ist allhier 14 Tage nach d. Acceptation, $\frac{1}{2}$ Uso 7, $1\frac{1}{2}$ Uso 21, 2 Uso 28 Tage; außerdem hat man noch für Wechselbriefe, so nicht à Vista, oder auf einige bis 7 Tage Sicht, oder auf einen bestimmten Tag zu zahlen lauten, drey Respecttage festgesetzet.

Maaße und Gewichte.

Die Wiener Elle von $345\frac{3}{5}$ Fr. Lin. ist $16\frac{7}{8}$ pCt. größer denn die Berl. Elle, die Ober-Oesterreichsche Elle von $354\frac{2}{5}$ Franz. Lin. ist $19\frac{1}{18}$ pCt. größer denn die Berl. Elle.

Der Wiener Fuß oder Schu von 12 Zoll hält $140\frac{1}{5}$ Fr. Lin. und ist $\frac{17}{27}$ pCt. größer als der Rheinl., 6 Schu gehen auf 1 Klafter, und 10 Decimal-Schu auf 1 Ruthe. Die Faust, wornach die Höhe der Pferde gemessen wird, hat 4 Wiener Zoll.

Vom Land- oder Feldmaaß hält der Jochart 54571 Franz. □Fuß oder 2,2551 Berl. kleine Morgen.

Vom Getraide-Maaß hat 1 Muth 30 Metzen. Die Metze, womit alle Körner, Mehl, Obst, Saamen und Nüsse gemessen werden, wird in $\frac{1}{2}$be, $\frac{1}{4}$tel, $\frac{1}{8}$tel u. s. w. vertheilet, und hält 3100 Franz. Cubikzoll, ist also $13\frac{1}{18}$ pCt. größer denn der Berl. Scheffel.

Der Kalk-Mittel hält $2\frac{1}{2}$, und 1 Kohlenstibich 2 Wiener Metzen.

Vom Wein-Maaß hat 1 Fuder 32, 1 Dreyling 30 Eymer. Der Eymer hat 40 Maaß, wird aber zuweilen zu Maaß gerechnet, und hält 2852 Franz. Cubikzoll oder Berl. Quart.

Das Getränk-Maaß oder der Achtring von 4 E hält 71,2 Franz. Cubikzoll, und ist $18\frac{1}{2}$ pCt. größer denn Berliner Quart. Der große Seidel hat $1\frac{1}{2}$ gewöhnliche Seidel von $17\frac{4}{5}$ Franz. Cubikzoll. Der $\frac{1}{2}$be Seidel oder Pfiff hält 8,9 Franz. Cubikzoll.

Das Faß Bier in Wien und mehrern Gegenden Oester-
reichs wird zu 2 Eymer gerechnet.

Vom Handels-Gewicht hat 1 Saum 275 Pfund, bey
Stahl aber wird er zu 2 Lägel à 125 Pfund, also nur zu 250
Pfund gerechnet. 1 Centner hat 5 Stein à 20 Pfund oder 100
Pfund. 1 Karch 400 Pfund. Das Pfund von 4 Viertung, 16
Unzen, 32 Loth à 4 Quent, wieget 11647 Holl. As, und ist
$19\frac{7}{12}$ pCt. schwerer als das Berl. Pfund.

Das Wiener Gold- und Silber-Gewicht ist die Mark
von 16 Loth, 64 Quent, $80\frac{2}{3}$ Ducaten, 256 Pfennige, 4824
Mändel Gewichts-Grän; sie wieget 5837 Holländ. As, und
5 Wien. Mark betragen 6 Cölln. Mark od. 20 pCt. Differenz.

Das Apotheker-Pfund ist $\frac{3}{4}$ Pfund Handl. Gewicht und
enthält 8735 Holl. As, ist also $17\frac{1}{17}$ pCt. schwerer als gewöhnl.
Deutsches Apotheker-Gewicht.

Vom Jouvelen-Gewicht wiegt der Karat $57\frac{1}{2}$ Cölln.
Richtpf. oder 4,20 Holl. As.

Die Wiener Stadt-Banko ward theils zu Abzahlung
contrahirter Staatsschulden, theils um dem Staat neuen Credit zu verschaffen, Anno 1703 eigentlich als eine Depositen-
Bank errichtet. Kaiser Leopold wies derselben 4 Millionen
Gulden aus seinen Einkünften an, und verordnete, daß alle
Wechselzahlungen bey 10 pCt. Strafe, durch diese Bank gehen sollten, dahero ihr der Name einer Girobank beygelegt ward.

Die Unausführlichkeit dieses Gebots, die man nachhers
einsahe, veranlassete aber, daß solches Ao. 1704 schon wieder
aufgehoben, und die Bank in eine bloße Depositen- oder eigentliche Creditcasse verwandelt ward, deren zu zahlende Zinsen
Ao. 1705, auf 6 und 5 pCt., Ao. 1764 und 65 aber sämtlich
auf 5 pCt. festgesetzet wurden.

Man hat angenommen, daß Ao. 1751 diese Bank 44 Millionen Schulden zu bezahlen gehabt habe, welche in folgenden
4 Arten bestanden:

1) In denen von der alten Girobank contrahirten Schulden, welche niemals bezahlet werden, und darüber die Bank
Obligationen zu 5 pCt. jährliche Zinsen ausgestellet hat.

2) In denen durch die Landesherren contrahirten, auf die
Bank angewiesenen, und von derselben acceptirten Schulden,
für welche sie an die Gläubiger Oblig-tiones auf eine gewisse
Zeit, gegen 5 pCt. jährliche Zinsen ausgestellet hat.

3) In denen bey der Bank gesetzmäßig belegten, theils
Pupillengelder, welche bis zur Majorennität allda verzinset
werden, theils fidei Commis- und milde Stiftungs-Gelder,
welche niemals bezahlet werden, und darüber die Bank Cer-
tificate zu 5 und 4 pCt. zinsbar gegeben hat.

4) In den Anlehnen, so die Bank selbst zu 5 pCt. jährl.
Zinsen gegen Obligationen, so gleich auf Verlangen der Gläubiger zahlbar sind, contrahiret hat.

Alle diese verschiedenen Obligationen haben seit Ao. 1767 nur 4 pCt. Zinsen erhalten, indem man denenjenigen, so solche nicht annehmen wollten, ihre Capitalien baar zurück zu bezahlen offerirte. Ao. 1784 im Septbr. ist endlich, zufolge öffentl. Nachrichten, verordnet worden, daß Capitalia von 50,000 fl. und darüber nur 2 pCt. Zinsen, die kleinern Summen aber wie vorher 4 pCt. Zinsen erhalten sollten.

Nachhero nahm die Wiener Bank weiter keine Gelder gegen Obligationes öffentlich an, sondern zahlte blos die für dieselben kommenden Zinsen; dagegen konnte man aber auch nicht die Bank-Obligationen bey derselben zum Auszahlen kündigen, sondern man mußte selbige blos durch Cession veräussern, und wenn der Hof dieselben vermindern wollte, ließ er sie auf der Börse aufkaufen.

Zufolge öffentl. Nachrichten aber nimmt gegenwärtig und ohngefehr seit dem Anfange des 1788sten Jahres, die hiesige Bank wieder Capitalia zu 4 pCt. Zinsen an, welche Zinsen auch genau bezahlet werden, zahlet aber dagegen so wenig wie das Kupferamt und andere öffentliche Cassen, dergleichen Capitalia wieder zurück.

Seit dem 7jährigen Kriege ist bey der Wiener Bank auch eine sogenannte Zettelbank angeleget worden, bey welcher man seit dem 1. July 1771 für 12 Millionen Gulden in Bankzetteln von 5, 10, 25, 50, 100, 500 und 1000 fl. gegen baar Geld ausgegeben hat. Die neuern Wiener Bankzettel aber, so zugleich auch auf Ungarn, Siebenbürgen und Gallizien sich erstrecken, und insgesamt vom 1. Novbr. 1784 ausgestellet sind, betragen, zufolge öffentl. Nachrichten, 20 Millionen an Zettel, zu 5, 10, 25, 50, 100, 500 und 1000 fl., davon jeder mit einer besondern Nummer bezeichnet, und von einem Wiener Stadtrathmanne unterschrieben ist. Zur Umwechselung der alten gegen diese neuen Zettel, ward eine Frist von 4 Monat, für die so innerhalb der Gränzen, und von 6 Monat für die so außer den Gränzen sich aufhielten, bey Verlust des Werths bestimmet. Uebrigens werden diese neuen Bankzettel, so wie die ehemaligen alten, bey allen Contributions-Krieges- und Städtschen Cassen, gleich dem baaren Gelde, angenommen; Privatpersonen stehet die Annahme frey.

Wismar,

eine Königl. Schwedische Handelsstadt in Niedersachsen innerhalb des Herzogth. Mecklenburg an der Ostsee, rechnet und zahlet wie Rostock.

Maaße und Gewichte.

Die Elle von 2 Fuß ist der Hannöverschen Elle gleich.

Das Getraidemaaß hat die Eintheilung wie in Rostock, der Scheffel hält aber 1930 Franz. Cubikzoll, und ist 42 1/8 pCt. kleiner als der Berl. Scheffel.

Das Handelsgewicht wird ebenfalls wie das Rostocker eingetheilet, des Pfund hält aber 10072 Holl. As, und ist 3 1/8 pCt. schwerer denn das Berl. Pfund.

Würtemberg,

ein Schwäbisches Herzogthum mit den Städten Stuttgard, Tübingen rc. rechnen gewöhnlich nach
Reichsgulden zu 28 Schillinge à 6 Pfennige.

Verhältniß sämtl. Würtemb. Rechnungsmünzen.

Reichs- thaler.	Reichs- gulden.	Pfund.	Batzen.	Kaiser- groschen	Schil- linge.	Kreu- zer.	Pfen- nige.
1	1 1/2	2 1/10	22 1/2	30	42	90	252
	1	1 2/5	15	20	28	60	168
		1	10 5/7	14 2/7	20	42 6/7	120
			1	1 1/3	1 13/15	4	11 1/5
				1	1 2/7	3	8 2/5
					1	2 1/7	6
						1	2 4/5

Der Zahlwerth dieser Rechn. Münzen ist gewöhnlich der 24 Gulden-Fuß, die Cölln. Mark fein Silber zu 16 Rthlr

Würkliche Landesmünzen sind

Goldne Ducaten zu 5 rfl.

Ganze und halbe Carolinen zu 11 und 5 1/2 rfl.

Silb. Convent. Spec. Thlr. zu 2 2/3 rfl.

20, 10 und 5 Xr. Stück zu 24, 12 und 6 Xr.

Groschen zu 3 Xr. und 1 Xr. Stück.

Von fremden Münzsorten

sollen verordnetermaßen nach dem 24 fl. Fuß gelten:

Goldne Kaiserl. und Kremnitzer Ducaten .	5	rfl. 24	Xr.
Mailänd. Florent. u. Venet. Zecchinen	5	— 19 1/2	—
Pfälzische, Bayer. Salzburg. Ducaten	5	— 15 1/2	—
Holländ. Ducaten	5	— 15 2/3	—
Souver=ind'or	16	—	—
Franz. Schildlouisd'or bis 1784 . .	11	— 14 3/4	—
neue Louisd'or von 1785 . .	10	— 32 2/3	—
Silb. Franz. Laubthaler von 1784, 85, 86 .	2	— 40	—

Maaße und Gewichte.

Der Fuß hat 126 1/2 Franz. Lin., davon 79 Würtemberger = 72 Rheinl. Fuß. 1 große Ruthe hält 15, 1 kleine Ruthe 12 Rheinländ. Fuß.

Die Stuttgarder Elle von 271,2 Franz. Lin. ist 9 pCt. kürzer als die Berl. Elle.

Vom Land- oder Feld-Maaß hält der große Morgen 400 kleine □Ruthen oder 2⅔ Berl. kleine Morgen; der kleine Würtemb. Morgen aber 150 große □Ruthen od. 1,1021 Berl. kleine Morgen; 1½ Würtemb. kleine Morgen gehen auf 1 Juchart, Tagwerk oder Mansmat.

Ein Meß Holz ist 6 Fuß breit u. hoch, und 4 Fuß lang.

Der Getraide-Scheffel hält 8 Simri, 32 Unzen od. Vierling, 128 Achtel à 2 Mäßlein und 7835 Franz. Cubikzoll oder 2,858 Berl. Scheffel.

Vom Wein-Maaß hält 1 Fuder 6 Ohm oder Eymer, 96 Imi oder Yunen, 960 Maaß, 3840 Quart oder Schoppen, und 10 Eych oder Visier-Maaß betragen 11 Schenk-Maaß.

Das Stuttgarder Mark-Gewicht hält 4868 Holl. As, und ist nur ⅓ pCt. schwerer als die Cölln. Mark.

Das Pfund aber von 2 solcher Mark hält also 9736 Holl. As, und ist ½ pCt. leichter denn das Berl. Pfund.

Wyburg,

eine Rußische Handelsstadt in Finnland am dortigen Meerbusen, rechnet, zahlet und hat die ganze unter Rußland gemeldete Münz- Maaß- und Gewichts-Verfassung. Jedoch soll das hiesige Pfund nur 8450 Holl. As halten, und also 15⅝ pCt. leichter als das Berl. Pfund seyn.

Zante und Cefalonia,

zwey Venetianische Inseln des Mittelländischen Meeres, rechnen gewöhnlich nach

Reali zu 100 Soldi oder Aspri;

auch wird der Real zu 10 Lire à 10 Soldi oder Aspri gerechnet.

Der Zahlwerth dieser Rechn. Münzen ist aber 25 pCt. schlechter denn Venetian. piccol. Valuta, und die Cölln. Mark fein Silber stehet hiernach 12⅔ Reales.

Von den Venetianischen Münzsorten gelten hier m. od. w.

Der Goldne Zecchin	. . . . . .	27½ Lire.
Silberne Scudo della Croze	. . . .	15½ —
Ducatone	. . . .	13¾ —
Ducato effettivo	. . . . . .	10 —

Wechsel werden zuweilen von hier auf Venedig gezogen, und man giebt 100 Reali für 83½ Duc. Bco. in Venedig.

Maaße und Gewichte
sind den Venetianischen gleich; jedoch soll

Der Getraide-*Bazzillo* 1790 Franz. Cubikzoll halten, und also 53½ pCt. kleiner denn der Berl. Scheffel seyn, und

Das Handels-Gewicht ist das Venetianische peso grosso Pfund.

Corinthen werden hier zu 1000 Pfund à 9 Zecchinen m. od. w. eingekauft, die Unkosten für jede 1000 Pfund betragen 2. 16 R. ꝛc. der Factor in Venedig berechnet gemeiniglich für Provision in Zante 3 pCt., und für seine Provision und del Credere 4 pCt. 100 Pfund Zantesche Corinthen Netto, rendiren nur 91 à 92 Pfund Netto in Hamburg, und also ca. 94⅞ Pfund Berliner.

Zeeland,

ein Holl. Niederländ. Provinz mit der Hauptstadt Middelburg, rechnet zwar wie ganz Holland nach

Gulden zu 20 Stüver à 16 Pfennige.

Der Zahlwerth aber ist 1½ bis 2 pCt. geringer als Holländisch Courent; denn

Der Ducat zu 5¼ fl. gilt hier 5 fl. 7 Stüv. Zeeländ,

Der Reichsthaler zu 51½ à 52 Stüv. gilt hier 53 Stüv. Zeel.

Middelburger Maaße und Gewichte

Die Elle, von 306 Franz. Lin., ist 3½ pCt. größer denn die Berliner Elle.

Der Fuß, von 133 Franz. Lin., ist 4½ pCt. kürzer als der Rheinländ. Fuß.

Der Getraide-Sack wird zu 3642 und 3542 Franz. Cubikzoll groß angegeben, ist also 32⅖ oder 29⅓ pCt. größer denn der Berl. Scheffel.

Das Gewichts-Pfund soll 9738 Holl. As wiegen, und ⅛ pCt. leichter denn das Berl. Pfund seyn.

Zelle oder Celle,

im Braunschweig-Lüneburgschen Niedersachsen, rechnet und zahlet wie Lüneburg und Hannover.

Maaße und Gewichte

sind zwar ebenfalls wie in Hannover und Lüneburg; insbesondere aber rechnet man

Die Getraide-Last zu 2½ Wispel, 10 Scheffel, 100 Himten, 400 Spint, davon die Himte eben die Größe wie in Hannover haben.

Das Pfund schwer, so in Hannover 336 Pfund hält, rechnet man hier nur zu 3½0 Pfund.

Verarbeitet Silber hält 12 Loth fein und hat ein Roß mit der Zahl 12 zum Zeichen.

Zürich,

Canton und Stadt der Schweiz, rechnet gewöhnlich nach Gulden zu 60 Kreuzer à 8 Heller, oder nach Gulden zu 40 Schilling à 12 Heller.

Verhältniß sämtlicher Zürcher Rechnungsmünzen.

Mark Silber.	Thaler.	Gulden.	Pfund-haller.	Baßen.	Schillinge	Kreuzer.	Rappen.	Angster oder Pfennige.	Heller.
1	1¾	2½	5	40	100	150	400	600	1200
	1	1½	3	24	60	90	240	360	720
		1	2	16	40	60	160	240	480
			1	8	20	30	80	120	240
				1	2½	3¾	10	15	30
					1	1½	4	6	12
						1	2⅔	4	8
							1	1½	3
								1	2

Der Zahlwerth sollte eigentlich nach Ausbringung der hiesigen Münzsorten ein 22 Gulden Fuß seyn, nach Maaßgabe der hier mehrentheils gewöhnlichen Franz. Laubthaler zu 2½ fl. kommt aber die Cölln. Mark fein Silber 22⅖ Gulden.

Würkliche Zürcher National-Münzsorten.

In Golde:
Ducaten zu 4 fl. 18 Xr.

In Silber:
Ganze, ½be und ¼tel Thaler, 11, 22 und 44 auf 1 feine Mark. Scheidemünzen, als Orts-Gulden oder Vierbäßler zu 10 fl. Zweybäßler zu 5 fl., und 1 Schilling-Stücke

In Kupfer:
Angster oder Pfennige à 2 Heller.

Von fremden Münzsorten geltes
Goldne
Franz. neue Schild-Ld'or, als die hiesige Wechselzahlung, 10 fl. Carolinen à 1½ Maxd'or verlieren à 1 pCt. gegen vorgedachte neue Schild-Ld'or.
Silberne
Franz. Laubthaler verlieren eben so viel gegen Wechs. Zahlung.

Zürich wechselt und giebt n. d. Silberpari auf

Amsterdam à 2 Uso *54¼ Xr., für 1 fl. Bco. oder *54⅞ Xr. für 1 fl. Holl. Cour.

Augsburg à Uso *111 fl. für 100 rfl. Cour., oder *100 Carolinen für 100 Carolinen.

Bergamo à Uso *13,₄₂ Xr. für 1 Lire piccol. Cour.

Frankfurt a. M. à Uso und Messen *100 Schildlouisd'or für 100 Schildlouisd'or.

Frankreich à Uso, Lyon auf die Payem. *25 Xr. für 1 Liv. tourn.

London *10,⁷₀ fl. für 1 Liv. Sterl.

Mailand *19½ Xr. für 1 Lire corr.

Venedig *13,₄₂ Xr. für 1 Lire picc. corr.

Wien *111 fl. für 100 rfl. Cour.

Der Uso bey Briefen von und nach Amsterdam und ganz Deutschland ist 14 Tage nach Sicht, und nach Paris 30 Tage nach Dato. Respecttage sind hier nicht verordnet.

Maaße und Gewichte.

Die Elle von 2 Schu soll 266 Franz. Linien halten, und also 11½ pCt. kürzer als die Berl. Elle seyn; von andern wird sie 270 Fr. Lin. gerechnet.

Der Fuß oder Werkschu von 12 Zoll, davon 10 auf eine Ruthe gehen, hält 133 Franz. Lin.; und 68 Schu thun 65 Rheinl. Fuß. 1 Klafter hält 826 Franz. Lin.

Vom Land oder Feld-Maaß hält der Acker-Juchart 1,₂₆₉₂, der Holz-Juchart 1,₄₁₀₁, und der Reben-Juchart und 1 Mannwerk Wiesen 1,₁₂₈₁ Berl. kleine Morgen; überhaupt wird 1 Juchart in Vierlinge und ½be getheilet.

Vom Getraide-Maaß zu glatten Früchten, als Kern von Dünkel, Rocken, Weitzen, Gerste, Erbsen, Bohnen, hat 1 Mütt 4 Viertel, 16 Vierling, 64 Maßli; er enthält 4170 Franz. Cub. Zoll, und ist 52½ pCt. größer als der Berl. Schfl. 1 Immi ist der 9te Theil des Viertels.

Zu rauhen oder Hülsenfrüchten hat 1 Malter 16 Viertel, 64 Vierling, 256 Mäßli; er enthält 16856 Franz. Cub. Zoll oder 6,₁₄₈ Berl. Scheffel.

Das Salz-Mäß von 4 Viertel enthält 4638 Franz. Cub. Zoll oder 1,₆₂₂ Berl. Scheffel.

Die Torf- oder Turben-Klafter von 12 Körben hält 72 Cubikfuß, und der Korb 7 Viertel 13⅓ Mäßli Kornmaaß.

Der Holzkohlen-Korb hält gestrichen 14, gehäuft 18 Viertel; 2 Körbe machen den Malter von 27½ Zürch. Cub. Fuß.

Das Steinkohlen-Maaß hält 11¼ Zürcher Cubikfuß.

Der Kalkmalter hält 16 Viertel od. 12½ Zürch. Cubikfuß.

Vom Wein- und Getränk-Maaß wird 1 Saum zu 1½ Eymer und 6 Viertel gerechnet. Das Viertel trübes Maaß hält 8 Kopf, 16 Maaß, 32 Quartli, 64 Stotzen. Das Viertel lauter Maaß aber 7½ Kopf, 15 Maaß, 30 Quartli, 60 Stotzen. Das Maaß hiervon enthält 92 Franz. Cubikzoll, und ist 58⅔ pCt. größer denn das Berl. Quart. Das Stadt- oder Schenkmaaß hingegen, wornach in der Stadt der Wein ausgeschenket wird, hält 82⅔ Franz. Cubikzoll, ist also nur 42¾ pCt. größer denn das Berl. Quart.

Das Oehl- und Honig-Maaß von 2 Halben oder Becher enthält 69⅓ Franz. Cub. Zoll. Oehl wird auch nach einem Pfund-Maaß zu 29 Franz. Cubikzoll Inhalt verkauft.

Vom Handels-Gewicht hat das schwere oder Krämer-Pfund 18 Unzen oder 36 Loth, und wieget 10972 Holl. As; das leichte oder Antorfer Pfund zur Seide hat 2 Mark 16 Unzen, 32 Loth, und wieget 9753 Holl. As. Das erste ist 12⁴⁄₇, das andere aber nur ¹⁄₁₂ pCt. schwerer als das Berl. Pfund. Nach andern soll das 1ste 10976⅔, das andere 9757 Holl. As wiegen.

Das Gold- Silber- und Münz-Gewicht ist das leichte Zbe Pfund oder die Mark von 16 Loth, 64 Quentli, 256 Pfennige, 4352 Zürcher As; sie wieget 4876 Holl. As, und ist ½ pCt. schwerer als die Cölln. Mark.

Die Mark verarbeitet Gold hält 19½ Karat, Silber 13½ Loth fein, und ist mit dem Stadtzeichen Z gestempelt.

Verarbeitet Zinn hält 4 Pfund und 1 Pfund Bley, ehern Geschirr der Centner Kupfer 20 Pfund Zinn.

Zurzach,

ein Schweitzerischer, in der Grafschaft und Landvoigtey Baden am Rheine gelegener, zum Bißthum Constanz gehöriger, und wegen seiner Messen bekannter Marktflecken, rechnet und bedienet sich der Münzen wie Zürch.

Die während den Messen allhier gangbaren sehr verschiedenen Schweitzerischen und andern fremden Münzsorten, erfordern eine vor jedem Handel vorhergehende ausdrückliche Verabredung und Bestimmung der Geldsorten und ihres Courses,

Die 2 grossen Messen, so allhier gehalten werden, sind:
1) Die Pfingstmesse gehet den Pfingstdienstag, Mittags um 12 Uhr an, und endiget sich den Dienstag 8 Tage darauf.
2) Verenämesse gehet seit Ao. 1718 den 22sten August an, und endet sich den 30sten August.

Man ist in diesen Messen an keine gewisse Tage zur Acceptation der Wechselbriefe gebunden; gemeiniglich wird solche in den ersten 6 Tagen gesucht, und der siebente und 8te Tag sind Zahltage, nach welchen, falls die Zahlung nicht erfolgt, noch den Neunten Tag ohne Nachtheil protestiret werden kann.

Zurzach wechselt in diesen Messen mit folgenden Orten, und

giebt	empfängt dafür	in
•151½ Thlr. Zürcher	100 thlr. Cour.	Amsterdam
• 66,₀ Xr. dergleichen	1 fl. Courent	Frankfurt. a. M.
• 75 Xr. dergleichen	1 Ecû —	Lyon.
• 66⅔ Xr. dergleichen	1 fl. Courent	Nürnberg.

Erste Tafel.

Enthält

Vergleichung und Werth

der vornehmsten

Rechnungs-Münzen

aller Oerter und Länder,

also auch der nicht in vorhergehenden Nachrichten
angezeigten, durch

1) Bemerkung der Stück, die auf Eine Cöllnische Mark
fein Silber gehen, und solchergestalt alle diese
Rechnungsmünzen in Vergleichung stellen.

2) Anzeige des Werths von jedem Stück insonderheit,
nach dem Convent. Courent oder $13\frac{1}{3}$ Rthlr. Fuß,
und nach dem Preuß. Courent oder 14 Rthlr. Fuß,
dabey die Theile des Thalers von Convent. Courent
nach Decimal-Brüchen von 5 Ziffern oder 100,000
Theilen vorgestellet sind.

Rechnungsmünzen in	1 Cölln. Mark fein Silber enthält:	Werth von 1 Stück in Convent. Courent.	Preuß. Cour.		
	Stück.	Rthlr.	Rthl.	Gr.	Pf.
Aachen.					
Speciesthaler à 72 Mark . .	12	1,11111	1	4	—
Reichsthaler à 54 Mck. à 6 Busché					
n. d. 24 fl. Fuß	16	— 83333	—	21	
n. d. 25 fl. Fuß	16⅔	— 80000	—	20	2
Abyssinien in Afrika.					
Unze Gold					
à 2½ Liv. Sterl.	—21/25	15,87500	16	16	—
à 10 Pataca in Adowa . .	1	13,33333	14	—	—
Achem auf der Ostind. Insel Sumatra.					
Tail à 4 Paerdaw 16 Mas 64 Cupan	2½	5,33333	5	14	5
Acre, Aleppo, Alexandrette und *Alexandria* s. Constantinopel.					
Algier in Afrika.					
Piaster à 30 Medin à 3 Asper	10¼	1,30080	1	8	9½
Alicante wie Valenzia.					
Altona.					
Reichsthaler à 48 ßl. Lüb. in					
Schlw. Hollst. Spec. Bco. .	9¼	1,44144	1	12	4
Dergl. Courent	11,56	1,15360	1	5	—⅖
Mark à 16 ßl. Lüb. in					
Schlesw. Hollst. Spec. Bco.	27¾	— 48048	—	12	1⅕
Dergl. Courent	34 11/16	— 38438	—	9	8⅕
Amsterdam.					
In Holländ. Courent-Valuta.					
Pfund à 20 ßl. 240 pf. vls. .	4 1/16	3,28210	3	10	8½
Thaler à 50 Stüv.	9¾	1,36754	1	10	5½
Gulden à 20 Stüv. à 16 pf. .	24⅜	— 54702	—	13	9⅖
Goldgulden à 28 Stüv. . .	17,41	— 76582	—	19	3⅗

Nota. In Banko-Valuta ist der Werth veränderlich, und nicht für fest zu bestimmen.

Rechnungsmünzen in	1 Cölln. Mark fein Silber enthält:	Werth von 1 Stück in			
		Convent. Courent.	Preuß. Cour.		
	Stück.	Rthlr.	Rthl.	Gr.	Pf.
Ancona.					
udi à 20 Soldi à 12 Denari .	9,524	1,40062	1	11	$3\frac{1}{2}$
Anspach und *Bayreuth.*					
thlr. à 24 Ggr. 90 Xr. . .	16 —	— 83333	—	21	—
eißnischer Gulden à 21 Ggr.	$18\frac{7}{24}$	— 72917	—	18	$4\frac{1}{2}$
ränkischer Gulden à 75 Xr. .	$19\frac{1}{5}$	— 69444	—	17	6
heinischer Gulden à 60 Xr. .	24 —	— 55555	—	14	—
Antwerpen.					
fund à 20 ßl. à 12 pf. vls. in					
Wechsel-Gelde	4,1577	3,20690	3	8	$9\frac{4}{5}$
Courent	4,8508	2,74869	2	21	$3\frac{1}{3}$
haler à 48 Stüver in					
Wechsel-Gelde	10,394	1,28276	1	8	4
Courent	12,127	1,09948	1	3	$8\frac{1}{2}$
Gulden à 20 Stüv. à 16 pf. in					
Wechsel-Gelde	24,946	— 53448	—	13	$5\frac{3}{4}$
Courent	29,104	— 45812	—	11	$6\frac{1}{2}$
Arragonien.					
Libra à 20 Sueld.	10,28	1,29713	1	8	$8\frac{1}{5}$
Real à 2 Sueldos	$102\frac{4}{5}$	— 12971	—	3	$3\frac{1}{3}$
Archangel, wie Rußland.					
Augsburg.					
Reichsthaler à $1\frac{1}{2}$ rfl. 90 Xr. in					
a) Giro-Gelde	$10\frac{1}{2}$	1,27000	1	8	—
b) Courent	$13\frac{1}{3}$	1,00000	1	1	$2\frac{2}{3}$
c) Münze	16 —	— 83333	—	21	—
Reichsgulden à 60 Xr. à 4 pf. in					
a) Giro-Gelde	$15\frac{3}{4}$	— 84667	—	21	4
b) Courent	20 —	— 66667	—	16	$9\frac{1}{3}$
c) Münze	24 —	— 55555	—	14	—
Avignon in der Päbstl. Provence v. Fr.					
Livres à 20 Sols à 6 Patas .	$62\frac{1}{6}$	— 21452	—	5	5

Rechnungsmünzen in	1 Cölln. Mark fein Silber enthält: Stück	Werth von 1 Stück in Convent. Courent. Rthlr.	Preuß. Cour. Rthl.	Gr.	Pf.
Baaden in Schwaben, wie Bamberg.					
Baltimore in Nordamerikanischen Maryland, wie Pensylvanien.					
Bamberg.					
Gulden à 60 Xr. à 4 Pf. . .	24	— 55555	—	14	—
Barcelona.					
Libras à 20 Sueldos . . .	$18\frac{6}{13}$	— 73505	—	18	$6\frac{1}{3}$
Real de platta à 3 Sueld. ,	119,42	— 1:117	—	2	$9\frac{1}{3}$
Real de ardites à 2 Sueld. .	$179\frac{8}{9}$	— 07411	—	1	$10\frac{2}{3}$
Basel.					
Thaler zu 2 fl. in					
Wechs. Gelde	10,655	1, 25137	1	7	$6\frac{2}{3}$
Courent	11,839	1, 12625	1	4	$4\frac{1}{3}$
Gulden à 60 Xr. à 8 Heller in					
Wechselgelde	21,31	— 62569	—	15	$9\frac{1}{3}$
Courent	23,68	— 56313	—	14	$2\frac{1}{3}$
Bassano, wie Bergamo.					
Bassora, in Türk. Arabien.					
Toman à 100 Mamoudi à 10 Da- nimes à 10 Flouches . . .	$-\frac{7}{8}$	15, 27083	16	—	—
Batavia u. Holl. Ostindien.					
Real à 60 Stüv. Ind. . . .	$10\frac{1}{3}$	1, 31869	1	9	$2\frac{1}{4}$
Reichsthaler à 48 Stüv. Ind.	12,64	1, 05494	1	2	7
Gulden à 20 Stüv. Ind. . .	$30\frac{1}{3}$	— 43956	—	11	$-\frac{7}{8}$
s s s Niederl. .	24,7	— 53985	—	13	$7\frac{1}{3}$
Bayonne, wie Frankreich.					
Bayreuth, wie Anspach.					
Bencolen in Engl. Ostindien auf Sumatra.					
Piaster von 2 Rupien . . .	11	1, 21212	1	6	$6\frac{1}{3}$

Rechnungsmünzen in	1 Cölln. Mark fein Silber enthält: Stück.	Werth von 1 Stück in			
		Convent. Courent. Rthlr.	Preuß. Cour.		
			Rthl.	Gr.	Pf.
Bender Abas, s. Gambron.					
Bengalen in Engl. Ostindien.					
Rupie von 16 Annas.					
Courent	23	— 57961	—	15	$3\frac{1}{4}$
Sicca	$20\frac{5}{12}$	— 65320	—	16	$5\frac{1}{2}$
Bergamo,					
Lire à 20 Soldi à 12 Denari in					
piccol. Cour.	$99\frac{1}{3}$	— 13441	—	3	$4\frac{4}{5}$
Mon. abusiva	$102\frac{1}{4}$	— 13043	—	3	$3\frac{2}{3}$
Bergen, wie Dänemark.					
Berlin.					
Reichsthaler à 24 Ggr. à 12 Pf. in					
Courent	14	— 95238	1	—	—
Banko	$10\frac{2}{3}$	1,25000	1	7	6
Bern.					
Krone à 100 Xr.	$14\frac{5}{24}$	— 93856	—	23	$7\frac{4}{5}$
Gulden à 60 Xr.	23,68	— 56314	—	14	$2\frac{2}{3}$
Betelfugui in Arabien.					
Piaster zu 80 Cabir	10	1,33333	1	9	$7\frac{1}{5}$
Biel, wie Bern.					
Bielefeld, wie Minden.					
Bilbao.					
Real à 34 Maraved. de Vell. .	$193\frac{1}{2}$	— 06891	—	1	$8\frac{4}{5}$
Bologna.					
Lire zu 20 Soldi à 12 Denari in					
Wechselgelde	$46\frac{11}{24}$	— 28700	—	7	$2\frac{4}{5}$
Courent	47,62	— 28001	—	7	$\frac{4}{5}$
Bombay					
in Engl. Ostindien auf Malabar.					
Rupien à 16 Annas	$21\frac{11}{40}$	— 62671	—	15	$9\frac{1}{2}$

gsmünzen in	1 Cölln. Mark fein Silber enthält:	Werth von 1 Stück in Convent. Courent.	Preuß. Cour.		
	Stück.	Rthlr.	Rthl.	Gr.	Pf.
ſton					
n. Maſſachuſets,					
hampſhire.					
zen.					
60 Xr. à 4 Pf. in					
. . . . . .	21	— 63494	—	16	—
. . . . . .	20	— 66666	—	16	$9\frac{3}{5}$
v. Frankreich.					
Antwerpen.					
ilien					
Süd-Amerika.					
Rees . . .	11,508	1,15856	1	5	$2\frac{1}{5}$
chweig.					
r. à 8 Pf. . .	$13\frac{1}{3}$	1,00000	1	1	$2\frac{2}{5}$
nen.					
Grot à 5 Swar	$13\frac{1}{3}$	1,00000	1	1	$2\frac{2}{5}$
Bergamo.					
lau.					
bgr. à 12 Denar	14	— 95238	1	—	—
Antwerpen.					
lix.					
. . . . . .	$102\frac{4}{5}$	— 12971	—	3	$3\frac{1}{5}$
. . . . .	9,32	1,43056	1	12	$\frac{3}{5}$
ntigua . .	3,2112	4,15060	4	8	7
gua	12,85	1,03765	1	2	$1\frac{3}{4}$
à 12 R, . .	8,566	1,55650	1	15	$2\frac{2}{5}$
Sardinien.					
nſtantinopel.					
cut					
in Oſtindien.					
. . . . .	$97\frac{1}{2}$	— 13675	—	3	$5\frac{2}{5}$

Rechnungsmünzen in	1 Cölln. Mark fein Silber enthält:	Werth von 1 Stück in Convent. Courent.	Preuß. Cour.		
	Stück	Rthlr.	Rthl.	Gr.	Pf.
Cambaja im Ostind. Marattenlande.					
.upien à 48 Pezas	22 1/5	— 60065	—	15	1 1/5
Canarische Inseln n d. Westküste v. Afrika, Span.					
'eso à 80 Quart Cour. . .	12,85	1,03765	1	2	1 1/3
̣eal de pl. à 10 Quart . . .	102 4/5	— 12971	—	3	3 1/5
̣eal cour. à 8 Quart . . .	128 1/2	— 10377	—	2	7 2/5
Canea, wie Constantinopel.					
Cap ıer guten Hofnung in Holl. Afrika.					
Gulden à 20 Stüv à 16 Pf. .	32 1/2	— 41026	—	10	4
Carrara, wie Modena.					
Cassel.					
Reichsthaler à 32 Albus à 9 Pf. od. 12 Heller in					
Niederhessen	13 1/3	1,00000	1	1	2 2/3
Oberhessen	16	— 83333	—	21	—
Oberhess. 22 fl. Fuß . . .	14 2/3	— 90913	—	22	11
Castilien, s. Spanien.					
Catalonien, s. Barcelona.					
Cefalonia, wie Zante.					
Celle, wie Hannover.					
Cette, wie Frankreich.					
Charlestown in Nordamerik. Süd-Carolina, wie Süd-Carolina.					
China in Asien.					
Tail à 10 Mas à 10 Condryn .	6,823	1,95420	2	1	3
Cleve					
Reichsthaler à 60 Stüver in					
Cassa-Gelde	14	— 95238	1	—	—
Frankfurt. Geld	16 4/7	— 79365	—	20	—

Rechnungsmünzen. in	1 Cölln. Mark fein Silber enthält: Stück.	Werth von 1 Stück in			
		Convent. Courent. Stück.	Preuß. Cour. Rthl.	Gr.	Pf.
Coblenz, wie Trier.					
Coburg, wie Bamberg.					
Cochim in Holl. Ostind. Malabar.					
Rupie à 16 Annas	$21\frac{11}{40}$	— 62671	—	15	$9\frac{1}{2}$
Coelln am Rhein.					
Spec. Thaler à 80 Alb. à 12 Heller nach dem 24 fl. Fuß . .	16	— 83333	—	21	—
25 fl. Fuß . . .	$16\frac{2}{3}$	— 80000	—	20	2
Reichsthlr. à 78 Alb. à 12 Heller in Wechsel-Geld	$15\frac{42}{60}$	— 84480	—	21	$3\frac{1}{2}$
Courent	$16\frac{12}{39}$	— 81250	—	20	$5\frac{3}{4}$
Species-Gulden à $53\frac{1}{3}$ Albus n. d. 24 fl. Fuß	24	— 55555	—	14	—
25 fl. Fuß	25	— 53334	—	13	$5\frac{1}{3}$
Courent-Gulden à 52 Albus in Wechs. Geld	$23\frac{37}{40}$	— 56320	—	14	$2\frac{1}{3}$
Courent	$24\frac{8}{13}$	— 54167	—	13	$7\frac{2}{3}$
Coelln. Churlande wie Cölln am Rhein, gewöhnlich aber nach					
Reichsgulden à 60 Xr. à 4 Pf.	24	— 55555	—	14	—
Connecticut wie Neuhampshire.					
Constantinopel und sämtl. Türk. Staaten.					
Piaster à 40 Para	$26\frac{1}{4}$	— 50794	—	12	$9\frac{1}{3}$
Copenhagen, s. Kopenhagen.					
Coromandel in Ostindien.					
Pagode	$4\frac{1}{13}$	2,74212	2	21	1
Corsica, wie Frankreich.					
Coschinchina in Ostindien.					
Quan à 10 Mas od. Tean à 60 Kas	$10\frac{1}{2}$	1,26980	1	8	—
Cremona, wie Mailand.					

Rechnungsmünzen in	1 Cölln. Mark fein Silber enthält:	Werth von 1 Stück in		
		Convent. Courant.	Preuß. Cour.	
	Stück.	Rthlr.	Rthl. Gr. Pf.	

Rechnungsmünzen in	Stück.	Rthlr.	Rthl.	Gr.	Pf.
Curaſſao, Holl. Weſtind. Inſel.					
Piaſter à 2⅖ fl. 8 ſl. 48 Stüv. . .	12$\frac{4}{34}$	1,10260	1	3	9$\frac{2}{5}$
Curland, wie Riga.					
Cypern, w. Conſtantinopel.					
Dänemark, ſ. Ropenhagen.					
Däniſch Weſtind. Inſeln,					
St. Thomas, St. Croix u. St. Jean					
Thaler, Stück, od. Pefos à 8 ſl. 48 Stüver	14,212	— 93816	—	23	7$\frac{2}{5}$
Damask, w. Conſtantinopel.					
Danzig.					
Thaler à 90 Gr. Preuß. . .	18$\frac{2}{3}$	— 71429	—	18	—
Gulden à 30 Gr. Pr. . . .	56	— 23810	—	6	—
Delaware, w. Penſylvanien.					
Delhy in Oſtindien.					
Rupien à 48 Pezas	23$\frac{23}{40}$	— 56312	—	14	2$\frac{1}{3}$
Delmenhorſt, w. Oldenburg.					
Dublin, ſ. Irrland.					
Dünkirchen.					
Pfund à 20 fl. à 12 pf. vlſ. 7½ Liv.	7$\frac{5}{16}$	1,87700	1	23	3$\frac{1}{4}$
Gulden à 20 Stüv. à 16 pf.					
⸗ à 25 Sols tourn. . .	42,62	— 31287	—	7	10$\frac{2}{3}$
⸗ à 24 Sols tourn. . .	44,59	— 30033	—	7	6$\frac{1}{4}$
Livre à 20 Sols à 12 Den. tourn.	53$\frac{11}{40}$	— 25027	—	6	3$\frac{1}{3}$
Elbing, w. Königsberg.					
Emden.					
Rthaler à 54 Stüver à 10 Witten wie Berlin	14	— 95238	1	—	—
Gulden Holländ. à 30 Stüv. .	25$\frac{1}{5}$	— 52910	—	13	4
⸗ Oſtfrieſ. à 20 Stüv. .	37$\frac{4}{5}$	— 35273	—	8	10$\frac{2}{3}$
England, ſ. London.					

Rechnungsmünzen in	1 Cölln. Mark fein Silber enthält:	Werth von 1 Stück in		
		Convent. Courent.	Preuß. Cour.	
	Stück.	Rthlr.	Rthl. Gr. Pf.	

Rechnungsmünzen in	Stück.	Rthlr.	Rthl.	Gr.	Pf.
Engl. Westind. Inseln					
a) unterm Winde: Antigoa, Anguilla, Barbude, St. Christoph, Dominique, Grenada, St. Kits, Montserrat, Nevis, Redondo, Spanischtown, Tortola, Tabago, St. Vincent.					
Livres à 20 Sols	71 $\frac{1}{10}$	— 18771	—	4	8 $\frac{1}{3}$
b) Bahamische, als: Abbaco, Androß, Great-Bahama, Cat-Island, Eleuthera, Exuma, Harbour-Island, Lang-Island, Lucaya, Mayaguana, Providence, Puagun ꝛc.					
Pfund à 20 sl. Cour. . . .	3,81	3,49950	3	16	2 $\frac{1}{3}$
Schilling à 12 Pence Cour. .	76 $\frac{1}{5}$	— 17497	—	4	5
Stück von 8ten à 6 sl. 8 Bits .	12 $\frac{7}{8}$	1,04987	1	2	5 $\frac{1}{22}$
Bits à 6 Pence	101 $\frac{1}{2}$	— 13123	—	3	3 $\frac{2}{3}$
Erfurth.					
Reichsthaler à 24 Ggr. à 12 Pf. in					
Cassa-Geld	13 $\frac{1}{4}$	1,00000	1	1	2 $\frac{2}{3}$
Handels-Valuta	14 $\frac{1}{8}$	— 94119	—	23	8 $\frac{1}{3}$
Ferrara.					
Lire zu 20 Soldi à 12 Denari in					
Bologn. Courent	47 $\frac{3}{5}$	— 28001	—	7	$\frac{2}{3}$
Ferrara Courent	59 $\frac{25}{28}$	— 22350	—	5	7 $\frac{1}{3}$
Florenz.					
Lire zu 20 Soldi à 12 Denari in					
Mon. buona	62	— 21505	—	5	5
Mon. lunga	64,7	— 20610	—	5	2 $\frac{1}{3}$
Ducati à 20 Soldi à 12 Scudi Cour. Den. od. Scudi Mon. 7 Lire Mon. buon.	8,857	1,50535	1	13	11 $\frac{1}{3}$
Scudi d'oro à 20 S. à 12 Den. od. à 150 Soldi Mon. buon. .	8,27	1,61288	1	16	7 $\frac{2}{7}$
à 150 $\frac{1}{2}$ dergleichen . . .	8,225	1,62100	1	16	10 $\frac{1}{5}$
Pezzi à 20 Soldi à 12 Denari od. 5 $\frac{1}{4}$ Lire Mon. buon. . . .	10,783	1,23654	1	7	2

Rechnungsmünzen in	1 Cöln. Mark fein Silber enthält:	Werth von 1 Stück in			
		Convent. Courent.	Preuß. Cour.		
	Stück.	Rthlr.	Rthl.	Gr.	Pf.
Frankfurth am Mayn.					
Reichsthaler à 90 Xr. in					
Courent	13¼	1,00000	1	1	2⅔
Münze	16	— 83333	—	21	—
Reichsgulden à 60 Xr. à 4 Pf. in					
Courent	20	— 66666	—	16	9½
Münze	24	— 55555	—	14	—
Frankfurth a. d. Ober, w. Berlin.					
Frankreich.					
Pistole à 10 Liv. tourn. . .	5,328	2,50275	2	15	4⅓
Ecû à 3 Liv. tourn.	17,758	— 75082	—	18	11
Livre à 20 Sols à 12 Denier, in					
tourn. Val.	53¹¹⁄₁₆	— 25027	—	6	3⅔
Lothring. Val.	68,81	— 19376	—	4	10½
Franz. Elfas, f. *Straßburg.*					
Franz. Flandern, f. *Dünkirchen.*					
Franz. Lothringen, f. *Nancy.*					
Franz. Weſtind. Inſeln					
St. Domingo, Martinique, Gua:					
deloupe, Tabago, Mariegalante,					
Deſirade, St. Martin ꝛc.					
Livre à 20 Sols à 12 Deniers	80	— 16667	—	4	2⅔
Freyburg, wie *Bern.*					
Fulda und *Speyer*,					
wie *Frankfurt am Mayn.*					
Galicien, wie *Bilbao.*					
Galizien und *Lodomerien.*					
Gulden à 30 Gr. Pohln. . .	80	— 16667	—	4	2⅔
Gallipoli, wie *Neapel.*					
Gambron oder *Bender Abas*					
in Perſiſch Aſien.					
Mamoudi à 20 Gaſſas . . .	63,82	— 20890	—	5	3⅓
Geldern, wie *Cleve.*					

Rechnungsmünzen in	1 Cölln. Mark fein Silber enthält:	Werth von 1 Stück in Convent. Courent.	Preuß. Cour.		
	Stück.	Rthlr.	Rthl.	Gr.	Pf.
Genf oder *Geneve.*					
Ecû à 3 Liv. 10½ fl.	$10\frac{3}{4}$	1,24062	1	7	$3\frac{1}{5}$
Livre à 20 Sols à 12 Deniers .	$32\frac{1}{3}$	— 41354	—	10	5
Gulden à 12 Sols à 4 Quart .	$112\frac{7}{8}$	— 11815	—	2	$11\frac{2}{5}$
Gent, s. Antwerpen.					
Genua.					
Lire zu 20 Soldi à 12 Den. in Val.					
di Banco	$50\frac{3}{32}$	— 26817	—	6	$8\frac{1}{2}$
permesso	$54\frac{9}{26}$	— 24488	—	6	2
fuori Banco Moneta buona	$62\frac{2}{5}$	— 21294	—	5	$4\frac{2}{5}$
Scudi d'oro à 20 Soldi à 12 Denari	5,329	2,50200	2	15	$\frac{3}{5}$
Scudo d'oro marche, Scudo di marca, Scudo d'oro marca } à 20 Soldi. à 12 Den.	5,385	2,47600	2	14	$4\frac{2}{5}$
Scudo d'argento à 20 S. à 12 Den.	6,591	2,02287	2	2	$11\frac{2}{5}$
Pezza od. Piaster à 20 S. à 12 Den.	10,89	1,22440	1	6	$10\frac{1}{5}$
Scudo di Cambio à 20 S. à 12 Den.	13,612	— 97952	1	—	$8\frac{1}{5}$
Georgien in Türk. Asien, wie Constantinopel.					
Georgien in Persisch Asien.					
Toman à 10 Minaltne, 20 Nadiris, 50 Abassi	$-\frac{8}{9}$	15,00000	15	18	—
Abasso à 2 Uzaltum, 4 Chahi à 10 Pouls	$44\frac{4}{9}$	— 30000	—	7	$6\frac{4}{5}$
Georgien in Nordamerika, wie Südcarolina.					
Gibraltar.					
Real à 16 Quartos	116,1	— 11485	—	2	$10\frac{2}{5}$
Goa in Portug. Ostindien.					
Pardos à 4 gute und 5 schl. Tangas	$4\frac{131}{180}$	2,81952	2	23	1
gute Tangas à 4 gute Vintins, 60 Rees, 75 gute Basaruccas .	$18\frac{41}{45}$	— 70488	—	17	$9\frac{1}{5}$
schlechte Tangas à 4 schl. Vintins, 48 Rees, 72 schl. Basaruccas	$23\frac{23}{36}$	— 56390	—	14	$2\frac{1}{5}$
Gothenburg, s. Schweden.					

Rechnungsmünzen in	1 Cölln. Mark fein Silber enthält: Stück.	Werth von 1 Stück in Convent. Courent. Rthlr.	Preuß. Cour. Rthl.	Gr.	Pf.
Guastalia.					
ire à 20 Soldi à 12 Denari, .	217,9	— 06119	—	1	$6\frac{1}{2}$
Halberstadt, wie Berlin.					
Hamburg.					
Reichsthaler à 48 ßl. Lüb., in					
Banko-Valuta	$9\frac{5}{24}$	1,44796	1	12	6
Courent	$11\frac{1}{3}$	1,17647	1	5	8
Mark à 16 ßl. à 12 pf. in					
Banko	$27\frac{5}{8}$	— 48265	—	12	2
Courent	34	— 39216	—	9	$10\frac{2}{5}$
Hamm.					
Rthaler à 60 Stüv. Spec. .	14	— 95238	1	—	—
Hanau.					
Rgulden à 60 Xr. w. Frankfurt	24	— 55555	—	14	—
Hannover.					
Rthaler à 36 Margr. à 8 Pf. n. d.					
Leipziger Fuß, ...	12	1,11111	1	4	—
Cassen-Fuß	$12\frac{4}{5}$	1,07143	1	3	—
Gold-Valuta	$13\frac{1}{3}$	1,00000	1	1	$2\frac{2}{3}$
Havre de Grace, w. Frankreich.					
Heidelberg, w. Frankfurt a. M.					
Helsingoer.					
Rthlr. à 48 Stüv. od. 96 ßl. Dän. wie Dänemark, in					
Sund. Spec. Val. . . .	9,512	1,40175	1	11	4
Kronen-Valuta	10,701	1,24600	1	7	$4\frac{4}{5}$
Dän. Cour.	11,37.	1,17269	1	5	$6\frac{3}{5}$
Hessencassel, s. Cassel.					
Hessendarmstädtsche Lande, wie Frankfurt am Mayn.					
Hildesheim, w. Braunschweig.					
Holland, s. Amsterdam.					
Holstein, wie Altona.					

Rechnungsmünzen in	1 Cölln. Mark fein Silber enthält:	Werth von 1 Stück in			
		Convent. Courent.	Preuß. Conr.		
	Stück.	Stück.	Rthl.	Gr.	Pf.
Jamaica, Engl. Westind. Insel.					
Pfund à 20 ßl. à 12 pf. Cour.	2,978	4,47690	4	16	9½
Japan in Asien.					
Tail à 10 Mas à 10 Condryn	14,97	— 89070	—	22	5¼
Java, f. Batavia.					
Irrland.					
Pfund à 20 ßl. à 12 Pence Irrisch	2,3045	5,78560	6	1	9¾
Iserlohn u. d. Pr. Westphäl. Graffch. Mark.					
Rthaler à 60 Stüv. à 12 Pf. in Cassa=Geld, wie Berlin	14 —	— 95238	1	—	—
Ordin. Geld	22⅔	— 59524	—	15	—
Island, Dänische Insel. Ale zu 2 Fiſk.					
gewöhnlich	222 —	— 06050	—	1	6⅓
im Handel	444 —	— 03025	—	—	9
Koburg, f. Coburg.					
Königsberg.					
Rthaler à 90 Gr. Pr. wie Berlin	14 —	— 95238	1	—	—
Gulden à 30 Gr. Preuß.	42 —	— 31746	—	8	—
Kopenhagen nebſt ganz Dänemark u. Norwegen.					
Rthaler zu 6 Mark à 16 ßl. Dän. in würklichen Species	9½	1,44144	1	12	4
Sund. Spec. Val.	9,512	1,40175	1	11	4
Kronen=Valuta	10,701	1,24600	1	7	4¼
Dän. Courent,	11,37	1,17269	1	5	6⅔
Leipzig.					
Rthaler à 24 Ggr. à 12 Pf.	13½	1,00000	1	1	2⅔
Libau, f. Curland. **Lille, f. Dünkirchen.**					
Lingen.					
Gulden à 20 Stüver	28 —	— 47619	—	12	—

Rechnungsmünzen in	1 Cölln. Mark fein Silber enthält:	Werth von 1 Stück in Convent. Courent.	Preuß. Cour.		
	Stück.	Rthlr.	Rthl.	Gr.	Pf.
Linz, wie Wien.					
Lion od. *Lyon*, wie Frankreich.					
Lippstadt.					
Reichsthaler à 36 Margr. à 12 Pf.	14 —	— 95238	1	—	—
Lissabon und ganz Portugal.					
Millerees à 1000 Rees . . .	$8\frac{18}{50}$	1, 54475	1	14	11
neue Crusade à 480 " . . .	$17\frac{52}{60}$	— 74149	—	18	$8\frac{1}{5}$
Wechs. Crusade à 400 Rees .	21, 58	— 61790	—	15	$6\frac{4}{5}$
Liverpool, wie London.					
Livorno. Pezzi da otto reali und Lire, wie in Florenz.					
London und ganz England.					
Pfund à 20 ßl. Sterl. . . .	2, 1273	6, 26770	6	13	$11\frac{1}{5}$
Schilling à 12 pf. Sterl. . .	42, 546	— 31338	—	7	$10\frac{3}{5}$
Pence oder Pfennig Sterl. .	510, 55	— 02612	—	—	8
L'Orient, s. Frankreich.					
Lucca.					
Lire à 20 Soldi à 2 Denari, .	$68\frac{1}{3}$	— 19551	—	4	11
Scudo d'oro à 20 Soldi à 12 Den.	9, 093	1, 46630	1	12	$11\frac{2}{5}$
Lucern.					
Krone à 2 fl.	13, 32	1, 00112	1	1	$2\frac{2}{5}$
Gulden à 40 ßl. 60 Xr. . . .	26, 64	— 50056	—	12	$7\frac{1}{5}$
Lübeck.					
Reichsthaler à 3 Mark . . .	$11\frac{1}{3}$	1, 17647	1	5	8
Mark à 16 ßl. à 12 pf. . . .	34 —	— 39216	—	9	$10\frac{3}{5}$
Lüneburg. Reichsthaler à 24 Ggr. 36 Margr. wie in Hannover.					
Lüttich oder *Luyck.*					
Rthaler od. Patagon à 4 fl. .	$10\frac{1}{2}\frac{3}{4}$	1, 26478	1	7	$10\frac{1}{2}$
Gulden à 20 Stüv.	$42\frac{1}{6}$	— 31619	—	7	$11\frac{1}{5}$

Rechnungsmünzen in	1 Cölln. Mark fein Silber enthält: Stück.	Werth von 1 Stück in Convent. Courent. Rthlr.	Preuß. Cour. Rthl.	Gr.	Pf.
Luxenburg.					
Gulden à 20 Stüv. à 12 Den.	32 7/80	— 41647	—	10	6
Madras in Engl. Ostind. Coromandel.					
Pagode à 3½ Rupie, 36 Fanum, 288 Pices	5,91	2,25620	2	8	10 1/5
Madrid.					
Real à 34 Maraved. de Vell.	193½	— 06891	—	1	8 4/5
Real à 34 Mar. de pl. antigua	102 4/5	— 12971	—	3	3¼
Escudo de Vellon à 10 Real d. V.	19 7/20	— 68911	—	17	4 5/8
Mähren wie Böhmen, s. Prag.					
Magdeburg, wie Berlin.					
Mailand.					
Lire à 20 Soldi à 12 Den. in Val.					
imperiale	47,7	— 27952	—	7	—½
corrente	67½	— 19753	—	4	11 2/5
Majorca oder *Mallorca.*					
Libra à 20 Sueld. à 12 Dineros	14,51	— 91876	—	23	1 4/5
Real à 2 Sueldos	145,1	— 09188	—	2	3¾
Malabar in Ostindien.					
Gold-Rupie à 4 Pagod. . . .	1½	8,88900	9	8	—
Pagode à 3½ Rupie	6 —	2,22225	2	8	—
Rupie	21 —	— 63490	—	16	—
Malacca, wie Batavia.					
Malaga.					
Real à 34 Marav. de Vell. w. Bilbao	193½	— 06891	—	1	8 4/5
Doblon de pl. cenc. à 60 R. d. V.	3,225	4,13440	4	8	2 1/5
Peso de pl. cenc. à 15 R. de Vel.	12,9	1,03360	1	2	—½
Real de pl. dobl. à 1 7/8 R. de V.	103 1/5	— 12920	—	3	3
Duc. de pl. doble	9,357	1,42500	1	11	11
Ducado del Rey / Ducado del Norte }	17,544	— 76000	—	19	1 4/5
Fracht-Duc. à 12 Real d. pl. dobl.	8 2/5.	1,55037	1	15	—2/3

Rechnungsmünzen in	1 Cöln. Mark fein Silber enthält:	Werth von 1 Stück in Convent. Courent.	Preuß. Cour.		
	Stuck.	Rthlr.	Rthl.	Gr.	Pf.
Malta.					
Onzia à $2\frac{1}{2}$ Scudi	9,455	1,41019	1	11	$6\frac{2}{5}$
Scudi à 12 Tari	23,64	— 56408	—	14	$2\frac{3}{5}$
Manheim, wie Frankfurt a. M.					
Mantua.					
Scudi à 6 Lire	$33\frac{1}{3}$	— 39507	—	9	$11\frac{1}{2}$
Lire à 20 Soldi à 12 Den. .	$202\frac{1}{2}$	— 06584	—	1	8
Marburg, wie Cassel.					
Marocco in Afrika.					
Ukia, Unze à 4 Blanquil . .	63,82	— 20892	—	5	$3\frac{1}{5}$
Marseille, gewöhnlich wie Frankreich, insbesondere aber					
Ecû à 64 Sols zu Waaren . .	16,65	— 80088	—	20	2
Mastrich, wie Lüttich.					
Masulipatnam, w. Coromandel.					
Maynz, wie Frankfurt a. M.					
Meklenburg-Schwerin, s. Rostock.					
Meklenburg-Strelitz.					
Rthaler à 48 ßl.	$13\frac{1}{3}$	1 ——	1	1	$2\frac{2}{5}$
Mark à 16 ßl. à 12 pf. . . .	40 —	— 33333	—	8	$4\frac{4}{5}$
Memel, wie Königsberg.					
Messina, s. Sicilien.					
Meurs, wie Cleve.					
Mexico, in Span. Amerika.					
Peso de platta à 8 Real . .	9,674	1,37812	1	10	$8\frac{2}{5}$
Real à 16 Quart. 34 Marav. .	$77\frac{19}{49}$	— 17226	—	4	4
Minden.					
Rthaler à 36 Margr. à 8 pf. .	14 —	— 95238	1	—	—
Minorca, wie Barcelona.					
Mocha in Arabien.					
Piaster à 80 Cabir	10	1,33333	1	9	$7\frac{1}{5}$

Rechnungsmünzen in	1 Cölln. Mark fein Silber enthält:	Werth von 1 Stück in Convent. Courent.	Preuß. Cour.		
	Stück.	Rthlr.	Rthl.	Gr.	Pf.
Modena.					
ire à 20 Soldi à 12 Den. in Val.					
di Modena	138,95	— 09596	—	2	5
di Reggio	208,43	— 06397	—	1	7⅕
Montpellier, wie Frankreich.					
Morea, s. Patrasso.					
Mühlhausen.					
Rthaler à 24 Ggr. à 12 pf. .	13⅓	1,00000	1	1	2⅖
Mühlhausen, Schweitz.					
ivre à 20 Sols à 12 Den. . .	53$\frac{11}{40}$	— 25027	—	6	3⅗
München, wie Regenspurg.					
Münster.					
Rthaler à 28 ßl. à 12 pf. nach dem					
20 fl. Fuß	13⅓	1,00000	1	1	2⅖
24 fl. Fuß	16	— 83333	—	21	—
25 fl. Fuß	16⅔	— 80000	—	20	2
Nancy.					
ivre à 20 Sols à 12 Den. .	68,81	— 19376	—	4	10⅕
cû à 3 Livres	22,94	— 58129	—	14	7⅘
Nantes, wie Frankreich.					
Narva, wie Rußland.					
Naumburg, wie Leipzig.					
Navarra.					
ucadi à 10⅝ Real	9,44	1,41237	1	11	7
ibras à 10 Grossos	61,68	— 21617	—	5	5⅗
eal à 6 Gros, 36 Mar. . .	102⅘	— 12971	—	3	3⅕
Neapel.					
ucati Regno à 100 Grani .	12,328	1,08150	1	3	3
Neufchatel.					
ivre à 20 Sols à 12 Den. Cour.	35$\frac{41}{80}$	— 37543	—	9	5½
ivre à 12 Gros à 12 Den. foibl.	88$\frac{19}{24}$	— 15017	—	3	9⅖

Rechnungsmünzen in	1 Cölln. Mark fein Silber enthält:	Convent. Courent.	Werth von 1 Stück in Preuß. Cour.		
	Stück.	Rthlr.	Rthl.	Gr.	Pf.
Neuhampshire, *Neujersey*, *Neuyorck*, s. Nordamerika.					
Nizza, wie Turin.					
Noerdlingen, wie Bamberg.					
Nordamerikanische Staaten.					
Pfund à 20 ßl. à 12 Pence Cour. in					
1) Südcarolina und Georgien	2, 206	6, 04380	6	8	$3\frac{1}{5}$
2) Neuhampshire, Massachusets, Rhode-Island, Connecticut und Virginien .	2, 8364	4, 70080	4	22	$5\frac{1}{2}$
3) Pensylvanien, Neujersey, Delaware und Maryland	3, 5455	3, 76060	3	22	$9\frac{1}{5}$
4) Neuyork und Nordcarolina	3, 7818	3, 52560	3	16	10
Dollar à $4\frac{2}{3}$, 6, $7\frac{1}{2}$ u. 8 ßl. Cour.	9, 4548	1, 41024	1	11	$6\frac{2}{3}$
Nordcarolina, s. Nordamerika.					
Norwegen, w. Kopenhagen.					
Novara in Königl. Sardin. Italien.					
Lire à 20 Soldi à 12 Denari .	66 —	— 20202	—	5	1
Novi oder *Nove*.					
Scudi d'oro marche, Lire fuori Banco, w. Genua.					
Nürnberg.					
Reichsthaler und Reichsgulden, wie Frankfurt am Mayn.					
Oldenburg.					
Rthaler à 72 Grot à 5 Schwar, in					
Cassa-Gelde	12 —	1, 11111	1	4	—
grob Courent	$13\frac{1}{3}$	1, 00000	1	1	2[illegible]
klein Courent	$14\frac{1}{2}$	— 91954	—	23	2
Osnabrück.					
Rthaler à 21 ßl., 36 Margr. .	$13\frac{1}{3}$	1, 00000	1	1	2[illegible]
Oviedo, wie Bilbao.					
Padoua.					
Lire à 20 Soldi à 12 Denari .	$99\frac{1}{5}$	— 13441	—	3	4[illegible]

Rechnungsmünzen in	1 Cöln. Mark fein Silber enthält:	Werth von 1 Stück in Convent. Conrent.	Preuß. Conr.		
	Stück.	Rthlr.	Rthl.	Gr.	Pf.
Palermo, s. Sicilien.					
Paris, s. Frankreich.					
Parma.					
Lire à 20 Soldi à 12 Denari .	$210\frac{5}{8}$	— 06331	—	1	$7\frac{1}{5}$
Patras, wie Constantinopel.					
Pegu in Asien.					
Tical à 16 Toqnes	$15\frac{1}{5}$	— 87720	—	22	$1\frac{1}{2}$
Pensylvanien, s. Nordamerika.					
Pernau, wie Rußland.					
Persien in Asien.					
Toman à 50 Abassi, 100 Mamoudi	0,6384	20,88437	21	22	$3\frac{1}{2}$
Philadelphia, s. Pensylvanien unter Nordamerika.					
Piacenza.					
Lire à 20 Soldi à 12 Den. . .	175,52	— 07597	—	1	11
Pohlen, s. Warschau.					
Pondichery in Franz. Ostind. Coromandel.					
Pagode à 3 Rupien	7,025	1,89069	1	23	$7\frac{3}{4}$
Rupie à 8 Fanon, 16 Annas, 48 Sols, 160 Dudu, 480 Caches	$21\frac{5}{32}$	— 63023	—	15	$10\frac{1}{3}$
Porto, wie Lissabon.					
Prag, wie Wien.					
Ragusa.					
Ducati à 40 Grossetti . . .	$21\frac{3}{4}$	— 61303	—	15	$5\frac{2}{5}$
Vislini à $1\frac{1}{2}$ Duc.	$14\frac{1}{2}$	— 91954	—	23	2
Ravensberg, wie Minden.					
Regenspurg.					
Rthaler à 90 Xr.	16 —	— 83333	—	21	—
Rgulden à 60 Xr.	24 —	— 55555	—	14	—
Reggio di Modena, s. Modena.					
Reval, wie Rußland.					

münzen	1 Cölln. Mark fein Silber enthält: Stück.	Werth von 1 Stück in			
		Convent. Courent. Stück.	Preuß. Cour. Rthl.	Gr.	Pf.
chen, in					
:a . . .	$9\frac{3}{5}$	1,38887	1	12	4
. . . .	$12\frac{1}{3}$	1,04165	1	2	3
n					
. . . .	$28\frac{4}{5}$	— 46296	—	12	$1\frac{1}{5}$
. . . .	$38\frac{2}{3}$	— 34723	—	8	9
Frankreich.					
Nordamerika.					
:chi . . .	9,524	1,40062	1	11	$3\frac{1}{2}$
d'oro à					
. . . .	6,349	2,10010	2	4	11
. . . .	6,253	2,13231	2	5	$8\frac{4}{5}$
. . . .	6,245	2,13512	2	5	$9\frac{2}{3}$
:k.					
úb. . . .	$11\frac{1}{3}$	1,17647	1	5	8
s . . .	34 —	— 39216	—	9	$10\frac{1}{3}$
'am.					
. à 2 Grot .	$24\frac{2}{5}$	— 54702	—	13	$9\frac{1}{2}$
ankreich.					
nd.					
:fen, in					
. . . .	13 —	1,02565	1	1	$10\frac{1}{2}$
Banknoten .	20,76	— 64236	—	16	$2\frac{1}{4}$
únkirchen.					
:stenthümer					
g, Weimar und					
: Leipzig.					
:g, w. Rostock.					
Regenspurg.					
:and					
:rey u. Bucharey.					
nak, 60 Ongul,					
. . . .	8,524	1,56425	1	15	5

Rechnungsmünzen in	1 Cölln. Mark fein Silber enthält:	Werth von 1 Stück in			
		Convent. Courent.	Preuß. Cour		
	Stück.	Rthlr.	Rthl.	Gr.	Pf.
St. Ander, wie Bilbao.					
St. Barthelemi, Schwed. Westind. Insel.					
Piaster à 11 Escalin, 44 ßl. Schw. Spec. und 66 Nois . . .	9,92	1,34412	1	9	10$\frac{3}{5}$
St. Croix, s. Dän. Westind. Insel.					
St. Domingo, s. Franz. Westind. Insel.					
St. Eustace, Holl. Westind. Insel.					
Piaster à 8 Real, 48 Stüv. .	13,302	1,00230	1	1	3
St. Gallen.					
Gulden à 60 Xr. à 8 Heller nach dem 24 fl. Fuß . . .	24 —	— 55555	—	14	—
durch Laubthaler	24$\frac{5}{12}$	— 54608	—	13	9
St. Hubes, s. Lissabon.					
St. Jean, s. Dän. Westind. Insel.					
St. Malo, wie Frankreich.					
St. Omer, wie Dünkirchen.					
St. Petersburg, wie Rußland.					
St. Remo, wie Genua, Lire fuori Banco.					
St. Sebastian, wie Bilbao.					
St. Thomas, s. Dän. Westind. Inseln.					
Sardinien.					
Lire à 20 Soldi à 12 Denari .	27$\frac{5}{8}$	— 48268	—	12	2
Scudi à 2$\frac{1}{2}$ Lire, 10 Real . .	11,05	1,20670	1	6	5
Sayd, wie Constantinopel.					
Schlesien, Oesterr. Antheils, wie Wien. Preuß. Antheils, w. Breßlau.					
Schottland, s. London.					
Schweden.					
Rthaler à 48 ßl. Spec. . . .	9,093	1,46631	1	12	11$\frac{4}{5}$
Daler Silb. Münze à 8 ßl. Spec.	54,56	— 24438	—	6	2
Daler Kupf. Münze à 2$\frac{2}{3}$ ßl. Spec.	163,68.	— 08146	—	2	—$\frac{1}{5}$

Rechnungsmünzen in	1 Cölln. Mark fein Silber enthält: Stück.	Werth Conven Couren Rthlr.
Schweitz, Eidgenoffenschaft, in		
Appenzell, wie St. Gallen.		
Basel Canton, s. Basel.		
Basel Bisthum, w. Bern.		
Bern, s. Bern.		
Biel, w. Bern.		
Bünden oder Graubünder Land		
Gulden à 15 Batz. 70 Blützger	29$\frac{23}{28}$	— 444
Freyburg, wie Bern.		
Genf, s. Genf.		
Glarus		
Gulden à 40 fl. 60 Xr. . .	23, 31	— 572
Lucern, s. Lucern.		
Mühlhaufen, w. Frankreich.		
Neufchatel, s. Neufchatel.		
Rheinthal, wie St. Gallen.		
St. Gallen, s. St. Gallen.		
Schafhaufen, w. St. Gallen.		
Schweitz		
Gulden à 40 fl. 60 Xr. . .	28$\frac{41}{48}$	— 462
Solothurn, w. Bern.		
Sorgans, w. St. Gallen.		
Thurgau) wie St, Gallen.		
Toggenburg)		
Unterwalden, w. Schweitz.		
Uri, w. Schweitz.		
Wallis od. Walliferland, w. Bern.		
Zug, Gulden à 40 fl. 60 Xr. .	27$\frac{3}{4}$	— 48c
Zürich, s. Zürich.		
Zürzach, s. Zürich.		
Sevilla, wie Cadix.		
Siam in Afien.		
Tical à 4 Mas à 2 Fouang .	20, 212	— 655
Tael à 4 Tical	5, 053	2, 638
Sicilien.		
Onza à 2$\frac{1}{2}$ Scudi	4, 1094	3, 244
Scudo à 12 Tari	10, 273	1, 297
Smirna, wie Constantinopel.		
Soeft, wie Cleve.		

Rechnungsmünzen in	1 Cölln. Mark fein Silber enthält:	Werth von 1 Stück in			
		Convent. Courent.	Preuß. Cour.		
	Stück.	Rthlr.	Rthl.	Gr.	Pf.
Spanien.					
1) **Castilianische Währung.**					
a) Gewöhnlichste.					
Real à 34 Maravedis					
de Vellon	$193\frac{1}{2}$	— 06891	—	1	$8\frac{4}{5}$
de platta antigua	$102\frac{3}{5}$	— 12971	—	3	$3\frac{1}{5}$
b) Wechsel-Münzen.					
Doblon de pl. ant.	3, 2112	4, 15060	4	8	7
Ducado de Cambio	9, 32	1, 43056	1	12	—$\frac{1}{3}$
Peso de platta ant.	12, 85	1, 03765	1	2	$1\frac{1}{4}$
c) Provinz. od. neue Münzen.					
Dobl. de pl. nueva	3, 225	4, 13440	4	8	$2\frac{1}{2}$
Ducado de platta	9, 345	1, 42675	1	11	$11\frac{1}{2}$
Peso de pl. nueva	12, 9	1, 03360	1	2	—$\frac{1}{2}$
Ducado de Vellon	17, 59	— 75796	—	19	$1\frac{1}{2}$
Real de pl. nuev. à 34 Maraved.	96, 74	— 13781	—	3	$5\frac{1}{2}$
d) Gelegenheits-Münzen.					
Ducado de oro	$4\frac{11}{18}$	3, 15250	3	7	$5\frac{2}{5}$
Escudo de oro	4, 837	2, 75625	2	21	$5\frac{1}{2}$
Escudo al sol	$6\frac{1}{20}$	2, 20520	2	7	$6\frac{4}{5}$
Ducado de pl. doble Malaga	9, 357	1, 42500	1	11	11
Ducado de pl. nueva . . .	$11\frac{11}{17}$	1, 13700	1	4	7
Doblon de oro Cabeza . .	$13\frac{9}{18}$	— 98300	1		$9\frac{1}{4}$
Ducado del Rey od. del Norte	17, 544	— 76000	—	19	$1\frac{1}{2}$
Escudo de Vellon	19, 35	— 68907	—	17	$4\frac{1}{8}$
Real de pl. doble Malaga . .	$103\frac{1}{2}$	— 12920	—	3	3
Real de pl. corriente Bilbao .	$107\frac{1}{2}$	— 12404	—	3	$1\frac{1}{2}$
Real de platta Bilbao . . .	$128\frac{1}{2}$	— 10377	—	2	$7\frac{5}{8}$

2) Meric. Währung, s. Mexico
3) Catalon. Währ. s. Barcelona
4) Majorc. Währ. s. Majorca
5) Valenz. Währ. s. Valenzia
6) Arrag. Währ. s. Arragonien
7) Navarr. Währ. s. Navarra
8) Canarische Währung, s. Canarische Inseln.

Stettin, wie Berlin.

Stockholm, s. Schweden.

Rechnungsmünzen in	1 Cöln. Mark fein Silber enthält: Stück.	Werth von 1 Stück in			
		Convent. Courent. Rthlr.	Preuß. Cour. Rthl.	Gr.	Pf.
Stralsund. Reichsthaler à 2 fl. od. 48 sl. .	12⅔	1,07143	1	3	—
Strasburg. Ecû u. Livres, wie Frankreich. Gulden à 2 Liv.	26,637	— 50056	—	12	7⅓
Stuttgard, s. Würtemberg. *Südcarolina,* s. Nordamerika. *Surate* in Ostindien, w. Bombay.					
Suriname in Holl Westindien. Gulden à 20 Stüv. à 16 pf. Cour.	29½	— 45585	—	11	5⅘
Taurien oder die Krimm, wie Rußland.					
Tecklenburg. Rthaler à 21 sl. à 12 pf. . .	14 —	— 95238½	1	—	—
Toulon, s. Frankreich.					
Trankebar in Dän. Ostind. Coromandel. Rthaler à 1½ Rupie . . . . Rupie à 8 Fanum à 80 Casch .	13⁷⁄₁₂ 20⅓	— 99383 — 66255	1 —	1 16	—½ 8⅓
Trier. Rthaler à 54 Petermängen, n. d. 24 fl. Fuß . . . . . . 25 fl. Fuß	16 — 16⅔	— 83333 — 80000	— —	21 20	— 2
Triest. Rgulden à 60 Xr. . . . . . Lire à 20 Soldi à 12 Den. in Valuta corrente . . . . Val. di Piaza	20 — 105⁸⁄₉ 108¼	— 66666 — 12593 — 12319	— — —	16 3 3	9½ 2 1⅓
Tripoli in der Barbarey v. Afrika, wie Algier.					
Tripoli in Syrien, wie Constantinopel.					
Tunis in der Afrik. Barbarey, wie Algier.					

Rechnungsmünzen in	1 Cölln. Mark fein Silber enthält: Stück.	Werth von 1 Stück in Convent. Courent. Rthlr.	Preuß. Cour. Rthl.	Gr.	Pf.
Turin.					
ire à 20 Soldi à 12 Den. . .	44 —	— 30303	—	7	$7\frac{3}{5}$
cudi à 6 Lire	$7\frac{1}{5}$	1,81819	1	21	$9\frac{3}{5}$
Ulm.					
gulden à 60 Xr. à 4 pf. . .	24 —	— 55555	—	14	—
Ungarn.					
gulden à 20 Gr. od. 60 Xr. .	20 —	— 66666	—	16	$9\frac{3}{5}$
Valenzia.					
ucado d'Alicante à 11 R. .	11,681	1,14137	1	4	$9\frac{1}{5}$
ibra à 20 Sueldo à 12 Dinero					
gewöhnlich	12,85	1,03765	1	2	$1\frac{3}{4}$
bey Zoll und Kr. Rechn. .	12,9	1,03460	1	2	— $\frac{1}{2}$
eal de pl. antig.	$102\frac{4}{5}$	— 12971	—	3	$3\frac{1}{5}$
eal de pl. nueva	$128\frac{1}{2}$	— 10376	—	2	$7\frac{1}{7}$
eal de pl. Valencia	171,32	— 07782	—	1	$11\frac{1}{2}$
Venedig.					
ucati à 24 Grossi in					
Banco	$10\frac{1}{3}$	1,29030	1	8	$6\frac{1}{5}$
piccola Cour.	16 —	— 83333	—	21	—
alt Courent	$12\frac{2}{5}$	1,07470	1	3	1
ire à 20 Soldi à 12 Denari in					
Banco	$64\frac{1}{13}$	— 20812	—	5	3
piccola Cour.	$99\frac{1}{5}$	— 13441	—	3	$4\frac{3}{5}$
alt Courent	$76\frac{8}{9}$	— 17341	—	4	$4\frac{2}{3}$
co. Lire grossi à 20 Soldi à 12 Denari grossi	$1\frac{1}{30}$	12,90312	13	13	2
Verden, wie Bremen.					
Verona.					
ire à 20 Soldi à 12 Denari in					
piccol. Cour.	$99\frac{1}{5}$	— 13441	—	3	$4\frac{3}{5}$
Mon. abusiv.	100 —	— 13333	—	3	$4\frac{1}{5}$
Virginien, s. Nordamerika.					
Voigtland					
Gera, Graitz, Schlaitz, Lobenstein, Ebersdorf ꝛc.					
thaler à 24 Ggr. à 12 pf. .	$14\frac{2}{5}$	— 90913	—	22	11
Meißnische Gulden à 21 Ggr. n. d.					
20 fl. Fuß	$15\frac{5}{21}$	— 87500	—	22	— $\frac{3}{5}$
22 fl. Fuß	$16\frac{3}{4}$	— 79545	—	20	—

Rechnungsmünzen in	1 Cölln. Mark fein Silber enthält:	Werth von 1 Stück in			
		Convent. Courent.	Preuß. Cour.		
	Stück.	Rthlr.	Rthl.	Gr.	Pf.
Waldeck.					
Rgulden à 60 Xr. à 4 pf. . .	24 —	— 55555	—	14	—
Warschau.					
Ducat à 18 fl.	4,639	2,87425	3	—	$5\frac{1}{5}$
Thaler à 6 fl.	13,917	— 95808	1	—	$1\frac{2}{3}$
Gulden à 30 Gr.	$83\frac{1}{2}$	— 15968	—	4	— $\frac{1}{3}$
Wesel, wie Cleve.					
Wien.					
Rgulden à 60 Xr.	20 —	— 66666	—	16	$9\frac{3}{5}$
Rthaler à 90 Xr.	$13\frac{1}{3}$	1,00000	1	1	$2\frac{2}{5}$
Wismar, wie Rostock.					
Würtemberg.					
Rgulden à 28 ßl. à 6 pf. . .	24 —	— 55555	—	14	—
Würtzburg, wie Bamberg.					
Wyburg, wie Rußland.					
Zante und *Cefalonia.*					
Real à 10 Lire oder 100 Aspri	$12\frac{8}{5}$	1,07470	1	3	1
Zeeland.					
Gulden à 20 Stüv.	$24\frac{7}{8}$	— 53602	—	13	$6\frac{1}{8}$
Zell oder *Celle*, wie Hannover.					
Zürich.					
Gulden à 60 Xr. à 8 Heller					
nach d. hies. Münzfuß . .	22 —	— 60610	—	15	$3\frac{1}{4}$
durch Laubthaler	$22\frac{1}{5}$	— 60068	—	15	$1\frac{2}{3}$
Zurzach, s. Zürich.					

Zweyte Tafel.

Enthält

Vergleichung und Werth

der

vornehmsten würklich geprägten

Goldnen und Silbernen Münzsorten

der Reiche und Länder,

durch

1) Anzeige des Gewichts, wieviel Stück auf die Cöllnische rauhe oder legirte Mark Gold oder Silber gehen, und wieviel Holländische As ein jedes Stück insonderheit wieget.

2) Anzeige des Gehalts, wieviel Karat à 12 Grän fein Gold, und Loth à 18 Grän fein Silber, in gedachter rauhen Mark befindlich ist.

3) Anzeige der Stücke, die auf 1 Cölln. Mark fein Gold oder fein Silber gerechnet werden können.

4) Anzeige des Werths von jedem Stück, den

    a) die Goldmünzen in Paßier-Pistolen à 5 Rthlr., und

    b) die Silbermünzen in Conventions- und Preuß. Courent haben.

Nota. Bey denen zuerst folgenden Goldmünzen ist der Werth in Paß. Pistolen à 5 Rthlr., und bey den darnach vorgestellten Silber-Münzen der Werth von Conventions-Courent nach Decimal-Theilen, so wie bey den Rechnungsmünzen, angezeiget worden.

Goldmünzen.

	Auf 1 rauhe Cölln. Mk. gehen: Stück	Gewicht von 1 Stück in Holl. As.	Gehalt in Karat.	Gehalt in Grän.	Auf eine feine Cölln. Mk. fein Gold gehen: Stück	Werth von 1 Stück in fein Gold à 5 Rthlr. Rthlr.
Asiatische und Ostindische						
Fanum, Coromandel.	618½	7½	7	11	1875	— 10515
Japanische						
Kobang, alte ungangbare, genannt:						
1) Keyriokin	24,46	196	19	10³	29,935	6,59640
2) Kokin	13,111	371	13	8	23,623	8,56360
neue gangbare à 60 Mas	17,832	272	15	5	27,838	7,08250
Irsybu oder Itzibu						
alte ungangbare	52,87	92	13	8	92,84	2,12362
neue gangbare	71,53	68	15	9	109	1,80893
Kosjukin, ganzer	63½	77	20	4½	74⁷⁄₁₀	2,64980
Pagoden.						
Engl. alte m. 3 Bild. Madr. u. Nagapatnam. alte	68½	71,7	20	8⁵	79³⁄₁₆	2,49468
neue m. Stern seit 1747, Franz. m. d. Monde,						
Nagapatnam. neue f. 1747, und Portonov. alte						
Portonovische neue	68,51	71	19	2³	85⁷⁄₈	2,30250
Nagapatnam. neue	68,51	71	17	9	92⁵⁄₈	2,12860
Lutecorynsche von 1767	68,64	70½	18	5½	89¼	2,20912
Rupien.						
Batavia. vor 1782	55	88	20	—	66⅓	2,97325
seit 1782	55	88	19	—	69,82	2,82390
2 u. 4fache nach Verhältniß.						
Bombasche und Suratsche	21	230	23	7	212½	9,15980
Sudostan. Sicca	21,24	229¼	23	—	22½	8,89620
Persiansche	21,38	227,1	23	3½	22,03	8,94980

Brabantische						
Souveraind'or doppelte	$21\frac{1}{4}$	228,9	22	—	23,182	8,50520
Dergl. einfache	$42\frac{1}{2}$	114,4	22	—	46,364	4,25260
Ducaten	$67\frac{5}{9}$	72	23	8	68,506	2,87810
Curländische						
Ducaten von 1780	67	72,6	23	7	68,184	2,89170
Dänische						
Spec. Ducaten s. 1671	67	72,6	23	6	68,426	2,88150
Cour. Ducat. s. 1757. à 12 Mark	75	64,8	21	—	85,714	2,30025
Christiansd'or, s. 1775	35	138,9	21	8	38,769	5,08550
Deutsche						
Ducaten nach dem Reichsfuß	67	72,6	23	8	67,944	2,90187
n. Holländ. Fuß	67	72,6	23	7	68,184	2,89170
n. Paßier-Fuß	67	72,6	23	6	68,426	2,88150
2fache und ½be nach Verhältniß.						
Carolinen à 3 Goldgulden	24	$202\frac{2}{3}$	⊙ 18 ☽ 3	6 8	31,135	6,33260
½be u. ¼tel u. Verhältn.						
Maxd'or à 2 Goldgulden	36	135,1	⊙ 18 ☽ 4	6 —	46,703	4,22174
2fache u. ½be n. Verhältn.						
Goldgulden, Rheinische	72	67,5	⊙ 18 ☽ 3	6 8	93,41	2,11087
Hannöversche	72	67,5	⊙ 18 ☽ 3	10 8	91,75	2,14894
Pistolen, als Sächs. Augustd'or, Braunschw. Carld'or, Preuß. Frdr. d'or, Hannöv. Georgsd'or u. Churpfälz. Hessencassel., Hildesheim., Mecklenb. Strelitzsche						
5 Rthlr. Stücke gesetzmäßig	35	138,9	21	9	38,621	5,44550
nach dem Paßier- und Zahl-Fuß	35,6	136,6	21	8	39,433	5,00000
2fache und ½be nach Verhältniß.						

Goldmünzen.	Auf 1 rauhe Cölln. Mck. gehen:	Gewicht von 1 Stck. in	Gehalt in		Auf eine feine Cölln Mark Gold gehen:	Werth von 1 Stück in Paß. Pist. à 5 Rthlr.
	Stück.	Holl. As.	Karat.	Grän.	Stück.	Rthlr.
Englische						
Guineen	$28\frac{1}{2}$	$170\frac{1}{5}$	22	—	31,091	6,34150
2 und 5fache, $\frac{1}{2}$be und $\frac{1}{4}$tel nach Verhältniß.						
Französische						
Louisd'or seit 1785	$30\frac{2}{5}$	158,6	21	8	33,97	5,80420
2fache nach Verhältniß.						
Louisd'or von 1726 à 1785, Schild-Ld'or genannt	$28\frac{3}{4}$	169,1	21	8	31,846	6,19120
2fache und $\frac{1}{2}$be nach Verhältn.						
Louisd'or von 1723 — 26, Mirlitons genannt . .	36	135,1	21	$6\frac{1}{2}$	40,108	4,91590
Louisd'or von 1718 — 23, Malth. Kreuz und JL gen.	$24\frac{1}{5}$	199,9	21	6	28,489	6,92100
Louisd'or von 1716 — 18, Noailles mit 4 Wapp. gen.	$19\frac{1}{8}$	254,3	21	8	21,184	9,30700
Louisd'or von 1709 — 16, Sonnen-Ld'or genannt	$28\frac{3}{4}$	$169\frac{1}{6}$	21	6	32,093	6,14360
Louisd'or von 1640 — 1709, alte Ld'or genannt .	35	138,9	21	9	38,62	5,10510
2fache und $\frac{1}{2}$be nach Verhältniß.						
Genueser						
Zecchinen	67	72,6	23	$10\frac{1}{2}$	67,35	2,92750
Doppien od. neue Genovinen à 100 L.	8,296	586,3	21	$10\frac{1}{2}$	9,102	21,66125
$\frac{1}{2}$, $\frac{1}{4}$, $\frac{1}{8}$ nach Verhältniß.						
Doppien oder alte Pistol.	34,732	140	21	9	38,325	5,14450
5, 4, 2fache, $\frac{1}{2}$, $\frac{1}{4}$, $\frac{1}{8}$tel nach Verhältn.						
Holländische						
Ruyder à 14 fl. Cour.	$23\frac{1}{2}$	207	22	—	25,636	7,69080
$\frac{1}{2}$be nch Verhältniß.						

Dopp. oder Pistole à 23 Lire Mailändische und Mantuanische	42⅘	114,9	22	7½	44,934	4,38780
Zecchinen	67,367	72,1	23	10½	67,734	2,91087
Dopp. oder Pistolen neue 2fache nach Verhältniß.	37,22	130¾	21	9	41,07	4,80060
Dopp. oder alte Pistolen 2fache und 1be nach Verhältniß. *Mailiiefer*	35,24	138	21	10	38,736	5,09000
Zecchinen 2 und 4fache n. Verhältn.	71⅞	67⅘	23	5	73⅘	2,67650
Dopp. oder neue Pistolen à 10 Sc. 2fache u. 1be n. Verhältn. *Modenesische*	28,45	171	20	6	33,302	5,92600
Dopp. oder Pistolen 2 u. 4fache n. Verhältn. *Neapolitanifche*	35,42	137,3	21	9	39,085	5,04450
6 Ducati-Stück 4 u. 2 Duc. Stck. nach Verhältm. *Päbstliche*	26⅘	182,4	21	—	30,476	6,46950
Zecchinen neue und alte 10, 5, 2fache, 1be n. Verhältn.	68,⁹⁄₁₆	71,3	23	8	69,184	2,84987
Dopp. oder Pistol. seit 1775 4, 2fache, 1be n. Verhältn.	42¼	113,8	22	—	46,637	4,22765
Alter Zecchin v. Bologna	67¹⁄₁₀	72,6	23	4	68,9=9	2,96050
Alte Doppie oder Pistole von Rom u. Bologna	35½	137	21	9	39,18,	5,03170
2fache, ½, ¼ v. Bologna nach Verhältniß.	35,42	137,3	21	4	59,85	4,94780
Scudo d'oro von Clem. XII.	76 —	64	21	8	84,2?	2,34081
Quartino	256,3	19	21	8	282,9	69450

II

Goldmünzen.	Auf 1 rauhe Cölln. Mk. gehen: Stück.	Gewicht von 1 Stück in Holl. Aß.	Gehalt in Karat.	Gehalt in Grän.	Auf eine Cölln. Mk. fein Gold gehen: Stück.	Werth von 1 Stück in Raf. Diff. 15 Rthlr. Rthlr.
Parmaische						
Zecchinen	67 11/16	72,2	23	6	68,8	2,86575
Dopp. oder Piſtolen, ſeit 1786	32 11/16	148,8	23	10	34,393	5,73270
von 1784 bis 86 nach Verhältniß.	31 6/16	156,1	23	10	32,755	6,01940
3 und 8fache nach Verhältniß.						
Alte Dopp. vor 1784	35 2/3	135,9	21	9	39,49	4,99290
2fache nach Verhältniß.						
Pohlniſche						
Ducaten, f. 1766	67	72,6	23	7	68,184	2,89170
Dergl. alte	67	72,6	23	4	68,913	2,86110
Portugieſiſche						
Dobraons à 24000 Rees	4,3457	1119,4	22	—	4,7407	41,58900
1/2be à 12000 Rees	8,6914	559,7	22	—	9,4814	20,79450
1/4 à 4800 R. Lisbonine genannt	21,7284	223,8	22	—	23,7037	8,31780
1/10 à 2400 Rees	43,4567	111,9	22	—	47,4074	4,15890
1/20 à 1200 R. Millerees genannt	86,91	55,9	22	—	94,8148	2,07945
1/50 à 480 R. neue Crufade genannt	217,28	22,3	22	—	237,037	83178
Dobras à 12800 Rees	8,148	597	22	—	8,	22,18100
1/2be à 6400 R. Johanes genannt	16,296	298 1/2	22	—	17 5/	11,09050
1/4 à 3200 Rees	32,592	149,2	22	—	35	5,54525
1/8 à 1600 Rees, Escudo genannt	65,185	74,6	22	—	71 1/2	2,77262
1/16 à 800 Rees	130,37	37,3	22	—	142	1,38631
1/32 à 400 Rees, alte Crufade genannt	260	18	22	—	284	69315

Russische						
Imperial à 10 Rub. seit 1763	18	270, 2	22	—	$19\frac{7}{11}$	10, 04070
½be nach Verhältniß.						
Alte Imperial s. 1755	14, 118	$344\frac{1}{2}$	22	—	15, 402	12, 80125
½be n. Verhältn.						
Spec. Ducaten s. 1700	$67\frac{3}{7}$	$72\frac{1}{8}$	23	3	69, 604	2, 83270
Andr. Ducaten oder dopp. Rubel	$57\frac{1}{7}$	85, 1	18	9	$73\frac{1}{7}$	2, 69562
Rubel von 1753	145	$33\frac{1}{3}$	22	—	$158\frac{1}{6}$	1, 24656
Sardinische						
Carlini à 25 Lire	14, 55	334, 3	21	6	16, 242	12, 13937
½be u. ¼tel oder Doppietta nach Verhältniß.						
Savoysche und *Piemontesische*						
Doppien à 24 Lire seit 1786	$25\frac{5}{7}$	189, 8	21	9	28, 275	6, 97300
Dergl. von 1755 bis 1786	24, 286	$200\frac{1}{4}$	21	9	26, 798	7, 35750
5, 2½fache, ½be und ¼tel nach Verhältn.						
Dopp. von 1741 und 42 à 18 L.	$32\frac{7}{15}$	$149\frac{3}{4}$	21	9	35, 824	5, 50360
Dergl. 125½ Grani schwer, 16⅜ L.	34, 927	$139\frac{1}{4}$	21	6	38, 99	5, 05710
Zecchinen à 9¾ Lire	$67\frac{7}{20}$	$72\frac{1}{4}$	23	6	68, 78	2, 86662
Schwedische						
Ducaten seit 1777	$67\frac{1}{8}$	$72\frac{1}{2}$	23	5	$68\frac{4}{5}$	2, 86600
Schweitzerische						
Ducaten v. Basel, Bern, Genf, Lucern, Schweitz, Zürich	67	72, 6	23	6	$68\frac{20}{27}$	2, 88150
Dergl. Curer	67	72, 6	23	5	$68\frac{2}{3}$	2, 87130
Pistolen, Genfer, seit 1752	$41\frac{31}{60}$	117, 2	22	—	$45\frac{7}{24}$	4, 35330
Sicilianische						
Onzie à 3 Duc. Reg.	52, 46	92, 7	20	9	60, 675	3, 24950
2fache und ½be nach Verhältniß.						

Goldmünzen.	Auf 1 rauhe Cölln. Mck. gehen: Stück.	Gewicht von 1 Stck. in Holl. As.	Gehalt in Karat.	Gehalt in Grän.	Auf eine feine Cölln Mark Gold gehen: Stück.	Werth von 1 Stück in Paß. Pist. à 5 Rthlr. Rthlr.
Spanische						
Pistolen, seit 1772. 1)	$34\frac{1}{2}$	140,9	21	8	$38\frac{14}{65}$	5,15975
2)	$34\frac{1}{2}$	140,9	21	6	$38\frac{11}{60}$	5,11960
2, 4fache und ½be nach Verhältniß.						
Alte Pistolen, vor 1772. 1)	$34\frac{1}{2}$	140,9	21	9	$38\frac{2}{39}$	5,17900
2)	$34\frac{1}{2}$	140,9	22	—	$37\frac{7}{11}$	5,23862
2, 4fache und ½be nach Verhältn.						
Escudillos d'oro oder Gold-Piaster vor 1786	$132\frac{1}{8}$	36,8	21	8	$146\frac{17}{48}$	1,34712
neue seit 1786	$132\frac{1}{8}$	36,8	20	9	$152\frac{5}{6}$	1,29006
Toscanische						
Ruspono à 40 Lire Mon. buon.	22,35	217,6	23	$11\frac{1}{2}$	22,389	8,80640
Zecchin oder Ruspo	67,05	72,5	23	$11\frac{1}{2}$	67,167	2,93547
Alte Pistolen	34,92	139,3	22	—	38,095	5,17560
Türkische						
Zerimahbub seit 1781. à 3 Piaster	87,97	55,3	19	3	109,675	1,79775
Dergl. alte bis 1764	87,97	55,3	23	—	91,763	2,14794
von 1764 bis 1781	87,97	55,3	22	$1\frac{1}{2}$	95,425	2,06619
½be und ¼tel nach Verhältniß.						
Fonduc bis 1769	72,575	67	23	—	75,73	2,60350
½be nach Verhältn.						
Venetianische						
Zecchin à 22 Lire picc.	66,86	$72\frac{3}{4}$	24	—	66,86	2,94900
mehrfache, ½be, ¹tel n. Verhältn.						
Ducado d'oro à 14 Lire picc.	107,48	$45\frac{1}{4}$	24	—	107,48	1,83450
Alte Donn. oder Pistole à 28 Lire picc.	24,546	140,8	21	5	28,712	5,09200

Silbermünzen.	Auf 1 rauhe Cölln. Mark gehen: Stück.	Gewicht von 1 Stück in Holl. AS.	Gehalt in Loth.	Grän.	Auf eine feine Cölln. Mark Silb. gehen: Stück.	Werth von 1 Stück in Convent. Courant. Rthlr.	Werth von 1 Stück in Preuß. Cour. Rthl.	Gr.	Pf.
Asiatische und Ostindische.									
Japanische.									
Itaganne oder Tigo-gin à 62 Mas	1,5162	3208	7	7	9,17	4,06110	4	6	4
Nandiogin à 7½ Mas	23,052	211	15	12½	9,60	56736	—	14	3½
Kodama	13,66	368	7	—	23½	44310	—	11	2
Larin von Arabien	48,64	100	14	9	39,09	24842	—	6	3
Mamoedi von Persien	49,2	97½	12	9	53,67	20885	—	5	1½
Rupien. Arcatische	20,26	239	15	2	63,87	61871	—	15	7
Bassinsche, Bombaische, Madrasche, Suratische	20,3	242	15	2	21,18	62671	—	15	9
Datavische von 1766, 1fache	20,4	240	15	6	20,92	63735	—	16	8
von 1782	17,66	272	13	12	21,14	62135	—	15	4½
Bengalsche Sicca	20,06	242	15	17	20,00	65095	—	16	7
Dergl. von verschiedn. Münzstädten	20,1	242	14	2	21,19	61955	—	15	4
Calpatingasche	20,0	236	15	—	21,18	61127	—	15	4
Coromandelsche	20,0	237	15	—	21,18	61127	—	15	1
Haidewarsche	20,1	233	15	9	22,18	59992	—	15	—
Magnitipatnamsche	20,1	239	15	12	21,006	63475	—	16	9
Madras	20,1	237	15	9	20,96	63613	—	16	—
Persianische	20,2	236	15	7	21,3½	62653	—	15	9
Pondicherische	20,26	239	15	7	21,3½	63023	—	15	10
Brabantische.									
Ducatons seit 1749	7,1	685,1	13	16	8,179	1,65020	1	17	1
½, ¼, ⅛, ⅟₁₆ nach Verhältniß.									

Silbermünzen.	Auf 1 raube Cölln. Mark gehen: Stück.	Gewicht von 1 Stück in: Holl. Aß.	Gehalt in:		Auf eine feine Cölln. Mark gehen: Stück.	Werth von 1 Stück in Convent. Courant: Rthlr.	Werth von 1 Stück in Preuß. Cour.		
			Loth.	Grän.			Rthl.	Gr.	Pf.
Brabantische									
Kronenthaler, seit 1755 . . .	7,97	610½	13	16	9,18	1,52500	1	12	7½
½be, ¼tel nach Verhältniß.									
Schillinge Escalins seit 1749	47	102,4	9	4	81,61	16337	—	4	1½
½be dergl. f. 1755. Plaquets genannt	87	56	8	—	174	07663	—	1	1
5 Stüv. Stück von 1749 . . .	49½	98,4	6	10	129,82	11036	—	2	9
Curländische									
Albertsthaler	8⅕	583,7	13	16	9⅘	1,38887	1	11	—
Dänische									
Species-Reichsthaler.									
Dänische ganze à 96 fl. Spec.	8 5/12	601	14	—	9 4/13	1,44144	1	12	4
½be à 48 fl.	16 1/10	300½	14	—	18 2/?	72072	—	18	2
Schleßw. Hollst. neue f. 1787									
ganze à 48 Spec. 60 Cour. fl. Lüb.	8 1/12	601	14	—	9 4/13	1,44144	1	12	4
⅔tel à 32 40	12 ?	400⅓	14	—	13 ?	96096	—	12	2½
½tel à 16 20	24 ?	200⅓	14	—	27 ?	48048	—	12	1½
⅓tel à 10	38 ?	127½	11	—	55 ?	24024	—	6	1
⅙tel à 5	55 ?	87,6	8	—	111	12012	—	3	—
… à 4	83 ?	58,4	6	—	222	06006	—	1	6
Current-Sorten, Dänische.									
24 fl. Stück, seit 1730	25 ?	190,7	9	—	45½	29412	—	7	5
16 fl. Stück red. auf 15 fl.	45	108,1	10	—	72	18319	—	4	8
… red. auf 10 fl	60								

8 fl. Stück, 3 div. Ausbr.		—	09804	136		—
4 fl. Stück, 2 dergl.		—	04902	272		—
Alte Kronen à 4 Mark Kron-Valuta						
feine von 1618 — 1726		—	82474	16	13½	13
von 1692 — 1726		—	85472	15	6	13
grobe v. 1643 — 1645		—	75396	17	9	9
v. 1650 — 1771		—	85319	15	13¼	10
8, 2½, 1, ½ Mark-Stück n. Verhältn.						
Justus Index, Ebner v. 1643 à 45.		—	37690	35	9	9
à 3 Mark, red. à 28 fl. Dän.		—	18845	70¼	9	9
à 1 Mark, red. à 14 fl. Dän.						

Deutsche.

a) Nach dem Convent. Fuß, die Cöllnische Mark fein Silber zu 13½ Rthlr.

Species-Rthaler zu 2 rfl.	1	1,33333	10	6	13	
½ber, ⅓tel nach Verhältn.						
4 Ggr. Stück	—	16667	80	12	8	
2 Ggr. ⅓ Margr. Stück	—	08333	160	16	7	
1 Ggr. Stück	—	04166	320	6	5	
Kopfstück à 20 Xr.	—	22222	60		9	
½be à 10 Xr.	—	11111	120		8	
⅓tel à 5 Xr.	—	05555	240		7	
Kaisergr. à 3 Xr. od. fl.	—	05333	400	9	5	
17 Xr. Stück Oesterr.	—	18889	70	12	8	
7 Xr. Stück dergl.	—	09778	171	13	6	

b) nach dem Leipz. od. Reichsfuß v. 1736, die Cölln. Mrk. f. Silber zu 12 Rthlr.

| Speciesthaler zu 2 rfl. à 32 Ggr. | 1 | 1,48148 | 9 | 4 | 14 | 8 |

ordin. oder neue	$13\frac{1}{2}$	$360\frac{1}{4}$	12	—					
feine Lüneburger	$17\frac{7}{8}$	272	15	16	18	—,74074	—	18	8
Sächsische	17	286	15	2					
$\frac{1}{3}$ und $\frac{1}{6}$ Rthlr. Stücke n. Verhältn.									
c) Nach dem Lübischen Courent-Fuß, die Cölln. Mck. fein Silber zu $11\frac{1}{3}$ Rthlr.									
Rthaler à 3 Mark in Lübeck, ſ. 1752 .	$8\frac{1}{2}$	572,2	12	—	$11\frac{1}{3}$	1,17647	1	5	$7\frac{4}{5}$
2 Mark-Stück, ſ. 1726	$12\frac{3}{4}$	$381\frac{1}{2}$	12	—	17	— 78431	—	19	$9\frac{1}{5}$
1 Mck. Stck. ſ ſ	$25\frac{1}{2}$	$190\frac{3}{4}$	12	—	34	— 39215	—	9	$10\frac{3}{5}$
8 ßl. Stck. ſ ſ	$42\frac{1}{2}$	114	10	—	68	— 19608	—	4	$11\frac{1}{5}$
4 ßl. Stck. ſ ſ	$76\frac{1}{2}$	$63\frac{1}{2}$	9	—	136	— 09804	—	2	$5\frac{3}{5}$
2 ßl. Stck. ſ ſ	119	40,8	7	—	272	— 04902	—	1	$2\frac{4}{5}$
12 ßl. Stck. Mecklenb.	$26\frac{3}{5}$	$182\frac{5}{6}$	9	—	$47\frac{1}{4}$	— 28219	—	7	$1\frac{1}{5}$
d) Nach dem Preuß. Courent-Fuß, die Cölln. Mck. fein Silber zu 14 Rthlr.									
Rthaler zu 24 Ggr.	$10\frac{1}{2}$	463	12	—	14	— 95238	1	—	—
$\frac{1}{2}$be zu 12 Ggr.	21	$231\frac{1}{2}$	12	—	28	— 47619	—	12	—
$\frac{1}{4}$tel zu 6 ſ	42	$115\frac{3}{4}$	12	—	56	— 23809	—	6	—
$\frac{1}{3}$tel zu 8 ſ	28	$173\frac{2}{3}$	10	12	42	— 31746	—	8	—
$\frac{1}{6}$tel zu 4 ſ	$43\frac{3}{4}$	111	8	6	84	— 15873	—	4	—
$\frac{1}{12}$ zu 2 ſ	63	77	6	—	168	— 07936	—	2	—
Tympfe, 5 auf 1 Rthlr.	$39\frac{3}{8}$	$123\frac{1}{2}$	9	—	70	— 19045	—	4	[illegible]

Englische									
Kronen à 5 ßl. Sterl.	7,8	623,6	14	12	8,509	1,56094	1	15	$5\frac{4}{5}$
$\frac{1}{2}$be à $2\frac{1}{2}$ ßl. Sterl.	15,6	311,8	14	12	17,018	— 78047	—	19	9
Schillinge à 12 pf. Sterl.	39	124,7	14	12	42,55	— 30908	—	7	$10\frac{4}{5}$
$\frac{1}{2}$, $\frac{1}{3}$, $\frac{1}{4}$, $\frac{1}{6}$, $\frac{1}{12}$ nach Verhältn.									
Französische									
Laubthaler f. 1726	8	608	14	$7\frac{1}{2}$	8,879	1,50175	1	13	10
$\frac{1}{2}$, $\frac{1}{5}$, $\frac{1}{10}$, $\frac{1}{20}$ n. Verhältn.									
Neue 30 Sols-Stück v. 1792. 1) befunden	23	$211\frac{1}{2}$	10	9	$35\frac{1}{20}$	— 38041	—	9	$6\frac{3}{4}$
2) angebl.	23	$211\frac{1}{2}$	10	12	$34\frac{1}{2}$	— 38648	—	9	9
Dergl. 15 Sols-Stck. n. Verhältn.									
Alte Ecû, Bideneuf oder II. Thaler, von 1724 bis 26	9,967	488	14	9	10,998	1,21230	1	6	$6\frac{3}{5}$
Dergl. Navarra Thaler von 1718 bis 24	9,593	507	14	10	10,545	1,26444	1	7	$10\frac{1}{5}$
Dergl. Kronen-Thaler von 1709 bis 18	7,7	631,6	14	9	8,497	1,56930	1	15	$6\frac{1}{2}$
Dergl. Louisblanc von 1640 bis 1709. 1)	9	$540\frac{1}{2}$	14	11	9,855	1,35290	1	10	1
2)	9	$540\frac{1}{2}$	14	10	9,893	1,34775	1	9	$11\frac{1}{2}$
$\frac{1}{2}$, $\frac{1}{4}$ rc. dieser alten Sorten n. Verhältn									
Genueser									
Genovinen, Croizat, od. Scudi d'argento à 9 Lire fuor Bco.	6,607	736,2	15	2	6,996	1,90594	2	—	—
2fache, $\frac{1}{2}$, $\frac{1}{4}$, $\frac{1}{8}$, $\frac{1}{16}$ n. Verhältn.									
Scudo di St. Giov. Baptista oder Scudi di Cambio à 5 Lire fuor Bco. . . .	11,4	$426\frac{2}{5}$	14	12	12,436	1,07212	1	3	—
$\frac{1}{2}$, $\frac{1}{4}$, $\frac{1}{8}$, $\frac{1}{16}$, $\frac{1}{32}$ nach Verhältn.									
Madoninen à 2 Lire fuor Bco.	25,73	189,1	13	6	30,874	— 43188	—	10	$10\frac{3}{5}$
1fache, $\frac{1}{2}$be, $\frac{1}{4}$tel nach Verhältn.									
Giorgini à $1\frac{3}{10}$ Lire fuor Bco. . .	40,75	119,3	13	14	47,325	— 28175	—	7	$1\frac{1}{5}$
$\frac{1}{2}$be nach Verhältniß.									

Silbermünzen.	Auf 1 rauhe Cölln. Mark gehen: Stück.	Gewicht von 1 Stück in: Zoll As.	Gehalt in: Loth.	Gran.	Auf eine feine Cölln. Mark Silb. gehen: Stück.	Werth von 1 Stück in: Convent. Courant. Rthlr.	Preuß. Cour. Rthlr.	Gr.	Pf.
Holländische									
Drey Gulden-Stück 2 und 1 fl. n. Cölln. Crt. nach Verhältniß.	7,41	656 1/2	14	12	8,083	1,64956	1	17	6 1/4
Gulden-Stück 1/2, 1/4 u. n. Verhältniß.	22,217	218,9	14	10 1/2	24 1/2	—,54701	—	13	9 1/4
Schillinge à 6 Stüv.	467	103,8	9	2 1/2	82,07	—,16247	—	4	1
Settialis à 5 1/2 Stüv.	5086	97	9	—	696	—,14953	—	3	9 1/2
Dubbeltjes à 2 Stüv.	145 1/2	33 1/2	9	—	254,7	—,65235	—	1	3 1/2
Stüver	296 1/2	16,—	9	2	509,4	—,02617	—	—	8
Ducatons	7,17	678,4	15	—	7,648	1,74337	1	19	11 1/2
ibe	14,34	339 1/2	15	16	15,296	—,87169	1	21	11 1/2
Thaler, seit 1659 2/3, 1/3 u. 1/6 nach Verhältniß.	8 1/2	584	13	—	9 1/2	1,38887	1	11	11
Alte Goldgulden von 1601 Dergl. 1/2, 1/4 u. n. Verhältniß.	12,345	394	13	—	15 1/2	—,87752	—	22	1 1/2
	11,951	407	11	—	17,50	—,76756	1	19	4
Löwenthaler ibe nach Verhältniß.	8,533	570	11	10 1/2	11,457	1,16375	1	5	4
Luccasche									
Scudi von 7 1/2 Lire	8,943	544	15	—	9 1/2	1,39775	1	11	2 3/4
Mailändische und Mantuanische									
Scudo Mail. à 6 Lire ibe nach Verhältniß.	10,1	481,6	14	6	11,274	1,18269	1	5	9 1/2
Scudo bianca Mant.	2,089	515,1	12	16	102,471	1,27337	1	8	1

Tallaro Mant.	10,604	458,7	12	—	14,139	— 94302	—	23	$9\frac{1}{3}$
Lire Mail. neue	37,35	$130\frac{1}{3}$	8	15	67,64	— 19712	—	4	$11\frac{4}{5}$
alte	$63\frac{5}{8}$	76,4	15	—	$67\frac{7}{8}$	— 19646	—	4	$11\frac{3}{5}$
½be nach Verhältniß.									
Convent. Species, s. Deutschland.									
Scudi della Coronna, s. Brabant. Kronen.									
alte Sorten.									
Ducaton Mail.	7,341	$662\frac{1}{2}$	15	3	7,745	1,72160	1	19	$4\frac{4}{5}$
2fache und ½be nach Verhältniß.									
Ducaton Mant.	7,341	$662\frac{1}{4}$	15	—	7,831	1,70269	1	18	11
½be nach Verhältniß.									
Filippo Mailand.	8,39	579,7	15	3	8,851	1,50640	1	13	$11\frac{1}{2}$
Malthefer									
Onzia zu 30 Tari	7,879	617,3	13	6	9,455	1,41019	1	11	$6\frac{1}{5}$
½be nach Verhältniß.									
Scudo zu 12 Tari	19,697	246,9	13	6	23,637	— 56406	—	14	$2\frac{3}{5}$
½ber à 6 Tari	$35\frac{11}{24}$	$137\frac{1}{8}$	12	—	47,275	— 28203	—	7	$1\frac{1}{3}$
⅓, ⅙, $\frac{1}{12}$tel u. Verhältn.									
Modenasche									
Ducaton dopp. Fr. Pr.	3,685	1320	15	1	3,916	3,40460	3	13	$9\frac{1}{2}$
Scudo von 1739. Fr. Pr.	8,118	600	13	13	9,465	1,40862	1	11	6
Ducato Fr. Pr.	10,577	468,7	9	6	17,79	— 74952	—	18	$10\frac{4}{5}$
Ecu de Billon Fr. Pr.	14,57	$333\frac{1}{3}$	6	8	36,17	— 36861	—	9	$3\frac{1}{2}$
Lire de Billon Fr. Pr.	19,47	249,8	4	2	75,77	— 17597	—	4	$5\frac{1}{3}$
Neapolitanische									
Scudi zu 120 Grani v. 1784	8,561	568	13	6	10,273	1,29780	1	8	$8\frac{2}{3}$
Ducati zu 100 Grani v. 1784	10,274	473,4	13	6	12,328	1,08150	1	3	3
½be nach Verhältniß.									

Vergl. v. 1747. Gr. Mr.	9	7	1	1,26062	10,576	4	14	517,4	9,402
Vergl. v. 1735. Gr. Mr.	6	8	1	1,29219	10,318	6	14	526,2	9,244
Vergl. v. 1731. Gr. Mr.		8	1	1,27319	10,472	6	14	518,4	9,382
Ducato von 1715. à 100 Gr. Gr. Mr.	4	4	1	1,11770	11,93	9	14	450	10,811
Vergl. v. 1693. à 100 Gr. Gr. Mr.	4	4	1	1,12712	11,83	8	14	455,4	10,68
Vergl. v. 1689. à 120 Gr. Gr. Mr.		9	1	1,31819	10,115	9	14	530,6	9,167
Vergl. v. 1684. à 132 Gr. Gr. Mr.	3	12	1	1,43900	9,266	9	14	579½	8,397
Die Scudi u. Duc. nach Verhältn.									
Taro zu 20 Gr. v. 1737. Gr. Mr.	—	—	—	21124	62,12	5	13	92½	52,38
Vergl. zu 24 Gr. v. 1730. Gr. Mr.	—	—	—	25989	51,3	8	14	105	46,32
Vergl. v. 1716. Gr. Mr.	—	—	—	22159	69,17	8	14	89¼	54,32
Vergl. v. 1701. Gr. Mr.	—	—	—	22329	59,71	10	14	89½	54,32
Vergl. v. 1699. Gr. Mr.	—	—	—	22605	58,98	10	14	90	53⅔
Vergl. à 24 Gr. 1689. Gr. Mr.	—	—	—	25362	52,57	10	14	101½	47,83
Vergl. à 26 Gr. 1680. Gr. Mr.	—	—	—	28560	46,684	9	14	115	42,31
Carlino à 10 Gr. v. 1755 u. 1730. Gr. Mr.	—	—	—	10316	129½	6	14	42	115,9
Vergl. v. 1685 à 13 Gr. Gr. Mr.	—	—	—	13952	95,57	8	14	56⅚	86,27

Päbstliche

Scudo von Rom und Bologna, seit 1753.							
ganze à 10 Paoli 5 Lire	1,40062	9,523	112	14	557	8,73	
½ be à 5 Paoli 2½ Lire	7,0031	19,047	13	14½	278½	17,46	

3		—	14006	95,234	—	87,3
9	1	1,32940	10,03	14	535	9,089
8/16	1	1,27441	10,7	13	572	8½
8		63872	20	13	286	17
4		31936	41	9	192	25
9		15968	83	8	109	44
16	1	1,33333	10	13	583	8⅓
8		66667	20	13	291	16
4		33333	40	10	194	25
2		16667	80	8	112	43
1		08333	160	7	69	70
		04166	320	5	41	117
18		74148	17,982	14	298	16,296
22		91018	14,65	9	590,3	8,24
1	1	1,02563	13	12	499	9
12		51251	26	12	249	19
6		25503	52,28	12	124	39
5		20402	65,35	12	99	49
3		15209	87	12	74	65
2		10139	131	12	49	98

Paoli à 10 Baj. · · · · · · ·
be und ⅓tel nach Verhältniß. *Parmesche*

Ducati, seit 1784 · · · · · ·
½, ¼, u. Verhältn. *Pohlnische*

Species-Thaler zu 8 fl. f. 1787 ·
be à 4 fl. · · · · · · ·
2 fl. Stück · · · · · ·
1 fl. Stück · · · · · ·
Spec. Thlr. von 1766 bis 1787 ·
be · · · · · · · · ·
2 fl. Stück · · · · · ·
1 fl. Stück · · · · · ·
be dergl. · · · · · · ·
¼tel dergl. · · *Portugiesische*

Crusaden al 480 Rees · · · ·
½, ¼, ⅛ nach Verhältn. *Ragusische*

Visline oder Ragusine · *Russische*

Rubel seit 1762, à 100 Kop. · ·
be à 50 Kop. · · · · · ·
1tel à 25 Kop. · · · · ·
¼tel à 20 Kop. · · · · ·
3tel à 15 Kop. · · · · ·
1/20 à 15 Kop. · · · · ·
1/16 à 10 Kop. · · · · ·

Rubel von 1731 bis 1762	9,052	$537\frac{1}{2}$	12	15	11,285	1,18150	1	5	$9\frac{3}{5}$
von 1718 bis 1731	8,228	591	11	12	11,285	1,18150	1	5	$9\frac{1}{5}$
von 1704 bis 1718	8,293	$586\frac{1}{2}$	13	14	9,631	1,38444	1	10	$10\frac{2}{5}$
Sardinische									
Scudi à $2\frac{1}{2}$ Lire	9,904	491	14	6	11,056	1,20600	1	6	$4\frac{2}{5}$
$\frac{1}{2}$be und $\frac{1}{4}$tel nach Verhältniß.									
Savoische und *Piemontesische*									
Scudi à 6 Lire s. 1755	6,643	732	14	9	$7\frac{1}{5}$	1,81819	1	21	$9\frac{4}{5}$
$\frac{1}{2}$, $\frac{1}{4}$, $\frac{1}{8}$ n. Verhältn.									
Schwedische									
Speciesthaler à 48 ßl. s. 1777 . . .	7,988	609	14	1	9,093	1,46630	1	12	$11\frac{2}{5}$
$\frac{2}{3}$ à 32 ßl.	11,982	406	14	1	13,64	— 97753	1	—	$7\frac{2}{5}$
$\frac{1}{3}$ à 16 ßl.	23,964	203	14	1	27,28	— 48877	—	12	$3\frac{3}{5}$
$\frac{1}{6}$ à 8 ßl.	$37\frac{28}{40}$	129	11	1	54,6	— 24421	—	6	$1\frac{4}{5}$
$\frac{1}{12}$ à 4 ßl.	$55\frac{19}{40}$	$87\frac{2}{3}$	8	2	109,43	— 12184	—	3	— $\frac{4}{5}$
$\frac{1}{24}$ à 2 ßl.	$84\frac{13}{20}$	$57\frac{2}{3}$	6	2	220,78	— 06039	—	1	$6\frac{1}{5}$
Alte Carolinen oder 2 Mark-Stück .	$22\frac{7}{15}$	$216\frac{1}{2}$	11	2	32,35	— 41211	—	10	$4\frac{3}{5}$
10 Oer-Stück von 1776	$33\frac{17}{60}$	146	7	2	$74\frac{9}{10}$	4gr. $3\frac{1}{5}$pf.	—	4	$5\frac{4}{5}$
5 Oer-Stück von 1776	$66\frac{17}{30}$	73	7	2	$149\frac{4}{5}$	2 - $1\frac{3}{5}$ -	—	2	3

Schweitzerische									
Baseler, Stadt und Canton									
Thaler s. 1764 à 30 Batzen	10	486⅓	13	9	11 17/20	1,12500	1	4	4⅕
Gulden à 15 Batzen	20	243	13	9	23 7/10	— 56250	—	14	2
10 Batzner	27	180	12	—	36	— 37040	—	9	4
5 Batzner	45	108	10	—	72	— 18520	—	4	8
3 Batzner	56	86⅔	7	—	128	— 10416	—	2	7½
Berner									
Franken à 10 Batzen	28⅞	168⅓	13	6	34 11/20	— 38480	—	9	8⅓
½be à 5 Batzen	52 3/40	93⅓	12	—	69 11/10	— 19203	—	4	10
¼tel nach Verhältniß der ½ben.									
Genf oder Genever									
Paragon oder Thaler à 3 Liv. . . .	8,655	562	13	6	10,386	1,18380	1	8	4
Livres	49	99	12	—	65,38	— 20390	—	5	1⅓
Lucerner									
10 Batzen-Stück	28,65	169⅔	13	6	34,38	— 38783	—	9	9⅓
5 Batzen-Stück	51,57	94	12	—	68,76	— 19391	—	4	10⅔
10 Schilling-Stück	78,31	62	12	—	104 5/12	— 12770	—	3	2⅔
5 Schilling-Stück	174 23/30	27,8	12	—	233 1/48	— 05720	—	1	5⅓
Soloturner									
10 Batzen-Stück	30 5/12	160	13	6	36½	— 36530	—	9	2½
5 Batz. Stück	55	88⅓	12	—	73⅓	— 18180	—	4	7
2½ Batz. Stck.	110	44	12	—	146⅔	— 09090	—	2	3½
Zürcher									
Thaler à 2 fl.	9 9/11	524	13	9	11	1,21212	1	6	6½
Gulden à 40 ßl.	18 2/11	262	13	9	22	— 60606	—	15	3
½be à 20 ßl.	33	147	12	—	44	— 30303	—	7	7½

Scudo zu 12 Tari	$8,561$	568	13	6	$10,273$	$1,29780$	1	8	8
$\frac{1}{2}, \frac{1}{3}, \frac{1}{4}, \frac{1}{6}, 1\frac{2}{3}$ nach Verhältniß.									
Scudo von 1735. Fr. Pr.	$8,577$	567	13	4	$10,378$	$1,28469$	1	8	$4\frac{1}{2}$
von 1753. Fr. Pr.	$9\frac{1}{4}$	$530\frac{1}{2}$	14	5	$10,272$	$1,29800$	1	8	8
¼be von 1753. Fr. Pr.	$18\frac{1}{2}$	265	14	8	$20,307$	65657	—	16	6
Spanische									
Piaster seit 1772	$8\frac{2}{5}$	561	14	6	$9\frac{3}{4}$	$1,37825$	1	10	$8\frac{1}{2}$
$\frac{1}{2}, \frac{1}{3}, \frac{1}{6},$ n. Verhältn.									
Provinc. oder Scheidemünzen									
Pesetas à 4 R. de Vell.	$38\frac{1}{2}$	$127\frac{1}{2}$	13	6	$45\frac{7}{16}$	29192	—	7	$4\frac{1}{2}$
Real nuev. à 2 dergl.	$76\frac{1}{2}$	63	13	6	$91\frac{50}{..}$	14596	—	3	8
Real de Vellon	$152\frac{1}{4}$	32	13	6	$182\frac{7}{..}$	07298	—	1	10
Piaster ältere u. Gr. Pr.	$8,73$	557	14	9	$9,633$	$1,38412$	1	10	$10\frac{1}{2}$
Mexican. alte	$8,713$	558	14	8	$9,651$	$1,38150$	1	10	$9\frac{1}{2}$
" von 1744	$8,73$	557	14	8	$9,67$	$1,37875$	1	10	9
" neue eckigte	$8,825$	$550\frac{1}{2}$	14	10	$9,712$	$1,37287$	1	10	7
mit 2 Globen v. 1748	$8,644$	$562\frac{5}{8}$	14	8	$9,575$	$1,39250$	1	11	10
Toscanische									
Francesconi oder Leopoldini à 10 Paoli	$8,468$	$574\frac{1}{4}$	14	4	$9,526$	$1,39969$	1	11	3
¼be nach Verhältniß.									

Testono à 3 Paoli	28,23	172	14	4	$31\frac{1}{3}$	— 41991	—	10	7
Paoli	84,68	$57\frac{1}{3}$	14	4	95,26	— 13997	—	3	$6\frac{1}{3}$
Lire	52,44	$92\frac{2}{5}$	13	6	62,93	— 21188	—	5	4
Tallari à 9 Paoli	8,621	564	13	6	10,345	1,28887	1	8	5,7
Ducaton alt. $\frac{1}{2}$ber v. 1676 n. Fr. Pr.	15,12	$321\frac{2}{5}$	15	4	15,893	— 83896	—	21	1,7
Pezza della Rosa v. 1718. Fr. Pr.	9,053	537	14	10	9,952	1,33980	1	9	9,6
Livornino della Torre v. 1707. Fr. Pr.	8,644	$562\frac{2}{5}$	14	10	9,502	1,40319	1	11	4,3
Teston v. 1575. Fr. Pr.	25,14	$193\frac{1}{5}$	15	2	26,621	— 50085	—	12	7,2
Lire v. 1640. Fr. Pr.	57,9	84	15	4	60,85	— 21911	—	5	$6\frac{1}{3}$
Türkische									
Juspara à $2\frac{1}{2}$ Piast.	7,211	$674\frac{1}{2}$	11	—	$10\frac{1}{2}$	1,27120	1	8	—
2 Piast. Stück	9,014	$539\frac{1}{2}$	11	—	$13\frac{1}{9}$	1,01696	1	1	7,2
$1\frac{1}{2}$ Piast. Stück	12,018	$404\frac{1}{5}$	11	—	$17\frac{1}{2}$	— 76272	—	19	2,4
Piaster à 40 Para	18,027	$269\frac{3}{5}$	11	—	$26\frac{1}{4}$	— 50848	—	12	9,6
$\frac{1}{2}$, $\frac{1}{4}$, $\frac{1}{8}$ nach Verhältniß.									
Piaster von 1780	12,9	377	8	—	25,81	— 51660	—	13	—
v. 1771 bis 80	12,1	402	8	$14\frac{2}{5}$	22	— 60610	—	15	3
v. 1770 bis 71	$13\frac{1}{9}$	$368\frac{1}{2}$	9	$10\frac{4}{5}$	22	— 60610	—	15	3
v. 1764 bis 70	12,1	402	9	$10\frac{4}{5}$	$20\frac{1}{6}$	— 66115	—	16	8
v. 1760 bis 64	12,1	402	10	$7\frac{1}{5}$	$18\frac{5}{8}$	— 71590	—	18	$-\frac{1}{2}$
Venetianische									
Ducati à 8 Lire	10,26	474	13	4	12,415	1,07460	1	3	— 8
Scudo della Croze à $12\frac{2}{5}$ Lire	7,352	$661\frac{1}{2}$	14	12	8,020	1,66244	1	17	10,7
Giustina, Ducatone, 11 Lire	8,36	$581\frac{2}{5}$	14	14	9,051	1,47320	1	13	1,5
Talero à 10 Lire	8,681	560	13	$17\frac{1}{2}$	9,941	1,34130	1	9	9,6
$\frac{1}{2}$, $\frac{1}{4}$, $\frac{1}{8}$ d. Münzen n. Verhältn.									
Osella à $3\frac{9}{16}$ Lire	23,76	$204\frac{2}{5}$	14	16	25,532	— 52223	—	13	2

Dritte Tafel.

Vergleichung

verschiedener Ellen-Maaße

von

ändern und Oertern, die in den vorhergehenden Nachrichten des Taschenbuches nicht vorkommen,

durch

Anzeige ihrer Längen in Franz. Linien, davon 144 auf
den Pariser Fuß gehen.

ota. Die hinter den Linien befindlichen kleinen Ziffern sind 10 Theile.

Z 2

Ellenmaaße in	Franz. Lin.	Ellenmaaße in	Franz. Lin.
Abbeville, Aune	524	Biel, Elle	250,2
Acre, Draa stambuli	287	Bielefeld, Elle	260
Agen, Pariser Aune	526,8	Bombay, Cobido	204
Canne	263,4	Bourg la Bresse, Aune	516,3
Aix, Parif. Aune	526,8	Bourgogne, Aune	354,4
Aleppo, Pik	300	Brabant, Elle	306,5
Draa stambuli	287	Braunau, Elle	344,5
Draa Masré	246	Breda, Elle	307
Alexandrette, Pik	289,7	Bretagne, Aune	610
Alexandria wie Aleppo.		Brügge, Elle gewöhnl.	307,8
Algier, Pik lange	276	zu Leinen	321,4
kurze	207	Brache	250,2
Amberg, Elle	370,2	Parif. Aune	526,8
Amiens, Parif. Aune	526,8	Caen, Aune	524
Anduse, Aune	878	Cairo, wie Aleppo.	
Aran, Aune Pariser	526,8	Calais, Aune	524
kleine	263,4	Calicut, Cobido	202,7
Arras, Aune	320,9	Derub	246
Asturien, Vara	387,3	Cambray, Elle	325,2
Aubenas, Canna	881,7	Canarische Inseln, Vara	377,5
Pan	110,2	Canton, Cobido	158
Aurich, Elle	298,3	Cany, Aune	532
Avignon, Canne	873,3	Carlsbad, Elle große	300,2
Aune	517,4	kleine	262,3
Bantam, Cobido	223	Carthagena, Vara	371
Batavia, Holländ. Elle	313	Caschau, Elle	267,3
Engl. Yarde	417,3	Casal, Braccio	293,2
Franz. Aune	522,5	Castres, Canne	
Cobido	223	Ober-Languedoc	790,2
Bautzen, Elle	255,3	Nied. Languedoc	878
Bayern, Elle	354,2	Ceylon, Cobido	208,7
Bender-Abaß, f. Gambron		Chambery, Rafo	254,7
Bengalen,		Chateaurour, Aune	524
Covido zu Hougly	197,1	China, Cobido	158
Casimbazar	125,2	Chinon, Parif. Aune	526,8
Denderayapour	185,5	Christiana, Elle	278,3
Bazar Cobido	178,8	Cöthen, Elle	281,9
Ges oder Cos zu Hougly	394,2	Constanz, Elle große	329,5
zu Patna	469,5	kleine	306,3
Bergen op Zoom, Elle	307	Corfu, Pik	254,4
Beyersdorff, Elle	292,4	Coromandel, Cobido	208,7
Beziers, Canne à 8 Pans	351,2	Ges	371,7

26

Ellenmaaße in	Franz. Lin.	Ellenmaaße in	Franz. Lin.
Courtray, Elle	329,2	Harlem, Elle gewöhnl	303
Cracau, Elle	273,5	zu Leinw.	329,2
Crema, Braccio	296,8	Haßfurth, Elle	300
Culmbach, Elle	271,5	Herzogenbusch, Elle	307,3
Curaffao, Vara	388,9	Hirschberg, Elle	255,3
Cypern, Pik	297,7	Hollstein, Elle	254
Dänemark, Elle	278,2	Jägerndorf, Elle	252
Damask, Pik	258	Japan, Ink	842,5
Pechy	280,2	Ikje	939
Dauphiné, Aune	873,1	Ingolstadt, Elle	353
Delft, Elle	306	Inspruck, Elle	348,5
Dordrecht, Elle	302,9	Irrland, wie England.	
Dornick, Elle	292,7	Island, Ale	253
Douai, Aune	260,1	Ispahan, Gueza	421,5
Dublin, wie England.		Jverdun, Aune	486,4
Düsburg, Elle	295,6	Kaufbeuern, Elle	261,5
Düsseldorf, Elle	239,2	Kempten, Elle	301,2
Edinburg, Elle	409,5	Kiel, Elle	255
Elbing, Elle alte	297,3	Kitzingen, Elle	264,3
England, Yarde	405,5	Krembs, Elle	331,6
zu Leinwand	506,9	Krimische Pik	432
zu Boy u. Frieß	311	Halebi	324
Erlangen, Elle	292,4	Lachter, Bergmaaß in	
Fermo, Braccio	291	Dänichen	891,7
Flensburg, Elle	254	Eisleben	891,5
Forli, Braccio	272,7	Freyberg	879,2
Freyberg	251,2	Joachimsthal	866,9
Gambron, Gueza	436	Clausthal	852,8
Cobido	425,8	Langensalza, Elle	256,2
Pik	270,3	Languedoc, Canne	879,4
Gent, Elle gewöhnl.	307,8	Lauban, Elle	249,9
Leinw.	321,4	Lausane, Aune	476,7
Gera, Elle	247,6	Laval, Aune	536,5
Glaß, Elle	259,8	Legnano, wie Verona.	
Goa, Cohida	304,1	Leiden	302,8
Cando	528,2	Lenzburg, Braccio	276,6
Görlitz, Elle	250	Parif. Aune	526,8
Granada, Vara	307,3	Leutkirche, Elle	311,5
Grätz, Elle	380,8	Lindau, Elle	307
Guben, Elle	296,3	Lodi, Braccio	202,2
Gundelfingen, Elle	260,1	Löbau, Elle	250,6
Haag, Elle	306	Löven, Elle große	307,8
		kleine	303,4

Ellenmaaße in	Franz. Lin.	Ellenmaaße in	Franz. Lin.
Madera, Vara . . .	486	Oran, Vara	375, 9
Madras, Cobido . .	210	Pik	304, 1
Mahon, Canna . .	709, 6	Ostende, Elle . .	310
Malacca, Cobido .	208, 7	Oudenaarde, Elle .	296
Manheim, Elle . .	247, 3	Paderborn, Elle . .	239, 2
Marocco, Covado .	223, 5	Palermo, Canne . .	862
Cadée . .	229	Palmo . .	107, 7
Canna . .	760, 3	Pavia, Braccio . .	208
Pik Morisco	293	Perssen, Gueze König.	317, 6
Mastrich, Elle . .	303	gemeine	279, 6
Mecca, Cobido . .	304, 1	Schah Archine	355
Mecheln, Elle . . .	303, 4	Arish . . .	431
Meenen, Elle		Perugia, Braccio. .	286, 6
Leinen und Rauten	336, 1	Picardie, Aune . .	354, 4
Tischzeug . .	307, 3	Piemont, Raso . .	264
Memmingen, Elle .	311	Pisa, Palmo . . .	132, 3
Messina, Canne . .	858, 4	Pondichery, Cobido .	202, 7
Palmo . .	107, 3	Pontremola, Braccio	306, ?
Mindelheim, Elle .	280	Porto, Covado . . .	294, 4
Mocha, Ges . . .	262, 1	Posen, Elle . . .	252, 5
Cobido . .	213, 7	Presburg, Elle . .	247, 4
Mons, Elle	307, 3	Provence, Canne . .	879, 4
Montauban, Canne .	790, 2	Queda, Cobido . .	202, 7
Morea, Pik . . .	202, 7	Ravenna, Braccio .	298
Morges, Elle . . .	497	Ravensberg, Elle . .	304, 7
Morlaix, Aune . .	597, 2	Recanati, Braccio . .	294, 9
Münchberg, Elle . .	271, 5	Rennes, Aune . . .	614, 4
Namur, Elle . . .	294	Rhodis, Pik . .	335, 1
Negroponte, Pik . .	273, 2	Rimini, Braccio . .	283, 8
Neuhof, Elle . . .	292, 4	Rothenburg, ob der Tau-	
Neustadt a. d. Aisch, Elle	299, 9	ber, Elle . . .	259, 9
Nienburg, Elle . .	258	Roveredo, Elle, Seide,	330, 2
Nimwegen, Elle . .	294	Lein, Wollen Elle .	281, 5
Nimes, Canne . . .	873, 3	Ruremonde, Elle . .	304, 1
Nion, Aune	523, 5	Saragossa, Canna .	918, 4
Nizza, Raso	243, 3	Saumur, Par Aune .	526, 8
Palmo . .	117	Savoyen, Raso . .	243, 3
Nördlingen, Elle . .	270, 7	Schafhausen . . .	267, 5
Norwegen, w. Dänemark.		Schlesien	
Nosai, Aune, Verge .	790, 2	Oesterr. Antheils, Elle	256, 4
Novara, Braccio neue	266, 3	Preuß. Antheils, Elle	255, 3
alte	261, 8	Schmiedeberg, Elle .	247, 3
Ochsenfurth, Elle . .	257, 6	Schweinfurt, Elle . .	258, 6

A 4

Ellenmaaße in	Franz. Lin.	Ellenmaaße in	Franz. Lin.
Schweiz, Elle, 1) .	266,2	Tripoli, Barb. Pik .	244,9
2) .	252,9	Tripoli, Syrien Pik .	280,2
Scio, Pik lang . . .	304,1	Troppau, Elle . . .	252
kurz . . .	292,7	Troyes, Aune . .	351,1
Siam, Vona . .	852	Tunis, Pik, Wolle .	698,3
Ken . . .	426	Seide .	279,6
Sok . . .	213	Lein . .	209,7
Cobido . . .	202,7	Unterwalden, Brazcio	252,9
Sicilien, Canna .	631,1	Uzez, Usez, Canne .	878
Sidon ob. Said, Pik	300	Valenciennes, Aune	292
Siena, Braccio seinen	266,1	Verac, Canne . . .	816
Wollen	167,4	Palme . . .	102
Smirna, Pik . . .	296	Verden, Elle . . .	258
Indise . .	277,5	Vevay, Aune, Lein .	494,3
Solothurn, Elle . .	243	Tuch .	526,8
Sommiers, Canne .	878,1	Vicenza, Braccio . .	303,6
Straubing, Elle .	358,5	Vitré, Aune	600
Surate, Ges . . .	318	Voiron, Canne . .	612,4
Bazar Ges .	314,9	Warendorf, Elle . .	259,3
Tauris, Guese . . .	421,5	Windsheim, Elle . .	292,4
Teneriffa, Vara . .	379,5	Winterthur, Braccio	269,3
Thorn, Elle . . .	252,5	Par Aune	526,8
Tillemont, Elle . .	307,3	Würzburg, Elle . .	257,3
Toledo, Vara . . .	364,3	Xativa, Vara . . .	394,7
Tortosa, Canna . .	705,6	Ypern, Elle . . .	310
Toulouse, Canne . .	790,2		
Palme . .	99,5	Zittau, Elle	252,6
Tournay, Dornick, Elle	286	Zoffingen, Braccio gem.	269,3
Tours, Par Aune .	526,8	in detaille	276,6
Trevigio, Braccio .	297,8	Parif. Aune	526,8
Trient, Elle, Woll .	300		
Seide .	271,3		

Vierte Tafel.

Vergleichung

verschiedener Körper-Maaße

von

Ländern und Orten, die in den vorhergehenden Nachrichten des Taschenbuches nicht vorkommen,

durch

Anzeige ihres Inhalts nach Franz. oder Pariser Cubikzoll,
davon 1728 auf den Pariser Fuß gerechnet werden,

nb zwar:

1) Körper-Maaße zu Getraide, Salz und andern trockenen
Waaren.

2) Dergl. zu Wein, Oehl und andern flüßigen Waaren.

Körpermaaße
zu Getraide, Salz und trockenen Waaren.

Getraidemaaße.	Franz. Cubik Zoll.	Getraidemaaße.	Franz. Cubik Zoll.
Abbag, Schaf schw. Getr.	32766	Audierne, Tonneau	73492
Hafer	51488	Auray, Boiſſeau	1934
Abbeville, Setier	6400	Auxonne, Hemine	20480
Abensperg, Schaf		Avignon, Boiſſeaux	4608
schw. Getr.	37446	Azorische Inseln, Al-	
Hafer	46807	queire	604
Agde, Setier	3328	Barbezieur, Boiſſeau	1547
Agen, Sac	4352	Varendregt, Sack	5170
Aiguillon, Sac.	3585	Beaucaire, Sutier	2112
Aire, Reſiere	26880	Beaugency, Mine	2443
Aix, wie Paris		Beaumont, Saç	3840
Albigeois, Setier	10056	Beauvais, Tonneau	97280
Alby, Setier	5824	Bellegarde, Bichet	10315
Alkmar, Sack	4087	Bellesme, Setier à 8 B.	20480
Alexandria, Kisloz	8637	Venicarlo, Cahiz	10077
Rebebe	7968	Bergerac, Pipe	27076
Algier, Caffise	16112	Bergen op Zoom, Siſter	2330
Tarrie	1007	Berg St. Vinox, Raſiere	7140
Altenburg, Scheffel	7089	Besançon, Mesure	1152
Amboise, Boiſſeau	544	Beziers, Setier	3328
Amersford, Mudd	9186	Bingen, Malter	9784
Amiens, Setier	1632	Blois, Boiſſeau	384
Andresy, Muid	14400	Bois, Setier	6400
Apenrade, Tonne	7161	Bommel, Mudd	8175
Apulien, Tomoli.	2578	Bommene, Sack	3863
Arcis, a. d. Aube, Boiſſeau	640	Bonneuil, Setier	7680
Arensburg, Laſt	154928	Borken, Viertel	8995
Arles, Setier	992	Boulogne, Setier	8703
Charge	9344	Bourbon l'Ancy, Boiſ-	
Arnheim, Mouvers	6681	ſeau	573
Arnstadt, Maaß 14 Viert.	8991	Bourg en Bresse, Quar-	
Arroskioping, Tonne	7256	tal	10240
Schips	9?7	Bourges, Setier 8 B.	6400
Aschaffenburg, Malter	6596	Bourret, Sac	5144
Asperen, Sack	5792	Brai an der Seine, Se-	
Auberterre, Boiſſeau	1547	tier 9 B.	8313

Getraidemaaße.	Franz. Cubik Zoll.	Getraidemaaße.	Franz. Cubik Zoll.
Braunau, Schaf schw. Getr. ..	43127	Chateauneuf, an der Loire, Boisseau ...	1105
~ Gerst. Hafer	56168	Chateaurour, Boisseau	640
Breau, Cartier ..	5144	China, Dan ...	12070
Breda, Viertel .,	4392	Chinon, Boisseau .	640
Sack ...	4208	Clerac, Sac ...	4260
Bregy, Setier ...	6400	Concarneau, Tonneau	69624
Breße, Quartal...	9283	Condom, Sac ..	3585
Brest, Tonneau ..	145920	Corbeil, Setier à 8 B	7885
Briare, Carle ..	705	Corbie, Setier ...	8110
Briel, Sack ...	3622	Corfu, Moggo ., .	5037
Brügge, Hoed ..	8399	Cosne, Boisseau ..	814
Bückeburg, Himt .	1600	Creon, Sac	4835
Büdingen, Achtel .	6536	Creutzenach, Malter	7338
Büren, Mudd ..	6999	Culm, Scheffel ..	2766
Butzbach, Malter .	10960	Curtrick, Raziere à 4 Cav	4693
Cadillac, Sac ...	4409	Cuylenburg, Mudd	7000
Cahors, Quarte ..	1440	Cypern, Moose ...	10747
Calabrien, Tomolo	2579	Medimno .	3678
Calais, Setier ...	8320	Coffino ..	996
Camnt, Car schw. Getr.	17085	Damartin, Setier .	7680
Gerste ..	21064	Dan, Setier ...	1216
Hafer .	25666	Darmstadt, Malter	5050
Campen, Mudd ..	5902	Deckendorf, Schaf	25276
Canarische Inseln, Fanega v. 12 Alm.	3600	Delft, Hoed ...	53653
		Sac ...	5030
Carcaßone, Setier .	4160	Deventer, Mudd .	4083
Casale, Pache ..	12285	Dieppe, Mine ..	5120
Casteljaloux, Sac .	4177	Dietfurth, Schaf ..	38071
Castelnaudari, Setier	3488	Dyon, St. Louis, neu Maaß Weizen	976
Castelnau de Medoc, Quarre..	4951	Hafer .. .	806
Castel Sarazin, Sac	5183	Hemine alt Maaß	15360
Castres, Setier ..	5802	Dirmüyden, Raziere	4815
Cette, Setier ...	3328	Donauwerth, Schaf	12170
Chalais, Boisseau .	1547	Donemarie, Setier à 8 Bi	7688
Chalon, an der Saone, Bichet	9216	Dortrecht, Hoed	49040
		. Sack, groß	6130
Chalons, a. d. Marne, Setier	6656	klein	4190
Boisseau .	832	Dornik, Raziere ..	5760
la Charité, Boisseau	960	Duisburg, Mouver	668
		Duynen, Sack . :	441
Charolles, Boisseau	1221	Eckernförde, Tonne	716

Getraidemaaße.	Franz. Cubik Zoll.	Getraidemaaße.	Franz. Cubik Zoll.
Edam, Mudd ...	5449	Gouda, Sack , ...	3447
Sack ...	4087	Goußainville, Setier	7680
Eglisau, Mudd ..	4606	Gray, Mesure ..	1280
Elbing, Last ...	145987	Grebenau, Malter .	15742
Enkhuisen, Mudd .	6687	Grebenstein, Viertel	7196
Sack .	3344	Greifewalde, Scheffel	1964
Ens, Meßo	5160	Grenade, Sac	4912
Epiais, Setier ..	7680	Grerixl, wie Embden	
Epstein, Malter ..	4892	Grevelingen, Raziere	6681
Erpach, Malter .	7022	Grisoles, Sac ..	4951
Eschwege, Viertel .	7196	Gröningen, Mudd ,	4454
Eve, Setier	7680	Großetto, Moggia ,	27888
Eydermaaß, Tonne	5748	Grünberg, Malter .	14053
Eyderstadt, Tonne	6478	Grünstadt, Malter ,	5263
Faro, Alquiere ..	816	Gudensberg, Viertel	8396
Felsberg, Viertel .	8995	Gundelheim, Malter	6234
Femern, Scheffel ,	2026	Haag, Sack , ...	5250
Flensburg, Tonne .	6909	Hadersleben, Tonne	7078
Flißingen oder Vlißingen, Sack ...	3674	Hailsbrun, Malter .	15222
Friedberg Wetterau, Malter....	12001	Hamelburg, Malter	8648
		Hanau, Malter ..	5674
Friedrichsstadt, Tonne	6537	Harderwick, Mudd ,	4923
Fritzlar, Viertel .	7646	Harlem, Sack ..	3871
Fronsac, Sac , ..	5157	Harlingen, Mudd ,	4454
Guillac, Setier .	7000	Haselau,) Tonne	6640
Geismar, Viertel .	7196	Haseldorf,) Hint	1660
Gelnhausen, Achtel	6415	Hailbronn, Malter ,	5555
Gent, Sac	5216	Helmershausen, Viertel	7196
Halster . .	2608	Hennebon, Tonneau	92832
Gergeau, Mine .	2210	Hersfeld, Viertel .	8569
Gien, Carse .	800	Herzogenbusch, Mouver	7170
Gießen, Malter ,	11520	Heusden, Mudd , ..	8521
Gifhorn, Himt .	1769	Hirschhorn, Malter .	5571
Gimont, Sac ..	7349	Hochstraden, Viertel	4276
Glükstadt, Tonne .	6456	Hohen-Solms, Malter	11804
Hint	1638	Holstein, Scheffel .	1992
Goes, Sack ..	3675	Homberg, Viertel .	8995
Gonneße, Setier.	7680	Honfleur, Boisseau .	1976
Gorcum, Mudd .	8521	Hoorn, Sack , ...	3344
Gornichem, Sack .	4208	Hull, Quarter ...	13143
Goßlar, Himt ,	1853	Husum, Tonne Rocken	7749
		Weitzen	7787

Jselstein, Mudd .	7349		s s nouveau .	3600
Itzehoe, Tonne .	6565		rentier ober de bare	1440
Kaiserslautern, Malter	6084		de Pont-Main . .	960
Kazand, Sack . .	4334		Mainburg, Schaf	
Kellheim, Schaf			schw. Getr. . .	30893
schw. Getr. . . .	34638		Gerste . .	31244
Hafer . . .	56624		Hafer . . .	53825
Kiel, Tonne . . .	5976		Manfredonia, Carro	94730
Scheffel . . .	1992		Manheim, Malter .	5192
Krautheim, Malter	9721		Maron, Tonne . .	69624
Ladenburg, Malter	5192		Maremma di Siena,	
Laland, Tonne . .	6929		Moggio	26857
Landau, Schaf			Marennes, Muid .	61723
schw. Getr. .	16851		Boisseau . . .	2560
Gerste, Hafer . .	37445		Cent Salz v. 28 Muid	
Landshut, Schaf			Mas d'Agenois, Sac	4023
schw. Getr. . . .	30425		Mastrich, Setier . .	1143
Hafer . .	45871		Meaux, Setier . .	6400
Lainon, Tonneau .	77360		Mecheln, Viertel .	4226
Lauterek, Malter .	6684		Meldorf, Tonne .	638
Lavour, Setier . .	7000		Melsungen, Viertel	899
Lay, Setier . . .	7680		Melun, Setier . .	6400
Leer, Tonne . . .	9638		le Menil, Setier . .	768
Verps . . .	2409		Mergenthal, Malter	972
Leerdam, Mudd . .	8521		Messina, Tonneau v.	
Leuwarden, Mudd .	4454		12 Salma	5288
Leyden, Sack . . .	3344		Metz, Quarte . .	298
Libourne, Sac . .	4199		Miltenberg, Malter	749
Lich, Achtel . . .	4829		Mitry, Setier . .	768
Liebenau, Viertel .	7196		Mocha, Meneeda .	7
Lindau, Malter . .	8632		Moissac, Sac . . .	489
Viertel . .	1079		Montargis, Muid 12	
Loudun, Setier . .	6720		Set. 96 Bois. . . .	768
Lorvain, oder Löwen,			Montauban, Sac .	480
Mudde 8 Halst. . .	20832		Setier	1075
Lügunkloster, Tonne	7872		Montbart, Setier .	89
Schip	787		Montereau, Setier 6	
Macon, Asnée . .	12800		Bich.	768

Getraidemaaße.	Franz. Cubik. Zoll.	Getraidemaaße.	Cubik Zoll.
Montfort, Mudd .	7000	Noordwyck, Sack . .	3503
Montreuil, Boisseau	430	Nordhausen, Malter v.	
Setier .	6816	4 Scheffel . . .	8736
Morlaix, Tonneau .	72960	Numburg, Achtel .	5358
Mortagne, Boisseau	2080	Ober-Roßbach, Malter	11378
Mory, Setier . . .	7680	Oesel, Last . .	155328
Mosbach am Necker,		Oldenburg an d. Hunte,	
Malter . . .	6234	Tonne	8985
Moulins, Setier .	10560	Oldesloe, Tonne	
Munden, Malter .	7812	schw. Getr. . .	7222
Munikedam, Mudd	5449	Hafer . .	8845
Sack .	4087	Oneglia, Mine . .	5976
Münzenberg, Malter	10960	Oppenheim, Malter	5595
Muyden oder Muiden,		Orlean, Muid v. 22 Mines	19200
Mudd	6687	Ostende, Razier . .	8853
Sack	3344	Oudewater, Mudd .	7000
Mangis, Setier . .	7680	Paßau, Schaf . .	96570
Narbonne, Setier .	3680	Sechsling .	16095
Narden oder Naarden,		Pécy, Setier . . .	6400
Mudd	6687	Perigueux, Boisseau	1536
Sack	3344	Persien, Artaba . .	3286
NeckarGemünd, Malter	5192	Pfaffenhoven, Scheffel	
Neckars Elz, Malter	6234	schw. Getr. . .	11683
Negrepelisse, Setier	12222	Hafer . .	13106
Sac .	6111	Piemont, Sacco . .	5366
Negreponte, Kisloz	1529	Pleßa, Viertel . .	7528
Nemours, Setier .	3840	Plessis-Henri, Setier	6400
Nerac, Sac . . .	4409	Pont l'Abbé, Tonneau	73492
Nermoustier Ins, Tonn	73492	Ports Louis, Tonneau	94080
Neuburg, Schaf .	56289	Porto, Alqueira . .	830
Metze .	2345	Salz Raza .	2222
Neustadt, Schaf		Preuilli, Setier 8 Bich	6400
schw. Getr. .	34789	Provins, Muid	83649
Hafer .	44935	Setier 8 Boiss.	6692
Nevers, Boisseau .	960	Puglia oder Apuglia,	
Newcastle, Quarter	14408	Tomolo . . .	2759
Nice, Setier . . .	2016	Purmerend, Mudd .	5449
Nidda, Malter . .	13493	Sack .	4087
Nieder-Navarra, Con-		Putten, Sack . . .	5744
que .	1920	Quiberau,	
Nieuwpoort, Raziere	8399	Quimber-) Tonneau	73492
Nimwegen, Mouvre	6758	Corentin	
Nogent le Roi, Minot	1920	Quimberlay, Tonneau	94766

Getraidemaaße.	Franz. Cubik-Zoll.	Getraidemaaße.	Franz. Cubik-Zoll.
abaftens, Setier .	8646	St. Pere, Muid 12 Bar.	18432
anzau, Tonne . .	6982	St. Vallery, Setier .	7736
avenna, Rubbo .	14044	Sarcelles, Setier .	7680
.es Infel, Muid Salz		Saumur, Sotier . .	7736
24 Boiff.	52663	Schafhaufen, Muid	4605
.ealmont, Setier .	6421	Schauenburg, Himt 1)	915
.ealville, Sac. . .	5879	2) beym Kapitel .	1093
.edon, Tonneau .	74781	Schiedam, Sack . .	5030
.endsburg,		Achtendeel	1677
Königl. Tonne . .	6433	Schlefien, Scheffel .	3850
Scheffel . .	2144	Schleswig, Tonne .	7038
Kirch. Himt .	1963	Heitscheff Weizen,	5670
Spint .	1079	Rocken	5548
.ennes, Tonneau .	72960	Scheffel	2240
Mine 8 Boiff.	12263	Schleufingen, Malter	11047
.eole, Sac	4898	Schmalkalden, Viertel	7307
.hain, Schafschw. Getr.	26681	Schoonhoven, Mudd	7000
Gerfte .	28085	Schotten, Malter .	14053
Hafer	30893	Schottland, Quarter	14408
.heinfels, Malter .	9445	Firlot Weizen	1817
.henen, Mudd . .	7349	Gerfte	2651
.iberac, Boiffeau .	1547	Schwarzach, Malter	6134
.imini, Rubbo . .	14044	Sedan, Quartel . .	1216
.linteln, Malter . .	8427	Segeberg, Tonne	
.loanne, Boiffeau .	960	schw. Getr. .	7179
.lomagna, Staro .	4553	Hafer .	8786
.loon, Sac	5453	Scheffel	2393
.lofay, Setier 8 Boiff.	6985	Sens, Setier . . .	8768
Hafer, Boiffeaux	960	Smirna, Kizlot . .	1787
.lofenthal, Malter .	18551	Soïgnoles, Setier .	7680
.lothenburg, an. der		Soiffons, Setier . .	9920
Fulda, Viertel . .	8995	Sonderburg, Tonne	6991
.loyau, Quartier .	5068	Schip	874
.luremond, Scheffel	2161	Sontra, Viertel . .	8396
Zabbaburg, Viertel	7196	Spangenberg, Viertel	8995
Zalonichi, Kilóz .	6752	Stapelholm, Scheffel	1089
St. Brieu, Tonneau	77360	Steenbergen, Viertel	4200
St. Gilles, Charge .	3656	Stickhaufen, Tonne	9638
St. Goar, Malter .	9713	Verps	2409
St. Hubes, Moyo Salz	44796	Stollberg, Viertel .	2312
St. Jean de Lofne,		Straubing, Schaf	
Emine	23280	schw. Getr.	26213
St. Miguel, Alqueire	612	Gerfte	28834
St. Omer, Raziere .	6240	Hafer . .	31454

Getraidemaaße.	Cubic Zoll.	Getraidemaaße.	Cubic Zoll.
Strelitz, Scheffel	2604	Venlo, Mouver	6805
Stryen, Sack	4804	Verdün, Mesure	2304
Sucy od. Süst, Setier	7680	Viannen, Mudd	7349
Sully, Carse	806	Viercy, Setier	6400
Syrien, Gárave	73088	Viliers le Sec, Setier	7680
Tallemont, Sac	4642	Villaroche, Setier	6400
Tarascon, Charge	2880	Villemur, Sac	4951
Emine	5120	Villeneuve d'Agenois, Boisseaux	4100
Tarragona, Setier	2846	Vilshofen, Schaf schw. Getr.	28085
Tér-Tolen, Sack	3920	Hafer	33701
Terveer, Sack	3768	Vlammse Sack	5250
Thiel, Mudd	7005	Waldkappel, Viertel	8995
Sack	5170	Wanfried, Viertel	7196
Tönningen, Tonne	6124	Weilburg, Achtel	5587
Tondern, Tonne	7742	Wernigerode, Scheffel	2669
Schip	930	Wesep od. Weesp., Mudd	6687
Tongres, Mudd	9799	Sack	3344
Tornhout, Viertel	4220	Wetter, Malter	18551
Tornus, Bicher	12378	Wetzlar, Malter	11804
Tortosa, Quarra	4477	Wimpffen, Malter	6234
Toul, Bicher	4480	Winchester, Bushel	1778
Toulouse, Setier 4 Pugn.	5552	Windau, Lof	3158
Tournon, Sac	3680	Winterthur, Viert. Getr.	1219
Tours, Setier 12 Boiss.	6528	Hafer	1393
Treffurt, Viert.	5295	Wisbaden, Malter	4892
Tremblade, Muid 24 Boiss.	2560	Witgenstein, Malter	10946
28 Muid 1 Cent. Seudersalz		Witzenhausen, Viertel	8396
Tremblai, Setier	7680	Wolfhagen, Viertel	7196
Tripoli Barb. Caffisse	16472	Wolgast, Scheffel	2043
Tibero	823	Worcum, Sack	6254
Troyes, Setier 6 Bich.	7680	Worms, Malter	5263
Tunis, Caffise	18051	Wyck de Duurstede, Mudd	7349
Tyrol, Star	1541	Narmouth, Quarter	13280
Uetersen, Himt Rock	1838	Zeeländische, Sack	3830
Weiß	1875	Ziegenhain, Viertel	6733
Ulrichstein, Malter	14053	Zierenberg, Viertel	7196
Umstadt, Malter	5523	Ziriczee, Sack	3920
Utrecht, Mudde	5879	Zweybrücken, Malter	9492
Vacha od. Vach, Viertel	8151	Zwingenberg, Malter	6234
Valenciennes, Nytur	3622	Zwoll, Sack	5653
Mancaud	1440		
Vannes, Tonneau	77360		

Körpermaaße
zu Wein, Oehl und flüßigen Waaren.

Weins Oehl: ꝛc. Maaße.	Franz. Cubic Zoll.	Weins Oehl: ꝛc. Maaße.	Franz. Cubic Zoll.
Andrefy, Muid	14400	Chalons a. d. Marne,	
Anjou, Pipe	24000	Queue à 2 Pieces	19200
Buffe	12288	Champagne, ½ Queue	9504
Apulien, Salma	7766	Quartau	4736
Staja	777	la Chapelle Blanche,	
Aran, Pot	62½	¼ Queue	11904
Auxerre, Muid	14208	Chateau Thierry, ½ Queue	9472
Avallon, Muid	14208	Chateldon, ¼ Queue	11712
Bar a. d. Aube, Quartau	5520	Chatillon	
Bari, Salma Oehl	8340	Charellente) ½ Queue	11808
Beaune, Demi Queue	11520	Cognac, Barril Brantw.	10368
Quartau	5712	Velte	325
Berry, Tonneau	27647	Condrieux, Vafe	3840
Berthoud, Pot	69½	Cornat, Muid 12 Baral	18432
Blois, Queue	20160	Cracau, Garniec	161
Quartau	5107	Crema, Brenta	2011
Bourges, Tonneau von		Culm, Stof	72½
4 Muid, 64 Setier	24576	Cypern, Coriche ꝛb. Sonu	5220
Bourgogne, Queue	21312	Dijon, Queue	20428
Muid	14976	Quartau	5107
Bretagne, Tonneau	46080	Oehl Pinte 2 Chopines	
Pipe	23040	4 Chauvaux 16 Mefu-	
Barrique	11520	rettes	97½
Broug, Pot	63⅟	Eglifau, Maaß	66
Büren, Pot	68	Frontignan, w. Montpellr.	
Cahors, wie Bourdeaux.		Hériffé, ¼ Queue	11520
Calabrien, Salma von		Quartau	5712
320 Pignatoli	15360	l'Hermitage bey Thein,	
Canarifche Infeln,		Muid 12 Baral	18432
Pipa Wein	22156	Holftein, Stübgen	182½
Cette, wie Montpellier.		Quartier	45½
Chablis, Muid	14208	Joigny, Muid	14208
la Chaife, ½ Queue	11520	Laufune, Char 1½ Setier	
Quartau	5328	432 Quarteron 864 Pots	43401
Challonois, ½ Queve	11232	Lentzburg, Pot	67½
Quartau	5520	Lindau, Quart	116½
		Maaß	58½

Wein Oehl 2c. Maaße.	Franz. Cubik Zoll.	Wein Oehl 2c. Maaße.	Franz. Cubik Zoll.
oudun, Pipe 2 Bariq.	22656	St. Denis, Pinte	74½
ublin, Garniec	92	St. Père, Muid 12 Baral	18432
laçon, ½ Queue	10848	Sancerre, ½ Queue	11328
larennes, Velte	384	Saumur, Pipe 2 Buffes	23424
27 Velt. Brantw.	10368	Brantwein Velte	384
laffa, Oehl Barile	1786	Schafhaufen, Maaß	66
leffina, Oehl Cafiso	442	Schlefien, Eimer	2847
Mocha. Menecda	72	Quart	35⅔
2 Montagne, ½ Queue	9984	Schottland, Pinte	85½
Quarteau	4992	Sendomir, Garniec	107
Montigni, ½ Queue	11040	Thonn, Pot	76⅙
Montlouis, ½ Queue	12384	Tonnerre, Muid	14208
Quarteau	6096	Toul, Charge	1344
Morat, Pot	86⅞	Touloufe, Pega	159⅔
Morges, Char 12 Setier	28092	Tremblade,	
Mudon oder Milden, Pot	61	Barique Wein, Eßig	
Nizza, Oehl Rubbo	426	29 Velt.	11136
Normandie,		Brantw. 27 Velt.	10368
Gallon à 4 Pint	192	Trlel, Muid	14400
Pinte	48	Tripoli Barb., Oehl	
Brantw. Baril	2880	Mataro	1137
Norwegen, Theer Tonne	5844	Tunis, Oehl Mataro	956
Nuits od. Nuis, Queue	20160	Wein	478
Nyon od. Neuws,		Vaurrai oder Vaufray,	
Char à 8 Setiers	27778	½ Queue	12576
Oneglia, Oehl Barile	3128	Quartau	6288
Orlean, ½ Queue	11040	Vendres, Charge	6144
Quarteau	5328	Vertamon, Muid	14208
Poiffy, Muid	14400	Vevai, Char 14 Setier	28935
Poitou, Pipe	20736	Vicenza, Botta 8 Maftelli	
Porto, Canada	93⅓	96 Sechie, 960 Ingiftare	72053
Provence, wie Marseille.		Vienne, Afnée	3840
Puglia, Oehl Salma	7604	Villeneuve le Roy et reffort	
Re Infel, Barique	10950	Muid	14208
Rheims, ½ Queue	9984	½ Queue	9472
Quartau	4992	Winterthur, Maaß	66½
Rheinländ. Ohm	7436	Worms, Stübgen	218
Stückfaß 7½ Ohm	52981	Yverdon,	
Rolle, Char 8 Set. 400 Pot	28935	Char 40 Seilles 400 Pots	27297
Roquemaure, ½ Piece	12000	Zoffingen, Pot	66½

Fünfte Tafel.

Vergleichung

verschiedener Gewicht

von

ländern und Oertern, die in den vorhergehenden Nach
richten des Taschenbuches nicht vorkommen,

durch

Anzeige ihrer Schwere nach Holländ. Trois-As, davon 5120 au
die Holl. Trois-Mark und 4864 auf die Cölln. Mark gehen,

und zwar:

1) Handels-Gewichte.
2) Gold- Silber- und Münz-Gewichte.
3) Jouwelen- und Perlen-Gewicht.

Handels-Gewicht.	Holl. Aß	Handels-Gewicht.	Holl. Aß
Aarau, Pfund . . .	10167	Bisenzona ob. Besançon, Pfund	10188
Abbeville, Pfund . .	8787	Boitzenburg	10056
Achem, Catti . . .	19981	Bourg en Bresse, Pfund	9846
Agen, Pfund . . .	10188	Bourges, Pfund . .	9752½
Agra, Pfund große ,	10188	Bronk, Pfund . . .	11409
gemeine	7641	Brügge, Pfund . .	9754
Aix, Pfund	8506	Cahors, Pfund .	8150
Aleppo, Rottol 720 Drachm	47807	Cairo, Mina . ,	12406
: 700 :	46480	Rottol . .	8971
: 680 :	45152	Harsela .	26560
: 600 :	39840	Calais, Pfund schwer	10610
Oka 400 :	26356	leicht .	8765
Metical 1¼ :	99¾	Calenberg, Pfund ,	10127
Dramme . . .	66⅔	Calicut, Seyra . .	5685
Alexandrette, wie Aleppo		Camenz, Pfund ,	9687
Alexandria, Rotol Zauri	19530	Campen, Pfund .	9787
: Zaidino	12600	Canarische Inseln, Pf.	9564
: Forfori	8820	Cany, Pfund . .	10267½
: Mine	15750	Capua, Pfund . .	5902
Algier, Rotol . .	11250	Carthagena, Pfund	9592
Mitigal . .	97	Castres, Pfund	8660
Amberg, Pfund . .	12480	Chambery, Pfund	8927
Amiens, Pfund . . .	9615½	Chateauroux, Pfund	10188
Arau, Pfund . .	9936	China, Catti, 16 Tail	12800
Arschott, Pfund . .	9754	Chinon, Pfund . .	10188
Aubenas, wie Marseille		Chur, Pfund . ,	10834
Aurich, Pfund Haus Gew,	10336	Civita Vecchia, Pfund	7101
Waag.Gew.	11370	Clermont, Pfund .	8919
Avignon, Pfund . .	8533	Coburg, Pfund . .	10608
Barletta, Pf. peso grosso	17608	Coma, Pfund . .	6456
Bassora, Drame	66⅔	Corfu, Pfund . .	8500
Batavia, Catje v. 16 Tail	12800	Cortryk, Pfund . .	9111
Pfund . .	10240	Costnitz ob. Constanz, Pf.	9822
Bautzen, Pfund . .	9020	Cracau, Pfund . .	8408
Bergen op Zoom, Pfund	9900	Crema, Libra grossa .	12986
Berthoud, Pfund . .	10738	Libretta	5566
Beteljaguy, Mon . ,	19281	Curassao, Pfund .	11054
Beyersdorff, Pfund ,	10608	Cypern, Rotolo .	49800
Seziers, Pfund 1) ,	10188	Oka	26560
2) .	8495	Damast, Rotol . ,	37133
Siel, Pfund , . . ,	9811		

Handels-Gewicht.	Hou. as	Handels-Gewicht.	Hou. ?
Delft, Pfund ...	10280	Hof, Pf. groß ...	1326c
Delmenhorst, Pfund .	10380	klein	1193:
Deventer, Pfund ..	9787	Kram. Gew..	10608
Dieppe, Pfund ..	10280	Hollstein, Pfund ..	10059
Dinkelspühl, Pfund .	10200	Hull, Pfund	9960
Dixmuyden, Pfund .	8951	Japan, Catti ..	1235:
Dortrecht, Pfund ..	10280	Java, Catti ...	1280c
Dornick, Pfund ..	8201	Jaroslaw, Pfund .	840:
Douvres, Pfund ..	9376	Irrland, Pfund ..	1133
Dublin, Pfund ...	9439	Kiel, Pfund	9910
Edinburg, Pfund ..	10233	Kitzingen, Pfund ..	10605
Eger, Pfund ...	12839	Koromandel, Bis .	2849
Elbing, Pfund ...	8842	Seyra	578
Erlangen, Pfund ..	10608	Krembs, Pfund ..	1178
Falmouth, Pfund ..	9439	Krim, Oka	3183
Fano, Pfund ..	6934	Lacedemon, Rottol .	940
Fetz, Rotole	9787	Languedoc, Pfund	
Flensburg, Pfund .	10059	poids de table .	862
Forli, Pfund ...	6854	in Ob. Langued -	852
Freyberg, Pfund .	11166	Cassay, Pfund ...	1146
Gaeta, Pfund ...	6138	Lauban, Pfund ..	871
Gefrees, Pfund ..	10770	Lausane, Pfund ..	1058
Geldern, Pfund ..	9714	Leiden, Pfund ...	975
Gessenay od. Sanen, Pf.	11448	Lenzburg, Pfund ..	1090
Ghendt, Pfund ..	9754	Lindau, Pfund schwer	1201
Görlitz, Pfund ...	9020	leicht .	960
Goldcronach, Pfund .	10797	Lintz, Pfund ...	1178
Gothenburg, Pfund		Löbau, Pfund ...	971
Vict. Gew. .	8848	Löwen, Pfund ...	975
Eis. Gew. .	7078	l'Orient, Pfund....	1018
Granada, Pfund schw.	10391	Lublin, Pfund ...	828
leicht	9248	Madeira, Pfund ..	906
Granson, Pfund ..	11212	Madras, Bis ...	2948
Gröningen, Pfund .	10182	Mahon, Pfund ..	925
Guinea, Rottol ..	9420	Malabar.Küste, Bis	2853
Haag, Pfund ...	10280	Malacca, Catti ..	1280
Haarburg, Pfund .	10127	Manheim, Pfund ..	1025
Haarlem, Pfund ..	10280	Mansfeld, Pfund .	971
Haßfurth, Pfund ..	10608	Massa, Pfund ...	725
Heidelberg, Pfund .	10500	Masulipatnam, Seyra	578
Herzogenbusch, Pfund	9702	Mecca u.Medina, Rottol	963

Handels-Gewicht.		Handels-Gewicht.
Mechelen, Pfund . .	9754	Persien, Ratel . . .
Mecklenburg, Pfund	10056	Perugia, Pfund . . .
Meenen, wie Rüßel.		Petterlingen, Pfund .
Memel, Pfund	8594	Pezenas, Pfund . .
Memmingen, Pfund	10655	Pisa, Pfund . . . .
Messina, Rottol 33 Unz.	18176	Pistoja, Pfund . . .
, 30 ,	16524	Pondichery, Bis . .
Pfund 12 ,	6610	Pontremola, Pfund .
Mocha, Maon . . .	27545	Porto, Pfund . . .
Monaco, Pfund . .	6894	Posen, Pfund . . ,
Mons, Pfund . . .	9718	Preßburg, Pfund . .
Montauban, Pfund	10188	Provence, Pfund . .
Morea, Oka	24948	Queda, Catti . . .
Pfd. Seid. Gew.	10395	Ravenna, Pfund . .
, Handl. ,	8316	Recanati, Pfund . .
Morges, Pfund . .	10580	Reggio, Pfund . . .
Morlaix, Pfund . .	10188	Rennes, Pfund . . .
Münchberg, Pfund .	10770	Reusch-Lemberg, Pfund
Murcia, Pfund . .	9047	Rhodus, Rotol . . .
Namur, Pfund . .	9754	Romain-Motier, Pfund
Negroponte, Rotol .	11138	Rothenburg ob. d. Tau-
Neuhof, Pfund . . .	10608	ber, Pfund
Neustadt, an der Aisch, Pf.	10608	Roussilon, Pfund . .
Newcastle, Pfund . .	10080	Roveredo, Pfund . .
Nimwegen, Pfund .	10299	Salée, Pfund . . .
Nion, Pfund . . .	11920	St. Lucar, Pfund . .
Nizza, Pfund . . .	6453	St. Omer, Pfund . .
Nordhausen, Pfund .	9716	St.-Remo, Pfund . .
Novi, Pfund . .	6894	Saragossa, Pfund . .
Ochsenfurt, Pfund .	10608	Saumur, Pfund . . .
Ofen, Pfund . . .	10228	Sayd, Rotol v. Acre
Oran, Rotol . . .	10483	v. Damask
Ormus, Seyra . . .	6304	Schafhausen, Pfund
Ostende, Pfund . .	9754	Schlesien, Kais., Pfund
Osternohe, Pfund . .	10608	Schottland, wie London
Oudenarde, Pfund .	9111	Scio oder Schio, Pfund
Paderborn, Pfund .	9916	Sevilla, Pfund . . .
Palermo, wie Messina.		Siam, Catti . . . .
Passau, Pfund . . .	9996	Siena, Pfund . . .
Peking, Catti . . .	12482	Smirna, Oka 400 Drame
Pegu, Bis	31981	Cequi 250 ,
		Rotol 180 ,

Handels=Gewicht.	Hou. As	Handels=Gewicht.	Hou. As
Solothurn, Pfund .	10639	Troges, Pfund . . .	10188
Stade, Pfund . . .	9886	Tunis, Rotol . . .	10295
Sumatra, Catti . .	26538	Tyrol, Pfund . . .	11707
Surate, Seyra . . .	8799	Valenciennes, Pfund	9787
Pf. König Gew.	10188	Vevay, Pfund . . .	11959
, ord. Gew.	7645	Vicenza, Pfund schw.	9274
Syracusa, Pfund . .	6800	, leicht	6304½
Syrien, Pfund . . .	12292	Vlissingen, Pfund .	9692
anger, Pfund . .	10011	Windau, Pfund . .	8598
eneriffa, Pfund . .	9555	Windesheim, Pfund .	10608
etuan, Rotole . .	14756	Winterthur, Pfund .	10907
horn, Pfund . . .	8766	Wonsiedel, Pfund . .	14759
hun, Pfund . . .	11191	Würzburg, Pfund .	9926
ortosa, Pfund . .	6339	Ypern, Pfund . . .	8960
oulouse, Pfund . ,	8524	Yverdon, Pfund . .	11232
ournay, Doornik, Pfd.	9061	Zvica, Pfund . . .	9633
ours, Pfund . . .	10188	Zirkzee, Pfund . .	9081
revigio, Pfund schw.	10752	Zittau, Pfund . . .	9735
leicht	7074	Zoffingen, Pfund . .	10363
ripoli Barb., Rotol	10584	Zütphen, Pfund . .	9787
ripoli Syrien, Rotol	37800	Zwoll, Pfund . . .	10029
Oka	25200		

Gold- und Silber-Gewicht in	Holl. As
Achem, Tail v. 16 Maß à 4 Coupang	199,8
Aleppo, Metical v. 1½ Drachme	99½
Alexandria, Drachme v. 16 Quirat à 4 Grän	66⅔
Algier, Mitigal	97
Ambon, Tail v. 16 Maaß à 4 Contr.	614⅔
Amsterdam, Mark Trois-Gew.	5120
Antwerpen, Mark Trois-Gew.	5120
Arragonien, Mark	4796
Augsburg, Mark 1) gewöhnl.	4912
2) Richtpf.	4870
Banjermassing, Tail v. 16 Maaß	827,4
Bantam, Tail v. 2½ Real	1422⅔
Barcellona, Mark	5595
Basel, Mark Cölln.	4864
Bassora, Chaqui v. 100 Miscal à 1½ Drame	9700
Batavia, Mark Trois v. 9 Real	5120
Real v. 48 Stüv.	568 8/17
Bengalen, Thola Gold	227½
Silber	243¾
Vakka	286
Katja	244,3
Massa à 8 Retty	23 12/25
Retty à 4 Nely	3
Bergamo, Mark	4893
Berlin, Mark Cölln.	4864
Pfundgew.	4875
n. Tillet	4873
Bern, Mark n. Kr.	5094
n. Tillet	5138
Bologna, Pfund 1)	7534½
2) oder	7627½
Borneo, Tail v. 2 Span. Matten	1074⅗
Bombay, Tola v. 40 Waal à 2½ Gr. à 6 Gjouw.	240
Bonn, Mark n. Tillet	4862
Bozen, Mark n. Kr.	5844
Braunschweig und Bremen, Mark Cölln.	4864
Brescia, Mark	4893
Breslau, Mark n. Kr.	4066
Brotschia, Thola v. 22 Wall	193½
Brüssel, Mark Trois	5120
Cadix, Mark	4796

Gold= und Silber=Gewicht in	Holl. As.
Cairo, Drachma n. Kr.	64½
n. Till.	66⅔
n. Schlettw.	67
Calicut, Miscal n. Kr.	89,7
Fanoe n. Kr.	7,8
China, Tail v. 10 Maaß à 10 Contr. n. Bat. Ang.	712,8
n. Kr.	781
Cölln am Rhein, Mark	4864
Constantinopel, Drachme v. 16 Kar. n. Till.	66⅔
n. Schlw.	67
Coromandel, ſ Koromandel.	
Cracau, Mark n. Kr.	4138
Cypern, wie Constantinopel	
Dänemark, n. Zoega Cölln.	4864
n. Till.	4907
n. Kr.	4888
Damaſk, wie Constantinopel.	
Danzig, n. Kr.	3974
n. Till.	4859
Delhy, Tola v. 32 Waals	242,1
Deutschland, größtentheils Mark Cölln.	4864
Louisd'or=Gewicht	138½
Ducaten=Gewicht	72½
Kronen= oder ½ Pistolen=Gewicht	70
Goldgulden=Gewicht	67½
Dresden, Mark Cölln.	4864
n. Tillet	4859
England, Pfund Trois n. Kr. und P.	7766
n. Tillet	7761
Erfurt, n. Kr. Cölln.	4864
Ferrara, Mark Mail.	4893
Florenz, Mark n. C. It.	7066
n. Kr.	7060
Frankfurt am Mayn, Cölln.	4864
Frankreich, Mark n. Kr.	5094
n. Till.	5096½
Genf, Mark 1)	5094
2)	5104
Genua, Pfund n. Till. und C. It.	6600
n. Kr.	6612
Georgien, Perſ. Miscal v. 1½ Drachm.	119,4

Gold- und Silber-Gewicht in	Holl. As.
Hamburg, Mark Cölln.	4864
Hanover, Mark Cölln.	4864
Jamby, Tail v. 16 Maß	51,7
Japan, Tail v. 10 Maaß à 10 Contr. n. Bat. Ang.	324,9
n. Kr.	782,8
Königsberg, Mark n. Kr.	4076
Koromandel, Seyra n. Kr.	5788
Pagode n. Kr.	71⅓
n. Batav. Ang.	71⅓
Leipzig, Mark Cölln.	4864
Lissabon, Mark u. Kr. und P.	4776
Unze n. Kr.	597
Livorno, Pfund wie Florenz	7066
Lucca, Pfund n. C. It.	6962
n. Tillet	7030
Lübeck, Mark Cölln.	4864
Lüttich, Mark Trois	5120
Macassar, Tail v. 16. Maaß	827,4
Mailand, Mark n. C. It.	4893
n. Kr.	4896
Malabar, Seyra	5788
Rupie	241⅓
Pagode	71⅓
Malacca, Tail v. 16. Maaß	967,
Malta, Pfund	6590
Manheim, Mark n. Till.	4866
Mantua, Mark Mailänd. n. C. It.	4893
Masulipatnam, Seyra	5788
Mocha, Wackeya v. 10 Caslas à 16 Erats	658½
Modena, Pfund n. C. It.	7134½
München, Mark n. Till.	4868
Neapel, Pfund n. C. It.. Till und Kr.	6676
Unze	556¼
Nigritien, Akey	27
Nürnberg, Mark gewöhnl. n. Kr.	4972
Bankgewicht n. Kr.	4978
Oestr. Niederlande, Mark Holl. Trois	5120
Padang, Tail v. 16 Maaß od. 700 Rachims	853,
Padua, wie Venedig.	
Palembang, Tail v. 2¼ Real	1280
Parma, Piacenza und Guastalla, Mark Mail n. C. It.	4893

Gold- und Silber-Gewicht in	Holl. As.
Patna, Rupie Sicca	240,9
Pegu, Tical v. $4\frac{1}{2}$ od. 16 Toques	300
n. Kr.	$319\frac{4}{5}$
Persien, Derhem v. 2 Miscal	$193\frac{1}{3}$
Mescal oder Mitical v. 6 Dungs	$96\frac{2}{5}$
Pohlen, n. Kr. Mark	4198
Münzgew. Mark	4864
Pondichery, Seyra	5788
Rupie	$237\frac{1}{2}$
Pagode	$71\frac{1}{5}$
Pontiana, Tail v. 2 Span. Matten	$1074\frac{2}{5}$
Prag, Mark altes Gewicht	5280
Regenspurg, Mark n. Till.	5120
64 Ducat. Gewicht	4652
128 Kronen-Gew.	8941
Riga, Mark	4351
Rom, Pfund n. Tillet ꝛc.	7060
Unze	$588\frac{1}{8}$
Rußland, Solotnick	$88\frac{2}{5}$
Schweden, Mark	4384
32 Ducat. Gew.	$2319\frac{1}{4}$
Siam, Tail n. Batav. Angabe	1216
Tical nach derselben	304
Sicilien, Pfund	6676
Siena, Pfund n. Kr.	6982
Unze n. Kr.	$581\frac{5}{8}$
Smirna, Drachme	$66\frac{2}{5}$
Spanien, Mark n. Kr.	4796
n. m.	4794
n. Till.	4784
Unze n. Kr.	$599\frac{1}{2}$
Castellano Gold n. Kr.	95,92
Straßburg, Mark n. Kr.	4609
Stuttgard, Mark n. Till.	4868
Sumatra, Wesik. Tail von 16 Maaß od. 700 Rachin.	853,2
Surate, Tola n. Bat. Ang. von 12 Maß à 32 Waal	256
n. Kr.	$252\frac{2}{5}$
Waal n. Bat. Ang. von 3 Retty 12 Nely	8
n. Kr.	7,9
Ternate, Real Bat.	568,9
Timor, Tail v. 10 Maaß à 10 Condryn	782,2

Gold- und Silber-Gewicht in	Holl. As.
Tripoli, Metecal n. Kr.	$99\frac{2}{3}$
Tunis, Unze von 8 Termini n. Kr.	656
Turin, Mark	5120
Valenzia, Mark n. Ricc.	4941
n. Andern	4951
Venedig, Mark n. Till. u. C, It.	4965
n. Kr.	4970
Verona, wie Venedig.	
Warschau, Goldschm. Gew. Mark	4169
Münz-Gew. Mark	4864
Wien, Mark n. Wien. Angabe	5857
n. Till.	5859
n. Kr.	5844
Wilda, Mark n. Kr.	4053
Zürch, Mark n. Kr.	4876
n. And. Cölln.	4864

Jouwelen- und Perlen-Gewicht.	Holl. As.
Aleppo, Metical v. $1\frac{1}{2}$ Drachme	$99\frac{1}{3}$
Algier, Mitigal	97
Amsterdam, Karat	$4\frac{4}{15}$
Banjermassing, Karat v. 4 Grän	4,09
Batavia, Karat v. 4 Grän	4,09
Bengalen zu Hougly, Pakka Retty	3,67
Coromandel, Mangal v. $1\frac{1}{4}$ Karat	5,63
Delhy, Retty v. $1\frac{1}{2}$ Fr. Grän	$1\frac{4}{5}$
Deutschland, Karat v. 4 Gr. $= 57\frac{1}{2}$ Richtpf.	$4\frac{1}{5}$
England, Karat à 4 Grän	4,31
Frankreich, Karat à 4 Gr. $= 59\frac{1}{8}$ Richtpf.	4,42
Livorno, Karat à 4 Grän	4,08
Portugal, Karat à 4 Gr. $= 57\frac{1}{8}$ Richtpf.	4,28
Spanien, Karat à 4 Grän	4,28
Surate, Retty v. 16 Anna, 20 Massa zu Jouwelen	3,48
Tang v. 24 Retty 330 Chouw 5280 Anna zu Perl.	83,57
Tunis, Unze v. 8 Termini	656

Ein Französischer Cubikzoll

oder der 1728ste Theil des Französischen Königlichen Cubikfußes wiegt:

An	Holl. As	An	Holl. As
Gold	7717	Pedro Ximenis-Wein	500
Quecksilber	5509	See-Wasser	417
Bley	4459	Süßem Fluß- oder Brun-	
Silber	4357	nen-Wasser . . .	412
Kupfer	3475	Weißen Franz-Wein .	404
Meßing	3303	Regen-Wasser . . .	393
Eisen	3086	Franz-Brantwein . .	385
Zinn	2877	Trahn	381
Magnet	2034	Oel	378
Diamant	1336	Waitzen	322
Weißen Marmor . .	1112	Roggen	307
Behauenem Stein . .	822	Gerste	258
Ziegel-Stein . . .	748	Hafer	198

Resolvirungs = Tabelle
der
bey den Münztafeln vorkommenden Decimal-Theile der Rthaler, in welcher der Werth dieser Theile von 1 Pfennig bis zu 23 Ggr. 11 Pf. vorgestellet ist.

Gr.	Pf.	Decim. Theile.	Gr.	Pf.	Decim. Theile.	Gr.	Pf.	Decim. Theile.	Gr.	Pf.	Decim. Theile.
—	1	00347	3	1	12847	6	1	25347	9	1	37848
—	2	00694	3	2	13195	6	2	25694	9	2	38194
—	3	01042	3	3	13541	6	3	26041	9	3	38542
—	4	01389	3	4	13888	6	4	26388	9	4	38888
—	5	01736	3	5	14236	6	5	26735	9	5	39236
—	6	02083	3	6	14582	6	6	27082	9	6	39582
—	7	02435	3	7	14930	6	7	27430	9	7	39929
—	8	02778	3	8	15276	6	8	27776	9	8	40276
—	9	03125	3	9	15623	6	9	28123	9	9	40623
—	10	03473	3	10	15970	6	10	28470	9	10	40970
—	11	03820	3	11	16318	6	11	28818	9	11	41317
1	—	04167	4	—	16667	7	—	29167	10	—	41667
1	1	04514	4	1	17014	7	1	29514	10	1	42014
1	2	04862	4	2	17361	7	2	29862	10	2	42361
1	3	05209	4	3	17708	7	3	30208	10	3	42708
1	4	05556	4	4	18056	7	4	30555	10	4	43056
1	5	05903	4	5	18402	7	5	30902	10	5	43402
1	6	06250	4	6	18750	7	6	31250	10	6	43750
1	7	06598	4	7	19096	7	7	31596	10	7	44096
1	8	06945	4	8	19443	7	8	31944	10	8	44444
1	9	07292	4	9	19790	7	9	32290	10	9	44790
1	10	07640	4	10	20137	7	10	32638	10	10	45137
1	11	07986	4	11	20484	7	11	32984	10	11	45484
2	—	08333	5	—	20833	8	—	33333	11	—	45833
2	1	08681	5	1	21180	8	1	33680	11	1	46180
2	2	09028	5	2	21527	8	2	34026	11	2	46527
2	3	09375	5	3	21874	8	3	34374	11	3	46874
2	4	09723	5	4	22222	8	4	34720	11	4	47222
2	5	10070	5	5	22568	8	5	35068	11	5	47568
2	6	10417	5	6	22916	8	6	35414	11	6	47916
2	7	10764	5	7	23262	8	7	35762	11	7	48262
2	8	11111	5	8	23609	8	8	36118	11	8	48610
2	9	11458	5	9	23957	8	9	36466	11	9	48957
2	10	11806	5	10	24304	8	10	36812	11	10	49304
2	11	12152	5	11	24650	8	11	37160	11	11	49650
3	—	12500	6	—	25000	9	—	37500	12	—	50000

Gr.	Pf.	Decim. Theile.	Gr.	Pf.	Decim. Theile.	Gr.	Pf.	Decim. Theile.	Gr.	Pf.	Decim. Theile.
12	1	50347	15	1	62847	18	1	75347	21	1	87847
12	2	50694	15	2	63194	18	2	75694	21	2	88194
12	3	51042	15	3	63542	18	3	76042	21	3	88541
12	4	51388	15	4	63888	18	4	76388	21	4	88888
12	5	51736	15	5	64236	18	5	76736	21	5	89236
12	6	52084	15	6	64582	18	6	77082	21	6	89582
12	7	52430	15	7	64929	18	7	77429	21	7	89929
12	8	52776	15	8	65276	18	8	77777	21	8	90276
12	9	53123	15	9	65624	18	9	78123	21	9	90614
12	10	53470	15	10	65970	18	10	78470	21	10	90970
12	11	53817	15	11	66317	18	11	78817	21	11	91317
13	—	54167	16	—	66667	19	—	79166	22	—	91666
13	1	54514	16	1	67014	19	1	79513	22	1	92014
13	2	54861	16	2	67360	19	2	79860	22	2	92360
13	3	55208	16	3	67708	19	3	80207	22	3	92708
13	4	55555	16	4	68054	19	4	80554	22	4	93054
13	5	55901	16	5	68402	19	5	80901	22	5	93402
13	6	56250	16	6	68748	19	6	81258	22	6	93748
13	7	56596	16	7	69095	19	7	81605	22	7	94095
13	8	56943	16	8	69481	19	8	81952	22	8	94442
13	9	57290	16	9	69789	19	9	82300	22	9	94789
13	10	57638	16	10	70136	19	10	82647	22	10	95136
13	11	57984	16	11	70483	19	11	82994	22	11	95483
14	—	58333	17	—	70833	20	—	83333	23	—	95833
14	1	58680	17	1	71180	20	1	83680	23	1	96180
14	2	59028	17	2	71526	20	2	84028	23	2	96528
14	3	59374	17	3	71974	20	3	84374	23	3	96874
14	4	59721	17	4	72320	20	4	84722	23	4	97222
14	5	60068	17	5	72668	20	5	85068	23	5	97568
14	6	60415	17	6	73014	20	6	85415	23	6	97916
14	7	60762	17	7	73361	20	7	85762	23	7	98262
14	8	61110	17	8	73709	20	8	86109	23	8	98609
14	9	61456	17	9	74056	20	9	86456	23	9	98956
14	10	61803	17	10	74403	20	10	86804	23	10	99302
14	11	62150	17	11	74750	20	11	87150	23	11	99650
15	—	62500	18	—	75000	21	—	87500	24	—	100000